德国古典哲学研究译丛
主编 李秋零

守望者
The Catcher

形而上学与存在论之间：
费希特知识学研究

Fichtes Lehre vom Sein:
Eine kritische Darstellung der Wissenschaftslehren
von 1794, 1798/99 und 1812

[德]柏若望（Johannes Brachtendorf）著
周小龙 阿思汗 施林青 徐逸飞 译

中国人民大学出版社
·北京·

"德国古典哲学研究译丛"编委会名单

主编　李秋零

副主编　余玥　梁中和

编委　郑辟瑞　袁辉　贺念　王咏诗　贾红雨

特约策划　蒋明磊

总　序

德国古典哲学，上承古希腊精神为源，下启西方现代哲学为流，巍巍然而成大观，堪称人类思想史上的一座丰碑。其享誉"古典"，绝非浪得虚名，可谓实至名归。作为理解和把握西方哲学发展的一个重要枢纽，德国古典哲学一直是哲学研究课题的重中之重。清末以降，随着西学东渐的历史潮流，德国古典哲学也开始受到中国学界的普遍关注。在20世纪下半叶，作为马克思主义理论来源之一的德国古典哲学更是得到了特别的眷顾。尤其值得一提的是，在德国古典哲学的影响下，中国思想界产生出的新哲学形态，独领一代风骚，贺麟、冯友兰、牟宗三等人的新儒学中，无不闪现着德国古典哲学的思想光芒。德国古典哲学遂成为中西哲学交流的一个重要关节点。

三十余年来，我国学界的德国古典哲学研究取得了长足的进步，呈现出新的景象。简言之，其一是逐渐摆脱了旧的"两军对垒"的"贴标签式"哲学史观，德国古典哲学不再简单地是马克思主义"哲学革命"的注释和作为资产阶级哲学而受到批判，而是作为人类思维的优秀成果得到了客观的研究，其杰出的贡献得到了充分的肯定。其二是翻译工作得到了加强，大量的德文原著被翻译成中文，一些旧的译本也得到重译，并且出现了不同形式的全集或选集，为深入扩展的研究奠定了扎实的基础。其三是研究的领域和主题也得到扩展，传统的主题得到进一步的加强，新的主题、新的角度不断涌现，在各种统计中，以德国古典哲学为研究对象的著作、论文所占的比例长盛不衰。乐观地估计，这种良好的势头仍将继续。

然而，我们仍不免有一些"缺憾"。其一是我们对德国古典哲学的把握依然是有短缺的。我国学界常说的德国古典哲学其实是四大家，即康德、费希特、谢林、黑格尔，其中尤以康德和黑格尔为重中之重。对费希特和谢林的研究尚且有亏,对哈曼、赫尔德、雅各比、舒尔茨、莱因霍尔德,以及与之紧密相关者如浪漫主义者荷尔德林和施莱尔马赫等人的研究就更无从谈起了,这使得我们的德国古典哲学研究虽不致有"盲人摸象"之毁誉,却总难免有"遗珠之憾"。其二是随着研究条件的改善和研究资料的丰富,我们的一些研究者却做起了桃花源里的田舍翁,不知有汉,无论魏晋。数十年来,国外的德国古典哲学研究依然在蓬勃发展,出现了许多著名的学者和著作,提出了不少新的问题,我们的一些研究者虽然孜孜以读康德、黑格尔的著作,却对国外的这些新成果、新动向视而不见,使得自己的研究无法与国际学界接轨、对话,成为一种实实在在的自说自唱。

有感于此,在几位热心的青年学者的策动下,我们组织了这套"德国古典哲学研究译丛",其宗旨自然是向国内学界介绍国外的新学者、新成果和新动向。"译丛"的选题偏重于欧美但不限于欧美,基本上都是已经为学界所公认的著作,既有对特定哲学家的深入研究,亦有对德国古典哲学的全景式探讨。在组织"译丛"的过程中,我们聚集了一批有志于此的青年学者。他们大多具有海外留学的背景,甚至是直接师从于选题的作者。由他们来担任译者,无论是选题的确定,还是翻译过程中思想内容的领悟、语言的转换,"译丛"的质量都是有把握的。其中,四川大学哲学系的余玥君、梁中和君为确定选题、联系译者等等做了大量的事务性工作,为"译丛"最终得以面世做出了重要的贡献。蒙这些青年学者的抬爱和信任,推举我为这套"译丛"的主编,我殷切地希望,这套"译丛"能够得到学界、读书界的认可和喜爱,同时也希望有更多的有志之士参与和支持我们的工作,为我国的德国古典哲学研究做出应有的贡献,共同促进我们的哲学事业繁荣昌盛。

李秋零

2017 年 11 月 9 日

于中国人民大学人文楼书斋

前　言

只要费希特的著作已经在科学院版全集（*J. G. Fichte-Gesamtausgabe der Bayerischen Akademie der Wissenschaften*, hg. v. Reinhard Lauth, Hans Jacob und Hans Gliwitzky. Stuttgart-Bad Cannstadt 1962 ff.）中得以出版，那么它们就会根据这个版本被引用。否则我们将遵从《费希特著作集》（*Fichtes Werke*, Berlin 1971），在这个版本中，下面两种著作集被影印再版且合并：《费希特全集》（*Johann Gottlieb Fichtes sämmtliche Werke*, hg. v. I. H. Fichte, Berlin 1845/46）和《费希特的遗著》（*Johann Gottlieb Fichtes nachgelassene Werke*, hg. v. I. H. Fichte, Bonn 1834/35）。我们偶尔会给出两个版本文本的位置，其中批判版的卷数和页码将会用斜体标示出来。两个版本之间在内容上具有的显著差别将会被标明，不过这样的地方非常少。①

《知识学新方法》（以下简称《新方法》）没有包含在 I. H. 费希特的版本中，不过我也不引用科学院版（Kollegnachschriften IV, 2），而是引用福克斯版［*Johann Gottlieb Fichte. Wissenschaftslehre nova methodo*, Kollegnachschrift K. Chr. Fr. Krause 1798/99, hg. sowie mit Einleitung und Anmerkungen versehen von Erich Fuchs, Hamburg 1982（Meiner）］。福克斯版所根据的听课记录直到科学院版相应的卷册出版后才被找到。这份听课记录之所以受到青睐，首先是因为它的作者是署名的（科学院版根据的听课记录则是匿名的），其次是因为它清楚地标明了时间，即 1798—1799 冬季学期，再次是因为它有一篇富有启发性的追加的导言，最后是因为它更加详细地关

---

① 本书中费希特原文尽可能引用如下中译本：费希特：《费希特文集》，梁志学编译，商务印书馆，2014。译文改动之处不再一一注明。其余费希特原文皆为本书译者直接翻译。——译者注

联到1794年的《全部知识学的基础》[以下简称《知识学》(1794)]。尽管克劳泽的听课记录在内容上与科学院版绝大部分是一致的，但是在文字上相差如此巨大，因此我们不再给出科学院版相应的段落。

我们将部分地给出费希特著作的缩写，不仅是为了告诉读者一段文字的卷数和页码，而且（如果从语境中无法看出）是为了告诉读者引文所出自的著作的标题。我们经常会预先给出所引著作的相应缩写，具体如下：

BWL = Über den Begriff der Wissenschaftslehre, 1794 (^{2}1798). 《论知识学的概念》

WL 1794 = Grundlage der gesammten Wissenschaftslehre, 1794. 《知识学》(1794)

NR = Grundlage des Naturrechts nach den Principien der Wissenschaftslehre, 1796. 《自然法权基础》

ZwE = Zweite Einleitung in die Wissenschaftslehre, 1797. 《第二导论》

VnD = Versuch einer neuen Darstellung der Wissenschaftslehre, 1797. 《知识学新说》

ÜGl = Über den Grund unseres Glaubens an eine göttliche Weltregierung, 1798. 《关于我们信仰上帝统治世界的根据》

SL 1798 = Das System der Sittenlehre nach den Principien der Wissenschaftslehre, 1798. 《伦理学体系》(1798)

WLNM = Wissenschaftslehre nova methodo, 1798/99. 《新方法》

Appel. = Appellation an das Publicum, 1799. 《向公众呼吁》

Ger. Ver. = Gerichtliche Verantwortungsschriften gegen die Anklage des Atheismus, 1799. 《法庭辩护书》

WL 1801 = Darstellung der Wissenschaftslehre aus dem Jahre 1801. 《知识学》(1801)

WL 1804 = Die Wissenschaftslehre 1804 (Ⅱ). 《知识学》(1804 Ⅱ)

AsL = Die Anweisung zum seligen Leben, 1806. 《极乐生活指南》

WL 1810 = Die Wissenschaftslehre in ihrem allgemeinen Umrisse, 1810.

《知识学》（1810）

WL 1812 = Die Wissenschaftslehre, 1812. 《知识学》（1812）

TL = Über das Verhältniß der Logik zur Philosophie oder transscendentale Logik, 1812. 《论逻辑学与哲学的关系或论先验逻辑学》

SL 1812 = Das System der Sittenlehre, 1812. 《伦理学体系》（1812）

EV = Einleitungsvorlesungen in die Wissenschaftslehre, 1813. 《知识学导论》

TB = Die Thatsachen des Bewußtseins, 1813. 《意识的事实》

在接下来的论述中我们将大规模地引用费希特的作品。尽管由此损失了更强的易读性，但这似乎是有必要的：一方面是为了能够在诠释思想密度极大的文本时做到周详，另一方面是因为尤其他的晚期著作——《新方法》同样如此——不能简单地被预设为众所周知的。不过，为了使我们的论文不至于叠床架屋，附释性的段落大部分将在注释中给出。若不是特别说明，引文中的粗体字无一例外来自原文。一些附加的话将用括号括起来。

这部书是由我1992年在艾伯哈特-卡尔斯-图宾根大学哲学系通过的博士论文加工而成的。

目　录

导　论	1
一、这个问题的论述史	5
1. 亚里士多德的方针	6
2. 中世纪对形而上学的规定	8
3. 德国学院派哲学和沃尔夫的形而上学概念	16
4. 康德对形而上学的改革	20
二、费希特对形而上学的态度	40
三、费希特文献的新发展	42
第一章　作为形而上学的知识学	71
一、费希特的哲学模式	71
二、唯心论 vs. 实在论——关于独立事物的难题	79
1. 自由作为形而上学的主题	80
2. 表象理论的形而上学意涵	83
3. 存在论规定的可推导性——对康德的批判	85
4. 唯心论的先验性	89
三、知识学作为探讨存在的理论	93
1. 产生和效用	93
2. 对存在之根据的追问	97
3. 唯心论与存在论传统的关系	104
4. 对费希特批判存在论的反批判	110
第二章　《知识学》（1794）——通往形而上学之路	120
一、结构与主题	120
二、《知识学》（1794）的论证线索	129
1. 实践部分的功能	129

2. 线性与循环的科学模型——实践唯心论　　130
　　3. 想象力理论　　131
三、《知识学》（1794）的形而上学　　133
　　1. 逻辑学和形而上学　　134
　　2. 作为意识的自我　　139
　　3. 反题-合题方法——费希特的辩证法　　142
　　4. 规定性：存在与自我的统一原则　　149
　　5. 范畴：自我与非我关系的规定性　　160
　　6. "阻碍"学说　　168
总结　　179

第三章　《新方法》（1798—1799）——对存在的演绎　　199
一、结构与主题　　200
　　1. 自我的框架结构　　200
　　2. 自身规定的可能性条件　　204
　　3. 自我意识的建构　　208
附释：关于费希特的《自然法权基础》（1796）
　　　和《伦理学体系》（1798）　　211
二、作为理智直观的自我　　221
　　1. 陈述　　221
　　2. 批评　　226
三、存在的演绎　　232
　　1. "存在"作为逻辑的必然性　　232
　　2. "存在"作为自由的结果　　242
四、综合的思维——真理与现象　　244
总结　　249

第四章　《知识学》（1812）——只有一存在　　265
一、晚期知识学的一般特征　　265
二、晚期导论性作品中"存在"的多重意义　　269
　　1.《知识学导论》（1813）——关于"存在"的论说　　269
　　2. 无神论的争论——存在与实体性　　272

3. 《意识的事实》（1813）——存在与显象　　274

　　4. 费希特晚期作品中与存在论传统中的可能性概念　　276

三、《知识学》（1812）　　280

　　1. 绝对者及其显象　　280

　　2. 幻象的创生　　292

　　附释：自《知识学》（1801）起主客统一性建基于绝对存在　　296

　　3. 现实性　　308

　　4. 存在与观看——形而上学与先验哲学　　315

总结　　334

参考文献　　360

导　论

　　眼前这部作品希望被理解为对第一哲学（*Prima Philosophia*）这一问题域的推进，它探讨的角度是：第一哲学应该是存在论还是形而上学？这两个选项在历史上可追溯到古代时期，并且具有如此繁多的不同意义，以至于我们对这个问题的理解至少必须大致地被勾勒出来。

　　人们或许会认为，存在论涉及探讨存在者之为存在者的学说，即涉及一门普遍的科学；与此相反，形而上学处理单个的、卓尔不群的存在者，比如作为万物整体的世界，或作为最完善的存在者的上帝。这或许就是特殊形而上学（*metaphysica specialis*，神学、宇宙论、灵魂论）和存在论之间的著名区分，与前者相比，存在论也被称作**普遍形而上学**（*metaphysica generalis*）。如果人们以这种方式来表述这两个选项，那么我们对第一哲学性质的追问就容易回答了。第一哲学作为本原学说，不得不以存在者的全部领域为主题，而关于最高存在者的学说处理的只是这个领域中的一个部分，即一个卓越的存在者。即便这个存在者在所有其他的存在者中脱颖而出，除它外，仍存在着其他的、并非相应的特殊形而上学处理的对象，或者只是从它与"至高者"相关联这个特别的角度来看是特殊形而上学处理的对象。因此，特殊形而上学可能恰恰由于其"特殊性"而不是哲学的基础学科。

　　但是，存在论作为普遍形而上学，相对于作为特殊形而上学的神学，应该被给予优先地位，这个论断不能够确立在讨论的开始，而应在讨论的结尾，毕竟特殊形而上学的理念已经包含了决定性的定论。也就是说，最高的存在者也只是某种存在者，因而与所有其他的存在者一起处于存在者之为存在者的范围之内。但这种理解方式似乎首先要给出理由。至少，这里展现的对存在论相对于一门被理解为具有特殊性的形而上学的优胜性的简略陈述还远远不够。

与乍看起来不同，形而上学所关心的问题更为紧要。这一点体现在对上述问题的如下表述方式中：关于存在者之为存在者的学说是不是充分的且自身圆满的，还是说，有必要另设一物，只有它才使"存在者之为存在者是什么"这个问题变得可理解，而它自身却不需要借助存在论来理解？换言之，存在论是不是独立自主的，还是说，它预设了某个在存在论上不能够被把握的根据，而为了把握存在者，这个根据是不可或缺的？比起上述的理解模式，这一表述方式将使得形而上学思考提出的要求更加正当。"存在论还是形而上学"这个问题似乎需要重新表述了：存在论是否最终是有根据的并因此自给自足，还是说，为了能够成为存在论，它还需要有所根据？能否说存在论只有在形而上学的基础上才是可能的？

这样一个根据——它自身不是存在者，但它却是存在者的根据——被探讨的方式和方法五花八门。然而，人们可能首先想到，"形而上学"这个术语只是根据在古代已确立的立场而被思考，这些立场把存在者之为存在者建立在"第一实体"（πρώτη οὐσία）或者"分离实体"（*substantia separata*）的基础上，长期以来，这些立场是形而上学批判的牺牲品。然而，我们如果对这一问题进行深入研究，就会发现形而上学批判的各种努力借助上面提到的"存在论还是形而上学"这个选择题，使自己得到理解，尽管它仍在反对存在论。对形而上学进行批判，并不意味着要将存在论看作自身充足的学科，毋宁说，它也意味着要摒弃形而上学的某些理据，以便用更好的理据去替代它们。近代的形而上学批判不少都是这种类型。因此，在"存在-神-学"（Onto-Theo-Logie）[1]这个词中就包含了如下的指责：此前的形而上学在将上帝（θεός）确立为存在者之为存在者（*ens inquantum ens*）的根据之后，最终仍将这一根据本身思考为存在者，因此使它不能充当存在者的根据——这个指责最主要是针对特殊形而上学的构想以及为这一构想奠定基础的、同质的存在者概念。为了能够获得通达存在者的真正道路，作为存在者根据的必须是"存在之为存在"，它绝对不能被思考为存在者。在这里，形而上学被否定，并不是因为它的关切过时了，而是因为它没有足够彻底地贯彻这一关切。如果我们将形而上学理解为关于在存在论上不可把握、但又是为存在论奠基的存在根据的学说，那么这一做法恰恰就能够被描述为具有强烈形而上学意味的。

卓越的形而上学思考的特性恰好在于，它为存在者之为存在者假定了一个根据，这一根据自身并不处于存在者层面，因此，它也不是关于存在者之为存在者的这门科学处理的对象。那么，这一根据大致可以被刻画为从"存在者之为存在者"（ens qua ens）中脱颖而出的"存在本身"（esse ipsum），要么被刻画为建构存在者的先验主体，要么被刻画为通过"存在论差异"而与存在者区分开来的存在，而存在则作为"涌现着的暴力"（aufgehendes Walten）才首先使自己得以"显现出来"。然而，这个根据是为什么东西奠定基础呢？在这里，尽管人们强调的点可能千差万别，但是大致有两个环节是本质性的：首先是定在、存在者的实存，其次是存在者的规定性，因而是其可理解性。根据似乎是存在者的"源泉"，因为没有它，存在者就不能够实存；它给存在者分享它的规定性，在它的规定性的基础上，存在者才能够成为存在论的对象。

现在，存在论是否具有相对于形而上学的独立自主性，这个问题可以被表述为下面这个问题：是否有一种关于存在者的规定的理论，无论就存在者之实存还是特征而言，这一理论都不依赖于存在者的来源这一问题？如果有的话，那么无论如何，我们似乎获得了如下成果：我们可以分开对待这两个问题。我们不必回答存在者的"原初根据"这一形而上学问题，但仍然能够获得某种存在论。

如果这样一种与形而上学无关的存在论是可能的，那么似乎必须反过来追问，形而上学在多大程度上被给予了相对于存在论的独立性。这种独立性似乎与存在者的起源这一问题一起拥有一块领地，这一领地不会使存在论与这种独立性相互斗争。但是，存在论追寻普遍性，任何对它有兴趣的人都将必须考察，实际上是否有令人信服的论据去区分存在者之为存在者和与它相对的外在根据，或者人们是否能够将存在论的对象域扩展到如此之远，以至于这一根据自身似乎有朝一日也可以存在论化。因此，依附性的和非依附性的存在者之间的差异，或者被建构者和建构者之间的差异，不能被夷平；我们只是尝试指出，对这些差异的存在论思考能够把握和规定——从存在论角度看——建构者究竟**是什么**（在此基础上，这一存在论思考就能够去建构），或者能够把握和规定存在究竟**是什么**（在此基础上，这一存在论思考就能够将存在者维持在定在中）。尽管这样的存在论无法回答存在者的起源问题，但是如下可能性并不因此就被排除：一个可能的存在者的根据能够处于存在论视野之内而不是之外。

眼前这个作品借助费希特的知识学这个特殊的案例来阐明上述问题。因此，这个作品置身于先验哲学这个领域中。先验哲学的事业，带着康德给它留下的烙印，致力于修正形而上学的根基。众所周知，它最重要的事迹在于双重的批判。首先，它通过论证去反对特殊形而上学的可行性；其次，它将考察**普遍形而上学**的核心概念的客观性。从肯定的角度看，康德发展了一套程序来证明，实际上，存在论的基本概念组成的秩序归属于几个特定的术语，这就是所谓的先验演绎。即便费希特认为在很多方面必须超越康德，他还是将毕生的精力投身于哲学在康德这里发生的先验转向，以作为他自身思考的基本动力。在费希特那里，这一转向采纳了什么样的形态——提出这一问题是本书的首要任务。但本书真正的兴趣在于研究一个深入的问题：费希特的先验哲学思考是如何使自己与"存在论还是形而上学"这一问题相关联的？对于"存在论还是形而上学"的抉择而言，费希特这一新的努力意味着什么？对继承下来的学说进行修补是否为下面的三个话题提供了论据：存在论问题和形而上学问题的可分性，存在论的自主性，以及最高根据的存在论化？或者说，费希特的努力恰恰反驳了这种区分，因为它给予了"真正的存在论依赖于追问存在者的原初根据"这个古老的形而上学命题崭新的根据？我们不应该止步于确认费希特知识学给出的哲学基础对"存在论还是形而上学"这个问题的重大意义。与此同时，我们更应该考察，费希特能否真正兑现他的先验哲学的要求和承诺。第一哲学是否借助知识学而成功获得了一个全新的基础？对存在论的基本概念的论说——费希特对康德"先验演绎"继续推进的地方——是否令人信服地得到展开，这个问题是一个关键点（*punctum saliens*），因为，不管知识学纯粹是以存在论为指向的，还是说，知识学额外地包含了某种应该为存在论奠定基础的形而上学，这项任务无论如何都必须得到解决。如果它得不到解决，并且这种意见被固执地坚持了下来，那么费希特先验哲学的基础就是成问题的了。

需要指出的是，知识学的困境与"发展一种同时是存在论的形而上学"这一努力相关。费希特要求，借助先验哲学的思维方式，不仅要阐明其自身并不"存在"的存在者根据，而且要推导出存在者的实存和规定。这一要求太高了。如果我们对这个计划的批判站得住脚的话，那么在这种情况下，我们至少有理由去努力把存在论从形而上学中划分出去。我们似乎必须主张存在论要自立门户。

一、这个问题的论述史

马丁·海德格尔在他的《什么是形而上学？》（*Was ist Metaphysik?*）的导论中写道："形而上学因为展示了存在者之为存在者，与在自身中是存在者普遍的和最高的真理，这两方面是合一的，所以就其本质而言，它是狭义上的存在论，同时也是神学。"[2]海德格尔的判断：在通常情况下，西方形而上学同时作为形而上学和神学登场，至少就亚里士多德传统而言，得到了弗朗西斯科·苏亚雷斯（Franzisco Suarez）的汇注（Summerium）的支持。根据苏亚雷斯的看法，所有伟大的作者，不仅把上帝，也把"存在者之为存在者"（*ens ut sic*），诠释为形而上学的对象。[3]尽管这一诊断是正确的，但它也过于简化了。它表达的只是，在形而上学中，这两个主题——普遍意义上的存在者和最高的存在者——被当作习以为常的，而没有说明存在论和神学的关系如何被界定——对此可能有五花八门的不同立场。比如，亚里士多德的某些观点主张一种等级秩序，以至于有关"永恒者、不动者和分离者"[4]的学说即神学，是第一哲学的对象[5]；与此相反，克里斯蒂安·沃尔夫（Christian Wolff, 1679—1754）在《第一哲学或存在论》（*Prima Philosophia sive Ontologia*）这部作品的标题中就已经认定了存在论的优先地位。

为了理解形而上学的"存在-神-学"这一特征，必须对意义重大的形而上学构想进行更加细致的考察。接下来，我们将概述直到费希特为止的关于存在论和神学之间关系规定的历史，不过，我们在这里既不力求完备，也不追求对单个立场进行事无巨细的处理，而只是致力于对这个主题进行历史性的介绍。我们真正关心的问题是，在先验主义的-唯心论的前提下，两个学科之间的关系如何被规定。进一步说，在这一问题域中，我们要如何定位费希特的知识学？这一定位对他知识学的事业和贯彻而言意味着什么？这样一种概览在某种意义上是有用的，因为各不相同的模式能够被具体化为单个的历史情形，而特定的论证范式也能够得到阐述。

1. 亚里士多德的方针

长时间以来，**亚里士多德**形而上学的双面性都是研究的对象。[6] 在亚里士多德的表述中，存在着将神学理解为第一哲学的观点，这已经被指出了。这些表述与理论科学的等级排序相关，而等级排序则由各门科学的研究对象的地位决定。[7] 由此，物理学处理的存在者是运动的，它没有质料便不能存续；数学处理的是不运动者，但它仍处于质料之中；而第一哲学以分离者和不运动者为对象。[8] 最有地位的对象是以非质料的形式实存的且不运动的对象。它的这种卓越性使得以它为对象的科学成为"第一哲学"。这种分类完全对应于柏拉图那里"可思维者"和"可见者"的区分及它们所属的科学，数学被置于两者中间的位置，因为数学（作为几何学）尽管从"可见者"和图型开始，它的目标却在于认识单纯的"可思维者"。[9]

除这些表述外，在亚里士多德那里还可以找到某种哲学的构想，它不再依赖于对或多或少卓越的对象进行等级排序，而以存在者仅仅作为存在者为主题。[10] 对"**存在者之为存在者**"的特别说明首先具有排斥性的特征。只要存在者属于特定类型或者种属，只要它是桌子或椅子，是玫瑰或人，它就不是这门相应的科学的对象。存在者在种属上总具有差异性，不过存在者不是作为这种具有差异性的事物因而是这门科学的对象，而是就其仅仅作为存在者而言是这门科学的对象。根据上述框架，所有科学将以等级化的方式得以安排，而一门关于存在者之为存在者的学说的理念与这一框架相反。如果有一门研究存在者之为存在者的科学，那么它就既囊括了运动者和质料性的存在者，也囊括了不运动者和无质料者，因为它总与存在者相关。因此，这一科学横向地贯穿了所有存在类型所构成的等级。它同时以物理学、数学和神学的对象为主题，只要它们是存在者。因此，它是最普遍的科学，而上述三门学科则具有个别科学的特征，这种个别科学只观察"部分"存在者。[11]就此而言,这门最普遍的科学也可以被称作第一哲学,尽管亚里士多德并没有得出这样的结论。这个名称留给了神学。总之,亚里士多德似乎没有将《形而上学》Γ卷和E卷的科学构想看成竞争关系,因为他让它们相对而立,而没有去寻求两者之间的平衡。与此相应,形而上学似乎既是存在论,即关于普遍意义上的存在者的学说,也是神学,即关于最高存在者的学说,而两者处于一种未被澄清的统一性中。两者的关系不能够片面地得到规定,虽然从事情本身来看,前者被给予了优先地位,但是在《形而上学》的文本中,后者也不落下风。毋宁说,后一个构想似乎占据了这部书的更大篇幅。

因此,对第一哲学任务的规定也在某种程度上是不统一的。A卷谈到了一门关于本原（ἀρχαί）和原因（αἰτίαι）的科学（ἐπιστήμη）。[12]上帝被称为本原和原因的合一。[13]根据Γ卷,这门科学考察存在者之为存在者,以及就其自身而言归属于存在者的东西。[14]这也就是说,它寻求存在者之为存在者的第一原因。[15]Γ卷第2章通过对那些被称为存在者的东西进行排序,回答了科学的统一性这个问题。[16]在那里,处于第一位的是实体（οὐσία）。所有其他的东西之所以被称为存在着的,是因为它们与实体相关联,要么作为实体的属性（πάθη）,要么作为起作用者（ποιητικά）,或者以其他的方式与实体相关联。与此相应,科学必须首先把握实体的本原和原因。[17]Z卷第1章也将实体称作科学的主要对象,而"存在者"这一称呼最主要的含义即实体。[18]排在实体之后的是质、量等等。根据E卷第1章,第一哲学似乎是研究"不动的存在者"的科学,因此是神学[19],这章的结论甚至说,如此被规定的第一哲学也考察"存在者之为存在者"和那些归属于存在者的东西。[20]

总而言之:其一,按照亚里士多德的观点,有一门科学,它考察存在者之为存在者,并且关注就其自身而言归属于存在者的东西,也关注其原因。除此之外,在被说成"存在着"的东西中,我们可以区分那主要地构成存在者的东西（οὐσία）和跟随着实体而被称作"存在着"的东西（πάθη）。其二,第一哲学（πρώτη φιλοσοφία）把上帝看成无质料的、不运动的存在者,因此它是神学。但是,第一哲学同时也用来研究存在者之为存在者。我们在亚里士多德那里找到了两种并列的模式,其一是自主的存在论，它贯穿了存在者的所有类型；其二是形而上学的神学，它是关于最高存在者的学说，同时研究存在者之为存在者。

大部分古希腊的注释家这样来解决亚里士多德本原理论的分裂：他们认为，《形而上学》第 E 卷第 1 章给出的是有关不动者、神圣者的理论，这一理论同时也为存在者之为存在者的学说奠定基础。[21]《形而上学》第 E 卷第 1 章没有澄清的、探讨不动的实体（οὐσία ἀκινήτος）的理论和研究存在者之为存在者（ὄν ᾗ ὄν）的科学之间的关系将以如下的方式被确立：我们将"存在者之为存在者"这一表达解释为"存在者之为**真正的**和**完满的**存在者"。[22] 它的背景是柏拉图式的存在等级理论，根据这一理论，只有非质料性的东西在充分的意义上**存在**，而与质料捆绑在一起的东西只具有更低的存在等级，如此以至于非存在（μὴ ὄν）。

在这些前提之下，探讨神圣者自身（per se）的学说就已经是研究存在者之为存在者的理论。还需要追问的是，这一理论的意义是否会因为这样一种诠释方式而被扭曲？因为，现在人们获得的不是一个普遍的、贯穿了存在者的全部等级的、探讨存在的科学，而是许多有关一个**特殊的**、因其非质料性而与众不同的存在者的命题。尽管如此，这种探讨存在的科学的普遍性要求还是深入到对它的神学式的理解，因为神圣者被理解为**所有**其他存在者的本原。然而，至少仍需追问的是，这一本原究竟能否是一个存在论的本原，以至于通过它，存在者之为存在者的普遍规定得以理解，或者它是否只是一个"单纯"形而上学的、以实存为旨归的本原，这就意味着，对研究存在者之为存在者这门科学的神学式意涵真正地背叛了这门科学。

2. 中世纪对形而上学的规定

在中世纪的哲学中，就第一哲学具有存在论特质还是形而上学-神学特质这一问题，有一场广泛的辩论。这场辩论出现的背景是对科学理论的思考，它在如下题目下展开：形而上学的"主题"（subiectum）是什么？在此，"主题"一词指的是科学的某种对象，这一对象赋予科学统一性。讨论的框架显然来自亚里士多德。形而上学[23]不仅要处理上帝，而且要处理"存在者之为存在者"（ens inquantum ens），这是得到普遍承认的事实。然而，这是在什么样的等级秩序中来说的呢？如果上帝是形而上学的主题，即上帝是建构了形而上学的对象，那么形而上学在根本上只能从神学的视角，把存在者之为存在者当作主题。除此之外，形而上学似乎接近《形而上学》Γ卷第1章的存在论式的理解方式，那么，我们似乎自然地要去追问，上帝与作为形而上学主题的"存在者之为存在者"之间有何种关系？[24]

阿维森纳（Avicenna）选择"存在者之为存在者"作为形而上学的主题。他（自由地）依赖亚里士多德的科学理论论证说，尽管一门科学不得不去规定它的主题的特性，但是它却不能够证明主题的实存，而是总是必须预设主题的实存。[25]但是，上帝的实存只能够在形而上学中得到证明。也就是说，上帝不可能是形而上学的主题。但是对上帝实存的追问也在物理学中被提出，即在探讨第一推动者的理论这个框架中，而严格来说，上帝学说落于作为研究自然事物的科学的物理学这个领域之外。[26]根据阿维森纳的观点，上帝之所以不是形而上学的主题，正是因为它的实存是形而上学的题中之义。

阿维森纳积极地从科学被要求的普遍性出发来规定这一主题。这个主题必须这样来理解，即具体科学给予它们对象的所有规定能够归属于这个主题。只有存在（Sein）具有这样的普遍性，以至于形而上学的主题必须是"存在者之为存在者"。形而上学研究存在者的普遍性质以及由存在者而来的结果。阿维森纳写道："因此，这门科学的首要主题是存在者之为存在者，它所探究的是伴随着无条件地是存在者之为存在者的东西。"（Ideo primum subiectum huius scientiae est ens, inquantum est ens et ea, quae inquirit sunt consequentia ens, inquantum est ens, sine condicione.）[27]这些伴随物（consequentia）首先包括存在者的类型，它们为诸范畴所规定，而范畴即对主词（基底）最高的划分，其次包括存在者的特性，诸如一与多、潜能与现实等等。[28]

在阿维森纳那里，上帝与形而上学的主题之间的关系没有得到明确的规定，一些评注还指出，他在这点上也继续了他的存在论思考方式，并把上帝当作形而上学的主题的一部分。[29]

阿威罗伊（Averroes）与阿维森纳的观点对立，他把"分离实体"（substantiae separatae），因而把上帝也诠释为形而上学的主题。对于阿维森纳的命题，即根据亚里士多德，形而上学包括了上帝证明，因此上帝可能不是形而上学的主题。他批评道，这个证明不是自然哲学家从形而上学家那里借来的，而是形而上学家从自然哲学家那里借来的。[30]因此，这一实存证明并不妨碍把上帝规定为整个形而上学的核心。

在亚里士多德的作品中，对形而上学进行的存在论诠释和神学诠释之间的关系实际上并没有得到澄清，它们相向而立，但这两种诠释方式在阿维森纳和阿威罗伊的方案中分化为相互对立的立场。阿维森纳首次清晰地确立了研究存在者之为存在者这门科学的基本思想，还将它从神学式的理解中剥离出来，而阿威罗伊则更加紧贴古希腊注释家的传统。正如齐默曼（A. Zimmermann）的分析所指出的那样，13世纪和14世纪的哲学家和神学家在原则上跟从了阿维森纳对形而上学所做的存在论式的理解。适合作为形而上学主题的，是普遍意义上的存在者之为存在者，而不是上帝。然而意见分歧最主要地产生于如下的问题：上帝是否以及如何也可能是形而上学的对象，或者说，上帝是否在这一对象之外。上帝与"存在者之为存在者"的关系成了一个问题。

本质上看来，这个问题有两种解决方案。前一种方案高呼的口号是，上帝是形而上学主题的一部分，作为一部分，他落于研究存在者之为存在者这门科学的对象领域中。这种方案最著名的支持者是布拉班特的西格尔（Siger von Brabant，约1240—1284）、甘特的亨利（Heinrich von Gent）和约翰·邓斯·司各脱（Johannes Duns Scotus，约1265—1308）。[31]后一种方案符合"上帝不是形而上学主题的一部分，而是其主题的原因"这一观点。这种方案最主要地被大阿尔伯特（Albertus Magnus）和托马斯·阿奎那（Thomas von Aquin）发展起来。

在其对波埃修的作品《论三一》（*De Trinitate*）的评注中，**托马斯·阿奎那**首先从物理学和数学中区分出了一门"神圣科学"（*scientia divina*），并列举了这门科学的对象。[32]在这些对象中，有些从不与质料相关联，就像上帝和天使；有些则在某些情况下与质料无关，而在别的情况下又并非与质料无关，比如实体、质、潜能和现实等等。我们很容易看出，在这里，神学的主题和研究存在者的科学的诸种论题被安排在"神圣科学"这个高阶概念之下。阿奎那在同一个问题（*quaestio*）的第4条中规定了这些对象之间的关系。[33]阿奎那在那里提到，这门"神圣科学"的主题是"存在者之为存在者"。尽管神圣之物同样在这门科学里得到处理，但是这并不是因为神圣之物属于它的主题，而是因为它们是"一切事物的本原"，对阿奎那而言，这意味着：因为它们展现了"神圣科学"这门科学的主题的本原。[34]阿奎那将上帝把握为"存在者之为存在者"的本原。

这在"形而上学"这个概念的逐渐展开中得到体现，正如他为《形而上学》评注的"序言"指出的那样。其中，形而上学被设想为最理智的科学。作为这样一种科学，它首先认识第一因，其次研究最普遍的本原，即存在者和由其所推导出来的东西，如一与多或潜能与现实，最后处理最大程度上与质料分离的实体，即上帝和理智存在者。根据阿奎那，科学的统一性在于，非质料的实体阐释了存在者普遍的和第一的原因，以至于一种完备的、探究"普遍存在者"（ens commune）的学说必须重视这些实体。[35]在这种统一性之下，我们可以区分三个层次，以至于根据角度的不同，这门"最理智的科学"可以有三个不同的名字。这门科学叫作"神学"，因为它以分离实体为主题；它叫作"形而上学"，因为它思考存在者以及由存在者所推导出来的东西；就其反思第一因而言，它叫作"第一哲学"。存在者之为存在者在上帝之中有其根据，因此，作为探讨存在者和由此而来的结果的学说的形而上学必须借助一门第一哲学而得到支撑，后者反过来又建立在神学的基础之上。

针对托马斯·阿奎那的观点："上帝是存在者之为存在者的原因"，我们可以找到丰富的文本证据。[36]在以《论普遍的存在者》（De ente in genere）① 和《论存在者的概念》（De notione entis）为标题的晚期教科书中，通过对相应问题域的独特处理，他规定了上帝和存在者之间的因果关系。这里所说的，正是分有理论。阿奎那认为，存在者之所以能够存在，是因为它分有了存在本身。[37]他借助现实－潜能这个图式表达了这

---

① 本书中，拉丁文"ens in genere"、德语"das Seiende überhaupt"以及类似的词，指的是存在者整体、一般而言的存在者，汉语学界或译为"存在者一般"。为了与"普遍形而上学"相应，本书把它翻译成"普遍的存在者"，读者切勿把它理解为某种与特殊存在者相对立的存在者。——译者注

个主题,因为他从"存在的现实"出发来理解"存在者"这个概念。[38] 但是在纯粹的形式中,只有"无限的存在"体现了这种现实;它是"纯粹的现实"(*actus purus*)。有限的存在者有可能不存在,它只能从这一存在中获得它的现实性;只有它分有了纯粹的现实,它才会是现实的。

除了这个存在作为现实的理论(Sein-als-Akt-Theorie),阿奎那还区分了存在者之为存在者[*ens commune*(普遍的存在者)]和作为所有存在者根据的存在本身。[39]这里呈现的是经典的非自主的存在论——或者用阿奎那的术语:与神学相关联的"形而上学"——的印记。据此,如果不谈论上帝,那么谈论存在者之为存在者的规定是不可能的,因为作为超越其上的原因的结果,或者说作为"存在本身"的结果,这属于"普遍的存在者"这个概念。

23 上面引用的波埃修评注中的段落谈到了神圣科学研究的对象(参见注释32)它也提示了一个没有完全得到澄清的对存在论基本概念的理解。在那里,首先,上帝和天使被视作"神圣者"(*res divina*);其次,实体和质被视作存在者的类型;最后,潜能、现实、一和多被视作存在者的规定。值得注意的是,这三组对象只通过性状而得以区分:要么从来不与质料相关联,要么在特定的情况下与质料无关,在其他情况下则并非与质料无关。这是对实体的存在等级进行分类的标准,这种分类适合于以非质料的形式存在着的上帝;它也适合于"实体",这只是因为,正好存在着质料性的和非质料性的实体;但是它不适合作为"实体究竟是什么"这一问题的答案;它完全不适合于第三组存在论规定,因为一和多既非质料性的也非非质料性的存在物(Entitäten),这种存在物以类比的方式被处理成实体,一和多毋宁说是存在者之为存在者的形式特征。对存在者之为存在者及其规定的存在论追问似乎没有真正地被触及。毋宁说,这一追问被如下的理解形而上学的主题的努力掩盖,即形而上学的主题可以作为次一级的东西被归入众多实体组成的存在等级中。这也许又是被神学家托马斯·阿奎那的偏好推动的。如上所述,阿奎那认为,上帝不是形而上学的主题,但是在形而上学中,上帝被当作形而上学主题的本原,就此而言,形而上学是神学。这自然指的是思辨神学。[40]但是,思辨神学理解为主题的本原的东西,在另一种科学中则是主题本身,也就是说,在"从《圣经》中传承下来的神学中"(theologia, quae in sacra Sriptura traditur)[41],即在启示神学中。因此,启示神学和形而上学之间似乎存在着紧密的关联,在这种关联中,启示神学的优先性似乎被保证,因为启示神学也将形而上学探讨的对象置于核心位置,但这是在如下限制条件下进行的:这些对象是启示神学的主题的前提条件。

除了上述的解决方案——根据这一方案,上帝是存在者之为存在者的原因,中世纪还发展出了与之相反的观点,即上帝是形而上学主题的一部分。这种观点的决定性形态最初出现在**布拉班特的西格尔**的《形而上学》评注中。[42]他的论述尤其关注如下问题,即我们在多大程度上能够说,存在者之为存在者是有原因的。如果考虑到亚里士多德《形而上学》Γ卷的表述,即我们必须追问存在者之为存在者的第一因,那么这个问题就是至关紧要的。[43]在他对这个段落的评注中,西格尔强调,这个段落并不是说,存在者之为存在者有一个原因,因为那样的话,所有的存在者都必然通过原因而被产生,也就不可能有第一因。如果所有的东西都应当有一个原因,那么没有什么东西有原因,因为第一因可能并不存在。也就是说,存在者的原因需要被追问,并不是因为它是存在者,而是因为它是通过原因而产生的。[44]西格尔坚持第一因的实存,但这只是说,第一因并不超越存在者的整体,它自身就位于存在者的领域中。[45]所有存在者皆依赖的"最完善的存在者"(ens perfectissimum)自身是存在者,因为它"在存在者中具有普遍性"(in universiate entium)。与假定某个处于彼岸的存在者之为存在者的原因不同,西格尔在存在者的领域中区分了原因和由原因而产生的存在者。因此,他能够把"为何某些东西存在,而无反倒不存在"这个在现代凸显的问题当作不可回答的而加以拒绝。因为,起码就**一个存在者**(即第一因)的实存而言,可能没有任何根据,否则的话,它就不是第一因了。[46]阿奎那认为,只要形而上学是探究存在者之为存在者的学说,它就必须奠基在神学之上,而西格尔则将这种神学作为一个特殊的领域安置在形而上学中。

尤其需要关注的是,他将"本原"表述为形而上学的主题。他认为,形而上学必须去研究由存在者所推导出来的东西,也就是说,去研究属于存在者的自身特性（*propria*）的东西。他把本原算作这种自身特性。[47]本原和被本原规定者之间的差别并不将存在者限制在某个特定的领域（principium [...] nec collocat ens in aliqua genere particulari）；毋宁说，本原和被本原规定者是对存在者的规定，是存在者之为存在者的性状。从中，我们就得出了有关第一因的情况的各种结论。根据阿奎那，存在本身应该是存在者之为存在者的本原，因此与存在者之为存在者相分离。但是，当本原是存在者之为存在者的存在论规定时，那么存在本身自身就必须被说成是存在者，这恰恰**因为**它被把握为本原。它也许是最高的存在者，因为它是所有其他存在者的本原，但是，恰恰是它作为最高**本原**的突出地位，使得普遍的存在论规定运用到它身上。这种突出地位绝没有将存在本身从存在者的领域中挪开；恰恰相反，这种突出地位将其带入存在者的领域中。

与阿奎那不同，西格尔探讨的不再是从别的存在**类型**中去寻找的**存在者的本原**，而是存在者之为存在者的特征。在这种差别中，整个问题方向的改变呈现了出来。我们不再朝着某个存在者之为存在者实存的实在根据——这个实在根据外在于存在者之为存在者——对存在者之为存在者刨根究底。毋宁说，西格尔将存在者之为存在者这个问题转向了存在者之为存在者的内在规定性。因此，为了获得一个普遍主义式的考察方式，阿奎那的如下做法可以被放弃：他将形而上学的对象领域窄化在某种特定的存在类型之上；"存在者之为存在者"这个概念要求这种普遍主义式的考察方式。这种考察方式绝对没有质疑第一因相对于所有由原因而产生的东西的优先性，但它暗示，第一因不会影响所有的存在者，而只影响由原因而产生的东西（*ens causatum*），因为它自身是存在者。因此，这一原因必须借助存在论的规定而被把握到。

布拉班特的西格尔的思维方式在**约翰·邓斯·司各脱**的哲学中找到了它不仅在事实上高度精细化，而且具有历史影响力的表述。就这个表述而言，处于核心地位的是所谓的"单义的存在概念"，这个概念为同质的存在理论奠定基础，正如这一理论在布拉班特的西格尔那里实际呈现的那样。这个概念旨在反对与阿奎那的分有理论相连的"类比的"存在概念。

根据阿奎那，存在者的存在和存在本身不能够以同样的方式被言说，因为前者只有通过分有后者才获得存在。只有存在本身才在真正的意义上**存在**，因此，存在只是以类比的方式而非以单义的方式，被归于无限者和有限者。阿奎那因此借用了《形而上学》Γ卷第2章的类比学说，根据这一学说，尽管存在者具有多种含义，研究存在的科学仍具有某种统一性，因为"存在着的"首先通过实体而被言说，只有通过与实体的关联，它才通过其他东西而被言说。[48]阿奎那将这一构想扩展到创造者和被造物的关系上。

司各脱批评了这种类比的存在概念，并论证说，这种存在概念缺乏科学的概念所必需的统一性。只有单义的概念拥有充分的明晰性（Eindeutigkeit）。[49]最重要的是，司各脱认为，类比的存在概念完全满足不了存在者之为**存在者**的要求，因为它需要一种探讨存在的等级的理论，因此，它必然要区分存在者的不同种类。[50]

在他对分有关系的详细阐述中，司各脱并不反对由原因而产生的东西分有原因。然而，这样一种分有并不妨碍我们去假定一个可认识的共同东西。[51]根据司各脱，上帝和被造物并不是相互排斥的两极；这种相互排斥只适用于上帝和无、被造物和无之间的关系。由此，必然有某种共同的东西可归属于两者。司各脱坚持彻底地区分作为无限存在者（*ens infinitum*）的上帝和作为有限存在者（*ens finitum*）的被造物；通过将十范畴规定为有限存在者的类型，他还为"上帝不是在普遍的意义上存在着"（Deus non est in genere）这个基本原理辩护；不过，"存在者之为存在者"这个概念和它的特性之间的区分必须先行于无限存在者和有限存在者之间的区分。

根据司各脱，所有不是无的东西都是存在者。[52]由原因而产生的东西，对阿奎那而言，展现了存在者本身的性状，但由原因而产生的东西似乎至少与存在者的概念还有距离。由于无是某种包含着矛盾的东西，因而存在者在最普遍的意义上是那种不包含矛盾的东西。[53]然而，无矛盾性并不蕴含着实存，而是仅仅蕴含着实存的可能性。根据这个最普遍的概念，存在者并不是那种实际存在着的并因此可找寻到的东西，而是所有那些适宜实存的东西。实存的可能性，作为无的对立面，只是展现了"存在性的最低要求"[54]，而这种宽泛的存在者概念使如下的存在理论得以可能，这种理论并不满足于确证实际实存者和接下来马上在范畴中被划分的事物，而是将"存在着的"这个词的超范畴含义（transkategorialer Sinn）当成出发点。在研究存在的学说中，实体范畴具有支配性地位，这在阿奎那那里表现为存在者之为存在者屈居上帝之下，这种支配性地位为司各脱的"存在者作为可能的东西"这个超范畴的概念所消解。如果存在者不再被当作实存着的，只是被当作可能的存在者因而是形而上学的对象，那么形而上学就不再需要为某种神学所支撑。对实存的根据的追问也不再表现为某种寻求位于存在者彼岸的本原的动机，因为这个存在者不再被规定为实存着的，而被规定为可能的存在者。由此，探讨存在者之为存在者的学说包括了最普遍的和最高的科学，因为不存在任何超越这门科学的问题域的东西。甚至上帝作为所有现实存在者的最高实在根据，也与无相对立。就此而言，上帝指向了"存在性的最低要求"，这种最低要求也分派给了所有其他的存在者，并造就了"存在者"这个概念。这种"最低要求"甚至足够去言说作为存在者的上帝。

3. 德国学院派哲学和沃尔夫的形而上学概念

通过对 **17 世纪德国学院派形而上学**的研究，马克斯·冯特（Max Wundt）发现了这门学科的理想型（idealtypisch）划分。[55]在其中，司各脱对形而上学的理解得到了反映。这个时代的教科书分为普遍部分和特殊部分。普遍部分处理的是：其一，形而上学的本性和对象，即作为最普遍的科学和探讨存在者之为存在者的学说的形而上学；其二，普遍的存在者，包括阐释一些奠基性的区分，比如"就其本身而言的存在者和就偶性而言的存在者"（*ens per se-ens per accidens*）和"实在的存在者和理性的存在者"（*ens realae-ens rationis*），以及阐释存在者的本原，其中又区分为认识的本原（*pricipium cognosendi*）、矛盾律和存在的本原（*principia essendi*）、存在、实存（*existentia*）、本质（*essentia*）和四因；其三，探讨状态［属性（*passiones*）、遭受（*affectiones*）、偶性（*attributa*）、性质（*proprietates*）、模态（*modi*）］的学说，借用邓斯·司各脱的观点，其中又区分为简单的属性（*passiones simplicae*）［一（*unum*）、真（*verum*）、善（*bonum*）、事物（*res*）、程度（*aliquid*）］和分离的属性（*passiones disjunctae*），它们只能共同分派到存在者之为存在者之上（潜能-现实；原因-由原因而产生的东西；必然性-偶然性；有限的-无限的；先-后）。这些主题的选择指向了亚里士多德《形而上学》的 Δ 卷。

特殊部分包含了对存在者的类型（*species*）的处理，在所有类型中，十个范畴被理解为"存在者的十个种"（*decem genera entis*）。有两股思潮从中产生。其中一股思潮借助苏亚雷斯富有影响力的《形而上学论辩》（*Disputationes Metaphysicae*），将存在者首先划分为无限存在者和有限存在者（在这点上，苏亚雷斯的区分又可追溯到司各脱），然后又只把后者划分为实体性的存在者和九个偶性的存在者，以至于无限存在者处于范畴规定的领域之外。另一股在德国影响更大的思潮则直接将存在者划分为实体和偶性，以便之后将前者区分为不同的实体类型：作为物理学对象的物体性实体和作为神学对象的分离实体（天使、上帝）。[56]

这种划分显然表达了某种对形而上学的理解，它指向了存在者之为存在者这个问题的优先性。我们首要的任务是去研究存在者之为存在者的概念以及它进一步的规定。只有在此之后，各不相同的、通过范畴而得到规定的存在类型之间的区别才得以产生。对上帝的追问虽然在形而上学中有其位置，但是与存在者之为存在者这个问题截然分开，因而被放在了教科书的特殊部分。

根据冯特的研究，形而上学的特殊部分有着日益明显的缩减趋势。对于实体类型的处理游走在实用哲学（Realphilosophie）中，对偶性的研究则落入逻辑学中，在其中，根据亚里士多德的《范畴篇》，偶性被说成表述形式。即便没有明言，冯特还是认为，导致特殊部分衰退的主要困难在于，特殊部分的主题"实体及其偶性"和普遍部分的主题"存在者及其属性"之间的区分没有被坚持。[57]最主要的是，就偶性而言，非常清楚的是它们在第一部分在别的事物的名义下已经被处理为情态（Affektionen）了。同样地，量已经在与一的关联中被当作处理的主题，质则包括了所有的情态，因为这些情态最终都是质，关系则表达了情态的秩序（比如本原-被本原规定者或原因-结果），主动-被动（*actio-passio*）与现实-潜能扯上关系，时间（*quando*）则攀附在先-后（*prior-posterior*）和持存（*duratio*）之上。

如果冯特在这些论断上有道理的话，那么 17 世纪似乎就形成了如下的趋势，即将范畴提升到普遍的-存在论的范围并因此将它处理成普遍形而上学的主题。范畴似乎不再被看成十种不同的存在者类型的名称，而是被看成存在者之为存在者的基本规定。质似乎不再是与其他的存在者类型并列的某种存在者类型，毋宁说，存在者在质的意义上被规定为存在者。根据冯特的观点，这里已经表现了某种趋势，即形而上学被理解为带有**范畴**印记的存在论。整个过程就指向了作为普遍形而上学的术语的范畴在康德的《纯粹理性批判》中所扮演的角色，在这部著作中，康德甚至走到这样的地步，即古典的"存在者的属性"（passiones entis）、一、真和善都被当作真正非存在论的而被拒斥。[58]

形而上学的普遍部分和特殊部分的区分最终表现在由**克里斯蒂安·沃尔夫**所传播开来的"普遍形而上学"和"特殊形而上学"的区分之中，其中，第一种形而上学作为"第一哲学或存在论"具有卓越的地位。

在《普遍哲学导论》（Discursus Praliminaris de Philosophia in Genere）中，沃尔夫陈述了他的哲学架构。[59]第三章"论哲学的部分"（De partibus philosophiae）首先规定了我们认识的存在者（entia）有哪些：上帝，人类灵魂，还有物体或物质性的东西。[60]与此相应地，哲学主要分为三个部分："自然神学"（Theologia narualis），它以上帝为对象；"灵魂论"（Phychologia），它处理人类的灵魂；"物理学"（Physica），它是关于物体的科学，"宇宙论"（Cosmologia）则是其分支。接下来，沃尔夫由表及里地列举了其他的哲学学科，直到"技术"（Techhnologia，§71）和"天象学"（Meteorologia，§80）。

"存在论"也被确立为众多哲学学科之一。它所把握的是与实用哲学的对象（即精神和物体）相同的东西。它的对象是普遍的存在者及其普遍的情态，即存在者之为存在者。由于其普遍性，存在论被规定为第一哲学。[61]

沃尔夫认为，存在论是第一哲学的原因将通过各门哲学学科的排序标准而变得明确。这一标准唯独根据本原和被本原规定者组成的秩序，构建了各门科学之间的关系。[62]在"总的来说，哲学必须是进行证明的科学"这个前提之下——沃尔夫坚信这一前提条件的正确性，还孜孜不倦地再三提到它，提供本原的学科必须地位更高，与之相反，回溯到这些已经证明了的本原的科学地位更低。沃尔夫反复演练所有可能的本原和被本原规定者的关系,以便获得一个"哲学的秩序"(ordo philosophiae)。他首先指出,逻辑学并不是第一哲学的备选项,因为它从存在论中借来了它的本原。[63]但是很可惜,沃尔夫在这里没有进一步解释。他的《第一哲学或存在论》(Philosophia prima sive Ontologia)表明,他将逻辑学的本原把握为真正的存在论的本原。[64]在这部著作中,第一部分["De principiis philosophiae primae"(论第一哲学的本原)]的第一章处理了矛盾律(principium contradictionis,§27以下),以及作为矛盾律的推论的排中律(§52 - §54),最后还有"确定律"(principium certitudinis)。[65]在这个部分的第二章中,沃尔夫给充足根据律(principium rationis sufficientis)提供了一个详细的、系统的和历史的推导(§56 - §78)[66]。对于实践哲学[伦理学(Ethica)、政治学(Politica)和家政学(Oekonomia)],沃尔夫指出,它不依赖于灵魂论和自然神学[67],因此同样不是第一哲学的备选项。在此之后,他还最终确立了三门形而上学学科相互之间的关系以及它们与存在论的关系,这样就得出了"形而上学各部分的秩序"(ordo partium metaphysicae)。根据这一秩序,存在论处于第一位,"普遍宇宙论"(Cosmologia generalis)处于第二位,灵魂论处于第三位,自然神学处于第四位。存在论之所以走在其他三门证明科学之前,是因为它包含了证明的原则。特别地说,自然神学之所以也位列其下,是因为它频繁地运用了存在论发展出来的某些普遍概念,比如实存、本质、必然性和完善性等等。[68]自然神学之所以位列宇宙论之下,这是因为上帝的实存和属性的必然性是通过考察世界而获得的。[69]最后,它之所以位列灵魂论之下,这是因为上帝的属性是通过去除灵魂论用来描述灵魂的概念的限制而被表述的。[70]

克里斯蒂安·沃尔夫的哲学构想恰好最清晰地表现了阿维森纳和邓斯·司各脱的思想路线的影响。在他那里很清楚的是,存在论作为研究存在者之为存在者的科学,有别于那些处理特殊的、我们所熟知的存在者(上帝、人类灵魂和物体)的形而上学学科。沃尔夫将这种普遍形而上学诠释为第一哲学,首先,因为它是最普遍的学科;其次,因为特殊形而上学的合理性,即对证明科学的原则的确证,依赖于存在论。柏拉图式的观点,即其对象处于最高的存在等级的科学也必须是最高的科学,在沃尔夫那里再也不起作用了。他这样做绝非降低了上帝这个最完善的存在者的等级，更不要认为他否认了上帝的实存。他只是坚持，这种存在者也是一种存在者，因此，那些通过上帝而获得证明的东西，必须以研究存在者之为存在者这门学说的术语来表述。

4. 康德对形而上学的改革

(1) 先验哲学与存在论

康德致力于先验哲学而非形而上学，这个说法虽然广为流传，但却几乎不符合康德的自我理解。他不仅在从事哲学思考的前批判时期，从莱布尼茨、沃尔夫和鲍姆加登的哲学出发处理过形而上学问题，而且还把他的批判哲学理解为形而上学的工作，在这点上，康德对形而上学的理解一直契合沃尔夫的理解方式。这不只体现在康德将"形而上学"这个概念运用到道德哲学著作的标题上（《道德形而上学奠基》《道德形而上学》）。《纯粹理性批判》的前言和导论也表明了，康德将批判的事业置于形而上学之内。《纯粹理性批判》的终章将这部书的内容与"纯粹理性的历史"挂钩，对于康德而言，这段历史说的就是形而上学的历史。（B 880-884）康德发表了一部探讨理性批判的小书，叫《任何一种能够作为科学出现的未来形而上学导论》。1791年的有奖征文特别关注了康德自己的先验哲学在形而上学历史中的定位。

在就职论文《论感性世界与理知世界的形式及其原则》（1770）①[71]中，他已经展现了形而上学的努力的基本特征。形而上学是这样的一门哲学，"它包含着纯粹知性运用的最初原则"（§8，A 11）。形而上学是一门"纯哲学……在其中，知性的运用就其原则而言是实在的，也就是说，事物和关系的原初概念以及公理自身最初是通过纯粹知性自身被给予的……"（§3，A 29）。在这里，康德提及了《纯粹理性批判》的十二个范畴中的五个["可能性、实存、必然性、实体、原因等等"（§8，A 11）]，以作为这种源自纯粹知性的概念。

---

① 以下康德文本，凡是有中译的，译文皆来自李秋零主编：《康德著作全集》，北京：中国人民大学出版社，2003年及以后。为了照顾到译文的术语统一性，有些地方对译文做了简单处理，不一一注明。——译者注

在这篇早期作品中,就出现了这样的责难:与几何学相反,形而上学的进展并不顺利,"淆乱的迷雾"不容易被驱散。形而上学需要"预科,即说明感性认识和知性认识之区别的这门科学"(§8,A 11)。而这篇关于感性世界和知性世界的论文就是对于这门预科的一个尝试。这个尝试在结束章"就形而上学领域中有关感性的东西和理性的东西的方法"(A 28)中达到高潮。从事形而上学的人们"永无止境地推动着他们的西西弗斯之石,至今也几乎没有什么进展"(§23,A 29),因为他们没有注意到形而上学唯一正确的方法。

> 形而上学有关感性和理性的所有方法都首先涉及这一规定:必须谨慎提防,不要让专属于感性认识的原理越过自己的界限,影响到理性认识。(§24,A 30)

因此在形而上学中,所有的错误原理都导致了以经验为条件的命题被当成知性的真理,这些错误原理能够借助方法论的原理而被摒除。当方法臻于完善时——正如文章结尾处具有纲领性质的阐述所说的那样,它就将"具有科学的一席之地",这门科学作为预科,能够服务于所有"想深入研究专属形而上学奥秘的人"(§30,A 38)。

在这里,形而上学是一门这样的科学,它的基本原理存在于"纯粹知性"中。(此后康德又说,它是"纯粹理性"的分内之事。)它具有"无可争议的确定性"(§22,注)。为了推进它,我们需要一种方法,而这种方法自身必须被改进为科学,并且教授我们去认识和区分以经验为条件的命题。在内容上,形而上学处理感性世界和理知世界,也即现象界(*Phaenomena*)和本体界(*Noumena*)。在这里,康德已经将作为主观能力的空间和时间设定为感性世界统一性的根据(§13),但他的意思是,**除此之外**,我们还需要知性世界统一性的客观根据,并且在上帝中找到它,这个上帝影响了世界中所有实体的联合体,影响了普遍的和特殊的和谐。(§16 - §22)

需要特别提及的是形而上学的两个部分,即存在论和理性灵魂论。在知性知识的"独断"运用中,也就是说,以科学的方式向前推进的运用中:

> 存在论或者理性灵魂论提供的纯粹知性普遍原理，得出某种只有借助纯粹知性才能把握、就实在性而言是所有其他事物的共同尺度的原型，这就是本体的完善。然而，这要么是理论意义上的完善，要么是实践意义上的完善。在前一种意义上，它是最高的存在者，即上帝；在后一种意义上，它是道德上的完善。（§9，A11）

据此，知性知识的领域不仅包括存在论连同其纯粹知性的普遍原理，而且包括完善的原型。在理论方面，存在论奔向这一原型，在实践方面，理性灵魂论奔向这一原型。据此，康德的形而上学作为研究纯粹知性知识的科学，包括了存在论（和理性灵魂论），也包括了神学，就此而言，在独断的也即具有科学形式的架构中，存在论先行于神学。康德1770年的就职论文以沃尔夫的形而上学架构为基础。

对形而上学缺乏进步的抱怨同样存在于《纯粹理性批判》的前言中（比如A Ⅷ）。形而上学表现出了某种单纯的"停滞"（B Ⅶ），而不是无可争议的确定性。正如在就职论文中那样，康德谈到了一种方法，通过它的帮助，形而上学"能够被带上一门科学的可靠道路"（B XXII）。《纯粹理性批判》只不过是一部"关于方法的书"（B XXII），这种方法使得形而上学进入一种"恒定状态"（B XXIV）。根据《纯粹理性批判》的看法，一门"系统的形而上学"（B XXX）能够被拟定。"批判是为了促进一门缜密的、作为科学的形而上学所采取的必要的、临时的措施，这种形而上学必须是独断的，按照最严格的要求，这种形而上学也必须是系统的。"（B XXXVI）在未来的"形而上学体系"中，我们将必须

> 遵循所有独断论哲学家中最伟大的哲学家——最著名的沃尔夫的严格方法，他率先做出榜样……如何通过合规律地确立原则、清晰地规定概念、力求严格地证明、在推论中防止大胆的跳跃，来选取一门科学的可靠过程，正因为此，假如他曾经想到通过对工具论亦即对纯粹理性自身的批判事先为自己准备好场地的话，他本来也特别适合于使形而上学这样一门科学达到这一水平。（B XXXVI以下）

34 批判并不与理性科学的"独断方法"相对立——因为这种科学"在任

何时候都必须是独断的,即从可靠的先天原则出发严格地证明的"(B XXXV),而是与"独断论"相对立,这种独断论"没有先行批判"理性的能力就运用独断的方法。在这里,沃尔夫形而上学中以原则为旨归的、"独断的"方法,被擢升为新的、通过批判而预备好的形而上学的原型。

批判的任务通过就职论文的方法论原理而部分地被把握到,我们"必须审慎地提防,不要让感性认识的私有原理越过自己的界限,影响到理性知识"(§24,A30)。然而,对康德而言,这项任务的紧迫性和范围首先通过休谟的怀疑论而变得清晰起来,因为休谟的怀疑论主张,"原因和结果的联结"(Prol. A 8)这个形而上学的概念绝非源自理性,而是源自经验。康德将批判拓展到一切概念之上,通过这些概念,知性先天地思考事物的联结。由此,他确定了"形而上学完全从中产生"(Prol. A 14),并从中得出如下结论,即为了拯救形而上学,我们必须证明形而上学的概念不是从经验中引申而来,而是产生自纯粹的知性。(Prol. A 14)因为根据休谟的观点,形而上学的基本概念只具有主观的、与人的联想能力相关的有效性。证明它们来自纯粹知性,也就是说证明它们的先验性,这是证明它们的"客观有效性"的前提条件。

> 我要说,这一演绎是为了形而上学曾经所能够做出的最困难的工作;而这方面最糟糕的还有,形而上学哪怕已经存在于某个地方,也不能给我提供丝毫的帮助,因为应当首先由那种演绎来澄清一种形而上学的可能性。(Prol. A14)

通过对这个问题的解决,他最终能够

> 全面地按照普遍的原则来规定纯粹理性的整个领域,包括它的界限和内容,这就是形而上学为了按照一个可靠的方案来建立自己的体系所需要的东西。(Prol. A 15)

但是,众所周知,康德打算只为如下的形而上学基本概念指明客观有效性:这些基本概念被证明是经验的可能性条件,并因此总是与经验相关。除此之外,还存在着一些概念,这些概念虽然同样具有理智的也就是非经验的起源,但是没有直接的经验相关性,因为它们描述的是超越经验

（überempirisch）的实体。康德援引"灵魂"、"世界"和"上帝"，或者与此相应、但更多地关涉人类的"不朽"、"自由"和"上帝"，当作这种不能够证明其客观有效性的概念。通过证明形而上学的基本概念具有理知的起源，康德将他的形而上学计划与休谟的批判区别开来；通过如下的论题，即并非**所有的**理智概念都能够被确保为客观的，康德划出了与传统形而上学的分界线。

对此，决定性的是这些概念的综合作用。康德认为，流传下来的形而上学的根本缺陷在于，它只是以分析的方式，即以对给定的概念进行解析的方式进行着，然而（这个论点是对休谟进行防御的结果）真正的任务在于证明这些概念的综合特征。因为只有具有综合功能的概念（十二个范畴）才能够被看成建构了对象的，也就是说，被看成建立在经验基础之上的，并因此被视作具有客观有效性的。只有它们才能够产生先天综合判断，这种判断为所有要求客观性的科学奠定基础，并且它们以其最抽象的形式，不但阐释了纯粹的自然科学，而且建立了实践哲学的基础。

概念具有综合特征，或如通常所言，概念能够建构对象，这个观点预设了所谓的"哥白尼转向"（参见 KrV B XVI）。据此，我们需要假定，并非概念（和直观）围绕对象转（那样的话，它们只需要被分析），而是对象围绕概念转，这样概念就配备了综合功能。关于这一转向，康德写道：

> 这一尝试如愿取得成功，并且在形而上学探讨先天概念（它们在经验中的相应对象能够与它们相适合地被给予出来）的第一部分中，向形而上学许诺了一门科学的可靠道路……但是，从我们先天认识能力的这一演绎中，在形而上学的第一部分里，却得出了一个令人感到奇怪的、对于第二部分所探讨的形而上学的整个目的就一切迹象来看非常不利的结果，即我们不能凭借这种能力超越可能经验的界限，而这恰恰是这门科学最本质的事务。（B XIX）

在这个对他的批判哲学的简述中，康德将一种二分法设定为形而上学的基础，这种二分法是"哥白尼转向"的结果，它将那些可证明其客观有效性的概念与那些并不能通过这样的方式获得根基的概念区分开来。就此而言，这种方法在根本上重提了沃尔夫所做的普遍形而上学和特殊形而上学的区分。灵魂、世界和上帝，这些理性灵魂论、宇宙论和神学的主题，将在康德形而上学的第二部分得到处理；在那里，我们不能期待积极的结果，而存在者之为存在者将在这门形而上学的第一部分被讨论，并在范畴学说的框架内得到处理。

通过区分先验分析论和先验辩证论，康德复刻了沃尔夫做出的普遍形而上学和特殊形而上学的区分，这一区分根据的是"可能的经验相关性"这一标准。由此，普遍形而上学的特征是，它是探讨经验对象的理论，而特殊形而上学被从实证的、理论的-独断的知识领域中排除，并被移送到实践中来谈论。只有"在实践的意图中"，形而上学最本质的事务——超越可能经验的界限到达超感性者——才得以开展。（参见 B XXI）

根据康德，对纯粹理性的批判还没有给出纯粹理性的系统。它阐述的尚且不是真正的"学说"，而只是"预科"（B 24 以下），它是"纯然判断纯粹理性及其来源和界限的科学"（B 25）。此外，在"先验哲学"的名义下所宣告的"形而上学的体系"——批判充当了这一体系的预备工作——并非与这一批判完全不同：

> 先验哲学是纯粹理性批判以建筑术的方式亦即从原则出发为之设计出整幅蓝图的一门科学的理念，要完全保证构成这一大厦的各个部分的完备性和可靠性。（B 27）

因此，这一批判从原则出发，呈现了新大厦的所有部分和建筑结构，即蓝图。这一批判自身并不是"先验哲学"，这个观点只不过是基于如下看法，即它虽然详细列举了纯粹理性的"基本概念"，但是这些基本概念并没有得到剖析，它也没有展开所有从这些基本概念中推导出来的概念；不过，这似乎很容易得到补充，只要基本概念作为综合的原则首先得到阐释。（参见 B 27 以下）

康德为柏林皇家科学院（Königliche Akademie der Wissenschaften in Berlin）1791 年的有奖征文而撰写的稿子（1804 年才首次得以印刷）提供了一个特别的视角来观察康德与学院派哲学的分歧。这一有奖征文的题目是："自莱布尼茨和沃尔夫以来，德国形而上学取得了哪些现实的进步？"（"Welches sind die wirklichen Fortschritte, die die Metaphysik seit Leibnitzens und Wolf's Zeiten in Deutschland gemacht hat?"）对此，康德从"理性真正地想用形而上学做什么"这一问题开始回答道：

> 整个形而上学所关心的终极目的很容易被揭示，就此而言，它能够确立一个关于它自身的定义：它是一门科学，凭借理性，从关于感性事物的知识前进到关于超感性事物的知识。（A 9 以下）

康德将所有为可能经验这一目标服务的，也即所有具有对象相关性的东西都算作关于感性事物的知识。借助终极目的这个定义，康德确立了存在论和形而上学之间的关系：

> 存在论是这样一门科学（作为形而上学的一部分），它制定了所有知性概念和原理组成的体系，但这只是就其与如下对象相关而言，这些对象能够被给予感官，即能够通过经验得以证明。它并不触及超感性事物，这些事物是形而上学的终极目的，因此它只是作为预科而属于形而上学，作为真正的形而上学的会堂或前庭，它被称作先验哲学，因为它先天地包含了我们所有知识的条件和第一要素。（A 10 以下）

存在论是形而上学的如下部分，即它处理的是我们关于对象的知识的原则，就此而言，它处理的是感性事物，它和先验哲学是等同的[72]，而形而上学的另一部分则指向关于超感性对象（如世界、灵魂和上帝）的知识。将存在论刻画为形而上学的"预科"和"前庭"的做法产生自终极目的这个公式；根据学院派的术语，存在论毫无疑问是形而上学不可分割的组成部分："它（形而上学）是所有通过概念而获得的纯粹理论理性知识的原则组成的体系，或者简而言之，它是纯粹理论哲学的体系。"（A 13）[73] 在这里，也存在着沃尔夫对形而上学的划分：存在论（普遍形而上学）和特殊形而上学，这一区分是借助客观性这个标准而产生的。据此，《纯粹理性批判》的分析论在原则上对应于存在论（不太一致的地方有待进一步确证），而辩证论阐述了特殊形而上学的困境，不过特殊形而上学还是构成了整个形而上学的终极目的。基于存在论而导致的对形而上学要求的拒斥并没有完全否定这一要求，而只是将这一要求从"理论-独断的"领地逐出，安置到"实践-独断的"领地（A 44）。由此得出了纯粹理性阶段的如下三重区分：

> 科学学说，作为一种确切的进步；怀疑学说，作为一种停滞阶段；智慧学说，作为一种向形而上学终极目的的跨越。第一个包含了一个理论的-独断的学说，第二个包含了一个怀疑论的学说，第三个则包含了一个实践的-独断的学说。（A 44）

由此，康德也可以说，先验哲学（正如之前的存在论）以"形而上学的建立"为其目的，这种形而上学又实现了从感性事物向超感性事物的跨越；然而，先验哲学教导我们，这种跨越不是"持续性的前进"，而是"危险的跳跃"（A 43）。莱布尼茨和沃尔夫的形而上学的错误，总而言之，正如所有前批判哲学的错误，都存在于过于迅速地并以错误的方式将存在论设定为关于超感性事物的知识的开端。

康德从形而上学自其开端以来，尤其是自莱布尼茨以来的历史中，识别出了"科学学说""怀疑学说""智慧学说"三个成体系的阶段。首先，康德对这段发展历史给出了一个普遍的刻画（A 16-21），这一刻画通过对莱布尼茨的细致入微的批判而得以具体化（A 66-108）。形而上学的第一阶段，正如柏拉图和亚里士多德所做的那样，以非批判的方式顺从了从感性事物跨向超感性事物的自然趋势，也就是说，将存在论的原则运用到认识超越经验的实体这个目标。[74]由于对这个领域的把控被经验排除了，所以人们将确立的命题的无矛盾性看成有效性的一个充分标准。

形而上学的第二阶段"几乎同样古老"（A 17），康德将这个阶段描述为怀疑论之后退，它指示了"形而上学所有尝试的完全失败"。只有"臆想出来的对超感性领域的征服"（A 18）才会遭遇这种"不幸"，在这个超感性领域中，人们以理论的-独断的方式谈论"绝对的自然整体""上帝、自由和不朽"（A 18）。然而，（除了数学以外）存在论也没有遭遇这种怀疑，因为关于可能经验对象的知识完全踏着坚定的步伐。将怀疑扩展到"关于感性事物的知识的原则"，或者说扩展到存在论，这在哲学史中并没有真正地践行，毋宁说它只是对独断论者做出的要求："证明经验的可能性所奠基于其上的先天原则"（A 19 以下），这在前批判时期当然是不可能成功的。

独断论和怀疑论后紧接着的是批判主义，作为形而上学的第三阶段也是最新的阶段，它研究的是"就感性事物或超感性事物而言的"（A 20）知识能力的范围、内容和界限。

根据这个概述，存在论作为探究关于感性事物的知识的先天条件的学说，总是迈着坚定的步伐。所有时代的怀疑论对形而上学的批判只是针对那种从关于感性事物的知识的原则中获得关于超感性事物的知识的尝试，也就是说，那种从存在论上升至宇宙论、灵魂论和神学的尝试。[75]

康德以对"著名的沃尔夫"的称赞开始：沃尔夫在采用单纯分析方法的时代获得了巨大的成就，他"对纯粹知性概念进行了划分，获取了运用于经验知识的先天原理（存在论就在其中）……"（A 68）；在此之后，康德陈述了莱布尼茨和沃尔夫对存在论的具体态度，并批判了莱布尼茨（和之后的沃尔夫）新近引进的形而上学的原理。这些原理是："彼此无差别者的同一性"原理（*principium identitatis indiscernibilium*，A 69）、充足根据律（A 71）、"预定和谐"原理（A 73）和单子论（A 76）。所有这四条原理都建立在同一个错误之上，即对先天直观原理，尤其是对空间性原理的无知。[76]这首先在第一条原理上得到体现，但是对作为先天规定性的空间的关注则允许我们以形而上学的方式区分两种在其他情况下无法区分的事物，这种区分借助的是它们在空间中的位置。康德特别关注了充足根据律，因为它为"最实在的存在者"（*ens realissimum*）这个概念奠定了基础，并阐明了从存在论跨越到超感性事物所需要的工具。[77]建立在充足根据律基础上的上帝证明有理由被称为"存在论的"，因为这一证明首先从一个关于事物的先天概念开始。（A 125）

康德在1790年发表的文章中，对于这一原则给出了最详细的批评，这篇文章名为《论一个据它所说一切新的纯粹理性批判都由于一个更早的批判而变得多余的发现》。这一批评指向了艾伯哈特（Eberhard），他主张莱布尼茨的哲学已经包含了一个对知识能力的批判，借助这一批判，我们可以抵制怀疑论，又无须放弃传统形而上学的要求。[78]根据艾伯哈特的过分要求，充足根据律（由此，因果性的概念）具有客观实在性，而无须局限于感性对象，康德则批判说，这一规则只具有逻辑的有效性，并且首先只与各种定律（Sätze）相关。就事物及其实在根据而言，它只在如下条件下有效：直观是可能的。艾伯哈特将这个定律建立在逻辑的基础上，也就是说从矛盾律推导出来，因而不合理地将这个定律看成"先验的原则"，这一原则不仅涉及判断的形式条件，而且"先天地规定了客体及其可能性……"（参见 A 15 – 17）[79]。然而，康德认为，对于先验的原则而言，一个综合原则是有必要的，而矛盾律及其衍生物则归属于分析判断这个类别。与分析-综合这个二分法相应的另一种二分法是单纯逻辑的-客观（与事物相关的）有效的，与此相应的还有第三种二分法，即纯粹理性的-与直观相关的。充足根据律在原则上是分析的，这意味着，它并不具有进一步的客体相关性。如果反过来，它的客体相关性被证明，正如"因果性"范畴这种情况，那么它就不能够被扩展到超越经验的实体之上，这些实体只是理智的，不能用感性来把握。无论如何，它都不能搭建从感性事物的王国通向超感性事物的王国的坚固桥梁。通过充足根据律也不可能从存在论通向特殊形而上学。

康德的批判还指涉另一件事情：如果单纯理智的原则最终不经直观的中介就具有对象相关性的话，那么它必然指涉物自体。直观是不可逾越的，以单纯理智的方式对对象进行把握是不可能的。因为我们的知识能力被限制在现象之上，所以理智的原则只能够借助现象的限制而获得客观实在性。由此，康德激烈批判了莱布尼茨和沃尔夫的如下观点：感性表象和理智表象之间的区分只是清晰度的差别。如果这样的话，感性直观就传达了关于一般事物的含混表象，而知性则具有关于这些事物的清晰表象。与此相反，康德认为，感性和知性都不关涉事物本身，而只关涉现象——这个观点是如下证明的前提：至少某些形而上学的概念具有客观有效性，也就是说，对象相关性。[80]

充足根据律——根据康德的总结——能够被允许进入先验哲学，是因为它"赋予了一种概念的综合联结以合法性"（A 87），也就是说，它不隶属于矛盾律之下，而是隶属于所有综合判断的最高原则之下，这个原则便是："每一个对象都服从可能经验中直观杂多的综合统一的必要条件。"

(KrV, A 158)此外, 莱布尼茨借助他的充足根据律只不过想要给出这样的提示:"除了矛盾律(作为分析判断的原则), 还必须添加一个别的原则, 即综合判断的原则。"(A 120)

充足根据律作为矛盾律的衍生物, 是一个单纯逻辑的而非存在论的定律, 它只有借助因果概念的先验演绎, 即只有限制在可能的经验之内, 才具有存在论的有效性, 因此它不适合于从存在论向超验神学跨越, 康德使得这点在他对上帝存在的存在论证明的批判中同样有效。他考察了在莱布尼茨这里的上帝概念: 上帝作为原初存在者(ens originarium)和实在性的总和(ens realissimum), 并写道:

> 的确, 当我们想要先天地得到一个关于某个一般事物的概念, 也就是说, 以存在论的方式得到一个概念, 我们总是在思想中将最实在的存在者这个概念当成原初概念并作为基础, 而否定作为某物的规定, 则总是推导出来的表象, 因为我们如果不事先将与之相对的实在性思考为某种被设定的东西(positio s. reale), 就不能将否定思考为扬弃(remotio)。(Fortsch. A 125)①[81]

根据康德, 恰恰是充足根据律产生了如下后果, 即所有的事物"从形而上学的角度看, 都产生自实在性和否定, 产生自存在和非存在"(A 71)。就此而言, "所有的否定——就像对实在性的总和的限定, 因而所有的事物——除了它们可能性的这一个总和, 都必须被看成是这个总和中派生出来的"(A 126)。这个关于一般事物的先天概念——作为这样的概念, 它要求成为一个存在论的概念——建立在如下假定之上: 每个被规定的事物"部分地是实在的, 部分地是否定的"(A 126 以下)。因为否定作为限制必须预设一个要被限制的实在性, 因此源自纯粹的肯定和实在性的最实在的存在者就必须被假定为每个事物的根据。这个形而上学的上帝"包含了产生所有其他可能的事物的材料, 正如大理石包含了无限多样的雕塑的材料, 所有这些雕塑只有通过限制(通过从整体的特定部分中排除其

---

① 本书中的"Fortsch"是指康德的论文《自莱布尼茨和沃尔夫以来, 德国形而上学取得了哪些现实的进步?》。——译者注

他部分，也就是说只有通过否定）才是可能的"（A 126）。

然而，康德认为，这整个论证陷入了空谈，因为在这里，"思维的单纯主观的条件被当成事物自身的可能性的客观条件"（A 126 以下）。最实在的存在者作为所有被限制的实在性的根据是一个逻辑的要求，而不是一个先验的要求；它对于经验的可能性毫无助益，因此不具有客观的有效性。对于康德来说，这指明了上帝存在的存在论证明的弱点：这个证明并不能从最高的实在性推导出存在，这恰恰是因为，逻辑和存在论之间的裂缝如果不求助于直观则不能被弥合（参见 A 127 以下；关于判断与事物之间的区别，也参见 KrV B 621 以下）。

根据康德自己的陈述，他的形而上学在原则上处于沃尔夫传统的框架内，并最终处于司各脱传统的框架内。存在论是真正的基础学科，并先行于特殊形而上学。所有对这一构想所做出的改变都导致了如下后果：为了抵制怀疑论，康德在《论普遍的存在者》或者《论事物》中，除了矛盾律，还引入了综合判断的最高原理，这一原理与莱布尼茨确立的充足根据律针锋相对。综合是关于事物的一切知识的最高条件。这个综合表明了直观和概念的共同作用，从这个综合的条件（直观和概念）中，我们可以知晓，与超感性事物相关的这些疑难是不可解决的，我们需要将"上帝、自由和不朽"这些主题向实践哲学转移。如果充足根据律不应该仅仅有逻辑的意义，那么它就要被置于综合判断的最高原理之下。因此，它的范围就被限制在了可能直观的领域中，以至于它不再能从存在论向超感性事物跨越。由于所有的超感性实体都从理论的-独断的探讨中摆脱出来了，因此探究存在者之为存在者的学说（归属于理论哲学）就将自身还原为探讨经验对象的理论。

然而，从综合原则中，我们得出了"存在论具有优先性"这个图景的一个变形——虽然康德自己没有强调这个变形对于构想一门基础哲学的意义，但是它却构成唯心论关于绝对者的理论的起点。康德认为，综合作为所有经验的可能性条件是一个"自发性的行动"（KrV B 129），这个行动必须有一个行动者，它完成这个行动——自我作为思维着的主体。范畴似乎是这个自我的工具，借助范畴，它就可以根据一切综合判断的最高原理去综合直观材料。但是，范畴作为活动性的方式，却不能运用于行动者自身。[82]思维着的自我不能以范畴的方式被把握。当然,自我通过多种方式将它自己变成对象;借助内感官,它有了对自己的直观,这些直观可以被范畴化,但是这些知识只与自我如何显现自身相关,而与自我自在地是怎样的无关。"灵魂论的自我,作为经验的意识"(Fortsch. A 37)完全是可认识的,但"逻辑的自我"(A 38)并不是这样:这个自我为所有的认识行动奠定基础。[83]

另外,逻辑的自我展现了一种"自身意识"[84],它的同一性构成所有综合的关联点。这种先验的自身意识不把经验的、灵魂论的自我当作对象,而是把逻辑的自我当作对象,但是它却不产生任何范畴的规定性,而只是实存的意识。"与此相反,我……在统觉的综合的、原初的统一中意识到我自身,既不是我如何向自己显现,也不是我自身所是的样子,而仅仅是我存在这个事实。"(§25,B 157)先验的自身意识的内容是思维着的自我的实存;"纯粹的统觉"将"我在"(B 139)这个表象与自身绑定在一起。[85]

据此,一切综合的根据本身就是实存的。存在论作为探讨存在者的学说,只要我们可以用范畴规定它,就建立在一个本原之上,这个本原必然被称为存在者,尽管它自身并不隶属于范畴。然而,康德认为,有可能通过一个非范畴的概念,即通过"自发性"这个概念,来刻画先验自我。正如有奖征文所言:"在纯粹的意识中,逻辑的自我将主体如其自在所是的那样,显现为纯粹的自发性而非接受性,但是却不能进一步地获得关于它的本性的知识。"(A 38)[86]

将最高的综合原理引入存在论的做法,除了使存在论原则有其根据,将探究超感性实体的理论逐出理论哲学,还产生了第三个后果,即超范畴的存在者的引入,这个存在者对经验对象起原则的作用,并通过自发性被标明。在逻辑的自我和事物自身之间存在着建构者和被建构者的差异。这个差异使——超出了康德哲学范围的——不同的思想可能性得以开放。第一种可能性在于,将存在者这个概念留给事物这个领域,并与被建构者这个概念相提并论。建构者并非仅仅是存在者,甚至是超越存在的。费希特主要在他的早期著作中(但部分地也在晚期的一些导论性著作中)选择了这一路径,比如在《第二导论》中,费希特提道:"存在概念绝不是被看作**最初的**和**本原的**概念，而是只被看作**推演出来的**概念。"（Ⅰ 499；Ⅰ, 4, 252）因此首先需要去寻求"所有存在的根据"（Ⅰ 457；Ⅰ, 4, 212）。

第二种可能性似乎存在于只将存在这个概念运用于建构的原则，即运用于建构者。存在只归属于建构者，因为事物并不真正地具有存在。因此《知识学》（1812）的导论说："一（unum）**存在**，除了这个一，完全无物**存在**。"（Ⅹ 331）康德意义上的存在论或将不再与存在者相关。这为关于绝对者的理论留出了位置。

最后还有一种可能性，即在存在者的整个领域内区分出两种存在类型：通过自发性和自身关联而显现出来的存在者和不指向自身关联的存在者。这两种存在类型完全表现出了一种本原-被本原规定者之间的关系，但是无须将被本原规定者的实存从本原中产生出来。康德提供了一种现象的存在论，这种存在论在其根基处包含了如下的动机（Motive）：这些动机以某种方式澄清了这种限制，更具体地说，超出了这种限制。

费希特会回到一种柏拉图化了的形而上学类型，因为他将以范畴的方式关联起来的对象和超范畴的自我之间在建构性理论意义上的（konstitutionstheoretisch）差别，解释为存在者和超越存在的东西（更确切地说，即存在与存在的根据）之间的区别，或者——这主要表现在晚期作品中——解释为真正的存在和单纯假象的存在者之间的差别。最终，这是本原和被本原规定者之间的差别，费希特将这个差别推向如下结果，即作为探究存在者的学说的存在论跨向了一种不能再进一步存在论化的实在。这与康德的关切一致，因为康德认为，超验自我的本体实在性不能为现象的规定性所刻画。然而，费希特以先验哲学的方式建立起来的关于绝对者的形而上学的理念陷入了诸多困难，这些困难将促使我们不再愿意让先验哲学朝着关于绝对者的形而上学这个方向继续发展，毋宁说它们促使我们把握那个另外的、恰恰由康德所表述的动机。根据这些动机，先验自我和经验对象被处理成两个不同的存在类型，其中，第一个类型通过自身关联性、自发性和附着于行动的特性而被描述，与此相反，第二个类型则通过附着于物的特性、持存性和被动性而得到描述。因此，似乎存在着某类存在者，它被说成主体性，还存在着另一类我们不能如此描述的存在者。在康德以建构性理论的方式进行操作的知识理论的意义上，主体性与事物之间的关系虽然同本原和被本原规定者相互间的关系一样，但是这种差异也许恰恰只会导致不同存在类型的分野，而不会导致将存在论限制在被本原规定者的范围之内。存在论同时为两个领域预备概念。最后，考虑到先验哲学，先验哲学自身所由来的那种第一哲学的形式或将重新获得有效性，即存在论作为"普遍形而上学"。

（2）物自体对康德的存在论的意义

费希特对康德批判哲学所做的最为彻底的改变之一便是对物自体的拒斥。否定知识对象的独立实存，将先验唯心论改造成作为某种关于绝对者的形而上学的绝对唯心论的同时不承认认识对象的实存，这种努力对于所有版本的知识学而言是共同的。费希特第一哲学的形态建立在这一举措之上。所有理论上的变迁建立在如下思想的根基之上：除主体性及其可能性条件，没有其他东西被索求。为了使知识学的轮廓显露出来，物自体对康德的形而上学构想的意义必须首先得到阐释。此外我们还将展现的是，一种与纯粹理性批判关联在一起的、拒绝经验对象的自在存在的理论必然和能够承担什么样的后果。

存在论的任务是，先天地关于事物说点什么，根据康德的观点，这只有在哥白尼转折的基础上才是可解决的。如果知识不再指向事物，毋宁说，事物指向那些对我们而言是可能的认识方式，那么对这种认识方式的澄清同时也发现了经验对象的可能性条件，并因此给出了被找寻的关于事物的先天知识，只要这些事物能够在经验中遇到。[87]

这种需要被研究的认识方式本质上是被认知主体的功能（Leistungen）和贯彻执行（Vollzüge）规定的。在它特有的自发性的基础上，这个主体首先能够通过进行综合活动而去建构对象。每个经验对象必须向存在论结构显现出来，这些存在论结构通过综合功能而被置于对象之中，以便将这个对象改造成可能经验的对象。对象的先天结构使得自身通过探究主体的贯彻执行而被获得：通过贯彻执行，主体——先于所有经验并使这些经验得以可能——建构对象。先验哲学"一般地探究我们关于对象的认识方式——就这种方式是先天地可能的而言"（B 25），因此，它必须从根本上在主体性的内在性（Immanenz）中进行。先验唯心论的本质恰恰存在于，停留在进行认识的主体性之内并发现它的结构，因为这些结构展示了那些需要被认识的对象的可能性条件。

在认识理论的层面上，直观和概念或者说感性和知性，必须被区分开来。根据康德，通过感性对象"被给定"，而通过知性对象"被思考"（参见 B 29；B 74），这就让我们借助知性的功能去研究主体的自发性，并且将感性看成媒介，通过它，外在的世界以原初的方式显现出来。对于康德的构想而言，决定性的是，他也赋予感性先天的、以主体为条件的形式，即空间与时间。[88]先验感性论证明了，空间与时间不是某种从对象抽象而来的客观的属性，而是直观能力的观念同时也是先验的形式。

康德认为，直观形式的先天性首先使先天综合判断得以可能。[89]那些认为空间和时间是实在的，或者说是以归纳的方式获得的人，甚至必须"否定先天的数学学说就现实的事物（例如空间中的事物）而言具有有效力，至少否定它具有无可争辩的确定性"（B 57）。在处理纯粹的空间关系的几何学的命题那里，对象必须先天地在直观中被给定，以便将（先天）综合命题建立在这个对象之上。（参见 B 65）即便对于那些探讨自然的形而上学命题，对于"纯粹知性的原理"而言，范畴与先天的直观要素的联结也是必要的。范畴自己并不拥有特殊的对象相关性，但是通过被安排给特定的、先天的直观方式，范畴获得了对象相关性。因为，在综合判断中反映出来的综合的行动只不过是范畴对直观形式的作用；如果不单范畴，直观要素也具有先天来源，那么这种判断只能是先天的。[90]

在探讨"先验想象力"的学说中，在探讨作为范畴和直观形式的联结处的"图型"学说中，这个先天综合的理论如何具体地展开，这里就不再继续深入。只需要确定的是，康德最重要的举措，即将所有综合判断的最高原理引入存在论，将朝着范畴化的概念和观念化的直观形式之间必然的共同作用这个方向发展，从二者的相互交融中才产生了关于经验对象的先天综合知识——这种知识可以在存在论的原理中表达出来，正如在实体的持久性的原理中表达的那样："无论显象（Erscheinung）如何变易，实体均保持不变。"（B 224 以下）或者就像在根据因果性规律的

时间相继的原理中表达的那样:"一切变化都按照原因和结果相联结的规律发生。"（B 232 以下）

康德范畴学说的一个特殊之处在于，根据这个学说，如果范畴的运用脱离直观，那么它们不仅没有运用的对象，在这种情况下也没有意义。

> 任何一个概念所需要的，首先是一般概念（思维）的逻辑形式，其次是给予它一个与之相关的对象的可能性。没有这个对象它就没有意义，就是完全空无内容的，哪怕它总是具有用可能的材料形成一个概念的逻辑功能。（B 298）

概念自身只具有逻辑的运用，没有综合的运用，而通过综合的运用，概念才获得可能的对象相关性，也就是说，对于康德而言即获得内容和意义。范畴只有同时获得"客观有效性"时才获得"意义"，范畴只有在先天综合判断中与可能的直观结合时才获得"客观有效性"。[91]范畴的意义会因为没有与感性条件相关联而消失，那么范畴单独来看就是根本不可定义的。[92]费希特将对 B 108 处的内容进行批驳，在那里，康德为了使论述不至于混乱不堪，避免对范畴的定义进行探讨。在关于"现象和本体"的章节中，康德自己又修正了这些表达：在对纯粹知性概念的阐释中，这样一种定义似乎完全是不可能的，这恰恰是因为，与直观的相关性并没有被诠释。如果人们想要如此，那么人们能够在先天综合的原理中看到对范畴的定义，因为这些原理"无非是客观运用的规则"（B 200），也就是说，是范畴的意义的规则。

然而对于康德而言，清楚的是，并非知识的所有要素都能借助知性和直观的先天结构呈现出来。尽管主体的综合功能构成了每个可能的知识的形式，知识的材料却不来自主体。与必须在主体性的内在性中以哲学的方式被研究的先天的东西相对立的是一种后天的东西，它只能通过经验而被把握。[93]如果范畴和直观形式展现了知识的可能性条件，那么还需添加某种使知识得以实现的东西，这种东西虽然以主体为条件，但是并不由此产生。先验哲学研究我们的认识方式，它虽然在主体性的内在性中进行工作，但是从根本上来说，它希求某种超越的东西。与"对我们而言"的东西相对的是某种"就自身而言"的东西。

因此，客体必须"在两种意义上"被接纳，"即作为现象，或者作为物自体本身"（B XXVII），作为现象或者作为本体。现象是客体，因为它被范畴塑造并处于空间和时间之中，与此相反，本体为现象奠定基础，但是根据定义，它必须是无法被认识的，因为它先于我们的知识的可能性条件。康德认为，由此我们可以得出，"正是这些也作为物自体的经验的对象，我们即使不能认识，至少也必须能够思维。因为若不然，就会从中得出荒谬的命题：没有某种在此显现的东西却有现象"（B XXVI f.）[94]。外在的对象只是"我们感性的表象"，但是它们具有一个"相关物，即物自体"（B 45）。对象自身必须连同现象一同被思考，但只是作为一个不可直观的，并因此不可被范畴化的"某物"（Etwas überhaupt）（B 307）。本体概念作为"界限概念"只具有"消极的运用"（B 310），因为通过这个概念，感性的要求即把握物自体被驳回。然而借助这个概念，知性超越了感性。"但是，知性也立刻为自己设定了界限，即不能通过范畴来认识它们（物自体），从而只能以一个未知的某物的名义来思维它们。"（B 312）因此本体概念并不允许人们"在感性的范围之外去设定某种积极的东西"（B 311），这正是"不可规定的某物"这个概念。

康德将物自体和现象的关系表达为定在与规定性的关联，也就是说，表达为经验对象的存在（existentia）和本质（essentia）的关联。

> 由于表象自身……并不是就定在而言产生自己的对象的，所以在唯有通过表象才有可能把某物作为一个对象来认识的情况下，表象毕竟就对象而言是先天地进行规定的。（B 125）

这里强调了"认识"，这样，主体作为实在的可能性条件的功能就被提及。然而，对象的定在必须先行于它的完全主观的规定性。

康德在他对唯心论的反驳中证明了外在事物的独立存在。（参见 B XL 以下的注释和 B 274–279）这些论证反驳了笛卡尔的"成问题的"唯心论，它只把内在的经验看作明晰的，而将外在的经验看成单纯推导出来的并因此是值得怀疑的。康德把这看成"哲学和普遍人类理性的丑闻：不得不仅仅根据信仰来假定我们之外的物的实存（我们毕竟从它们那里为我们的内感官获得了认识本身的全部材料），而且当有人想到怀疑这种存在的时候，却不能以令人满意的证明反驳它"（B XL Anm.）。下面的这个命题必须被反驳："表象的原因"也可能在我们自身之中，以至于我们也许错误地将这些原因归结为外在的事物。（参见 B 276）

对外在事物实存的证明从内在的经验，即对自我的意识着手，引入一种在时间上被规定的定在。先验的自身意识由于缺乏直观，只能确保自我的存在，而不能形成它的时间规定性，因此对它自己作为某种持存的东西的经验属于经验意义上的自我，属于依赖于经验的自我。对持存的东西的表象不仅仅来自自我，也就是说，它不是单纯的表象，而是需要某种独立存在的东西：

> 但是，这一持存的东西不可能是我心中的一个直观。因为在我心中能遇到的关于我的定在的一切规定都是表象，而且表象自身需要一个与它们有别的持存的东西，在与这个东西的关系中表象变更，从而表象在其中变更的我在时间中的定在就能够得到规定。（B XL）

这一持存的东西——最终它与直观的材料相关（参见 B 278）——必须"是一个与所有我的直观有别的和外在的事物，它的实存必然一同包含在我自己的定在的规定性中……"（B XLI Anm.）。为了能够在时间上规定自身和规定自我的整个表象活动，内感官需要一个处于外在经验中的对应物，这个外在经验关涉到那些超越自我的存在物。[95] 因此，表象的原因不在主体之内，这正如主体将自身把握为在时间中被规定的那样真切。康德认为，这里处理的是一种不能扬弃在先天者之中的经验。

直观形式的观念性和由此导致的现象和物自体之间的区分，不仅影响"形而上学的第一部分"（参见 B XVIII 以下）——这个部分借助先天综合判断的理论，处理了一种新的对存在论的奠基，而且对"第二部分"有影响，这个部分研究的是关于超感性事物的知识。康德认为，先验辩证论展现了与如下论题的对照：我们的知识只在它指向经验的可能性条件时能够超出经验。臆想能够处理超感性对象的特殊形而上学陷入了谬误推理和二律背反，只有当我们承认，我们的知识只指向现象而非物自体时，谬误推理和二律背反才不仅仅在否定的意义上对探究超感性事物的理论产生影响。最主要的是，对于第三组涉及自由的可能性的二律背反而言，康德突出了现象和本体的区分所具有的有利影响。也就是说，这一区分使承认因果法则的普遍适应性得以可能，通过将因果法则限制在现象范围内，这一区分也使另一个领域即自在存在这个领域向自由开放得以可能，这就导致了自由至少可以无矛盾地被思考。不过，这一领域也许因此摆脱了理论的-独断的探讨，并移交给了实践的-独断的探讨，这一探讨——正如康德在有奖征文中所言——不是 κατ᾽ ἀλήθειαν（就真理而言的），毋宁说，从人类对意义的需要出发——κατ᾽ ἄνθρωπον（就人类而言的）进行论证。[96] 在《纯粹理性批判》中，康德着眼于形而上学的最高目的，即着眼于一个探讨超感性事物的理论，以下这段著名的话描述了理论探讨和实践探讨之间的关系：

> 因此，我不得不扬弃知识，以便为信念腾出地盘，而形而上学的独断论，即认为无须纯粹理性的批判就在形而上学中前进的成见，是所有与道德性相冲突的无信念的真正来源，无信念在任何时候都是完全独断的。(B XXX)[97]

独断的形而上学宣称，经验传达了关于物自体而不仅是关于现象的知识，它使得自由的概念自相矛盾并因此是不可能的。与此相反，现象和物自体之间批判性的区分才使道德的维持得以可能。

与这种对主体的能力的描述相关的是，认知主体对于经验的依赖关系除了它的自发性还要求感性的接受性。在直观中，对象能够被给予，因为感性具有接收物的能力。虽然康德没有给出一种有关接受过程的理论，但他确实思考过一种通过被感知的对象对接受能力造成的"刺激"。[98]

总结起来，物自体的原理对康德的构想的作用可以描述如下：

其一，直观形式的先天性意味着，我们通过感性绝不具有通向现实性本身的通道，毋宁说，在这里我们必须将主体的综合功能和塑造作用考虑在内。这种先天性使先天综合判断得以可能，与此同时，这种判断给出了对范畴的定义。因此，康德存在论的基础地位也触及了以感性的方式被感知到的事物的现象特征。

其二，康德认为，必须将一种虽然不可认识但是可以思考的物自体引入现象之中，因为只有这样我们才能够澄清，知识的材料尤其是感觉的质来自哪里。除此之外，只有当外在对象的独立自主的定在被承认时，自我才能经验到自己是在时间中被规定的。由此，一个自在存在的现实性的实存才能向一个探究超感性事物的理论的可能性开放。

其三，从知识理论的角度看，康德关于物自体的构想产生了某种对主体的刺激的思考。

其四，物自体支持了现实性的不可推导出来的各种特征，这些特征不能在主体性的内在性中被阐明，也不是一门关于先天者的研究的对象。只有当现实性的不可推导的方面被承认，先验的和经验的层面的区分才得以保留。我们不应该说，物自体的理论是确保这种区分的唯一可能性。但是，当这个理论在后康德哲学的历史语境中被推翻时，我们必须发展一种替代它的理论。如若不然，那么先验哲学就会有这样的趋势：不再去诠释经验的可能性条件，而是去替代经验。

二、费希特对形而上学的态度

如果我们将费希特的知识学置于第一哲学的传统中——就第一哲学展示了一种关于形而上学的努力而言（在这里，我们在非特指的意义上来理解形而上学的概念），那么这样做不仅仅是基于知识学的系统性内容，更是首先符合了费希特的自我理解。费希特甚至偶尔将他的哲学描述为形而上学，大约在1798年回顾1794年的知识学时，他写到，知识学宣布自身为"形而上学"，他还展望式地憧憬一门"纯粹的形而上学"。[99] 在《知识学》（1794）中，费希特将知识学描述为一门"形而上学"，因为它研究"原初的实在性"（Ⅰ 286；*I*, 2, *416*）。在《极乐生活指南》（1806）中，他认为，他的学说研究"所有知识最深层次的根据和要素"，用"学院术语"来说，处理的是"最深层次的形而上学和存在论"（V 416）。他晚期的《伦理学体系》（1812）指出，伦理学需要被贯彻为真正的"**存在**学说"，也就是说，"探讨真实存在的学说，探讨真正的实在性的学说"，因此能够被称作"形而上学"（XI 34）。

特别是晚期的《知识学》（1812），它已经在术语上将自己界定为存在科学（Seinswissenschaft），由此研究了我们提出的"形而上学还是存在论"这一问题。针对此问题，它的主导性命题是："**一存在**，除这个一外，完全不**存在**任何东西"（Ⅹ 331）。这个命题已经隐含了一个在我们看来意义非凡的形而上学工作，"一"通过谓词"存在"而从所有其他的东西中脱颖而出。然而，成为第一哲学或存在学说这个要求在早期的知识学版本中已经可以找到。费希特在《论知识学的概念》这部作品中展示了一个寻找最终奠基的计划，这个计划明显指向这个方向。

《知识学》（1794）已经将自己呈现为关于"存在者"（*ens*）的理论。不过，它只是顺便宣称了自己作为存在科学的特征，因此它尤其需要解释，这样才能够被认识为存在科学。但是，恰恰是它将自己理解为存在学说这点表明了，在涉及第一哲学层面的阐释方面，最早的知识学并不占据很高的地位。但它还是会被纳入我们的研究范围，这是因为对费希特自己而言，它展现了他的学说向令人信服的存在理论发展过程中的固定起点。如果没有对《知识学》（1794）的理解，尤其是没有对那些从《知识学》一开始就逼迫他进行改进的困难的理解，我们就无法理解此后各个版本的《知识学》。

《新方法》（1798—1799）已经对最初构想进行了全面的改写。《新方法》以及大约与它同时形成的导论性著作将知识学规定为一种"形而上学……就其探究一种对我们的存在的根据而言"（《第二导论》Ⅰ 456；*I, 4, 212*）。对存在者的存在的追问，也就是说，对使得存在者成为存在者的东西的追问，现在被擢升为知识学的主要问题，并相应地被详细处理。在理论建构阶段，费希特就明确地提供了一种形而上学。因此，我们对费希特唯心论某些特征的导论性概览的绝大部分引用会来自那些可以算作知识学第二阶段的（1796—1797 年以后）作品的段落，以作为最早的证据。大部分情况下，早期这些关于存在学说的论述也在后来的导论性著作中得到证明。借助改进过的知识学，那些对接下来的整个作品仍保持有效的立场得以确定。

当然，相对于《新方法》，更靠后的知识学也有一些改进。然而，这些改进更少地涉及对存在者的诠释，更多地涉及存在者的根据的特征。众所周知，费希特在《知识学》（1794）和《新方法》中将自我作为最高根据，而从 1801 年开始，绝对者占据了知识学的最高位置，甚至自我也依赖于这个绝对者。我们认为，在 1812 年最终的和完满的《知识学》中，知识学这个三阶段的包含了上帝、自我和世界的模式最清晰地呈现出来——这种新的观点最早出于 1801 年的版本中。尽管在二手文献中经常被高度重视的 1804 年的《知识学》在很多方面会被隐秘地提到，但无论如何，它在系统性的精细程度上无法与 1812 年的《知识学》相提并论。除此之外，晚期的知识学从自身中展现出一套有关绝对者、知识和世界的理论，连贯地呈现为"存在"学说，这就使得我们在《新方法》之后，也将处理 1812 年的《知识学》以及归属于它的导论性著作。出于上述原因，我们打算把握费希特存在理论的连续性和变迁，并且从整体上谈论"费希特的形而上学"，尽管我们只是简明扼要地处理中期的知识学。

在对费希特的唯心论的一些基本特点进行阐释之前，应该首先概览一些最重要的诠释方向。预先展示一些对费希特知识学的立场，应该可以在我们辨析二手文献对某些文本段落的解释方向时减轻我们的负担。为了进行简明扼要的解释，单纯的报告式的阐释（这些阐释构成了规模庞大的费希特文献的大部分）将会被排除。

三、费希特文献的新发展

理查德·克罗纳（Richard Kroner）深入地批判了《知识学》（1794）。[100] 这一批判实质上以黑格尔在他的早期著作《费希特与谢林哲学体系的差异》（1801）中对费希特的批判为旨归。克罗纳首先不满费希特的方案中一个所谓的分裂。一方面，绝对的自我被确立为原则，借助把一个非我确立为对立的要素，从这个原则中必须演绎出所有别的东西，不过是以如下方式，即推导的结尾必须与开端相连；另一方面，费希特拒绝自我和非我之间的对立进行辩证的综合，而是将这个对立永远地推行下去，两者的统一成为"无限的任务"和绝不能完全兑现的"应该"。因此，自我通过贯穿体系而获得现实的自我把握（Sich-erfassen）似乎是不可能的。

克罗纳将这种局面归结为"**思辨-逻辑的**要求与**思辨-伦理的**体系原

则之间的矛盾,前者处在体系之中,只要这个体系想要成为一个整体、一个在自身中完善的东西,后者则要求'思辨-逻辑的要求'无法得到满足……"(395)。逻辑的原则期待体系的完成,而伦理的原则——它最终赢得了优先地位——只允许设定一个理想,有限的理性在无限的进程中诚然不得不让自己接近这一理想,却绝不能达到它。克罗纳等人将费希特"分析的辩证法"(403-407)这一特殊形态和他的"想象力"(482)概念诠释为对这一矛盾的表达。他建议修改知识学第一原理"自我设定自身",在黑格尔的意义上把它解释为反思性的,而不是像费希特那样解释为无对立的同一性,这样绝对自我在自身中就已经被把握为辩证的,而不是作为排除了辩证法的(außer-dialektisch)原则——所有的辩证法都在它那里消解掉了——发挥作用。[101]这样知识学的绝对自我就被揭示为在真理中存在的东西:单纯的"自我环节"(Ichmoment)。

对于我们来说,克罗纳的诠释的价值首先在于他对体系结构的分析。但是他的费希特解释整个地预先被黑格尔的"绝对理念"或"绝对精神"的概念占据,克罗纳将这个概念理解为主体完善的自我知识,理解为朝向自身的返回。对于完全地把握自己、理解自己之主体的表象构成了《从康德到黑格尔》整部作品的线索。[102]克罗纳恰恰在这一背景下看待费希特的《知识学》(1794),这导致了如下质疑的产生,即对于那些不是像克罗纳那样以黑格尔的方式思考的人,克罗纳的费希特批判究竟是否仍然有道理。

克罗纳以形而上学的方式阐释这种模式。他看到先验唯心论的基本特征是从对世界的知识退回而转向自身,这根据席勒的座右铭:"寻觅之门不在外面,你在自己里面永恒地创生!"(11)主体通过离弃世界而回到自身(Zu-sich-kommen)会以神学的方式得以满足:"通过从世界回到自身,思维在自身中认识到作为它最永恒的、最内在的本质的上帝,世界又从上帝中得到重构,思维于是走到了终点……在康德那里,思维逗留在它自己这里,为了在自身中、在自我中找到世界的根据。在费希特那里,思维以自我为根据发现了上帝。在谢林那里,思维倾向于在跳出自我后直接在世界中寻找上帝(这接近斯宾诺莎和布鲁诺)。在黑格尔那里,思维以从绝对的或神圣的自我中建造世界和诸世界(Welten)而终结。"(16)这个总结借助神学、主体性理论和关于世界的知识的三项组合，将整个德国唯心论界定为形而上学的运动，我们立即可以认出这三项组合与专门形而上学（metaphysicae speciales）的主题（上帝、灵魂与世界）的亲缘性。

当克罗纳写到，《知识学》（1794）的开端"以简直是经典的简明扼要，借助哲学原理的形式，表达了上帝和世界的秘密……"（423），他其实也用上述方式看待这本书。"上帝、自我和世界——第三原理表达了三者的分离……"（431）最后，这一看法甚至牵涉到最初的两个原理："世界创造和'天使堕落'的秘密没有在任何一个哲学体系中获得一个如此精妙的、简练的、被提升为原则的阐释；在思维本身的起源中，在所有知识逻辑的最初根据中，这一秘密被发现，并被置于体系的顶端。"（420）[103]

这样，克罗纳鲜明地凸显了先验唯心论的形而上学动机。此外，他也赞赏康德对存在诸规定的单纯逻辑特征的洞见。然而，克罗纳没有阐明，这一与存在论相当具有亲缘性的线索与形而上学的方案有什么关系——这正是**我们**的问题。不过他的出发点似乎是逻辑上的存在诸规定的形而上基础。

除此之外，我们通过历史性的研究得出的结论将会批判克罗纳对前康德的形而上学的判断[104]，这一历史性研究会影响我们确定先验哲学相对于传统形而上学的新颖之处。克罗纳从根本上将这种形而上学理解为柏拉图式的，因为它把存在者的"逻辑要素"——本质——把握为自身存在着的（在存在者层次上），也就是说把握为实体。克罗纳将"存在论"这个概念，即在逻辑之物的存在学（Ontik des Logischen）的意义上，运用于这一"形而上学的逻辑"。

克罗纳批判作为"存在论"的形而上学，被限制在共相问题（Universalienproblem）即对本质概念之状态的追问上。这一批判扑了个空，因为形而上学的主题不是本质概念，而是存在者本身的原则和规定。共相问题只有在对**一个**这样的规定——对"一"——进行诠释的情况下才会得到处理。[105]"存在者的属性"（passiones entis）本身并不是存在着的，而是存在者最普遍的性质，这对于从阿维森纳经由邓斯·司各脱直至沃尔夫的形而上学传统而言是不言而喻的。唯独在托马斯·阿奎那的波埃修评注中，我们能够见到在这方面的含混不清。但是总体而言，旧有形而上学绝不是以克罗纳意义上的"存在论"为旨归的。它不是关于"存在着的逻辑"，而是关于存在者的道理（Logos）。

因此克罗纳对康德的评判也是成问题的。因为如果"思维的转向"，即从对世界的知识转向对自己的知识，能够通过下述方式得到辩护的话，即这一转向使存在诸规定的单纯逻辑特征变得清晰，而这一逻辑特征远在康德之前而无须先验唯心论就得以认识，那么整个转向就显得毫无根据。我们认为，它有一个有别于克罗纳设想的意义，即通过建构性理论（Konstitutionstheorie）证明流传下来的逻辑的，但被休谟置于心理主义怀疑中的存在诸规定是**有效**的。先验哲学与传统的区别不在于前者才开始以存在论的方式（这个词是在我们的意义上，而不是在克罗纳的意义上）去思维，毋宁说，在于前者把"存在者的属性"（passiones entis）在存在论上的要求当作需要论证的。与此相反，传统不是非存在论的，而是朴素存在论的。

人们可以从沃尔夫冈·扬科（Wolfgang Janke）的费希特专著《存在与反思：批判性理性的基础》[106]的副标题看出该书的规划。它涉及对反思的意义和界限的追问。实际上扬科与克罗纳讨论了相同的主题，克罗纳"从康德到黑格尔"的发展史意在将主体性完全的自身把握，即作为根本原则的绝对反思当作典范。克罗纳认为这一洞见在黑格尔那里得以实现，而费希特1794年的《知识学》在他眼中仍在这方面表现出各种缺憾。与此相反，扬科并不通过观照黑格尔来解释早期的知识学，而是将它解释为费希特思考的开始阶段，在这个阶段，经由1801年的《知识学》直到1804年的《知识学》，一套费希特独有的、与黑格尔相异的反思模型得以发展起来。从这个视角看，1794年的《知识学》所谓的缺憾似乎是一个融贯发展的萌芽，我们会通过这一发展认识到，即便绝对的反思也不过是有限的反思，自我的完善反思只与绝对者的显象相关，而不是与绝对者（存在）本身相关。扬科由此与克罗纳针锋相对，批判黑格尔将充分反思的（voll-reflexiv）主体性诠释为绝对者，因为这一诠释恰恰错失了绝对者的意义——作为反思不可把握的根据而摆脱一切反思。

扬科致力于费希特对存在与反思关系的规定，他看到这些规定的高潮在于反思是存在的"图像"（Bild）这一观点。扬科将费希特这一术语解释为"一个自身并不可见的存在（即绝对者）的可见性"（44）。反思是自身不可见的存在之第一个显象。通过客观化的活动，反思对于我们外在遭遇的、实际的存在又是建构性的。

扬科在晚期海德格尔存在学说的意义上，将绝对存在、反思、实际存在的上述情形解释为对唯心论的批判。1804年的《知识学》说得很清楚："客观化的自身意识及其对确定性的要求阻断了如下真理，即存在是一个抽离自身的解蔽（Entbergung）的发生。"（XIV）总而言之，扬科认为："费希特对反思、存在和真理的深思熟虑完成了批判性理性的事业。批判性理性构成了柏拉图式的形而上学的一种独特的完成形态。由于它从与存在者的区别中获得存在，从隐匿中获得真理，形而上学不为人所知的真理的印记就在它之中。"（XV）

对于扬科而言，可以确定的是，费希特众多版本的知识学都要以形而上学的方式去读，即要解读为存在者源自存在本身的理论，就此而言，扬科认为存在与上帝是可等同的。[107]当扬科评论道："真正存在着的只有上帝"（44），柏拉图的元素显而易见。但是这种形而上学被费希特以先验-批判的方式改写了。扬科看到先验哲学的创获在于限制知识的要求，又把这种限制诠释为对反思之有限性的洞见，也就是说，反思无能力把握存在。真正的存在者不是在柏拉图那里是最可知的，而恰恰是抽离自身的东西："哲学家的上帝是隐匿的上帝（Deus absconditus）。"（44）"知识学是先验-批判的有学识的无知（docta ignorantia）。"（XIV）[108]

扬科相当积极地评价了费希特。他紧贴文本，以便找出在每个文本中存在与反思关系的规定，他的积极评价产生于与费希特的思考相等同的态度，或者说将费希特视作自己观点的见证者。无论是费希特的根本观点，还是他自己的、决定了其费希特诠释的众多信念，都没有得到批判性的考察。形而上学的方案与存在论的方案之间的对峙并没有发生。众多版本的知识学究在什么程度上能够为存在论奠基，更确切地说，存在论的构想是否比——被扬科诠释过的——知识学计划更应该占据第一哲学的地位，这个问题仍在扬科的视野之外。然而，鉴于我们的历史性研究的结果，知识学的计划恰巧应该是"柏拉图式的形而上学的完成形态"——这一形态完成了"批判性理性的事业"（XIV），这绝非不言而喻的。扬科的作品尽管作为对以黑格尔为旨归的费希特诠释的反抗来说是很有趣的，但是就对费希特思维根基的判断而言，它仍存在很多问题。

皮特·鲍曼斯（Peter Baumanns）在他的费希特诠释中[109]将"实践"（Praxis）这个主题看成1794年的《知识学》的核心，不过他不是跟克罗纳一样在其中看到缺陷。在克罗纳以黑格尔为旨归的批判中，"自我应该是自我"这一伦理要求居于"自我＝自我"这个第一原理之后，鲍曼斯拒绝了这一批判。他提倡，费希特关切的不是别的，而是"自我应该是自我"的演绎。《知识学》的主题"不是理性完全的自我直观或者绝对理性的自我建构"（36）；《知识学》毋宁说提供了一种"伦理的人类学"（29）。费希特的根本问题是："这个能够对自己说'自我应该是自我'的存在者具有什么性质？"（29）他的出发点是"自然的自由意识"，而非"预先规定的信仰内容"，他尝试在三大原理中给出自由的实践性（Praktizität）最抽象的可能性条件。由于这与人类实践的本性相关，行动（Handlung）这个概念以如下方式变成《知识学》的基础概念，即《知识学》确定了一个原初活动，它决定并先于所有实在的和观念的行动。对于人类的实践性而言，**一**个理性存在者的无限性与有限性之间的张力是典型的。因此《知识学》作为"伦理的人类学"可能根本不关心黑格尔（克罗纳）所要求的这个对立之扬弃，而正是关心这个对立从三个原初行动到"努力"这个概念的发展过程。鲍曼斯认为，"费希特应出于黑格尔提出他的批评的理由而要求尊重"（36）。整体来看，费希特1794年的《知识学》接过了"为一种行动形而上学（一种极其特殊的形而上学）奠基的任务"（31）。

在笔者看来，对费希特的这一辩护代价高昂，因为鲍曼斯是通过弱化知识学的要求来回应黑格尔的批评。如果《知识学》只是"伦理的人类学",那么它实际上就可以抵制所有把它看成对于绝对者的理论的反驳。但作为"极其特殊的形而上学",它就不再是第一哲学行列的可能候选项,无论这种第一哲学被视作形而上学的还是存在论的,因为作为单纯的行动理论,它在主题上就已经被限制在现实性的一小部分中。普遍性的要求则完全不再能够被提出。[110]

经过鲍曼斯的诠释,在"知识学"这个标题中宣称的要求,即展开理论理性最后的根据,就变得无效了。关于费希特的体系,鲍曼斯写道:"……可以肯定的是,它不仅仅是关于知识的学说(Wissenslehre)。根据其趋势,它是伦理的人类学,是关于行动之人无限-有限的本质的学说,其职责在于确立先验的-唯心主义的知识学说,反思先天知识以及间接的所有知识——根据它们的理解方式和处理方式——的可能性条件。"(29)如果知识学说真的履行了伦理的人类学的"职责",费希特就只能在一门行动的形而上学能够被允许的程度内处理它,也就是说,通过特定的心智行动而深入知识。至于知识的最后根据,人们要在一种别的哲学学科中考察。对一门先行于"伦理的人类学"的奠基科学的愿望一如既往地产生了。[111]

为了摆脱批判,鲍曼斯从根本上剥夺了费希特体系的要求:在严格意义上称为"知识学"。如果他的诠释是合理的,那么起码1794年的《知识学》对我们提出的问题"第一哲学应当是形而上学还是存在论?""先验哲学的方案能够对这一问题提供什么帮助?"就毫无用处了。然而笔者认为,费希特的文本清楚地表明,知识学在名副其实的意义上是"科学学说"(Wissenschaftslehre)。《论知识学的概念》就已经不容许别的解释方式,它讨论的是把一门哲学提升到一门不证自明的所有科学之科学这个层次。[112]这里说的不是一门要被重新表述的哲学的特殊学科,而是哲学的一次新的奠基。费希特的意图是建立一门基础哲学,在这门哲学中,至少知识的最高原则也会得到探讨。很多人会引用1794年的《知识学》的第一个句子来做论据:"我们不得不寻求所有人类知识绝对第一的、彻底无条件的原则。"(Ⅰ 91;*1*,*2*,255)[113]

还需要提及的是鲍曼斯对费希特思考发展历程的评判。他将其1794至1798年期间的作品,尤其是《知识学》(1794)、《自然法权基础》

(1796)和《伦理学体系》(1798),总结为"原初的体系",这个体系的核心,正如上面所描述的那样,是置身于"理性的实践性"的人类。他将这组作品与1800年以后的作品截然分开,在1800年以后的作品中,他看到了超越"在宗教-思辨的理念王国中的"、不再能够控制的思维。1800年的《论人的使命》标志着这一过渡。如果人们不接受鲍曼斯将"原初的体系"视作"伦理的人类学",而是坚持将1794年的《知识学》诠释为关于绝对者的理论,那么这种理论与1800年之后诸多版本的知识学的体系性关联就会得到揭示,即作为思辨性问题的进一步展开。

迪特·亨利希(Dieter Henrich)和乌尔里希·博塔斯特(Ulrich Pothast)将注意力转向作为自身意识理论家的费希特。[114]比起费希特对"澄清自身意识"这个问题的解决所做的贡献,两位作者对作为一个哲学体系之贯彻的知识学表现出较少的兴趣。自身意识是否起原则的作用,以及因此是否能够作为根据去澄清别的知识,这一问题退居二线,以便去研究自身意识"就其自身而言是什么,以及自身意识本身如何能够被思考"[115]。

亨利希认为,在从笛卡尔到康德的近代传统中,人们按照反思模型来思考自身意识。主体与自身的关系是这样产生的,即主体将它的表象活动反过来运用于自身,因此将自身变成自己的对象。然而,这种阐释方式在两方面是循环的。首先,反思的主体为了能够反思自身,必须被预先设定为自我。其次,对于自身意识而言必要的自我认知,它反思的客体与它是同一的(即自我存在),必须这样来理解,即自我这个主体必须在反思之前拥有关于自己的知识。只有这样它才掌握了一个标准,以便认识客体与它自己的同一性。这种阐释方式的目标,即自我关于自身的知识,必须在此已经被预设。[116]

费希特第一个发现了上述循环,并试图通过一个自我理论的新方案来去除这个循环。亨利希认为,自身意识理论是费希特的主要议题,因此他尝试将从1794年至1812年众多版本的《知识学》的发展理解为解决上述议题之尝试的深化。于是亨利希将费希特的思考分为三个阶段,这个三阶段各自对应自身意识的一个特定形式,先前的形式被后来的形式超越。先是"自我绝对地设定自我"(198)[《知识学》(1794)]。这意图在于对抗反思理论：自我"完全无须先行的持存而凸显，凸显时自我进入了与知识的关系中"（199f.）。在其中存在着的作为生产活动的实在活动与作为产物的知识之间的差异在 1797 年以更加具体的形式被表达出来：自我绝对地设定自我为设定自身的。（202）然而自我如何能够"立即产生自身拥有（das Sichhaben）……和关于它自己的知识"（206）是不可理解的。与此相应，费希特自 1801 年以后采用了第三种表达：自身意识是一个活动，一只眼睛被装在这个活动上。（206）通过这个被动式的表述，生产性的但不可见的、因为眼睛才"置身事内的"活动与眼睛的自我观看之间的区分变得清晰了。只有关于自身的知识才被归给自我，而生产性活动则不能。费希特将这种知识分为四个环节，即知识的活动是被直观和被思考的活动，还有它的概念的规定性，由此费希特给出了自身意识的必不可少的环节。（210f.）他表达了一个无循环的解释方式的必要条件，但是他并没有成功地澄清这些条件的"接合方式"（215）。

亨利希在《自身意识》（"Selbstbewußtsein", 1970）这篇文章中对费希特发表了类似的评价："然而，或许他（费希特）在其中（在他无法被理解的手稿中）还是将自我理解为起同一性作用的自相关联，理解为一个活动对自身的原初认知，这个活动预先已经知道它的本质。我们看到，这个关于自身的概念在意识的整个结构中是次要的。费希特将它视作根本概念。他甚至实现了以无循环的方式发展这个概念，但这却是以一个构造（Konstruktion）为代价的，这个构造不再能够在现象中被证明，他自己从未将这个构造带向一个牢不可摧的结果。"（281）亨利希的意思是，费希特尽管已经认识到了传统自身意识理论的循环性，却在他自己的解决尝试中迷失在许多构造里，这些构造既不能通过直接的证明，也不能通过使对解释对象（Explananda）融贯的推导得以可能而得到辩护。

乌尔里希·博塔斯特进行了与亨利希近似的费希特批判。[117] 以"一个原初的自身关系如何能够被思考"这个问题为观察视角，他首先分析了《知识学》（1798）。据他说，费希特在"将自身设定为自我"的自我身上区分了**直观**和**概念**，前者传授"关于其自身存在之活动的知识"（31），即负责实存的确定性［这就是费希特的"理智直观"（41）］，借

助后者，自身设定（Sich-setzen）就将自身规定为自我，由此便确定了活动的"本质"（das Was）。(41)

但只有当直观和概念同时出场时，活动才能——正如费希特正确地强调的那样——设定自身："两者是必要的，由此它（活动）才能设定自身。直观是必要的，因为由此活动才具有关于自身的知识；概念是必要的，因为由此活动才能够将自身确定为一个回到自身的活动，即确定为自我。概念和直观必须合二为一，换而言之，当活动发生时，它必须不仅仅知道自身，而且也知道自身为自我，设定自身为自我……"(42)博塔斯特认为，这里存在一个悖谬。一方面，概念和直观必须直接地是一体的，这样的话设定的活动就能够同时是知识，即设定是设定自身的。另一方面，活动必须通过直观而提前给定，为了事后在一定程度上能够被概念规定。"直观直接地属于活动，在其中，一个人对自己说'自我'；概念必须被设定为某种与活动对立的、能够规定活动的东西——如果活动完成了的话，尽管它再也不是活动，无须以概念的方式去看待和规定自身。"(43)在靠后的段落，博塔斯特将这种悖谬归结为如下状况，即活动的执行被理解为一个行动（Akt），它拥有"事件特征"（Ereignischarakter, 70），与此同时它必须"自己就是它关于自身的知识"(71)。作为知识，一方面，活动的执行必须把已经在那里的信息呈现在意识之中，即它跟随着行动；另一方面，关于自身的知识对于行动本身而言是建构性的。"但它（行动）应该如何执行，如果它尚不存在？如果总是必须把握的东西不存在的话，它也不可能存在。但这是它本身，人们必须问自己，这一活动把自身预设为现实的，这是如何进行的。"(71)

博塔斯特认为另一个困难在于，关于自己的知识在（行动）执行时作为属性而出现，一个知晓自身的执行因此就必须拥有对这种关于自己知识的知识，这种知识又是执行的属性并且必须被意识到，如此以往，以至无穷。

对于《知识学》（1798），博塔斯特得出了如下结论：费希特指出，人们只能借助悖谬来建构一个知道自身是自我的自我。费希特的理论因此要被标明为"自愿悖谬的"(44)。这样，他的理论自然缺少任何融贯性。在晚期作品中，建立自我的各个环节（Ich-Momente）——设定自身和知道自己是设定着自身的——悖谬的统一性这个任务虽然不是加在自我本身之上,而是加在一个不可认识的自我根据之上,这个悖谬却没有因此而丝毫变得更加可理解。(45)就费希特自身意识的"综合的五层次"(synthetische Fünffalt)而言,博塔斯特和亨利希看法一致:建立了统一性的第五个环节绝不能以理性的方式阐释出来,而只能"以隐喻的言说方式"表达出来,"唯独这种言说方式能够匹敌存在于这种统一性中的悖谬"(45)。整体而言,费希特虽然是第一位展开了自我认识的几个必要环节的哲学家,他却只能以自身意识统一性的矛盾为代价来综合这些环节。

亨利希和博塔斯特的论述与"形而上学还是存在论"这个问题没有直接的关系,但却与我们的研究相关。如果说以下说法是恰当的:费希特在他众多版本的知识学中将自身意识作为原则置于探讨存在者之学说的顶端,但他却不能够无矛盾地阐发这个原则,那么费希特对一门第一哲学的筹划在一开始就负重累累了。

施托岑贝尔格(J. Stolzenberg)在他的《费希特的理智直观概念》中对费希特持肯定态度。[118]他认为费希特哲学的根本原则是他的"自我概念以及将自我命名为理智直观"(5)。他使用的文献主要是那些在批判版全集中要么首次出版,要么首次以可靠的形式出版的著作。对于施托岑贝尔格而言最重要的著作是:《对基础哲学的独自沉思》(Eigne Meditationen)(1793—1794)、《新方法》和《知识学的阐释》(1801—1802),这些标题的时间顺序同时表明了对基本原则的表述和展开的系统性进步。施托岑贝尔格认为,随着《知识学》(1801)的出现,费希特的思维达到了巅峰。施托岑贝尔格丝毫没有提到被扬科置于核心地位的《知识学》(1804),甚至费希特最著名的作品《知识学》(1794)也不在那些他认为恰当地、合乎事实地发展了根本原则的著作之列。

施托岑贝尔格将费希特《对基础哲学的独自沉思》中的"理智直观"概念重构为错综复杂的原则。它首先是全部客观性的根本原则。(参见第7页)施托岑贝尔格把这种确立本原的方式界定为建构(Konstitution)。

由此他将"建构客观性的行动"说成"理智直观"的功能。这一功能为"每一次将内容上被规定的客观性建构为其形式上的、不变的根本规定奠定了基础"（7）。借助这种功能，客观知识最终的可能性条件就被找到，这延续了康德的关切。施托岑贝尔格也用"绝对的规定"（absolutes Bestimmen）和"绝对的存在设定"（absolutes Seinsetzen）（8）两个术语来描述这种建构功能。施托岑贝尔格认为，在"绝对的规定"和"存在设定"的行动中蕴含着一种自身关联，以至于人们可以谈论"绝对的自身规定"（8）。因此，建构了客观性的根本原则的内在状态是一种"原初的自身关联性"（7）的状态，并且呈现了"自我概念的阐释"。

施托岑贝尔格认为费希特思考的进步在于越来越清晰地凸显了如下洞见："绝对的自身关系"（12）抽离了任何谓述的规定性，因为这样的规定性不能够同时恰当地表达具有建构作用的各个环节的"绝对差异性"、"绝对的关系"和"两个方面的绝对统一性"。费希特在此情境下喜欢使用"摆动"这个比喻，施托岑贝尔格将这个比喻评价为对"描述一个不可描述者这个问题意识的表达"（12）。[119]

施托岑贝尔格整部书的核心是"绝对规定的逻辑"（Die Logik des absoluten Bestimmens，137-147）这一章。施托岑贝尔格摆脱了费希特的文本，以便论证那些首先应该提纲挈领地被阐明的东西，即哲学的最高原则应该被思考为执行（Vollzug）或活动，这个活动设定了一个独立的层级（Instanz），即"存在的立场"，"存在的设立"同时就是"规定性的设立"（138），活动与存在的立场之间的关系要被理解为"活动的自身关系"（138）。这种"绝对规定的逻辑"不是报道式的，而是呈现在系统性的展开中，它为施托岑贝尔格进一步的文本分析奠定了基础，以便借助相应的引文来表明，费希特想要在上述著作中阐释的恰恰是这一"逻辑"。

施托岑贝尔格因此将费希特众多的知识学解释为一个简明扼要的探究绝对者的理论，这一理论在开端处不得不从"绝对者要被思考为执行"这个命题引出三个方面：它论证了被设想为通过绝对活动被设定为被思维的存在的来源和独立性；它解释了从未被规定的绝对者出发，存在的规定性如何可能；它证明了被设定为独立的、被规定的存在是进行设定的活动本身，以至于通过绝对的执行而产生了自身关系。费希特的理智直观学说同时是存在学说（它作为普遍的客观性的理据而起到知识论的作用）、规定性理论和主体性理论；它整体上落脚于建构思想。

在我们研究的问题的语境下，上述局面构成了如下方案的特征：被规定的存在通过一个绝对的执行而被建立，这既是就它的存在、就"事实"而言的，也是就其规定性、就"本质"而言的。这种绝对者的构想不仅回答了"被规定的存在具有怎样的规定性"这一问题，而且通过奠基存在解释了存在的来源。由于为存在奠基，绝对者是形而上学的本原；由于是存在之所有规定性的关联点，绝对者也是存在论的本原。

这里与亚里士多德在《形而上学》E卷第1章（Met E 1）[120]中的表述在结构上如出一辙：哲学是探讨不动的、神圣的存在者的学说，同时是一门探究存在者之为存在者的普遍科学，这门科学考察存在者的本质以及作为存在者附属在它上面的东西。与此相应，施托岑贝尔格的"绝对规定的逻辑"首先是对最高者的考察，即对绝对执行的考察（这似乎与亚里士多德的神学相呼应）；恰恰从对这一执行的分析中产生了研究存在之规定性的理论（这是探讨存在者之为存在者这门科学的类似物）。然而，通过对"存在的设立"的奠基，施托岑贝尔格在讨论存在之来源的理论这个方向上超越了亚里士多德。目前一定要向施托岑贝尔格——如果他的费希特解释切中肯綮的话——当然也要向费希特提出的问题是，建构思想——它首先解释了被建构者的产生——是否适用于存在者之规定性的最终建基，也就是说，存在论是否真的能够通过一个形而上学的本原而得到称心如意的建基，这一本原尽管先行于所有的存在，自身却仍然是实在的。

然而目前清楚明白的是：施托岑贝尔格想要为知识学最大程度地辩护。如果说鲍曼斯通过将费希特的"原初体系"描述为"伦理的人类学"，想要完全远离思辨的领地，想要通过最低限度的阐明而规避批评，那么施托岑贝尔格则试图获得尽可能强劲的解释。在主体性理论的成分方面，施托岑贝尔格走向了对费希特批评者的攻击。他的反批判主要针对博塔斯特。[121]博塔斯特在对费希特自身意识理论的态度上，恰恰吸收了费希特自己拒绝过并且尝试通过新的方案替代的解释模式。博塔斯特复制了那些费希特已经着手去反驳的异议。如果博塔斯特指责过，自己设定自己的活动一方面只能被设想为"直观"和"概念"的统一，但是另一方面直观（这说的是活动的单纯执行）必须先行，以便随后被紧跟而来的概念规定，因为概念只能规定某种已经存在的东西，那么施托岑贝尔格指出，自身意识在这里要在概念与一个已经先行的东西（直观）相关联这个图示中被思考，从而反驳了博塔斯特的批判。费希特的理智直观概念恰恰是指向这一图示的。这个概念"……毋宁说是如下活动的概念，这个活动无须与某种和它自己相异的东西或被给定的东西相关联，而就是它自己的客观性状态的原初建构，并且在其中是一个原初的自身关系的建构。这个自身关系的逻辑会通过对绝对规定这个概念的分析得到阐发"（186）。

尽管施托岑贝尔格为他的费希特诠释的要求做了辩护，反对现代的自身意识理论家，但读者必须明白的另一个方面却是——这是他的书真正的缺陷，这本书完全没有反驳受黑格尔启发的费希特批判，甚至没有反驳黑格尔本人。扬科和鲍曼斯想要对抗的恰恰是这方面的攻击。更加令人惊讶的是，施托岑贝尔格并不试图去辩护他的最大程度的诠释。我们对知识学的批判——将从存在论的立场出发——包括了对施托岑贝尔格"绝对规定的逻辑"的批判。

注释：

[1] Vgl. Martin Heidegger, "Die onto-theo-logische Verfassung der Metaphysik", in Martin Heidegger, *Indentität und Diefferenz* (Pfullingen: G. Neske, 1986), pp. 31 - 67, bes. 46ff.

[2] Martin Heidegger, "Einleitung zu: 'Was ist Metaphysik?'", in Martin Heidegger, *Wegmarken* (Framfurt a. M. : Vittorio Klostermann, 1978), p. 373.

[3] "Dicendum est ergo, ens ut quantum ens reale else objectum adaequatum hujus scientiae. Haec est sententia Aristotelis, 4 Metaph. , fere in principio, quam ibi D. Thomas, Alensis, Scotus, Albert, Alex. Aphrod, et fere alii sequuntur, et Comment [ator] ibi, et lib. 3, comet. 14, et lib. 12, comet. i; Avicen [na], lib. 1 suse Metaph. , c. 1; Sonc [inus], 4 Metaph, q. 10; Aegid [ius], lib. 1, q. 5, et reliqui fere scriptures. Probataque est haec assertio ex dictis hactenus contra reliquas sentential. Ostensum est enim,

objectum adaequatum hujus scientiae debere comprehendere Deum, et alias substantial immateriales, non tamen sofas illas. Item debere comprehendere non tantum substantial, led etiam accidentia realia, non tamen antia rationis, et omnino per accidens; led hujusmodi objectum nullum ahud else patest praeter ens ut sic; ergo illud est objectum adaequatum." Franzisco Suarez, *Disputationes metaphysicae*, Disp. 1, Sect. L, 26. In *Opera Omnia* (Editio Nova ed. C. Berton. Tom. XXV, Hildesheim: Georg Olms Verlagsbuchhandlung, 1965, reprografischer Nachdruck der Ausgabe Paris 1866).

[4] Met E 1, 1026 a11.

[5] Vgl. Met E 1, 1026 a23 – 31.

[6] Siehe dazu: Joseph Owens, *The Doctrine of Being in the Aristotelian "Metaphysics". A Study in the Greek Background of Mediaeval Thought* (Toronto: Pontifical Institute of Mediaeval Studies, 1978). Klaus Brinkmann, *Aristoteles allgemeine und spezielle Metaphysik* (Berlin-New York: de Gruyter, 1979).

[7] Vgl. Met E 1 1025 b19 – 1026 a32; K7 1064 a10 – b14; Λ1 1069 a30 – b3; Λ6 1071 b3 f.

[8] Met E 1 1026 a 13 – 17.

[9] 参见所谓的线段比喻，Pol. VI 509c – 511e。

[10] 主要在 Γ1；2；K3。

[11] Vgl. Met Γ1 1003 a21 – 27, auch E1 1025 b3 – 9.

[12] Met A 1, 982 a2f; b8 – 10.

[13] 983 a8f.

[14] Met Γ1 1003 a21 f.

[15] 1003 a31 f.

[16] Met Γ2 1003 b5 – 10.

[17] 1003 b16 – 19.

[18] 1028 a 10 – 14; b2 – 4.

[19] Met E1 1026 a 19 – 23.

[20] εἰ δ' ἔστι τις οὐσία ἀκίνητος, αὕτη προτέρα καὶ φιλοσοφία

πρώτη, καθόλου οὕτως ὅτι πρώτη· καὶ περὶ τοῦ ὄντος ὂν ταύτης ἂν εἴη θεωρῆσαι, καὶ τί ἐστι καὶ τὰ ὑπάρχοντα ᾗ ὄν. Met E1 1026 a 29 – 32. Vgl. auch K7 1064 b1 – 6.

[21] 参见 J. Owens 9 – 15 处的阐述。阿弗洛迪西阿斯的亚历山大 (Alexander von Aphrodisias) 的经典段落是：εἰ δη γὰρ αὐτή ϛτε πρώτη φιλοσοφία, ἥ τις καὶ κυρίως σοφία καλεῖται, οὖσα ἐπιστήμη τῶν ἀιδίων τε καὶ ἀκινήτων καὶ θείων. ἡ μὲν γὰρ σοφία ἐστὶν ἡ καθόλου τε καὶ πρώτη, εγε αὐτή ἐστιν ἡ περ τὸ ὂν ὄν. ἔστι δὲ ὑπὸ ταύτῃ ἡ μὲν τις πρώτη φιλοσοφία ἡ περ τὰς πρώτας οὐσίας [...] Michael Hayduck (eds.), *Alexandri Aphrodisiensis in Aristotelis metaphysica commentaria* (Berlin: Reimer, 1891), pp. 245. 37 – 246. 4。

[22] 菲利普·默尔兰 (Philip Merlan) 认为，在亚里士多德自己那里，《形而上学》第 Γ 卷和第 E 卷的构想之间并没有差别。即便是研究存在者之为存在者的学说也只不过是探讨存在者的最高领域 (Sphäre) 的科学。参见 Philip Merlan, *From Platonism to Neo-Platonism* (Den Haag: Martinus Nijhoff, 1953)，尤其是第 168 – 170 页。对这一观点的批判，参见 K. Brinkmann, 35 – 40。

[23] 在这种背景下，这个术语不应该被理解为"存在论"的对立者，而应该被理解为"第一哲学"的对应物，这种第一哲学的性质仍须得到规定。

[24] 参见 Albert Zimmermann, *Ontologie oder Metaphysik? Die Diskussion über den Gegenstand der Metaphysik im 13. und 14. Jahrhundert* (Leiden-Köln: Brill, 1965)。

[25] Vgl. Anal. Post. A 1 71 a1 – 14.

[26] Avicenna Latinus, *Liber De Philosophia Prima sive Scientia Divina I-V* (Édition critique de la Traduction Latine Médiévale par S. van Riet, Luvain: E. Peeters, 1977), tr. 1, c. 1, . 1 – 5.

[27] Ebd., c. 2, 13.

[28] "[...] quaedam sunt ei quasi species, ut substantia, quantitas et qualitas [...] Et ex his quaedam suet ei quasi accidentalia propria, sicut

unum et multum, potentia et effectus, universale et particulare, possibile et necesse." Ebd.

[29] Siehe dazu Zimmermnn, 113 f.

[30] Vgl. Averroes, Physik I, com. 83, in *Aristoteles*, *Opera latine cum commands Averrois* (Venetiis: Junctas, 1562 – 1574), Bd. Ⅳ, 47 F-H.

[31] Vgl. dazu Zimmermnn, a. a. O. 180 – 284.

[32] "Quaedam vero sunt speculabilia quae non dependent a materia secundum esse, quia sine materia esse possum, sive numquam sint in materia, sicut Deus et Angelus, live in quibusdam sint in materia, et in quibusdam non, ut substantia, quslitas, potentia, actus, unum et multa et huiusmodi." Thomas von Aquin, *In librum Boeta de trinitate expositio*, lect. Ⅱ, q 1, a 1, c., in *Opuscula Theologice*, Vol. Ⅱ, ed. P. Fr. M. Calcatera O. P. (Turin: Marietti, 1954).

[33] "Unde et huiusmodi res divinae non tractantur a philosophis nisi prout sunt rerum omnmm principa, et ideo pertractantur in ilia doctrina, in qua ponuntur ea quae sunt communia omnibus entibus, quae habet subiectum ens inquantum est ens, et haec scientia apud eos scientia divine dicitur." Lect. Ⅱ, q 1, a 4 c.

[34] "[...] non tanquam subiectum scieutiae, sed tanquam principia subiecti, et talis est theologia quam philosophi prosequuntur [...]" Ebd.

[35] "Nam praedictae substantiae sunt universaes et primae causae essendi [...] Unde oportet quod ad eamdem scientism pertineat considerare substantias separates, et ens commune, quod est genus, cuius sunt praedictae substantiae communes et universales causae." Ebd.

[36] 比如："Ens inquantum ens hahet causam ipsum Deum." Thomas von Aquin, *In duodecim libros Metaphysicorum Aristotelis Expositio*, ed. M. R. Cathala, P. Fr. R. M. Spiazzi O. P. (Turin: Marietti, 1950), Met Vl 3, 1220. "Ens commune est proprius effecrtus causae altissimae, scilicet Dei." S. Th. 1 - Ⅱ, q 66, a 5, ad 4。如下观念，即存在者之为存在者被理解为最高原因所造成的结果，可能是被亚里士多德在《形而上学》Γ 卷第 1 章

确立的方针启发的，根据这一方针，存在者（就其是存在着的而言）的第一因应该被找到（1003 a27‐32）。但是阿奎那在他的《形而上学》评注中没有明确标注出与这个段落的关联。

［37］"Ens dicitur id, quod dinite participat esse." De caus. 6.6, 175.

［38］"Ens sumitur ab actu essendi." Met Ⅳ, 1, 535.

［39］许多研究者发现，通过"存在本身"和"存在者之为存在者"之间的区分，海德格尔所要求的"对存在的沉思"和对存在和存在者之间"存在论差异"的重视得以满足。托马斯·阿奎那被看成海德格尔如下观点的反例：自从前苏格拉底以来，形而上学沉沦在存在者之中。因此，古斯塔夫·兹威尔特（Gustav Siewerth）写道："在阿奎那那里，存在与存在者的区分似乎被在亚里士多德那里的两种差异囊括：形式性的东西和质料性的具体存在者之间的差异，纯粹思想和有限形式之间的差异。这种差异难道不恰恰是由于存在从**某个**根据中创造性地产生出来，从而进入我们的视野吗？根据海德格尔，在古希腊思想中，必然起支配性作用的是思想沉沦在本体的理念（das noumenale Eidos）之上，这在阿拉伯的亚里士多德主义中变得更加严重，难道不是首先并且**唯独**在阿奎那这里，通过思考存在及其从**某个**根据中产生出来，这种沉沦被制止了？当海德格尔在对存在和存在者的差异的坚持中看到了思想的决定性枢纽时，阿奎那的哲学在这种看法中就变成划时代的现象……"参见 Gustav Siewerth, *Das Schicksal der Metaphysik von Thomas zu Heidegger* (Einsiedeln: Johannes Verlag, 1959), p. 27 f. 对于这个问题，也参见 John D. Caputo, *Heidegger and Aquinas. An Essay on Overcoming Metaphysics* (New York: Fordham University Press, 1982)。下面这部著作反对一切借助存在主义的存在论对阿奎那形而上学进行重新理解的尝试：Bernhard Lakebrink, *Klassische Metaphysik. Eine Auseinandersetzung mit der existentialen Anthropozentrik* (Freiburg: Rombach, 1967)。

［40］"[...] et talis est theologia quam philosophi prosequuntur, [...]" Vgl. Anm. 34.

［41］*In Librum Boetii de trinitate expositio*, lect Ⅱ, q 1, a 4 c.

［42］接下来的内容，参见 Zimmermann, 183‐186。

[43] Met Γ, 1003 a27 – 32.

[44] "Et est hic intelligendtun quod non intendit Philosophus per principia et causes entis secundum quod ens, quod ens absolute dictum habeat causes et principia, ita quod causam habeat eius in eo quod ens, quia tunc omne ens haberet causam; quod enim convenit enti in eo quod ens, cuilibet enti convenit quia inest per se et universatiter; si autem omne ens haberet causes, tunc nullum ens haberet causes: non enim esset aliqua cause prima et si non esset prima, nec aliqua aliarum. Sed intendit Philosophus per causes et principia entis in quantum ens, causes sintpliciter et per se entis causati, non causes secundum accidens, sed causes per se entitatis eorum quae causam habent illius." Siger de Brabant, *Quaestiones in Metaphysicam*, ed. William Dunphy (Louvain: l'Institut Supérieur de Philosophie, 1981), Liber Ⅳ Commentum, 169, Zeilen 54 – 63. 在阿维森纳那里也有类似的观点："Deinde principium non est principium omnium entium. Si enim omnium entium esset principium, tunc esset principium sui ipsius; ens autem in se absolute non habet principium [...]" (Avicenna Latinus, *Liber De philosophia Prima*, tr. 1, c. 2, 14.)

[45] "Praemitto quod fait dictum quod in universitate entium est unum ens perfectissimum, its quod esse in omnibus aliis defectivum est ab illo et minoratum." a. a. O., Liber Ⅲ, Quaestio 12. S. 110, Z. 41 – 43.

[46] "Si enim quaeratur quare magis est aliquid in rerum nature quam nihil, in rebus causatis loquendo, contingit respondere quia est aliquod Primum Movens immobile et Prima Cause intransmutabitis. Si vero quaeratur de tote universitate entium quare magis est in eis aliquid quam nihil, non contingit dare causam, quia idem est quaerere hoc et quaerere quare magis est Deus quam non est, et hoc non habet causam." A. a. O., Liber Ⅳ Commentum, 5. 170, Z. 65 – 70.

[47] "Dicendum quod haec scientia debet considerare de per se consequentibus ad ens, quae sunt enti propria cuiusmodi sunt partes seu species et passiones quae non faciunt ens cuiusmadi sunt partes esse aliquid scientiae particularis. Nunc autem principium est de consequentibus ad ens, non communius

ente neque aequale, nec collocat ens in aliquo genere particulari. " A. a. O., introductio, Quaestio 2. S. 37, Z‐18‐23.

[48] Vgl. Met. Γ 2, 1003 a 32 ‐ b18.

[49] 参见 Wolfgang Kluxen, Art. Analogie, in *Historisches Wörterbuch der Philosophie*, vol. 1, ed. Joachim Ritter (Darmstadt: WGB), pp. 214 ‐ 227, bes. 224。就邓斯·司各脱作为阿奎那的类比学说的批评者，也参见 Hans Wagner, *Existenz, Analogie und Dialektik. Religio pura seu Transcendentalis*, 1. Halbband (München/Basel: Ernst Reinhardt Verlag, 1953), pp. 204 ‐ 210。

[50] 霍内费尔德（L. Honnefelder）写道："如果我们彻底思考这种完全以类比方式来言说存在者的做法所导致的后果，那么根据司各脱，我们就会明白，在这里存在者之为**存在**者并不能够彰显，只有被范畴规定的存在者才能够彰显。存在者仍被思考为被范畴规定了的存在者；形而上学驻足于被范畴规定了的存在学（Ontik）的立场上。" Ludger Honnefelder, *Ens inquantum ens. Der Begriff des Seienden als solchen als Gegenstand der Metaphysik nach der Lehre des Johannes Duns Scotus* (Münster: Aschendorff, 1979), pp. 343 ‐ 434, hier: 363.

[51] Ord. I, d. 8, p. 1, q. 3 n. 86. Vgl. Honnefelder, 361.

[52] 接下来汇报的司各脱观点的内容和引用皆来自：Ludger Honnefelder, *Scientia transcendens. Die formale Bestimmung der Seinendheit und Realität in der Metaphysik des Mittelalters und der Neuzeit* (*Duns Scotus-Suárez-Wollf-Kant-Peirce*) (Hamburg: Meiner Verlag, 1990), pp. 3 ‐ 22。

[53] "Ens ergo isto primo modo accipitur omnino communissime et extendit so ad quodcumque, quod non includit contradictionem. " (Quadl. q. 3 n. 2, ed. Viv. XXV 114)

[54] "et isti non einti oppositum est quodcumque ens, quantumcumque minimum habeat de entitate. " (Ord. V d. 11 q. 3 n. 43, ed. Viv. XVII 426)

[55] Max Wundt, *Die deutsche Schulmetaphysik des 17. Juahrhunderts* (Tübingen: Paul Siebeck, 1939), pp. 161 ‐ 227.

[56] 在最初的一批反对司各脱所持有的"上帝具有范畴的规定性"

这个观点的学者中，就有里米尼的格里高利（Gregor von Rimini，约 1300 – 1358），参见 Vgl. Gregor von Rimini, *Gregorii Ariminensis OESA Lectura Super Primum et Secundum Sententiarum*, ed. A. Damasus Trapp OSA, Venicio Marcolino, Manuel Sanlos-Noya（Berlin：De Gruyter 1982），Tom. 11 dist. 8 q. 3, 102 – 141。

［57］Wundt 1939, 221 – 223.

［58］Immanuel Kant, *Kritik der reinen Vernunft* §12, in *Werkeausgabe*, vol. II, ed. Wilhelm Weischedel（Frankfurt a. M.：Suhrkamp, 1980），B 113 – B117.

［59］Christian Wolff, *Christiani Wolffii Philosophia rationales sive Logica*, Pars 1, in Christian Wolff, *Gesammelte Werke*, II. Abteilung, Lateinische Schriften, Band 1. 1. , ed. Jean École（Hildesheim：Olms 1983）.

［60］"Entia, quae cognoscimus, sunt Deus, animae humanae ac corpora seu res materiales. " §55.

［61］"Sun etiam nonnulla enti omni communia, quae cum de animabus, tum de rebus corporis, sive naturalibus, sine artificialibus praedicantur. Pars illa philosophiae, quae de ente in genere & generalibus entium affectionibus agit, Ontonlogia dicitur, nec non Philasophia prima. Quamobrem Ontologia seu Philosophia prima definitur, quod sit scientia entis in genere, seu quatenus ens est. Istiusmodi notiones generales sunt notio essentiae, existentiae, attributi, modi, necessitates, contingentiae, loci, temporis, perfectionis, ordinis, simplicis etc. " §73.

［62］"Ordo partium philosophia is est, ut praecedant, ex quibus ahae principia mutuantur. " §87.

［63］Vgl. §89, §90.

［64］Christian Wolff, *Philosophia prima sive Ontolgia*, in *Chr. Wolff：Gesammelte Werke*, II. Abteilung Bd. 3, ed. Jean École（Hildesheim：Olms 1963）.

［65］"Impossibile est, idem simul ease & non ease. " § 55.

［66］沃尔夫反对让存在论的两个本原即矛盾律和充足根据律相互对立，这预先指向了康德的分析判断和综合判断的区分。康德将矛盾律当作

所有分析判断的基础,并且和莱布尼茨和沃尔夫一样认为,对于存在论而言,必须添加第二种原则。但是,他拒绝充足根据律,仅仅把它看成逻辑性的,因此是不恰当的,他用综合原则来替代充足根据律。参见我们接下来关于康德的详细阐述。

[67] 就灵魂论而言,这是因为,它与作为人类灵魂部分的"欲求能力"(*facultas appetitiva*)相关;就神学而言,这是因为,人类的义务是上帝的作品,正如在"自然法"(*Jus Naturae*)中被证明的那样。参见 *Discursus praeliminaris*,§60,§92。

[68] "Quoniam denique notionibus generalibus, quae in Ontologia evolvuntur (§73), in demonstrationibus Theologiae naturalis maxime opus est; eadem non minus ex Ontologia principia mutuatur." Ebd. §96.

[69] "Immota iste principia, ex quibus existentia Dei eiusque attribute firmiter concluduntur, desumenda sunt a contempfatione mundi: ab ejus enim existentia contingente necessaria consequentia argumentamur ad Dei existentiam necessariam, et ea eidem tribuenda sunt attributa, unde intelligitur mundi unicus Autor." Ebd.

[70] Vgl. ebd.

[71] Immanuel Kant, *Werkasugabe*, vol. V, ed. Wilhelm Weischedel (Frankfurt a. M.: Surkamp, 1980).

[72] 但是,康德偶尔将存在论与未经批判的独断论等同起来,就此而言,将它与先验哲学对立起来:"……自以为能够在一个系统的学说中关于一般而言的物提供先天综合知识的存在论……其自负的称号必须让位于仅仅是一种纯粹知性的分析论的谦逊称号。"(KrV B 303)但是这种观点看起来只是极个别的。

[73] 参见 A 156:"形而上学在其一部分中(在存在论中)包含了人类知识的先天要素,既以概念的形式也以原理的形式,根据它的意图,它必须包含这些东西。"

[74] "在形而上学中,理性的终极目的指向了超感性事物,然而超感性事物能否成为理论知识的对象,这实际上完全没有根基:尽管形而上学家仍在他们的存在论原则的线索这个问题上徘徊——这些原则当然具有

先天的来源，但是只对经验的对象有效，他们还是信心满满地向前迈进……"（A 16）

［75］参见 A 66 处的描述，在那里，存在论也同样被归属于"理论的-独断的进展"阶段，宇宙论和理性灵魂论则归属于"怀疑论的停滞"阶段，而神学则属于形而上学之路的"实践的-独断的完成"。

［76］莱布尼茨认为，必须在某种先天的存在论中放弃作为纯粹的经验条件的空间和时间。对于莱布尼茨这个"神智学哲学家"（B 323），参见《纯粹理性批判》的"关于反思概念的歧义"这个部分（B 316 - 349）。

［77］参见莱布尼茨对充足根据律的表述："没有这个伟大的原则，我们决不能证明上帝的实存……"（Theodizee I，§44）

［78］康德指出，艾伯哈特"谈论到存在论的无可争议的肥沃土地所应许的鲜花和果实，并且即便是在宇宙论的有争议的土地方面，也鼓励人不要撒手不管。"（A 9）

［79］然而根据莱布尼茨的看法，充足根据律与矛盾律并列，而非位于矛盾律之下。它最初与事物和事件相关，而不与定律相关。（参见 Theodizee I，§44）沃尔夫深入地解释了《神正论》的这段话：莱布尼茨认为充足根据律不再需要给出理由。（参见 Ontologia，§74）

［80］"因此，要么艾伯哈特先生赋予莱布尼茨的感性仅仅由于逻辑形式（含混）而与知性知识有别，此时它在内容上所包含的全然是物自体的知性表象，要么它先验地，亦即在起源和内容上与知性知识有别，因为它根本不包含客体自身的性状的任何东西，而只包含主体被刺激的方式，此外它还可以想怎样清晰就怎样清晰。"（A 64f.）如果感性只是以含混的方式传达了知性的表象，那么作为对象知识的可能性条件的综合原则就是不必要了，康德存在论的核心思想就可能会失效。

在康德的就职论文中可以找到类似的批判："不过我担心，著名的沃尔夫借助感性与理性之间的这种对他来说仅仅是一种逻辑上的区别，也许会完全摧毁讨论现象和本体的天性那个古代最著名的愿望，对哲学造成极大的损害，把各种心灵从它们的研究引导到经常是鸡毛蒜皮的逻辑问题上来。"（§7，A 11）整个先验哲学建立在如下命题之上：现象和本体的区分并不是单纯逻辑的区分，而是先验的区分，这种区分涉及"我们关于对象的认识方式——就这种方式是先天地可能的而言"（KrV, Einl. B 25）。

[81] 引人注目的是，康德在这个规定性理论的语境下使用了"设定"（Setzen）这个表达，正如费希特此后做的那样。康德对这个德语表达的运用似乎可以追溯到学院派哲学的一个术语，即"实在地设定"（*positio reale*）。但是，康德对"设定"这个概念背后的哲学道理持否定态度，因为它只具有逻辑的意义，并不能够承担提供对象这个功能。

[82]《纯粹理性批判》关于谬误推理的章节指出："各范畴的主体不能由于它思维的这些范畴就获得关于自己本身作为这些范畴的一个客体的概念；因为要思维这些范畴，它就必须将它自己的纯粹的自身意识奠定为基础，而这种自身意识毕竟是应当予以说明的。"（B 422）出于这个原因，自我并不能像理性灵魂论意图的那样，被实体这个范畴规定。

[83] 在关于自身意识的命题中，自我——对康德而言谜团般地——分裂成一个逻辑的自我和一个灵魂论的自我，这个情况清晰地摆到了眼前："我意识到我自己，这是一个思考，它已经包含了两方面的自我，自我作为主体和自我作为客体。自我、我思对于我自己而言是（直观的）一个对象，并且能够把我和我自己区分开来，这如何是可能的，完全不可能被澄清，尽管这是一个无可置疑的事实。"（A 35）

[84] "我把它（作为自发性的行动的'我思'这个表象）称为纯粹的统觉……或者也称为原初的统觉，因为它就是那个通过产生出必然能够伴随所有其他表象并在一切意识中都是同一个东西的'我思'表象而不能再被别的表象伴随着的自身意识。我也把统觉的统一性称为自身意识的先验的统一性……"（B 132）

[85] 参见 B 277："当然，表象能够伴随着一切思维的意识的'我在'表象，就是直接在自身中包含着一个主体的实存的东西，但却尚不包含该主体的任何知识，从而也不包含经验性的知识，即经验。"

[86] 参见 KrV B 157 以下的复杂注释和 B 278 这处的文本："在**我的**表象中对我自己的意识根本不是一种直观，而是对一个思维着的主体的自我行动的一种纯然**理智的**表象。"

[87] 参见 KrV B 197 关于所有综合判断的最高原理的著名表述。

[88] 参见感性层面的哥白尼转折:"如果直观必须遵照对象的性状,那么,我就看不出人们怎样才能先天地对对象有所知晓;但如果对象(作为感官的客体)必须遵照我们的直观能力的性状,那么我就可以清楚地想象这种可能性。"(B XVII)

[89] Vgl. B 56.

[90] 参见"先验感性论的结论"(B 73)。

[91] "因此,实在的说明就会是不仅澄清一个概念,而且同时澄清该概念的客观实在性的说明。"参见 A 242 处的整个注释。

[92] "不立刻使我们下降到感性的条件,从而下降到范畴必须当作自己的唯一对象而限制在其上的现象的形式,我们就甚至不能实在地对任何一个范畴做出定义,也就是说,使范畴的客体的可能性成为可理解的。因为如果人们去掉这一条件,一切含义亦即与客体的一切关系就都取消了,人们就不能借助任何实例使自己理解,在类似的概念中究竟本来指的是什么东西。"(B 300)康德在 B 301 - 303 处举了例子。

[93] 比如,《纯粹理性批判》的前言提道:"我们之外的物的存在(我们毕竟从它们那里获得了认识本身的全部材料)"必须被假定。在另一处文本,康德解释道,哥白尼转折如果作为一种方法论的前提,去研究那些与感觉相应的东西或者说质料(参见 B 34)的先天之物,是不可行的。这个领域不可还原地保持为经验性的:

> 综合的表象能够与其对象同时发生,彼此以必然的方式发生关系,仿佛是彼此相遇,这只有在两种情况下才有可能:要么只有对象才使表象成为可能,要么只有表象才使对象成为可能。如果是前者,则这种关系就只是经验性的,而且表象绝不是先天地可能的。现象就它们里属于感觉的东西而言,就是这种情况。(B 124f.)

[94] 可思考性源自单纯逻辑的可能性,即思想的无矛盾性,而实在的可能性则产生于凭借(*qua*)直观而运用范畴。(参见 B XXVI 处的注释)

[95] "也就是说,我肯定地意识到存在着外在于我、与我的感官发生关系之物,正如我肯定地意识到我本人在时间中确定地实存着一样。"

(B XLI Anm.)

［96］"因此，如果不同时取消思辨理性越界洞察的僭妄，我就连为了我的理性必要的实践应用而假定上帝、自由和不死都不能，因为思辨理性为了达到这些洞识就必须利用这样一些原理，这些原理由于事实上只及于可能经验的对象，如果它尽管如此仍然被运用于不能是经验对象的东西，实际上就总是会把这东西转化为现象，这样就把纯粹理性的所有实践的扩展都宣布为不可能的。"(B XXIX f.)

［97］康德在有奖征文 A 113－118 处再一次清楚地表达了他的信仰概念以及他"对纯粹实践理性的三种宗教教义（drei Artikel der Bekenntinis）的信仰（credo）"（A 115）。

［98］在《纯粹理性批判》中，与这层意思相关的段落位于先验感性论开始的部分："通过我们被对象刺激的方式获得表象的能力（感受性）叫作感性。因此，借助于感性，对象被给予我们，而且唯有感性才给我们提供直观。"(B 33)"如果我们被一个对象刺激，则对象对表象能力的作用就是感觉。"(B 34)（也参见 B 93："一切直观，作为感性的，所依据的是刺激，因而概念依据的是功能。"）

［99］正如《论知识学的概念》（Ⅰ 32 以下；Ⅰ，2，159 以下）第二版前言所说的那样。

［100］ Richard Kroner, *Von Kant bis Hegel*, vol. 1 (Tübingen：J. C. B. Mohr, 1977), pp. 362－534. 下文引文处的数字表示这部书的页码。

［101］ Ebd. , 511－513.

［102］这一模式也规定了对提到的各种哲学的选择："当一种特殊的色彩被确立之后，一个图景才变得更加确定，这种色彩使得这些体系脱颖而出并将它们变成**先验的-唯心论的**体系：在所有这些体系那里，处于思维中心的是意识、自我、主体、理智、精神，或者这些名字可能意味的东西。"同上，第 10 页。

［103］卡尔·舒曼［Karl Schuhmann, *Die Grundlage der Wissenschaftslehre in ihrem Umrisse. Zu Fichtes "Wissenschaftslehre" von 1794 und 1800* (Den Haag：Nijhoff, 1968)］也借助专门形而上学（metaphysicase speciales）的传统看待《知识学》（1794）。第三原理与理性宇宙论（Cosmologia rationalis）的原则相应，第二原理与理性心理学（Psychologia rationalis）的原则相应，第一原理与一种"批判的"自然神学（Theologia naturalis）的原则相应。（参见第 72 页）

［104］Vgl. ebd., 53 - 57.

［105］正如在弗朗西斯科·苏亚雷斯的《形而上学论辩》中那样，参见 Disputatio Ⅲ-Ⅵ。

［106］Wolfgang Janke, *Sein und Reflexion-Grunlagen der kritischen Vernunft* (Berlin: De Gruyter 1970).

［107］Vgl. etw 44f.

［108］我们可以在乔治·古维奇［Georg Gurwitsch, *Fichtes System der konkreten Ethik*, Tübingen: Paul Siebeck, 1924（Nachdruck Hildesheim: Olms, 1984）］那里找到类似的观点，他说："到达了终点的先验主义从根本上看只不过是彻底的'绝对者的否定神学'。"（7）然而在早期著作中，费希特以其绝对者与纯粹自我的等同仍屈从于一种"泛逻辑主义的偏转"（panlogische Ablenkung）（12）。随着晚期著作中绝对者与自我的分离以及如下的深刻洞见，即绝对者要在理性和非理性的东西之上去寻找，费希特实现了先验主义。

［109］Peter Baumanns, *Fichtes ursprüngliches System. Sein Standort zwischen Kant und Hegel* (Stuttgart-Bad Cannstadt: frommann-holzboog, 1972).

［110］鲍曼斯概述道："事实证明，知识学的原初理据经受得住黑格尔的批判。"（86）但鲍曼斯只能这样说，因为他最终分享了黑格尔的基本信念，即《知识学》（1794）不是关于绝对者的理论。

［111］鲍曼斯甚至剥夺了知识学的如下要求，即至少能够为"伦理的人类学"奠基，因为他已经将知识学的诸原则归结为自由信仰。对于《知识学》（1794）的三大原理，他这样写道："在《知识学》（1794）的第一部分中，知识学原则并没有从形式逻辑的原则中推导出来，费希特压根没有追求过这种推导，只要他意识到，所有他的哲学思考都建立在无限的 - 有限的理性之实践性具有优先地位这一基本预设的基础上——他决意承认这一优先地位是知识和现实性的全部问题。"（62）甚至作为"伦

理的人类学",知识学对于那些不理解费希特这一决定的人而言也不具备说服力。鲍曼斯完全支持费希特的格言:"人们选择什么样的哲学,取决于他是什么样的人。"(Ⅰ 432;*I,4,195*)人们进行选择的依据仅仅是"是否根植于前哲学的自由信仰"(55,注释95)。因此,鲍曼斯认为,整个知识学只是一个悬设,这一悬设被信仰支撑:"正如知识学的最高原则阐释了一个悬设,是的,正如一个信仰命题或者知识学的根基完全只是某个被悬设的东西……正如一个被悬设的东西被委托给知识学去反思,这一反思的结果连同这个被悬设之物的标记也可以得到理解。"(92,注释174)

[112] 参见费希特的表述 Ⅰ 45(*I,2,118*)。也参见《知识学》(1794)第一版的前言:Ⅰ 86(*I,2,251*)。根据费希特的意思,第一原理恰恰不应该是"信仰的命题",而应该具有绝对的确定性。参见 Ⅰ 40 f.(*I,2,114*)以及 Ⅰ 48(*I,2,121*)。

[113] 鲍曼斯第二部关于费希特的专著《费希特的知识学:它的开端问题》(*Fichtes Wissenschaftslehre. Probleme ihres Anfangs*,Bonn 1974)显示了他的论题的式微,因为他不再谈论先验哲学对伦理的人类学的"服务关系",而是谈论"先验哲学和伦理的人类学的**同步奠基**"。(同上书,第 225 页,加粗为笔者所为。)

[114] Dieter Henrich,"Fichtes ursprüngliche Emsicht",in *Subjektivität und Metaphysik*,*Festschrift für Wolfgang Cramer*,ed. Dieter Henrich und Hans Wagner(Frankfurt a. M.:Klostermann,1966),pp. 188 – 232. Dieter Henrich,"Selbstbewußtsein. Kritische Einleitung in eine Theorie",in *Hermeneutik und Dialektik*,*Festschrift für Hans-Georg Gadamer*,vol. 1,ed. R Bubner,K. Cramer,R Wiehl(Tübingen:J. C. B. Mohr,1970),pp. 257 – 284. Ulrich Pothast,*Über einige Fragen der Selbstbeziehung*(Frankfurt a. M.:Klostermann,1971)。

[115] Henrich,1966,191. 亨利希在上述文章的每一篇中都简单地讨论了自身意识理论与实践哲学的相关性。参见 1966,p. 218 f.,p. 220 Anm. 29,1970,pp. 282 – 284。

[116] 参见 Henrich 1966,pp. 192 – 195。接下来的页码无一例外地出

自 Henrich 1966。

［117］Ulrich Pothast, *Über einige Fragen der Selbstbeziehung* (Frankfurt a. M.：Klostermann, 1971).

［118］Jürgen Stolzenberg, *Fichtes Begriff der intellektuellen Anschauung. Die Entwicklung in den Wissenschaftslehren von 1793/94 bis 1801/02* (Stuttgart：Klett-Cotta, 1986).

［119］读过施托岑贝尔格作品的人将习惯于他一连串的属格的表达方式——有时甚至达到了五个！不过我得抱怨的是，他复杂的句子结构恰恰在事关重要的决定性段落偶尔具有语法上的多义性。

［120］Vgl Met El 1026 a29－32.

［121］Vgl. 2 Kapitel, bes. 175－187.

第一章　作为形而上学的知识学

一、费希特的哲学模式

在《论知识学的概念》(1794)[1]这部作品的第一版前言中，费希特表达了双重意图。一方面，他想要把哲学提高到"一门不证自明的科学的地位上"（Ⅰ 29；*I*，*2*，*109*）。由于他把哲学视作"许多科学中的第一科学"（Ⅰ 30；*I*，*2*，*110*），费希特事业的目标就在于为整个知识奠基。作为第一科学（*prima scientia*），知识学以全部知识的最高原则为课题。另一方面，费希特的目标在于"把独断论体系和批判体系之间有争议的要求完全统一起来"（Ⅰ 29；*I*，*2*，*109*）。在注释处，"我们的认识同某种物自体的联系"（Ⅰ 29 Anm.；同上）被说成这一争议的对象。这里讨论的首先是知识论的问题，但是这一问题延伸至形而上学，就此而言，它还涉及对象的存在方式。费希特自己凸显了这一讨论的形而上学特征，因为他在这部作品的第二版（1798）中将这里引用的表达更具知识论特色的注释删除，并在新的前言中将知识学描述为"形而上学，它不是一种讨论所谓物自体的学说，而是对出现在我们意识中的东西进行生成性的推导"（Ⅰ 32；*I*，*2*，*159*）。由于知识学应该引导人们去裁决关于物自体的争论，即关于认识对象的存在的争论，它就发挥了形而上学的作用。费希特想要在对各门科学奠基的同时解决形而上学的问题。哲学作为不言自明的、建立终极理据的科学，起着一门新式的形而上学的作用。反过来，费希特关于一门第一哲学（*prima philosophia*）的计划实质上也打上了一门第一科学之需求的烙印。

费希特谈论到"对出现在我们意识中的东西进行生成性的推导"（Ⅰ 32；*I*，*2*，*159*），这已经暗示了一种新式的形而上学。这门形而上学显然指向了意识，或者更一般地说：指向了主体性。在更后的段落中，费希特写道："知识学的客体毕竟是人类知识的体系"（Ⅰ 70；*I*，*2*，*140*）；而这个体系又意味着"理智的行动方式"（Ⅰ 72；*I*，*2*，*142*），更确切地说，是理智"必然的行动"（同上）。当费希特说到，知识学者（Wissenschaftlehrer）是"人类精神"的历史编纂家，更确切地说，是人类精神的"注重实际的历史学家"（Ⅰ 77；*I*，*2*，*147*），他就形象地表达了知识学以内在的行动为目标这一特性。

知识学的这三个标志可以确定下来：它是最高的科学，它是形而上学，它是人类精神的行动理论。知识学（Wissenschafts-Lehre）这一术语描述了一个计划，它通过一门第一科学为别的科学建基，它同时描述了这个计划的执行方式：对认知主体的运作方式进行研究。

《论知识学的概念》这部著作绝大部分包含了对知识建基这个观念的阐释。对于对象之存在的追问首先完全被搁置，主体性理论也只是简明扼要地被表达出来。与此相反，第一哲学对所有其他科学的建基功能得到凸显。跟沃尔夫一样，费希特也认为，最高科学是为所有其他科学提供原则的科学，自身无须从别的任何科学借来原则。不过，费希特比沃尔夫清楚得多地意识到，第一哲学不仅必须为所有处于其下的科学的合理性负责，而且自身就是一门至少必须产生其自身方法的科学。比起第一哲学的传统观念所提出的合理性要求，费希特对作为科学的知识学提出了明显更高的合理性要求。即便在费希特那里拔高的合理性之律令在内容上以非常特殊的方式得到实现，这里仍然是一个康德式的动机在发挥作用。康德的要求是，结束一切盲人摸象，从而将形而上学引向科学的道路。在康德为1791年有关形而上学的进步的有奖征文所撰写的稿子中，人们也能发现先验哲学被描述为一种取得"可靠进展"的"知识学"。[2]

费希特认为，一门科学从形式上看包括了许多命题，这些命题依赖于一个卓越的命题——"原理"。这个原理建构了科学的统一性。为了能够真正产生知识,除了诸命题的融贯,必须起码保证原理的确定性。

> 所以必须至少有一个命题是确定的,这个命题给予剩下的命题确定性;这样的话,如果这个命题是确定的,第二个命题必然也是确定的,这个命题在多大程度上是确定的,第二个命题必然也在多大程度上是确定的;当第二个命题是确定的时,第三个命题必然也是确定的,第二个命题在多大程度上是确定的,第三个命题必然也在多大程度上是确定的;如此等等。(Ⅰ 40f.;I, 2, 114)

> 它(原理)必须在所有连接之前就是提前确定的和无可置疑的。剩下的命题中必然没有任何一个能够在连接之前就存在,而是通过连接才产生。(Ⅰ 41;I, 2, 115)

费希特在这里想到的显然是一门纯粹演绎性科学的理想,根据这一理想,通过分析就能够从一个确定的命题中获得更加确定的推论。这门科学必须是先天的,因为各门经验科学不能够按照上述的方式展开。物理的规律不能够从一个原理中演绎出来。这些规律的确定性——如果人们能够谈论它的话——的前提条件是,它们不能够违背某些预先确定下来的原则,但是它们本质上是与经验绑定在一起的,服从归纳的规则,而不是服从演绎的规则。一个预先确定下来的命题的确定性以及与这个命题的融贯性对于经验科学命题的真理性而言最多只是必要而非充分条件。

费希特认为,一门科学在两方面依赖一个它不能自己完成的建基:就这门科学的原理的确定性而言,和就这门科学的推论方式,或者说,就这门科学的各命题相互连接的条件而言。这完全符合亚里士多德的理解,"证明自身的原则并不是每门科学要做的事情"[3],在这点上,不仅结论的前提属于原则之列,而且某些普遍的规则如排中律,也属于原则之列。[4]因此,通过一门处于金字塔顶端的第一科学,人们开启了对各门科学之阶序的思考。它对处于其下的各门学科的作用在于它确立了原理和所有可能科学的"系统性形式"(参见Ⅰ 47;I, 2, 120)。它是科学的科学(*scientia scientiarum*)——知识学。它自己也是科学,由诸多命题组成,包含了一些相应的要素:一个原理和一个系统性的形式。它们不再能够通过一门更高的科学而被证明,因为它们作为 *prima scientia*(第一科学）的构成成分本身已经是知识的基础了。关于原理，费希特这样写道：

> 知识学的原理，和借助于知识学的所有科学和所有知识的原理，绝不能获得证明，即是说，绝不能归结为任何一个更高级的原理，从这个更高级的原理与知识学的原理的比较中说明后者的确定性。但是，知识学的这个原理必须给一切确定性以基础；因此它必须是确实的，而且在它自身、为了它自身、并通过它自身都必须是确定的。（Ⅰ 47；I, 2, 120）

费希特在《知识学》（1794）中才指明，这个通过自己而确定的命题如何能够被找到，它具有怎样的内容。费希特在这里只是说，原理的内容——如果存在这样一个原理的话——是这样的，"它在自身中包含了所有可能的内容，但它自身却不包含在任何别的内容中。它纯然是内容，是绝对的内容"（Ⅰ 52；I, 2, 124）。

正如知识学拥有一个原理并且它必须自己保证这个原理的确定性，知识学也不能从任何别的科学那里获得它的形式——它的诸命题的关联；毋宁说，它必须自己建构它的形式：

> 如今它（知识学）不能够根据规定从任何别的科学那里借来它系统性的形式，或者根据有效性奠定在一门别的科学对它做出的证明之上，因为它自己不仅必须确立所有别的科学的原理，并由此确立它们的内在内容，而且必须确立形式，并由此确立更多的命题之间连接的可能性。它必须在自身中拥有这一形式，并由此通过自身而为自身奠基。（Ⅰ 48；I, 2, 121）

在这里也可以说，知识学本身的进一步规定得到保留。然而费希特在此已经表明，最高的原理揭示了内容和形式。就此而言，它的确定性保证了形式对于内容而言是有效的。

> 知识学绝对的第一原理的形式不仅通过它，即命题本身而被给定，而且要被确定为对原理之内容绝对有效。（Ⅰ 49；I, 2, 122）

作为原理的特性，这个形式会将自身传递给所有处于其下的命题，这样人们就能够说：知识学从它的原理中产生了其独特的形式，因此它在方法上是自主的。[5] 对于知识学的搭建而言，它的形式意味着，每个命题在与其他命题的关系中被完全规定。

> 知识学的每个命题通过一个别的被规定的命题而获得其规定的位置，而它自己又规定了第三个被规定的命题。知识学因此通过它自身而规定了它整体的形式。（Ⅰ 51；*I*, *2*, *123*）

知识学的形式通过一个无缝连接的规定性秩序而得到彰显，在这个秩序中，每个命题都进一步指涉下一个命题，这样整体就具备了纯粹演绎的特质，由此满足了最严格的科学性要求。

除了最高科学的这种线性关系，费希特也想要确保它的完备性。规定的进程不应该无穷无尽，但也不应该被打断。康德也曾将完备性视作已成为科学的形而上学的特性。[6] 费希特超出康德，提到了一种独特的完备性标准：

> 我们需要一种肯定性的标志，以便证明，无法绝对和无条件地推断出什么别的东西；这个标志不能是别的什么，而只能是原理本身——无论我们从哪里出发，同时也是最后的结果。（Ⅰ59；*I*, *2*, *131*）

知识学应该呈现出一个循环结构。费希特同样是在他的计划的详述中，即在《知识学》（1794）中，才解释了怎么具体思维这件事。对于知识的形态而言，循环意味着命题的数量必须是有限的，人们能知道何时能找到所有命题。与其他科学不同的是，知识学似乎是可封闭的。

> 知识学有绝对的总体性。在其中，一通向一切，一切通向一。但它是唯一能够被完结的科学，因此完结是它杰出的特征。所有别的科学都是无限的，不能够被完结，因为它们不再回到它们的原理。（同上）

费希特甚至谈及一些怀疑论可能针对他的第一科学的模式提出的反驳。因此，他考虑人们是否能够证明，找到一个不归属于最高科学的命题是不可能的。他认为，这样一个证明是无法完成的。如果真的有这样一些命题，那么这些命题就必然会建立在一个与知识学的原理有别的原理之上。这意味着，原理的唯一性最终无法得到保证。这种不确定性是必须承受的代价。因为没有一门科学能够证明它自身的原则，人们最终就只能依赖间接的确定性，这种间接的确定性不能够担保确定命题的唯一性。总而言之，人们必须为所有科学"找到"（Ⅰ54；*I, 2, 126*）原理，这样就不能排除我们从今往后不会找到新的原理。[7]

费希特竭力预先对付怀疑论的另一个反驳。这个反驳涉及如下情境，即一个彻底的知识理论也必须推导出思维的"反思规则"；此外，它又只能在运用这些规则的条件下才能被确立起来。

> 因此一个新的循环得以发现：我们已经预设了某些反思规则，我们如今在科学的运行中找到了一些相同的、唯一正确的规则。（Ⅰ74；*I, 2, 144*）

一种探讨思维的理论只能在正思考时，也就是说在思维的前提下被给出。但这个循环不是恶性的（vitiös）。它毋宁说能够被理解为对科学不可避免地依赖的那些条件的收集，使之被意识到。前提条件必须被整理出来，我们唯一能做的事情——这也是一个彻底的理论应该做的——是去命名和收集这些必然的前提条件。费希特写道：

> 知识学将反思和抽象的规则预设为众所周知的和有效的；它必须出于必然性去做这些，它不必要为此感到羞耻，或者将此变成秘密并将它掩盖起来。这些前提条件只是为了让自身得到理解而出现。[8]（Ⅰ78f.；*I, 2, 148*）

费希特简要地论述了知识学与逻辑学的关系。他认为，逻辑学是排在知识学之后的。逻辑学的产生是通过忽略知识学诸命题的内容而只突出它的形式，换言之，它是"抽象"的产物。（Ⅰ67；*I, 2, 138*）

> 从这里就产生出逻辑学同知识学的特定关系。不是前者证明后者，而是后者论证前者。知识学绝对不能由逻辑学加以证明，人们绝不能先给知识学设定任何一个逻辑规律作为有效规律，甚至不能先给它设定矛盾律作为有效的规律；相反，每个逻辑规律以及整个逻辑学都必须由知识学加以证明。（Ⅰ68；同上）

这符合沃尔夫的观点，他认为，逻辑学是排在第一哲学之后的，因为它和后者借来了它的原则。[9]据此，逻辑命题是存在论命题的次级（reduziert）表述。沃尔夫跟费希特一样，认为矛盾律不仅具有逻辑学的特征，而且实际上具有存在论的特征，但费希特还向前迈了一步，因为他不满足于矛盾律的直接确定性，而是倾向于在第一哲学内部进行证明。

知识学是关于知识的科学，同时也是所有其他学科的基础，比如说几何学或物理学。这样一个基础暗含着奠基者与被奠基者的差异。因此费希特设问，知识学怎么能与其他的科学区分开，这样最终呈现的就不是一个将所有可知的东西都吸入自身的普遍科学。它们的界限在于，知识学只是准备了某些具体科学必须要用到的根本要素。比如它将空间和点演绎为几何学的根本要素，而让几何学从中构造图案，确定其数量关系。正如它确保自然的存在和法则，而听任经验性的自然科学去运用法则，检验哪个经验对象能够被哪条法则规定。（参见Ⅰ 64f.；I, 2, 135）

费希特对这个问题的表述只是概括性的，以至于人们反问，哲学到底能够在多么具体的程度上列出自然法则。费希特这里想到的是康德的《纯粹自然科学的原理》，还是更加具体的合法则性，以至于哲学思考起到了替代经验性自然科学的作用？费希特展现出对后一种观点的倾向，这即是说，当他说到知识学原理的内容时，这里的内容是"将所有可能的内容囊括其中"（Ⅰ 52；I, 2, 124）的内容。他在知识学《第一导论》中甚至写道——他也顾及了拒绝物自体所带来的后果：

> 先天（a priori）和后天（a posteriori）对于十足的唯心论者而言并不是两件事，而是一件事；它们只是从两个方面来考察，只是因为人们的进入方式不同而导致了区别。哲学预料了整个经验。（Ⅰ 447；I, 4, 206）

《知识学导论》（1813）写道：

> 一切都是先天，没有什么是后天；否则就是可怜的不彻底性。后天是不通过观看而被设定的东西：既然观看只是一种穿过（Durchsein），一种看去（Hinschauen），后天又怎么能够进入观看呢？

费希特在这里认为，所有能够通过经验学到的东西都可以无须经验而通过哲学演绎得到把握。在一个包含了所有可能内容的原理那里，费希特驱使他的理论方案（Theorie-Ansatz）——看起来如此——走向一种具有演绎风格的普遍科学，即走向先验主义。另外，在他的作品中，却很少有演绎被推进到明显被交由经验掌管的领域。[10]费希特自己也看到了哲学和诸经验科学之间权限分离的必然性，但是，这种分离如何可能，最终如何能够让位于对其至偶然之物进行演绎的要求，这仍是一个问题，这让知识学负重累累。[11]

整个来看，费希特的想法——将哲学提高到"一门不证自明的科学的地位上"（Ⅰ 29；*I, 2, 109*）——获得了如下的形态：哲学必须被推进成关于知识的学说。但它不应该因此而仅仅局限在特殊的专业，即局限在单纯的知识论上；毋宁说它同时要被规划为探讨一般可知的东西的学说。有关知识的理论因此成为最高的科学，并承担了第一哲学的功能。知识学具有双重意义：探讨知识的学说和对诸门科学进行的内容和形式上的奠基。此外它自己也要被构想为科学，就此而言，它具有特殊的合理性要求（原理的确定性、演绎式的构造、循环作为完备性的标准）。如果人们想要更加强烈地凸显费希特在建基上的关切，那就可以采用相反的表达：哲学在它作为第一哲学的最高形式中具有为处于其下的科学准备原则的任务。它是关于原则的理论（就此而言——如上所述——存在一个问题：它应该被引向多么具体的层次？）。如果这些原则反过来站在稳固的地基之上，那么哲学本身就必须可以贯彻为科学，并且是最高的科学。这就是说，它必须能够内在地奠定其他学科必须预设的那些原则，这种理据不再需要继续追问，必须能够有效，而没有任何隐藏的前提。费希特认为，只有在作为探讨知识之理论的原则理论（Prinzipientheorie）被规定之后，这才是有可能的。

这个建基的计划表明，知识学承担了第一哲学的任务，就此而言，对这样一门哲学的科学性要求被定得尤其高。即便在规定最高科学的对象时，费希特也完全同意传统的观点：它是关涉存在者及其根据的。如我们所见，费希特将知识学命名为"形而上学"（这个术语在此指最普遍意义上的存在学说，还不是与"存在论"相对的概念）。进一步说，这种"形而上学"给出的"不是一门探讨所谓物自体的学说,而是对出现在我们意识中的东西进行的生成性的推演"(Ⅰ 32;*I, 2, 159*)。出现在我们意识中的东西正是物的表象。费希特将知识学描述为"形而上学",因为它给出了一种关于物的理论。但是它与更老的形而上学的区分在于这个理论的形态,尤其在于如下观点,即物不是自在地存在,而是作为出现在我们意识中的东西而存在,不过理论的方向仍然停留在对于物的解释上。在《知识学》(1794)中,费希特就已确定知识学是形而上学,因为它呈现为一门探讨物的科学,只不过它不承认物的自在存在,而是总在与"主体"的关联中看到"客体的存在"(Ⅰ 285f.;*I, 2, 416*)。如果人们在此之外再考虑到费希特将"Ding"(物)这个概念与拉丁术语"*ens*"等量齐观的话(参见Ⅰ 119;*I, 2, 279*),那么知识学则表现为一门探讨存在者的学说。[12]

即便费希特不是在我们的意义上将"形而上学"的概念理解为"存在论"的对应物,一些表述仍然表明,他关于存在者的学说实际上非常明显地以形而上学的方式被论及。知识学的特殊性恰恰应当在于,它不是将存在者认作独立存在着的,而是看到存在者的存在建基在"主体"中。于是,对于一门探讨存在者的形而上学理论而言的特殊要素就显露出来了:通过回溯到一个外在于存在者的层级而为存在者的存在建基。

我们接下来首先会追问费希特用以反对那些以事物为独立存在(因而不需要任何实在根据)的观点的根据。然后我们将考察费希特通过自我而为"存在者"(*ens*)所做的建基的基本特征。

二、唯心论 vs. 实在论——关于独立事物的难题

对物自体的追问首先与认识对象的存在方式相关。它们是否以如下方式获得实在的存在,即它们独立于与认识的关联而持存?——这是实在论的主题;还是说它们所涉及的只是认知过程的产物,而只有观念的存在被归给它们?——这是唯心论的立场。对于费希特而言决定性的是认识对象与进行认识的主体(自我)的关系。根据实在论,两者在存

在论上处于相同的层次，因为任何一个都不构成另一个的根据。与之相反，唯心论不容许任何自我以外的存在者，毋宁说它认为自我是所有对象的根据。

费希特认为，在实在论与唯心论两个选项之间的抉择因为如下三个问题而是有必要的。第一个问题是知识论的问题：表象的产生如何得到解释？更进一步说，人们是否必须从一个独立的、不依赖于意识的事物存在出发——这导向了一种关于认知对象对认知者的刺激理论；还是说，人们能够将事物看成主体活动的产物，这可能拒斥这样一种刺激理论及其自然主义的后果。第二个问题与诸存在论规定的可演绎性相关。它涉及如下问题：范畴和直观形式多大程度上能严格地从自我中演绎出来；经验知识的材料，也就是说附着在对象上的、被康德归给具体经验的东西，是否也应该被纳入演绎之中。第三个问题是一个实践哲学的问题：假定事物的独立性是否会让主体的自由变得不可能？这首先是因为事物彼此处在一个没有间断的因果关系网中，这就没有给人类在世界上的自由行动留下空间；其次是因为人类被完全交付给由事物产生的（同样要按照因果法则而被思考的）刺激，因而总是处于结果这一边而绝不会处于原因这一边。换言之，唯心论-实在论争论在表象理论、一门关于存在者的学说的可能性、人类自由这些问题上爆发。

费希特对唯心论的拳拳服膺通过他在《评〈埃奈西德穆〉》中的著名论战而彰显，他写道：

> 设想一种不依赖于任何表象能力而本身就有现实存在和某些性状的事物，是臆想、梦想和幻想。（Ⅰ 17；*I*, 2, 57）

接下来我们将呈现和阐释费希特对上述三个问题的态度。

1. 自由作为形而上学的主题

唯心论的抉择抱着极大的热情去捍卫的肯定是自由这个问题域。实在论者或者费希特所称的"独断论者"则会被认为将所有出现在意识中的东西——甚至包括我们是自由的这个观点——看成物自体的作用，因此他"必然地是宿命论者"（《第一导论》，Ⅰ 430；*I*, 4, 192）。此外，他将自我处理为"世界的偶性"，因此"必然地也是唯物论者"（Ⅰ 431；*I*,

4，192）。费希特认为："唯心论和独断论之间的争论，实质上就是这样一种争论：为了自我的独立性是否应当牺牲物的独立性，或者相反，为了物的独立性是否应当牺牲自我的独立性。"（Ⅰ 432；*I，4，193*）在费希特看来，谁想要拯救自由，就必须以唯心论的方式思考，因此不会承认独立于自我的事物。在知识学的《第二导论》中，他带着如下的坦白迎接所有实在论对知识学的反驳：

> 我想趁此机会一下子把事情完全说清：一般先验唯心论的实质和在知识学中阐述的特殊先验唯心论的实质，在于存在概念绝不是被看作**最初的**和**本源的**概念，而是只被看作**推演出来的**概念；具体地说，被看作通过活动的对立面推演出来的概念，因而也不过是被视为一种**否定的**概念。对于唯心论者而言唯一肯定的东西是自由，存在对他而言只是对前者的否定。（Ⅰ 498；*I，4，251f.*）

站队自我的独立性而不是事物的独立性，这在《新方法》的下列句子中得到了清晰的表述：

> 在自由的行动之前不存在任何东西，所有存在于此的东西都和这个行动一起产生。（WLNM 50）
>
> 因此自由是最高的根据，是所有存在和所有意识的首要条件。（WLNM 51）

包含在这些句子中的存在命题接下来会得到阐释。首先应该得到澄清的是费希特选择自我的自由，以及这一自由由此而获得的基本定位。

费希特认为，从论证上给出唯心论和选择自由的理据是不可能的。没有哪一个立场会被另一个立场反驳，因为基本的假定完全是针锋相对的。既然人们必须选择站一边，这就只能取决于"旨趣"的差异了。"人类的两大主要类别"中的一类需要对物的信仰，因为这类人还未"将自己提升至完全感觉到他们的自由和绝对的自立"（Ⅰ 433；*I，4，194*）；相反，另一类意识到了自己的独立性，不需要事物"来做自己的后盾"（同上）。这样一个人"出于偏好而相信他的独立性，满怀激情地掌控他的独立性"（Ⅰ 434；*I，4，195*）。最终的结论是："人们选择什么样的哲学，取决于他是什么样的人。"（同上）[13]

到了无神论争论时期，费希特将从唯心论和实在论各自在伦理上的基本态度来阐释个人在它们之间做的选择。因此《向公众呼吁》写道：

> 因此……对于一切感性存在的绝对观念性的宣称也是针对独断论者的，独断论者在头脑里认为一切感性存在都具有自为持存的实在性，因为他们的心灵就满足于感性存在。(V 223；I, 5, 440)

对形而上学的态度最终取决于"心灵"的态度。独断论者在他们内心最深处是"幸福论者"，相反，唯心论者是"道德主义者"。[14]

在他的晚期作品中，费希特甚至追溯到了预定论，以阐明为什么唯心论经常遭到拒绝，而不是处处被接纳。作为对唯心论态度的根源，要为伦理或者非伦理负责的并不是人类。因此，《伦理学》（1812）这样写道：

> 通过自身，人不能让自己变得不道德，毋宁说他必须期待上帝的形象在他之中迸发。相信自己具备变得道德的能力和力量，这毋宁说是更加确定的信号，即上帝的形象还没有出现；相反，最大的障碍却出现了。(XI 45f.)

因此，即便对自身的无道德性和虚无的责任消失，没有人应该"因此被免除对他的虚无的蔑视，也没有人应该自己免除这种蔑视"(XI 46)。

将实在论和宿命论甚至唯物论看作一回事，这就带有了强烈的挑衅意味。考虑到像沃尔夫这样的实在论者的哲学，指责实在论者否认自由就显得非常怪诞。对于沃尔夫而言，事物的独立存在和人类在规定他们行动时的自由选择当然是可以统一起来的。认知对被给予物的依赖性在实践上并没有导致决定论的后果。[15]

从实在论的各种自我宣称出发，唯心论的挑衅显得没有根据。但是如果人们将"实在论"和"唯心论"解读成关于可能的存在方式的论断，人们就能够探明这种挑衅具有的一个值得思考的动机。实在论宣称：只存在物性（dinghaft）存在者。对实在论的攻击能够被理解为对它的存在论立场的批判，因为虽然主体自己的活动和自由被确立，但是各种存在论的工具（Mittel）不足以恰当地解释这一现象，因为它们完全是为了诠释对象而量身定制的。将契合于物性存在者的范畴运用到主体性上与主体的自发性不相称，必然会导致将主体理解为物——这或许会被批评为对自由的否定。对实在论进行批判的核心是指责它的存在论基础太薄弱。在物性存在之外，另一种存在方式被提出，这就是主体性的存在方式，或者用更现代的话来说：在自在存在的领域之外，仍需要设定一个自为存在的领域。不过年轻的费希特和谢林的靶子不限于上述立场。在主体性的把握之外引入另一种存在方式并不能使他们称心如意，因为他们认为主体性意味着不存在任何与它并列的存在者领域。主体性要么是一切，要么什么也不是。

2. 表象理论的形而上学意涵

即便在对表象的解释上，费希特也认为唯心论很明显在论证上胜过实在论。

> 但是独断论完全不能解释它不得不解释的东西，这就对它的不适合做了裁决。它应当解释表象，自告奋勇地通过物自体的影响而把握表象。（Ⅰ 435；*I*, 4, 195f.）

费希特通过区分两种存在类型来说明独断论是行不通的：一种类型通过"物"得以展现，另一种类型则通过"理智"得以展现。物这个领域的标志就是因果律的普遍有效性。它只允许一个环节向另一环节的线性转移，却不允许某个要素与它自身相关联。

> 致动者的力转移到另一个在它之外存在的、与它对立的东西上，并且在这个东西中产生一个存在，然后就再无别的什么了；于是从第一个物出发的运动就可以穿过一个你们想要多长便有多长的系列，但是你们绝不能在这个系列中遇到一个反作用于自身的环节。（Ⅰ 436；*I*, 4, 196f.）

费希特认为，从因果链条中绝不能产生自身关联。这种自身关联对于理智而言是本质性的。

> 理智本身**注视着自己**；这种对自己的注视是直接指向理智的一切存在的，而理智的本质就在于存在和注视的这种**直接**结合。凡是在理智内部的东西，凡是一般地是理智的东西，就是**自为的**理智；而且只有理智是自为存在的，它才成其为理智。（Ⅰ 435；*I*, 4, 196）

如果说因为自身关联这一决定性的标志，理智不能从因果链条中被建构出来，那么一个自为存在就必须被设定——实在论者因为囿于物的领域而不能理解这种存在方式。表象这个概念指向了自为存在，因为拥有表象至少意味着一种将会意识到这个表象的可能性，因此预设了一个自身关联。对表象的独断论阐释必然会失败，因为它被从一个不充分的存在论基本立场——以物为旨归——引申出来。

> 独断论者应当证实从存在到表象活动的过渡；他们没有这么做，可能也做不到；因为在他们的原理中只包含着一种存在的依据，而不包含着与存在完全对立的表象活动的依据。他们完成了一个可怕的跳跃，跳跃到与他们的原理完全相异的世界里去了。（Ⅰ 437；*I*, 4, 197）

"独断论的"知识理论的缺陷不仅在于它不具备主体性和自为存在的概念，而且在于它不能解释所谓的独立事物对"理智"的影响。他说：

> 理智和事物恰好对立：它们处在两个世界里，在这两个世界之间是没有桥梁的。（Ⅰ 436；*I*, 4, 196）

费希特不接受刺激理论的"桥梁"，因为它只涉及外在世界根据因果律的规则对主体产生的机械作用。刺激理论并不解释作为意识流之要素的表象如何从这样一种作用中产生。[16]正是在知识论中，寄托在物性的存在者之上的实在论的不足才暴露出来。

费希特在晚期的著作中还反驳了刺激理论。在《知识学导论》（1813）中，他谈论到所谓自立的、只在自身中奠基的"实在世界"作为"观看"的客体（即作为意识的对象）：

> 因为它（客体）是它自身的原则；对它的注视又从何而起呢？这完全无法得到说明；两者外在地并肩而立，没有任何可理解的关联。（独断论者关于外在世界的物理影响、图像的涌入等等的遁词是一种纯粹的、完全难以置信的虚构，却不考虑任何在自然的意识中的诱发因素。）（Ⅸ 58）

因此"注视"（Sehen）是在意识的意义上来说的：

通过一个在其存在范围内的异己的被奠基者，注视是无，它也不能成为这样一个注视。不存在对眼睛之注视的物理影响或规定：它的本质是注视的产物。（Ⅸ 82）

正如在"自由"这个主题上，费希特在表象这个问题上对实在论的批评也发展为如下的责难：关于物性存在者的范畴不足以使人理解现象。我们必须假定一个自为存在，以便为表象理论赢得强大的根基。

对于费希特而言，刺激理论的困境表明，我们不能假定"物"与"理智"是并驾齐驱的，正如在自由这个问题上，费希特在这里也给出了两个候选项：主体性或者独立存在的事物，他选择了前者。表象预设了一个进行表象的存在者，即主体。因为费希特认为独立的事物由此被排除，表象的内容就不再意味着外在对象影响的结果，而只是意识的"产物"。被看到的东西是注视的产物。费希特针对表象理论提出的构想是内在性思想（Immanenz-Gedanke）。因为"注视"不是外在地被规定，所有被看到的东西都必须在自我本身之中。《知识学》（1801）中有一个简明扼要的内在性公式（Immanenz-Formel）：

> 知识就像一只栖息于自身和在自身中封闭的眼睛立于我们跟前。它看不到自身外的任何东西，但是它能看见它自己。我们必须穷尽这只眼睛的自身直观，通过它，所有可能知识的体系得以穷尽。（§19，Ⅱ 38；*Ⅱ, 6, 169*）

《知识学导论》（1813）言简意赅地说：

> 你所看到的，永远是你自己。（Ⅸ 78）

费希特出于知识论的原因否定了"物"的独立存在，把它纳入了自我的内部。只有当"物"被理解为自我的产物和要素时，知识才可以得到解释。[17]

3. 存在论规定的可推导性——对康德的批判

费希特对合理性的要求表现在他对演绎的兴趣中。关于存在者的学说如果要在科学上令人满意的话，就必须具有演绎的性质。任何回溯至独立存在的事物以便获得存在论原则的做法都因此被排除了，因为这样一种回溯具有归纳的性质，而不是演绎的性质。

费希特经常通过与康德的纯粹理性批判划开界限而阐明他对演绎的要求。虽然他认为，康德的某些表述让人认识到，他已经具备了完备的唯心论的立场，因此实际上是知识学的代表人物，但是他的哲学的展开仍然处于实在论和唯心论的中间立场。费希特与康德针锋相对，皈依纯粹唯心论：

> 照康德的看法，所有意识都不过受自身意识的制约，也就是说，意识的内容可以以自身意识之外的某个东西为依据。在知识学看来，所有意识都被自身意识规定，就是说，意识中发生的一切都是以自身意识的诸条件**为根据的**，都是由这些条件**提供**和**创造的**，在自身意识之外完全没有意识的根据。（Ⅰ 477；*I, 4, 229*）

根据康德，意识的内容——某种东西具体地具有**这样或那样的性质**——依赖于独立存在着的事物，而知识学则仅仅通过自身意识来解释所有的知识内容，即不考虑外在的层级。

然而，康德与康德主义者的"最粗糙的独断论"——"它让物自体在我们之中产生印象"（Ⅰ 483；*I, 4, 237*）——毫无关系，即与费希特眼中典型的实在论的刺激理论毫无关系，正如费希特通过对文本的相应诠释想要展示的那样。（参见Ⅰ 480-491；*I, 4, 232-244*）为了发掘康德所说的"被给予的存在"的真正意思，费希特引用了《纯粹理性批判》的一些段落，这些段落谈到了对象产生的某种刺激或者对象的被给予的存在；比如说，"对象被给予我们"或者"这只有在对象以某种方式刺激心灵时才有可能"（KrV §1 B 33，在费希特这里Ⅰ 486；*I, 4, 239*）。在这之后，他引用了"对纯粹知性范畴的先验演绎"这个部分的一些段落，这些段落将对象和客体——通过统觉的综合功能而产生的杂多表象的统一形态——等同起来（参见Ⅰ 487f.；*I, 4, 240f.*）。康德最初当作独立的、被给予的、进行刺激的东西而引进的东西，随后被他自己解释为先验统觉构造的结果。由此费希特认为康德关于刺激的讨论获得了如下的意义：

对象有刺激作用；**一种仅仅被设想的东西有刺激作用**。这究竟意味着什么呢？如果我哪怕有一点逻辑思维的火花，这就不外意味着：这种东西只要存在，就有刺激作用；**因此，它只是被设想为有刺激作用的。**（Ⅰ 488；*I*，*4*，*241*）

那一开始显得独立的东西被证明是我们自己的产物。因此这种被给予的存在必须被回溯至思维之中：

> 由此可见，对象作为给定的东西也只是被思考的，因为这段出自导论的论述［即"对象被给予我们"（KrV B 33，Ⅰ 486；*I*，*4*，*239*）］从经验的角度看也不过是出于**必然性思想**体系而已，而这种体系必须通过随后对它做的批判才能得到解释和推演。（Ⅰ 488；*I*，*4*，*241*）

在康德那里最初看起来像是承认独立存在的那些论断最终被化解在建构理论之中了。

但是，早年费希特已经提出了对康德的指责：在需要演绎的地方，康德却接纳单纯归纳的、从经验而来的原则。这一指责完全变成各个版本知识学的习惯用语。因此，《新方法》说：

> 人类思维的法则在康德那里不是以严格科学的方式被推导，但这应该在知识学中发生。——在知识学中被推导的是一般有限的理性存在者的法则，但在康德的体系中人类的法则只是被罗列出来，因为这一体系只是建立在经验的基础上，但在知识学中，人类的法则得到了证明。（WLNM 7）

在对康德的批判这个框架内，费希特提到了他所关注的涉及存在者学说的那些主题，所要求的那些演绎的唯心论风格体现在它以自身意识为中心上。

> 我很清楚地知道，康德绝没有**制定**这样一个体系，不然的话，知识学的作者就用不着为此劳神费心，而会选择人类知识的另一个分支来研究了。我知道，他绝没有把他制定的那些范畴**证明**为自身意识的条件，只不过说它们应该是这样的条件罢了；时间和空间，以及在原始意识中与这两者**不可分割的**、充实这两者的东西，更没有作为这样

的条件被推演出来；因为关于它们，甚至没有像关于范畴那样明确地说它们应该是这样的条件，而是仅仅通过上面所做的推演，说它们应该是这样的条件。（2. Einl. Ⅰ 478；*I*, 4, 230）

这里提到的是要演绎出来的诸对象：范畴，空间和时间以及充满它们的东西（质料）。将理念、范畴以及空间、时间纳入一个统一的推导过程，这指向了费希特相对于康德而言更强的理性化要求。如果说前面两个东西在内容上仍在针对《纯粹理性批判》——范畴呈现的是"先验分析论"的主题，空间和时间呈现的是"先验感性论"的主题，那么费希特凭着他对质料之演绎的要求也在主题上超越了康德。

范畴演绎在费希特的思考中占据了特别高的位置。在知识学的《第二导论》中，费希特引用了康德《纯粹理性批判》中的一句话，这句话出现于"论纯粹知性概念或范畴"这部分："这些范畴的定义，尽管我可以做出，但在这项探讨中，我却有意地避开了。"（KrV B 108）费希特借这句引文以如下方式描述他的知识学：

> 这些范畴中的每一个范畴，只有通过它对自身意识的可能性的特定关系才能加以定义，而谁掌握了这些定义，谁就必然掌握了知识学。（Ⅰ 478 Anm.；*I*, 4, 230 Anm.）

1812年，费希特还在他的知识学授课录的框架内谈论到康德的相同段落，并写道：

> 因此他（康德）说，他想要避开（范畴的）演绎，因为这只会导致不必要的争执。——要是他没有避开就好了！知识学不是别的，只不过是对康德欠下的这种演绎的逾期交付。（Ⅹ 391）

康德认为前后一贯的范畴演绎呈现了认知对象的普遍规定，在这里这一演绎被解释为知识学的核心要点。如我们已经看到的那样，拒绝定义不是康德在这件事情上的最后结论。在先验分析论的结尾（KrV B 288-304），康德说得很明白，一个范畴是可以通过配置某种特定的直观方式而得到定义的。纯粹知性的诸原理因此呈现了范畴的定义。费希特忽略了这一定理，诚然是因为他不像康德那样从概念和直观的互动中获得定义，更是因为对于他而言，这里所关涉的是从自我中演绎出范畴。在这点上，康德的理论——它以逻辑的判断形式为基础，以便列出范畴表——与费希特的要求相比自然显得缺乏合理性。

上面简略提到的是费希特的如下想法：除了推导空间和时间，也推导出事物的质料或材料。在批判康德具有归纳特征的批判主义这一框架下，费希特写道：

> 尤其是，采取这样的办法，人们认识不到对象本身究竟是怎样产生的；这是因为，即使人们愿意承认批判唯心论者（批判主义哲学家）的未经证明的悬设，但凭借这些悬设，所能解释的也无非是物的**性状**和**关系**，例如物存在于空间，表现于空间，它的偶性必须与某种实体相关，如此等等。然而具有这些关系和性状的东西究竟是从哪里来的呢？被纳入这些形式的质料又是从哪里来的呢？独断论躲藏到这种质料里，而你们只是造成了麻烦而已。（Ⅰ 443；*I，4，202*）

带着逃离独断论这个动机，费希特演绎计划的唯心论背景也浮出水面。通过"对客体的抽象"（Ⅰ 442；*I，4，201*）即仅仅以归纳的方式获得存在论的规定性，这一方法不仅在科学上是无法令人满意的，而且妨碍了唯心论，因为一个建立在经验基础上的方法不能够保证，这些规定"只不过是理智的内在法则"（同上），而不是"普遍的、以事物的本质为基础的属性"（同上），正如独断论者所宣称的那样。像康德那样的半吊子唯心论"因此是未经证明的和不能证明的。它除了保证自己正确无误，就再没有别的武器来反对独断论"（Ⅰ 443；*I，4，202*）。费希特认为，只有站在完全的唯心论的立场上，前后一贯的演绎才是可能的。费希特认为，以自我为出发点的演绎的成功是反对实在论的决定性证明，因为这样就会表明，范畴仅仅是自我的"内在法则"，而非独立存在事物的特征，这些特征仅仅在转向这些事物的过程中才能被发现。因此，追求前后一贯的演绎表明了一个采纳唯心论立场的动机。

4. 唯心论的先验性

现在应该很清楚，费希特运用了有别于康德的实在论或者说独断论这个概念。康德意义上的实在论者或独断论者认为，我们的知识指向了对象并以抽象的方式提供了关于物自体属性的信息。与此相反，批判主义者坚持理性不能触及物自体。根据费希特的观点，实在论者和独断论者假定了对象的独立存在，他们把对象看成可认识的或者不可认识的，而唯心论者否定这一假定。康德的唯心论是先验的，因为它将对象性的形式归给了进行认知的主体，而对象性的存在和具体的性状则对经验开放，以至于为经验的实在论留下了空间。与此相反，费希特将他的唯心论理解为先验的，因为它能够抵制"有物在我们之外"这一自然假定的产生；这一假定必然地产生于自我之中，但是却被揭示为欺骗性的和仅仅似是而非的。如果说康德把唯心论和实在论理解为互补性的，因为知识的可能性条件是观念性的，它的实现则必须添加上实在的要素，那么费希特则认为能够拒绝实在的组成部分并将之贬低为幻象。晚期的费希特仍然尝试在知识学的意义上诠释康德的理论，认为这一理论反驳了康德本人。他在《知识学导论》（1813）中写道：

> 康德的先验唯心论同时是经验实在论：他承认并且证明了，当知性谈论到物自体的时候，必然完全合理地采用如下方式：这一**自在物**只是在一定程度上、在遗忘了其原则的情况下是自在物，而不是一个真正的和不可动摇的自在物。（Ⅸ 59）[18]

唯心论消解了实在论坚持的自在物，将其完全消解为一个"为了"（Für），一种本质上与自我相关联的存在。

"因此对象**也只能被思考**为被给予的"，这是费希特在探讨下列问题时一句关键的话："我们怎么就会去假定，在我们的表象之外还有真实的事物在那里存在？"（WLNM 4）这句话描述了费希特典型的按照唯心论的方式对实在论主题进行的探究：这些主题因此被揭示为单纯经验性的、没有根据的，因此是单纯的意见：这种意见尽管会被反驳（实际上对象是被造就的而不是被给予的），但却呈现为一个必然的假象，这个假象产生于特定的思维法则，能够通过对这些思维法则进行阐释而得以澄清。

如果这种唯心论不是像实在论那样会被指责为在相反的方向上走向还原论，那么唯心论就必须能够在自身中接纳甚至或许要超过实在论解释物的世界的能力。当唯心论拒绝物的独立存在时，它就必须能够解释，这种显而易见的看法源自何处。它必须能够重构那些由实在论罗列的物的领域的特征,这些特征指向了与世界的自然关联。费希特对唯心论和实在论关系的规定到达这样的程度,即他将实在论的观点与自然的自我的观点等同起来,与此相反,将唯心论的立场与哲学家的立场等量齐观。"仅仅对被观察的自我来说才有存在可言;这个自我是以实在论的方式进行思考的。"但是哲学家"作为哲学家,是以唯心论的方式进行思考的"(Ⅰ 498;*I*,*4*,*251*)。实在论与唯心论的区分因此具有了"朴素的"和"反思性的"含义。唯心论者能够在他的表述中同时把握实在论的立场,并且解释如何达到这样的立场,为了达到更高的立场必须调用什么样的额外的反思。

这样一种重构也总是包含着一种批判。只要从高阶的立场出发进行的重构成功了,那么一个因袭下来的陈述因为与这个立场的关联就被认为是有根据的。这个批判就导向了对原则的证成,这些原则此前要么完全没有得到奠基,要么根据新的标准看来没有充分地得到奠基。如果这个重构没有成功,那么与此相关的陈述就会被当作错误,或者至少被当作没有得到证成的而被拒绝。我们已经引用了如下段落:"先验唯心论的本质"在于,"存在的概念完全不是被看成**首要的**和**原初的**概念,而仅仅被视作一个**推导出来的**概念"(Ⅰ 498f.;同上)。另外的段落说道:

> 独断论是超验的、悬浮的,超脱于意识的;唯心论是**先验的**,它在意识之中,但指明了超越意识是怎么可能的,或者说,我们怎么会假定外在于我们的事物与表象相契合。(WLNM 17)

"先验"唯心论必然不会像朴素的实在论那样,把事物的存在和规定性认定为单纯的事实,而是能够推导它们,但这种推导是按照特别的方式进行的。一方面它演示了某些存在论规定——这些规定涉及物的领域——的必然性,就此而言它为这种必然性奠基;另一方面它也表明物的领域的虚幻性。在自然的(用费希特的话说即实在论的)态度中,我们确信物的独立性。知识学揭示了这种确信是单纯的幻象,因为它停留"在意识之内",并从意识出发去指明,我们如何会假定外在的存在。它通过"对出现在我们意识中的东西进行生成性的推导"(Ⅰ 32;*I*,*2*,*159*)重构了实在论，即不再回溯至独立的事物。通过坚守意识的内在性，知识学表明自己是唯心论的。通过这种——借助意识理论而进行的——重构，这种唯心论应当证明自己相对于实在论是"先验的"。但这种重构也证明了，对于物的自然态度是不可避免的和必然的，因为它源自意识的本质。知识学能够展示，没有得到反思的主体根据哪种合规则性而必然地假定独立的事物。通过演绎而证成物的世界因袭下来的特征，由此而将存在者学说提升至科学，这个想法在费希特这里是与如下主题相关联的：只要"物"（ens）将自己展现为相对于自我的独立性，它呈现的只是一个幻象。

"先验"概念进一步表明，费希特的命题，即在实在论和唯心论之间只有一种被兴趣引导的、但不可以论证的决定是可能的，这不是他对这个问题的最后断言。[19]如果两个立场中的一个是"先验的"，不仅能够把握更大数量的现象，而且将另一个理论的解释力扩展到自家的领地，那么哲学的选择就不再留给"这个人是个什么样的人"（Ⅰ 423；I, 4, 195）这样的偶然性了，而是具有了许多选择一个范围更广、根基更深的理论的理由。不过，证明唯心论是"先验的"，也是给知识学计划提出的要求。

费希特有很多理由辩护唯心论，即辩护如下命题：不存在任何不依赖于主体而存在的和被规定的物。这种拥护不仅针对康德口中的实在论哲学，而且也针对物自体理论，这一理论对它而言包含了实在论残余。隐藏在费希特唯心论背后的观点是，不可能同时存在主体性和物性的存在者。费希特认为这里是非此即彼的关系。谁选择了物而反对主体性，谁就必须首先否定自由，其次不能够理解表象的存在，再次必然在第一哲学的领域内满足于归纳的方法。反之，谁选择了主体性而反对物性（Dinghaftigkeit），谁就不但能够维持自由，而且能够描述进行表象的理智，建构一门严格科学的、以演绎方法进行的第一哲学。同样地，他也从主体性中发展出如下自然的假定：我们在与世界的关联中和独立存在着的物打交道。物的存在被证明是一个——即便是必然的——假象。或者在更少贬义的意义上说：这种存在不是任何不可化约的东西，而是在主体性中有其根据的。然而，由于拒绝外在于主体的知识根据，唯心论者让自己承受如下重担：必须从自我中推导表象，直至表象质料上的具体内容及其事实性。这里面临着一种先天主义，它不再能够将哲学与经验区隔开来，不能承认后天的东西具有相对于先天的东西的自身权利。

三、知识学作为探讨存在的理论

1. 产生和效用

如上所述，针对休谟而指明因果概念和实体概念（此外还有余下的别的范畴）具有客观实在性，这一努力构成了康德批判哲学的核心。《纯粹理性批判》所有进一步的理论版块都围绕着这一核心。康德借助法学的习惯用语，区分了事实的问题（quaestio facti）和权利的问题（quaestio iuris），前者涉及事实的问题，后者涉及有何法律根据的问题。（B 116f）权利的问题（quaestio iuris）被转移到了一般意义上的概念使用，指向了一个概念的"客观有效性"，即"概念使用的权限"（B 117）。就经验概念而言，这种权限通过指明这些概念所来自的经验便得到了证明。[20]与之相反，先天的概念根据其要求不是来自经验，它们需要对其"合法性"的一个特殊证明，即需要一个"先验演绎"（B 117）。这样的演绎必须指明，相关的概念是对象经验的可能性条件，因此有权利谓述经验对象。

费希特当然熟悉这种情况[21]，但是他以完全有别于康德的方式处理有效性问题。在《新方法》的"第一导论"中，费希特写道：

> 我们怎么就会去假定，在我们的表象外存在现实的事物？哲学思考的目标就在于回答这个问题，回答这个问题的科学就是哲学。（WLNM 4）

费希特哲学的基本问题也能这么来表达："我们的表象究竟有没有实在性？"（WLNM 4）或者：最重要的是"去证明我们的表象获得了客观有效性这个事实，以及我们的表象如何获得了客观有效性"（WLNM 5）。对这个概念的解释是："客观有效性就存在于人们宣称'除了我们的表象外还存在某物'的地方。"（WLNW 4）有效性的问题因此被引向费希特唯心论的根本问题，即引向对经验对象的独立性的追问。

在知识学《第一导论》中，费希特通过自身观察这个要求，为追问物的实在性铺路；在自身观察的过程中，人们能够察觉内在于"意识的规定"即在"表象"之内（Ⅰ 422；*I*, *4*, 186）的差别。某些表象依赖于我们的自由而显现给我们，比如幻想出来的表象，我们无法相信"一个在我们之外的某物，如果没有我们的作为，会与这些表象相符合"（同上）。

> 我们把另一些表象与一种不以我们为转移就加以确定的真理联系起来，把这种真理作为它们的模板。在这些表象应当与这种真理相一致的条件下，我们发现在这些表象的规定方面，我们是受约束的。我们认为在认识的范围内，在关于认识的内容方面，我们是不自由的。（Ⅰ 423；同上）

我们从中得出了两种类型的表象作为区分的标志：

> 我们可以简明扼要地说：我们有一些表象伴随着自由感觉，另一些表象则伴随着必然性感觉。（同上）

就第一类表象而言，我们无法进一步追问根据，因为它仅仅依赖于主观的喜好。但是如下问题必然会针对第二类表象而被提出：

> 由必然性的感觉伴随的那些表象组成的体系的根据是什么呢？这种必然性的感受本身的根据又是什么？回答这个问题，是哲学的任务。而在我看来，哲学不外就是解决这个任务的一门科学。（同上）

这个"由必然性的感觉伴随的那些表象组成的体系"就是人们称为"经验"（同上）的东西，在经验中"**物**是独立于我们的自由而得到规定的，我们的认识应以它为指向"（Ⅰ 425；*I*, *4*, 188）。因此哲学的任务就是"给出所有经验的根据"（Ⅰ 423；*I*, *4*, 186）。哲学必须阐释如下感受是怎么产生的：有外在于我们的物，知识必须与它们相符合。

康德的哥白尼转折是被这样的洞见驱动的，即有效性证明只有当真理的符合论在原则的领域内被一个唯心论的建构理论取代时才能够成功。符合论在获得原则的过程中只留下一个归纳的、后天的手段，除此之外，它总是无力抵抗怀疑论的反驳，因为没有任何标准能够给出，使表象和外在对象的一致性能够得到检视。与此相反，先验哲学能够提供真理的逻辑，这一逻辑通过范畴的先天特征而变得合理，因为它以演绎的方式进行。费希特同样追求——但以特殊的方式——超越符合论的基本观点：知识必须指向物；这借助了"不存在任何独立于主体的物"这个命题。

让我们短暂地回想一下这与休谟观点的关联。休谟在几个关键点上怀疑了获得外在世界知识的可能性。诚然他承认表象在直观上的确定性，这些表象立足于纯粹的印象，而印象包括了空间上的共存和时间上的相续。演证的确定性只能寄托于数学，不过它仅仅处理表象内容之间的可能关系，而不是表象内容与实在世界的关系。[22] 从这两种类型的确定性的规定中，休谟得出了怀疑论，针对所有从表象的关系中推演关于外在世界结构的论述的进一步尝试。这又通过实体和因果性两个存在论概念提出要求。[23] 我们既不能从一个对象的单纯表象中指出这个对象是原因还是结果，也不能说两者之间存在逻辑上的关联。因果性概念既不是通过直觉的也不是通过演证的确定性而被发掘。它的客观性，即它对于外在世界的有效性，不能被证明。因此休谟将这个概念描述为只是内在心理的联想法则的结果，即描述为对特定表象内容的经常重复的、时间上的前后相继的一种习惯。他以类似的方式将实体概念批判为一种不被允许的推理：从一些平等的表象推论到一个统一的承载者（它造成了这些表象的共存）的实在存在。

首先要确定的是，费希特的概括性表述，即休谟对我们表象的客观性表示怀疑，要被精确地表达为如下命题：休谟只是怀疑了表象**联结**的特性方式的客观性，即怀疑了这种联结如何能够通过实体概念和因果概念而得以实现，而没有怀疑单个表象内容本身的客观性。毋宁说，他承认这种表象内容在直观上的确定性。虽然人们能够将因果性和实体性本身作为表象来把握，但休谟的怀疑论总是只与这两个表象的客观性相关，而不是与我们一般意义上的表象相关。

费希特在这种情境下谈到了康德，后者作为休谟的对手已经尝试给出一个客观性的证明。

> 人们如果在一个体系中把握康德特别地在《纯粹理性批判》中

说的东西，就会看到康德已经正确地思考过了哲学问题。他这样来表达这个问题：先天综合判断如何可能；并且是这样来回答这个问题的：存在一种特定的必然性，一些特定的法则，理性在产生表象的时候根据这些法则来行动；通过这种必然性和这些法则而产生的东西具有客观有效性，康德探讨的不是物自体，不是与表象者无关的存在。（WLNM 5）

在康德的先天综合判断的理论中——费希特强调——客观有效性只是由于理性的程序而得到奠基。这表明了，康德已经正确地把握了哲学最重要的任务，即通过回溯至理性法则而证明客观有效性。

正如他在对休谟的评述中表明的那样，费希特相对于康德而言扩展了客观有效性应当得到展示的领域。如果说康德只是关涉"知性的概念"以及从中得出的作为纯粹自然科学法则的纯粹理性之原理，那么费希特则将研究的领域扩至一般而言的表象，因为"被必然性的感受伴随的表象"也恰恰是所有单纯的知觉，也就是休谟让直观的确定性起效用的所有东西。除了为幻想的产物，我们应当为所有与外在世界相关联的表象指明"有效性"。

通过对客观性的描述，费希特将整个领域纳入主体的内在性之中。通过将客观性解释为一个伴随着表象的"必然性感觉"，费希特将客观性的观念本身理解为主观的现象，理解为感觉，而这种感觉的根据在主体性内部。完全与此相应的是，他把对"经验之根据"的追问改造为对表象之根据的寻求，我们的知识必须指向一个独立的物。但是假如这样一个物并不存在，那么自然的世界关联本身的客观性归属（Objektivitäts-Unterstellung）本身就被理解为主观的现象，以便能够仅仅从主体性出发去把握其与世界的关联。这个延伸至一般表象的有效性问题会被恰当地安置，这样，它不需要回溯到一个独立存在的物就能够得到处理。费希特哲学的基本问题是："我们怎么会假定，在我们的表象之外还存在现实的物？"它的目标绝不是反驳极端的唯心论而为外在的物提供一个存在证明[24]，而是在意识的内部重建对这样的物在主观上必然的假定。对此，上述从康德关于某些知性概念的问题域向一般地具有指涉性归属（Referenz-Unterstellung）的表象的扩展就是必然的，因为这种扩展排除了任何可能的起始点去实在地假定一个独立存在的物，并使唯心论得到完善。在费希特看来，这只有当指涉性归属本身能够被理解为主观的时，才能最彻底地获得成功。

康德的有效性理论与如下说明一起发挥作用：对印象的接纳只有借助主体的自发功效才是可能的。通过这种功效，对象本身总是已经带有范畴的印记，因此能够按照范畴的方式被说成经验的客体。与此相反，有效性问题的费希特版本建立在对唯心论的"先验性"的证明上。"客观有效性"被证明是似是而非的概念，因为一个与此相符合的客体根本不存在。[25]哲学的任务只在于对如下假定发展出一种生成性理论：存在一些让我们表象的真理变得棘手的对象。因为在唯心论的地基上没有有效性问题，哲学只是不得不去阐释主体中指涉性归属的生成。

康德的理论也基于如下观念：有效性不能在符合论的基础上被证明，而是要在建构理论的基础上，它发现一些主观原则，经验对象根据这些原则而生成。他也通过生成性理论来回答有效性问题。然而康德与费希特的区别还是在于这一建构理论所要求的范围。它在康德那里绝不会延伸至所有被"必然性的感觉"伴随的表象，而只涉及对象的逻辑结构。在符合之外，康德仅仅构想了一种"先验的真理"，它尽管"先行于所有经验的真理，并使之得以可能"（B 185），不过给经验的真理留有余地。"先验的真理"的标准是演绎的逻辑连贯性，但仍存在"经验的真理"，它的试金石是经验。与此相反，因为费希特否认物的独立性，他就不可能在经验的范围内维持真假之别。假如在自我之外没有别的层级，假如所有在自我之中的东西都是可演绎的，那么在与外在世界中的物打交道的过程中出现的任何错误都必须被证明是演绎的错误。"先验的真理"变成无所不包的了。在经验的范围内真理的差异因此就被敉平。

2. 对存在之根据的追问

费希特哲学的一贯之处在于对存在之根据的追问。他在《第二导论》中说，"存在"不是原初的，而是要被推演出来的概念（参见 I 499；*I*，*4*，252），在1813年的《知识学导论》中还在推进"存在的建构"和

"生成":"我们必**将**看到存在"（Ⅸ 42f.）。这就得出了"从上述含义来看的形而上学的任务，就其探究的是一种为我们的存在的根据而言"（Ⅰ 456；*I*，4，211）。费希特进一步规定了这种新的形而上学——确立这种形而上学是知识学的任务——的计划：

> 它探究的是一般存在的谓词的根据，不管这谓词是被附加的还是被否定的；然而这根据总是存在于被论证的东西之外……所做的回答如果真要成为对**这个**问题的回答，并确实要深入问题中的话，也同样必须撇开一切存在。（同上）

这里要再次引用一段话，在其中费希特强调："存在的概念不能被视作**首要的**和**原初的**概念，而只是被视作**推演出来**的……概念。"（Ⅰ 499；*I*，4，252）存在的推演——如我们现在所知的那样——源自一个其本身不处于存在领域内的根据。

费希特意义上的"存在"含义可以追溯到《第二导论》中对哲学基本问题的一个表述：

> 大家知道，它（知识学）需要回答的问题是：由必然性感觉伴随的表象的系统是从何而来的？或者，我们是如何得以将客观有效性赋予那种纯属主观的东西的？或者，既然客观有效性是由存在加以标志的，那么我们是如何得以假定某个存在的呢？（Ⅰ 455f.；*I*，4，211）

"存在"与"客观有效性"是同义的，客观有效性存在于"人们宣称表象之外还存在某物"（WLNW 4）的地方。"存在"在这里和"客观有效性"一样，说的都是物（臆断的）没有根据的存在。据此，存在者的存在就在于它的独立性，在它相对于主体的由自性（Aseität）。追问存在的根据和产生的目的在于证明存在者事实上依赖于自我，仅仅通过自我而存在。在这个意义上，存在通过展现自身的根基而将自己呈现为幻象。这又关涉对实在论的反驳和对唯心论的坚守。

费希特推演存在的目的在于为存在者的**实存**（Existenz）奠基，这在很多方面得到了证明。费希特问到，我们是如何得以假定，"在我们的表象之外还存在现实的物"（WLNW 4）？他同样说，知识学"探究的是一般存在的谓词的根据，不管这谓词是被附加的还是被否定的"（Ⅰ 456；*I*, *4*, *211*）。"存在的谓词"（V 456；*I*, *6*, *46*）不是被理解为判断的系词，而是对实存的宣称，这在《法庭辩护书》的一个段落中得以彰显：

> 只有经验的对象**存在**，它不在经验之外**存在**（这里直截了当使用的**"存在"**当然与逻辑系词**"是"**含义不同）。（同上）

通过添加"存在"这个谓词（作为直截了当使用的"存在"），一个实存的设定被贯彻下来。在《知识学导论》（1813）中费希特提及了如下要被反驳的实在论关于存在的理解：

> 这些、那些东西**存在**，必定和真实地实存着，自为地持存着，不依赖于我的表象；它将会存在，即便我不存在和不表象它。（Ⅸ 43）

存在之理据（Seins-Begründung）作为实存之理据（Existenz-Begründung）这一特征在《论逻辑学与哲学的关系或论先验逻辑学》（1812）的一段话中尤其清晰地表达了出来，它说：

> 他们（实在论者）相信，我们否认或者怀疑确定无疑的**存在**（Ist），比如炉子存在。但我们并不否认这点，而且能够比他们更加稳固地为之奠基。他们止步于软弱无力的保证：它存在并且是好的。我清楚地知道：他们不能将自身提升到将这个**存在**（Ist）与一个根据，一个真实的和持存的根据勾连起来，因为那样的话他们必然已经掌握了知识学。（Ⅸ 364）

这涉及如下问题，"炉子"的实存是否仅仅是被接受下来的，还是说它能够被一个统领所有存在者的原则奠基。因为知识学能够不承认存在者的独立存在，它就关注"存在的**起源**（woher）"，并在自我之中发现了它。

《伦理学体系》（1812）的一个段落也指向了同样的实际情况，费希特在其中强调："我们在这里定义存在，而通常有一个普遍原理：存在是不可被定义的；这是一切错误的源泉。"（Ⅺ 5）实际上，费希特关于建基、推演和定义存在的想法至少与以亚里士多德为旨归的学院派存在论是不可调和的。根据后者，"存在"本身是最普遍的概念（参见亚里士多德

《形而上学》B 1001 a21），以至于人们无法给出存在能够由之而被定义的高阶的属（Genus）。[26] 因此，不可能在存在之外找到一个层级，存在能够由之而被奠基或推演。如果存在出现在一切东西上——最多除了理性的产物（entia rationis）或单纯的幻象产物这一例外，那么存在概念总是被预设的，因此不能进行任何推演。费希特完全知道这种指责，从存在中"抽离"（Ⅰ 456；I, 4, 211）——这对于存在的奠基而言是必需的——是不可能的，但他却坚持一个"形而上学"的观念，这一形而上学追问"存在的根据"（同上）。

98　　费希特对实在论和唯心论的区分再次提供了理解的关键。只要唯心论是先验的，它就使批评实在论得以可能，这一批评由于更深的理据而导致了一个修正。费希特将存在这个概念归给实在论，以至于现在当他从唯心论的立场追问存在的**根据**时，这显得完全是自然的。存在论的传统禁止这一追问，这一传统对于他来说正是实在论的，而这种实在论是"一切错误的源泉"。知识学似乎对实在论的存在论具有一个外在视角并必须要拥有这一视角，以便能够承担起重构工作。这个事业的目标在于给关于存在的学说赢得建构之基础，这一基础与知识学规定的理性标准相符合。但这样做的前提是——如上所述——能够采纳一个针对存在的外在的（ab extra）立场，存在论传统总是对此予以否认。

与存在问题的先验和唯心论转向平行的是有效性问题的同一转向。费希特首先对问题进行了主观化处理，因为他在存在问题中考虑到了与"理智"的关联，并将其表达为："一个存在对我们而言是如何可能的？"新的"形而上学"追问"对于我们而言的存在之根据"，这个追问完全不同于对"不与意识相关的存在"（同上）的追问。费希特将存在彻底地理解为与意识相关的，存在**为了**意识而存在。

　　　　相反，物应该是各式各样的，可是一旦有人提问：它究竟是**为了谁**而存在呢？任何懂得这个问题的本意的人就都不会回答说：是为了它自己；而是还必须设想一个理智，它**为了**这个理智而存在。（Ⅰ

436；Ⅰ，4，196）没有任何与理智无关联的存在。这一结论的确定为从主体性的内在性解决问题铺平了道路。费希特不再需要问"存在自在地是什么"，而要问"我们怎么会假定一个存在"（Ⅰ 456；Ⅰ，4，211）。正如费希特在解决有效性问题时把被给予的外在印象的存在理解为主观的指涉性归属，他将存在也解释为关于存在的意见。对存在之根据的追问实际上指向了这种关于存在的意见的根据，只有这种转向才使从存在中"抽离"得以可能，这种抽离又是——借助对存在之根据的追问——对存在刨根问底的前提。新的形而上学无须关联到一个独立的、超越主体的东西，就能够在存在的追问上得心应手；毋宁说，关于存在的意见的根据将会在主体性之内被找到。

我们已经看到，费希特接续了康德对知性概念的客观有效性的证明，因为这种证明建立在这样的思想之上：先验主体相对经验先行地建构了知识对象，因此就对象的根本结构而言，这种证明将经验知识的超验性回溯到了先验自我的内在性。我们也可以在《纯粹理性批判》中发现一个有关存在问题的主题，即系词理论，对于费希特来说，它可以充当他的存在理论的出发点。

康德在他的"纯粹知性范畴的先验演绎"（B 129 及以下）中发问，杂多的不同表象如何能够一块出现在一个意识之中，而不会导致这个意识的统一性解体。为了做出解释，他假定了一种综合的功能，即"原初的统觉"（B 132），通过它，表象被相互联结并在同一个意识中统一。这种结合构成了思维对知识过程的主要参与方式，而表象的内容则通过直观，即经过感性而被给予。康德写道：

> 但是，联结并不在对象之中，也不能通过知觉从它们中获取，并由此接受到知性中，相反，它只是知性的一件工作，知性本身无非是先天地进行联结并把被给予的表象的杂多置于统觉的同一性之下的能力，这一原理乃全部人类知识中的至上原理。（B 134 及以下）

康德提到了"统觉的行动"（B 137），它可回溯到认知主体的一种能力，并产生"统觉的原初综合的统一"（B 136）。

康德进一步考虑到，如果这种综合功能导致了一个意识的所有表象相互间的联结，那么意识内的某种统一性构造必须奠基在这种功能之上。不同表象的这些统一性构成了客体，因为更多的属性能够被牵涉到一个物，作为共同的中心。康德写道：

> 统觉的先验统一是一个直观中被给予的一切杂多被结合在一个关于客体的概念之中所凭借的那种统一，它因此叫作客观的……（B 139）

"客观的"是因为它导致了一个先行于所有具体经验的统一性构造，即一般而言的客体的建构，这与基于主观联想的单纯"主观统一性"不同。

康德进而认为，不同表象的联结，即综合的功能，是通过判断执行的。

> 我便发现，一个判断无非就是使被给予的知识获得统觉的**客观**统一性的方式。判断中的关系词"**是**"就旨在于此，为的是把被给予的表象的客观统一性和主观统一性区别开来。因为这个系词表示这些表象与原初的统觉的关系和它们的**必然统一性**……（B 141 及以下）

表象在判断中被联结，因为一个主词概念和一个谓词概念通过系词"是"被结合起来。在康德看来，这个系词表明了表象的综合统一是综合功能的结果，这一功能是通过统觉而完成的。与此同时它具有客观的意涵，以康德的例子来说：

> 这个物体**是**有重量的，这无非是要说：这两个表象是在客体中，亦即不管主体状态的差别就联结起来的，而不仅仅是在知觉中……共处的。（B 142）

这个"是"具有客观有效性，因为它描述了客体的先天形式，这种形式作为可能性条件，先于所有关于对象的经验体会（empirische Erfahrung）和所有个别的规定性。康德通过先验自我的功能来规定这个"是"的意义，即把它规定为主观性的和内在的。在经验中遇到的在系词意义上的"存在"，都奠基于先验主体的活动性。

费希特对存在根据的追问可能针对了康德的系词理论。如果存在

(在系词的意义上)可以回溯到主体的先验行动,那么我们就可以将存在的自主性和独立性鉴定为单纯的意见(这种意见与经验的、非先验的立场相关联),并且将理智或者自我设定为这个存在的根据。但对康德思想的这种转向同样呈现为一个成问题的改造:我们如何能够在将存在论概念的有效性问题扩展到一般性的表象时仍然遵守这一转向。如果说康德的阐释仅仅涉及了系词意义上的"存在",费希特就是把"存在"说成实存(Existenz)。如果说康德尝试去满足我们思想的客观性要求并为此提供一套作为综合的判断理论,费希特则想要从自我中推演出物的实存。就此而言,他坚持康德关于先天综合或者说先天综合判断的观点,但他把这一综合功能解释为实存的设定,即解释成为了自我而存在的物的生产。[27] 实存的建基是一个与判断理论完全有别的事业。不过需要承认的是,即使系词性的存在也潜藏着实存的宣称,因为它蕴含着真理性的存在。"S 是 p"这个判断如果是真的,就总是能够被改造为:"有一种情况,S 是 p"。但是真理性的存在绝不能等同于宣称个别对象的实存。在"S 是 p"中的谓词性的"是"必须与存在的宣称"S 存在"区分开来,这也是康德的意思,因为他说系词的逻辑运用仅仅设定了"与主词相关的谓词",而意指实存的"存在"则不能给出新的谓词,"而只能设定主体本身及其所有谓词,设定与我的**概念**相关的**对象**"(B 627)。从康德"知性依赖于被给予者"这一观点可以非常清楚地看出,谓词性的"是"不应该等同于实存意义上的"存在",因为康德认为,统觉的综合活动能够承担前者,但完全不能承担后者。

对存在根据的追问类似于对我们知识的客观性的追问。费希特汲取了康德的如下理论要素,在这些要素中,知识进程中的建构性活动被归给认知主体,而这个活动的范围得以扩展,直至康德把物自体与之相联系的领域。费希特努力推进康德的先验哲学,通过建构性原则的普遍化而拒绝设定独立存在的物,在这一努力中,费希特的思路完全具备一贯性。

正如引文所显示的那样,这种关于对象的存在学说贯穿费希特的晚期作品。然而为了避免误解,这里要指出,费希特在《知识学》(1812)

中，少量地在晚期的教育学作品中，把绝对者也规定为"存在"。因为绝对者毫无根据地存在，它作为唯一的层级有理由戴上"存在"的头衔。那仅仅表面的、建立在注视之上的"存在"并不是绝对者的存在，而是真实世界的存在。在《知识学导论》（1813）中，费希特展示了他晚期哲学的核心，他写道：

> 现在这是我们学说中全新的内容……这有三个层次：绝对的开端和万有的承载者是纯粹的生命；所有的特定存在和显象只是这个绝对生命的图像或者对它的注视，这个注视的产物才是存在本身，是客观的世界及其形式。（Ⅸ 101）

存在的演绎也属于晚期作品的计划，不过在那些作品中，关涉的自然不是最高的原则，即《知识学》（1812）称为"真正的存在"的"纯粹的生命"，而是像早期作品所说的物性的存在者。

3. 唯心论与存在论传统的关系

如我们所见，知识学与一门第一哲学的建基功能是一致的，并将这个功能处理为关于存在者的理论。对于贯彻这个理论而言具有特殊意义的是对"存在"的建基，即对存在者之实存的建基。只有当对实存的推演成功了，存在者才能被把握为内在于自我的，而这又是存在者的规定性之可演绎性的前提条件。《知识学导论》（1813）说道：

> 如果我们能够深入对注视的自身规定——正如我们希望的那样，那么我们就同样地深入了存在的可能规定。（Ⅸ 51）

如果存在者不是别的，而只是出现在意识之中的物，那么人们就通过对注视的规定而找到了存在者的规定。探究存在者的学说得自关于主体的理论。知识学如果想要给出物的根据，就必须提供一种关于自我的学说。

知识学——正如我们迄今为止所反思的那样——和在导论中呈现的关于存在科学的各种方案之间的比较已经表明，知识学要被算作卓越形而上学构想，不过不是这样的构想，即它固守一个与形而上学针锋相对的、独立自主的存在论。关于知识学，费希特写道：

> 它追问一般存在之谓词的根据，无论存在被添加或者被拒斥，根

据总是处于被奠基者之外的……（Ⅰ456；I, 4, 211）

这里表达了卓越形而上学思考的一个典型的标志，即存在论的对象被奠基在自我或理智之中，后者作为一种层级，其本身不再落入（附属于实在论的）存在论问题域中。第二个标志，即对实存之建基的兴趣——正如上面指出的那样——也表现出来了。然而，知识学的科学性要求也强调了一个相对于各种更老的形而上学理论的特殊之处。费希特认为，只有当实存能够被演绎时，以科学的方式推演存在的规定才是可能的。根据费希特，旧存在论的合理性要求需要被超越；哲学应该变成科学，但是他认为，这只有从下面的立场出发才有可能，即存在论被奠定在形而上学之中。恰恰是哲学的科学化、对最高可能的合理性的追求，导致费希特走向唯心论并因此走向形而上学。

从术语上看，费希特的早期作品有别于其他形而上学理论，因为它对"存在本身"与"存在者之为存在者"或者"存在"与"存在者"不做区分，而是在"自我"或"理智"与"存在"之间做出区分。因为"存在"只表现为建构的产物，早期的费希特就不会说，理智——建构者——**存在**；只有"存在"存在，理智不**存在**。在无神论争论之中，费希特就已经在术语上接近形而上学传统，因为他把"存在"视作现实性的原则，而不是把它当作从原则而出的东西。在《知识学》（1812）中，他甚至将绝对者描述为"存在本身"，与此相对，所有别的东西都不存在。[也参见《意识的事实》（1813），Ⅸ 408]

对于以存在论为旨归的传统而言，存在者（ens）不再是存在科学之对象，可以追溯至一个实在根据。诚然，存在者的原则、规定和类型应该被凸显，但这些原则只是形式性的。"ens"这个概念以最高的普遍性被把握，因此每个可能的实在根据，包括上帝，本身又能够被规定为存在者。因此，存在者总是第一哲学最终极的、不可逾越的层级。根据费希特，存在论对象的这种不可刨根究底性只适合经验的、非反思性的立场。与此相反，先验的观点教导我们，存在者——更确切地说"存在者"及其"存在"——在本质上不能添加任何实在性，毋宁说它依赖于一个最高的实在性,只是一个高阶的层级建构的产物。

对流传下来的存在论的类似评价也表现在谢林和黑格尔那里。这种评价总是出现在对克里斯蒂安·沃尔夫哲学进行论述的地方,即出现在对这样一些哲学家的哲学进行论述的地方,这些哲学家曾经把作为探究存在者之为存在者(ens inquantum ens)学说的存在论解释为第一哲学。

(1) 谢林对沃尔夫的反响

谢林批评沃尔夫("无聊的遐想"[28])在他的"存在论"中只是将"一般意义上的本质和存在、可能、偶然、必然、原因的不同概念、多与一、有限与无限等等"这些"核心概念和原初概念"(4,479)归给先天者的状态,而不是归给这些概念所涉及的对象,"殊不知对于真正的、从头开始的科学而言,对象并不是必须和概念一样是先天的"(4,479)。存在论对象的先天性意味着,从存在者身上取走它独立的、不可推导的、只能通过经验而通达的实存;用费希特的话来说,对象只能被思考为被给予的。此外,谢林也在"真正的、从头开始的科学"的名义下触及了他的唯心论立场。谢林在非难沃尔夫的"形而上学部分的秩序"(ordo partium metaphysicae)时,对存在论(即对存在者之不可还原性的主张)的这一批评的形而上学基本要点显而易见:

> 他们把上帝放置到形而上学的尽头,然后认为这样就确保了事物的独立存在……以及让人关心的所有方面,还有上帝的无限、全能(看起来是的,一切存在于上帝之外的东西都是绝对的软弱无能)和全智……这样一来,人们就安心了,但他们没有想想,现实中的上帝并不是在事物*之后*,而是在事物*之先*。(4,487)

沃尔夫也坚持认为,上帝事实上不是在事物之后,而是作为最完满的存在者在事物之先。但谢林的批评是基于费希特已经观察到的 ens 与物的等同。由于上帝不是属于物的领域,而是身处这个领域之先的,关于上帝的科学也必须置于探讨存在者及其规定的学说之前而不是之后。由于一般而言的存在者只能通过上帝概念得以理解,因此就不应该像沃尔夫那样将存在论,而是仅仅应该将神学处理为第一哲学。存在者本身要被刨根究底,把上帝视为它最高的原则。沃尔夫对形而上学的错误搭建源自错误地假定

"物的独立实存"。

(2) 黑格尔对学院形而上学的理解

在黑格尔那里,也存在着对存在者的这样一种刨根究底的因素。他反对如下观点,即思维只给出知识的"形式",从而与所有的"内容"区分开来,以至于知识的"质料"必须以别的方式被给予。[29]在他看来,对思维形式性的错误主张也为康德的认识论奠定基础,根据这个理论,思维通过规定一个被给予的材料而形塑了这一材料(25),但在这点上,对象的"自在"状态也被考虑在内,这就正好得到"对象不是被思维建构的"这个结论。众所周知,黑格尔批判了物自体这个构想,但这是就其不可认识性,就它脱离于思维被断定而言的。(参见27f.)黑格尔将认知主体与最终不可认识的物自体的对峙视作"意识的对立"(30),对此的克服已经在《精神现象学》中得以完成,并为《逻辑学》准备了前提。[30]黑格尔因此主张广泛意义上的存在论的可能性。存在论的要求必然不能在康德的意义上被回溯到存在者,就其是被建构的而言,也就是说,就其是意识的对象而言,毋宁说存在论的要求能够被保留给存在者,就其不是处在这样的一个关系中而言,也就是说——人们可以传统的方式来说——单纯就其存在而言。超越"意识的对立"的立场将允许关于自在存在的知识。

不过需要注意的是,黑格尔以完全类似于他批判康德《纯粹理性批判》的方式,批判了"更早的形而上学"。尽管柏拉图和亚里士多德的贡献在于"使得思维的形式从它们沉陷其中的质料解脱出来",但他们却将对单纯思维形式的考察同时标记为这种思维方式的局限性。黑格尔写道:

> 假若思维规定是一些有别于质料的单纯形式,就会陷入一个僵化的规定,这个规定为它们打上有限性的烙印,使它们没有能力去把握真理,因为真理在其自身之内是一种无限的东西。无论从什么角度来看,只要真相重新与限制和有限性结合在一起,这个方面就是对它的否定,意味着它是一个非真实的、非现实的东西,甚至意味着对它的终结,但真相作为真相,原本是一个肯定。(17)①

---

① 此处与下页的相关译文参见黑格尔:《逻辑学》Ⅰ,先刚译,北京:人民出版社,2019。——译者注

"学院形而上学"——实即沃尔夫——完全地只是与"空荡荡的单纯形式范畴"(17)相关。

黑格尔对康德的批判与对"更早的形而上学"的批判之间的平行关系是令人惊讶的,因为对于后者而言,自在存在的可认识性是自明的。存在论告诉我们存在者之为存在者具有什么样的性质,就此而言,"意识的对立"完全不被考虑。当黑格尔批判这种存在论为单纯形式的、与内容割裂的时,就引起了一个猜测,即这里真正的批判点是存在者相对于思维的独立性和非依赖性。这是"更早的形而上学"的立场,《逻辑学》必须超越这种立场,因为它指出,第一哲学的对象不是这个不可还原的存在者,而是思维本身。为了反驳康德,黑格尔不是将存在论的要求回溯到沃尔夫式的存在论,而是回溯至一种"概念"的形而上学,这种形而上学不仅意味着思想能够把握事情本身(即存在者之为存在者),而且意味着思想就是"事情本身"(30)。当黑格尔写道,"自在且自为的存在者就是被意识到的概念,但概念本身就是自在且自为的存在者"(30f.),这并不涉及那充分地表达了存在者本身的规定性的概念,而是涉及一个替代了存在论对象的概念。对作为"自在且自为的存在者"的概念的探讨进一步表明,在这里一个卓越的存在者被诠释为最高科学的对象。如果这种解释切中肯綮的话,那么在黑格尔那里,存在者、最普遍的存在者(作为存在论的事物)也通过概念而实体化,这种概念呈现了**独一的**和**真实的**存在者。存在论变成概念(作为完全可理性化的东西)的形而上学。

黑格尔在《逻辑学》导论的某个段落中对"古老的形而上学"的称赞是典型地暧昧的。他在那里说:

> 因此,这种形而上学认为,思维和思维的规定不是一种外在于对象的东西,毋宁说是对象的本质。**事物**(Dinge)和对于事物的**思维**(Denken)——我们的德语已经表达出了这两者的亲缘性——自在且自为地就是契合的,思维按其内在规定而言,和事物的真正本性是同一个内容。

首先,事物就本质来说是可以通过概念得到把握的,这听起来像一种对存在论的辩护,并最终导致了如下主张,即思维的内在规定性符合物的本性,这样为了把握物是怎样的、对思维进行研究已经足够了。如果说黑格尔有理由认为概念是真正的存在者，与此同时构成了"事物的真正本性"（26）或者"事物真正的真相"（25），那么对这种真正的存在者的研究本身就能够被视作探究物的存在论。有感于此，人们会想到费希特的格言：

> 如果我们能够深入对注视的自身规定——正如我们希望的那样，那么我们就同样地深入了存在的可能规定。（Ⅸ 51）

尽管"更古老的形而上学"具有存在论指向，它却从未给予思维这样一种突出的角色。

另外的线索出现在黑格尔将他的逻辑学的第一部分（"客观逻辑"）与作为探讨存在者的学说的存在论关联起来的地方。他写道：

> 由此看来，客观逻辑毋宁说是取代了从前的**形而上学**，因为形而上学曾经是一座凌驾于世界之上的科学大厦，一座应当仅仅通过**思维**而建造起来的大厦。——如果我们考察这门科学的塑造过程的最终形态，那么可以说，客观逻辑取代了**存在论**——从前的形而上学里，这个部分应当研究一般意义上的"ens"的本性；"ens"在自身内既包含着存在，也包含着本质……（46）

但"客观逻辑"作为探讨存在者的学说的对应物，将被第二部分即"主观逻辑"超越。它的对象是概念，是"自在且自为的存在者"，它表达了存在者的真理。借助它，真正的现实性被找到，存在者也必须由此而得到理解。[31]

根据这种理解，黑格尔像谢林和费希特那样，是唯心论形而上学的辩护者。根据形而上学的传统，与沃尔夫的存在论构想相反，存在者本身被回溯至一个真正的存在者，从这个存在者推演出来，通过它而被奠基。这种思维方式的唯心论要素在于，存在者的根据被与思维关联起来甚至等同起来，以至于处在这个水平的理论从任何角度看都是内在于思维的。对于唯心论方案而言，典型的是拒绝康德的物自体和与之相关联的存在论上的不可知论。对自在存在的知识的态度似乎只是如下事实的结果，即唯心论否定对象相对于思维的独立实存，它对物自体的批判可以原封不动地针对作为第一哲学的探讨物的学说。至少费希特的发难首先指向了独立存在的物自体；只有在这之后，才会出现存在论知识的问题。[32]在黑格尔这里，对自在存在知识的态度也和下面的主张相连，即要被认识的东西最终不是一成不变的物，而是思想本身；思想只能通过自身反思而被阐明，而无须留下不可认识的残余。唯心论希望，哲学能够被提升为绝对的科学，与这一希望相连的观念是：在根本上，思维本身就是这门科学的对象。与之相反，谁坚持物的不可还原的存在，不是把思维而是把存在者本身视作第一哲学的事情，谁就会遭到如下指责：拒绝唯独使科学的完成得以可能的立场，固守在低水平的反思层次。

4. 对费希特批判存在论的反批判

如我们所见，费希特将存在论与实在论等同起来，并且意谓能够通过作为先验东西而卓越的唯心论，达到存在者或者"存在"的根基。对费希特方案的质疑是从下述问题出发的：唯心论和实在论的区分是否能够证成向形而上学的迈进以及由此导致的对存在论的相对化。在笔者看来，费希特的方案是基于一个有问题的窄化策略。

对实在论的批判的一切要点都指向了对独立事物的假定。费希特和谢林与经典的存在论保持距离，都将存在者之为存在者与物等同起来。通过这个中间步骤，费希特就把存在论归给实在论，因为实在论应该是一种考察不会自身关联的、与他者处于外在性关系的存在者（即物）的理论。当唯心论开启了一个不同于这一理论的存在方式时，那它就外在于实在论，费希特由此认为它外在于存在论。存在者之为存在者与物的等同因此呈现为超越存在论的工具。

然而在这种等同中暗藏着对存在论问题域的窄化。诚然，有可能的是，亚里士多德直至沃尔夫的存在论在确定"有什么"时，指向了实体及其偶性这个范式。存在论教科书的第三部分，即实在哲学的部分，处理了存在者和存在者的偶性（*passiones entis*）的原则，列举了一些存在者的类型，在其中通常可以看到亚里士多德的十大范畴和个别实体处于核心位置。在列举这些存在者类型时，独立的物实际上应该处于突出位置，这样在这个范畴表的内部，人们几乎不能发现一个通过自相关联而得到标记的存在物的位置。但是，将作为典范性的存在**类型**的实体与作为一般而言的存在论对象的存在者之为存在者等同起来，这是一个误解。只有那些将存在论还为它的实在哲学部分的人，才能在揭示一个新的存在**类型**之后，批判一般而言的存在者概念。但是，任何人想要维持存在论的要求即成为探讨存在者本身的理论，都必须尝试去完善存在类型的列表。不仅有实体及其偶性，或者说不仅有物，而且有主体。存在论的对象领域必然不能局限于物性存在者，而是必须得到扩充：它也要包括主体性的存在。这就是说，第二种存在领域也应该被考虑在内。因此，对诸如主体性之类的东西的揭示不是存在论任务的动机，而是区分它实在哲学部分的动机。如果说"实在论"意在指向实体性的存在，而"唯心论"意在指向主体性的存在，那么这个对立就不是摆脱存在论的合适工具，毋宁说，这种对立能够在存在论内部通过区分存在类型而得到领会。[33] 存在概念足以同等地适用于物和自我，不过是以这样的方式：被建构者和建构者的区分不能将存在与非存在（或者超存在）区分开来，而是停留在存在者领域之内并且在这里区分出独立与非独立的存在者。探讨存在者本身的存在论能够以两者为主题。根据这里给出的意见：仅仅扩充存在类型的列表但除此之外却保留存在论的传统构想，"**主体性**"这一存在类型在根本上可以借助适应于一般而言的存在者的存在论规定而得到刻画；特定存在区域的特征当然也必须加于其上。

相比于这样一种广泛的存在者概念——这个概念符合从司各脱到沃尔夫的存在论的关切，费希特将 ens 与物等同起来的做法是一种不被允许的还原。但这种等同为存在论向形而上学方向的超越化提供了起点。对实在论的批评——可以这样来总结——并没有为在存在论之外赢得一个立场而给出充分的论证。费希特从存在中的抽离仅仅涉及一个特定的存在**类型**，但不涉及存在整体，因此不允许向一个本身并不存在的存在之根据攀升。

在对作为形而上学的知识学的一般刻画后，我们要转向它的具体展开。知识学呈现了一个自我的理论，更确切地说，呈现了一个作为存在之原则的知识理论，这不仅体现在早期的作品中，在那里自我尚且还是最高的根据，也体现在晚期的作品中，在那里"注视"就其本身而言仍然被奠基在一个绝对者之中。为了能够评判知识学给出的形而上学的严密性，首先要考察自我理论以及在晚期作品中的绝对者理论，其次要研究"存在"从各自的最高原则中的推演。第二步直接涉及对内在性主张的辩护。因为这违背了自然的理解方式,所以直到对物的世界的可靠演绎被呈现出来之前它都会被质疑。它的可信性依赖于还需要展开的对唯心论的先验性的证明。

注释:

[1] 我们在此也引用 I. H. 费希特的版本,这个版本包含了第一版和第二版的前言,但给出的是第二版的正文。第二版正文与第一版的差别微乎其微。

[2] Vgl. Werke Bd. Ⅵ, A 44.

[3] Anal. post. Ⅰ 9, 76 a16 – 18. Übers. E Rolfes.

[4] Anal. post. Ⅰ 11, 77 a30 – 31.

[5] 费希特对独立的哲学方法的要求就像如下观念一样,变成唯心论的共同财富:方法必须以明白无误的方式与内容结合起来。黑格尔在《逻辑学》中是这样表达的:"迄今为止,哲学尚未找到自己的方法;她带着嫉妒的眼光观察数学体系的大厦,并且如之前说过的那样,要么借用数学的方法,要么求助于其他科学的方法,哪怕那些科学仅仅是给定的材料、经验命题和思想的混合物,或者干脆粗暴地抛弃一切方法。实际上,要阐明哲学科学唯一的真正方法是什么,这是当前这部《逻辑学》自身的任务,因为所谓'方法',就是对于逻辑内容的内在自身运动的形式的意识。"WdL 35(Ed. Lasson) 这段引文的译文摘自:黑格尔:《逻辑学》Ⅰ,先刚译,北京:人民出版社,2019,第 31 页。——译者注

[6] Vgl. KrV B ⅩⅩⅣ, B 92, B106f.

[7] 费希特在此预先说出了对先验哲学的一个现代批评。斯蒂芬·克尔纳(Stephen Körner)认为,范畴表的先验演绎是不可能的,因为它必须将这个表的唯一性证明考虑在内。但这样一个证明不能做到。因此,人们总是需要将其他的意义图型(Deutungsschemata)的可能性考虑在内。[Stephen Körner, "The Impossibility of Transcendental Deducions", in *Kant Studies Today*, ed. Lewis White Beck(La Salle, Illinois: Open Count, 1969), pp. 230 – 244.] 即便费希特把知识学以外的知识结构的存在当作

完全不可能的,他还是承认唯一性证明是不可能的。

[8] 在对黑格尔《逻辑学》第一部分"科学必须以什么开始"的诠释中,布伯纳(R. Bubner)也主张要承认"没有写下来的反思的事实"(107)。"科学的哲学在其领地之内无论能有什么成就,它都无法抹除和忘却,它是从反思的事实出发的。只有在那个前提之下,它才是它所是。"(108)然而,对这一前提的阐释和收集对于科学的前提依赖性(Voraussetzungshaftigkeit)而言掺杂了怀疑论的怪味:"被意识到的预设活动——当它呈现出对那个事实的必要的承认时——剥夺了那个事实的优先的实事性(primäre Faktizität)。"(109) Rüdiger Bubner, "Die'Sache selbst'in Hegels System", in *Seminar*: *Dialektik in der Philosophie Hegels*, ed. von R-P Horstmann (Ffm: Suhrkamp Verlag, 1978), pp. 101 – 123, wiederabgedruckt in Rüdiger Bubner, *Zur Sache der Dialektik* (Stuttgart: Reclam, 1980), pp. 40 – 69.

[9] Vgl. *Discursus praeliminaris* §89,§90.

[10] 在这个意义上,黑格尔批判费希特的《自然法权基础》(1796)"规定的无穷无尽",它导致了引入一个通行证(Paßwesen)的要求。Vgl. Georg Wilhelm Friedrich Hegel, *Differenz des Fichte'schen und Schelling'schen Systems der Philosophie*, in *Werke in zwanzig Bänden*, vol. 2, ed. Eva Moldenhauer und Karl Markus Michel (Frankfurt a. M.: Suhrkamp Verlag, 1970), p. 84ff.

[11] 黑格尔对"克鲁格先生"的训斥是众所周知的,这位先生出于唯心论立场要求,"每条狗和猫,甚至克鲁格先生的鹅毛笔都应该被演绎"。(Georg Wilhelm Friedrich Hegel, "Wie der gemeine Menschenverstand die Philosophie nehme, —dargestellt an den Werken des Herrn Krug", in *Werke in zwanzig Bänden*, vol. 2, p. 194.) 我们从这个训斥的词汇丰富性猜测出一种论证上的不确定性。费希特表现出更大的不宽容,关于克鲁格——尽管没有直呼其名——他写道:"人们并不知道无法精确的事情、偶然的事情(无规则的事情)怎么形成。愚蠢的人要求,人们应该向他们演绎他们的羽毛笔以及这支羽毛笔写就的愚蠢。他们自己甚至不应该存在。"(WL1812,X 318)在这里,费希特直接剥夺了一个像克鲁格那样

对唯心论提出这等要求的人的存在权利——这样一个人不应该存在。在这里我们也可以从问题的尖锐性猜出其在处理偶然之物时遇到的困难。

［12］正如在Ⅰ119（*I*，2，279）处文本的情况所导致的那样——费希特在此将"独断论的"哲学反思为"批判的"哲学的对立面，"Ding"让人联想到的是意识现象的对象这层意思，而经典的"*ens*"则描述了将独立存在着的对象当作对象这一观点。"Ding"刻画的是"*ens*"经过先验论和唯心论转化后的概念。

［13］这种思路已经在谢林的《关于独断论和批判主义的哲学书信》（1796）中被详述，其中第十封信总结说道："这是我们共同研究的结果：独断论**在理论上**是无法反驳的，因为它自己离开了理论的领域，以便**以实践的方式**完善它的体系。它通过以下方式而在实践意义上**可被反驳**，即人们**在其自身中**实现了一个对于它而言绝对矛盾的体系。但是对于那些能够在**实践上**实现它的人而言，它是不可反驳的，那些人能够接受下面这些思想：忙于毁灭它自身，在其自身中扬弃每个自由的因果性，变成客体的一个形态——在这个客体的无限性中它或早或迟地发现它（道德上）的覆亡。"［Friedrich Wilhelm Joseph Schelling, *Philosophische Briefe über Dogmatismus und Kriticismus*, in *Werke*, vol. 3, ed. Hartmut Buchner, Wilhelm G Jacobs und Annemarie Pieper（Stuttgart：frommann-holzboog，1982），p. 109.］

［14］"我们知识的范围被我们的心灵规定，我们只有通过我们的努力才能拥抱那为了我们而存在的东西。那些人（即无神论争论中费希特的对手）和他们的知性一起停留在感性存在层次，因为他们的心灵通过这些东西而得到满足；他们不知道任何处于其外的东西，因为他们的冲动不会超出这些之外。他们在伦理学说中是幸福主义者，在思辨中就必然会成为独断论者。如果人们逻辑一致的话，幸福主义和独断论必然如影随形，就像道德主义和唯心论那样。"（Ⅴ217；*I*，5，*435*）

［15］费希特恰恰与沃尔夫的观点不同。《知识学导论》（1813）说道："现在进一步说，如果知识取决于物的影响，那么我们绝对没有任何真正的自由，毋宁说自由只是假象：决定论体系；前后一贯的莱布尼茨；沃尔夫主义。（假定一个真实的、绝对地规定事物的自由，这是一个明显

的循环,但这是一个以事物本身为条件的并因此反过来规定了自由的**知识**。)"(Ⅸ 37)

[16] 这在根本上与理查德·罗蒂反对 17 和 18 世纪的英国知识论采用的是相同的论证:这种知识论"对于我们非质料性的白板如何被质料性的世界压下凹槽采取一种准机械论的理论"。知识不能通过人与对象之间的机械因果关系得到解释,不过罗蒂没有像费希特那样从中引申出唯心论的结论,而是尝试从语言的角度解释知识,即将之理解为人与命题之间的关系。[Richard Rorty, *Der Spiegel der Natur. Eine Kritik der Philosophie*(Ffm:Suhrkamp, 1987), p. 162.]

[17] 借助对刺激理论的拒斥,费希特预告了现代的现象学的立场。胡塞尔也写道:"在其'纯粹性'中被考虑的意识必定被看成**独立的存在联结体**,一种绝对存在的联结体,没有东西可以撞入其内和溢露其外;没有任何东西在时空上外在于它,而且它不可能存在于任何时空联结体内,不可能经受任何物的因果作用,也不可能对任何物施以因果作用。"[Edmund Husserl, *Ideen zu einer reinen Phänomenologie und phänomenologischen Philosophie*(Tübingen:Niemeyer, 1980), § 49, p. 9.]通过对因果关系的拒斥,在胡塞尔那里也出现了"实在存在"的降级。"**整个时空世界**"仅只有"对某意识的一种存在的第二级的和相对的意义","**除此之外,别无所有**"(同上)。我认为,胡塞尔与费希特的差别在于,胡塞尔借助"现象学还原"从一开始就将与"实在存在"相关的所有存在问题加上括号,并尝试着据此将他的研究与形而上学的问题剥离开来,而费希特决意裁断这些存在问题。这里也指向了让-保罗·萨特,他与费希特、胡塞尔一样,将意识诠释为不为外在事物所限定的[参见 Jean-Paul Sartre, *Das Sein und das Nichts*(Reinbek:Rowohlt, 1952), p. 21.],但他认为除了自为存在必须要考虑一个独立存在的自在存在(27 - 30),只不过两者的关系不是被理解为因果关联而是被理解为否定。

[18] 另一处写道:"然而现在给这只眼睛呈现的是一个世界,一个**自在存在**,也就是以这种形式,而不是作为观看的产物。**经验实在论**的学说就是从这方面看。人们只有攀升到更高时才能看到,它(自在存在)是它(眼睛)的产物;因此唯心论也是**先验的**。"(LX 100;vgl auch TL

IX 364 und die TB von 1813 IX 409）

[19] 甚至鲍曼斯都承认，费希特为反对独断论提出了理论上的论据，因为他指责独断论不能给出表象理论。但鲍曼斯认为，为了理解这个论据，要预设对自由的信仰。（1972，70f.）然而对于我们来说完全不是这么回事。

[20] 然而在稍微往后的段落中，参考洛克的概念建构理论，康德指出，经验的、通过抽象而获得的概念实际上并不涉及演绎。在这种情况下，只有事实的问题得到了回答，而不是权力的问题。

[21] "怀疑论者主要抛出了如下问题，即我们的表象是否具有客观实在性。康德被休谟（最伟大的怀疑论者之一）惊醒。"（WLNM 5）

[22] Vgl. David Hume, *Eine Untersuchung über den menschlichen Verstand*, ed. Jens Kulenkampff（Hamburg：Meiner Verlag，1984），pp. 35 f.

[23] Zu "Substanz" vgl. David Hume, *Ein Traktat über die menschliche Natur*, vol. 1, ed. Reinhold Brandt（Hamburg：Meiner Verlag，1973），pp. 27 – 29, 340. Zu "Kausalität" ebd.：pp. 123ff.

[24] Vgl. etwa Kants "Widerlegung des Idealismus"（KrV B 274 – 279）.

[25] 晚期的《知识学导论》（1813）对休谟提出了一个相应的批评。费希特写道："毫无疑问，我对世界的知识源自我的知识不能与之相分离的东西，源自总是共同存在的东西（推论到一种因果关联），源自外感官……多么平庸的理智（pingui Minerva）！因为他（肤浅的哲学家）仅仅止步于把外感官把握为事实，把物把握为事实，把它们把握为伴随着自身的事实，好奇心没有驱使他去思考注视和感觉是**什么**，思考在什么地方他的整个智慧将会消失在虚无中。"（IX 97f.）虽然没有提到休谟的名字，但是"因果联系"这一表达清晰地表明他说的是谁。费希特在这里批判了休谟的根本假定，即物作为独立于知识的东西与外感官相对立。休谟的智慧消失"在虚无中"，如果人们思考"注视"究竟是什么意思，也就是说，不是对被注视者接收，而是对它的生产。唯心论应该克服休谟的怀疑论，因为它摧毁了怀疑论的实在论基础。

[26] 但是存在的普遍性不应该被理解为种属的普遍性（《形而上学》B998 b 22），否则的话就会出现自相矛盾：存在被用来言说构成种的差

异,尽管根据定义学说这些差异不属于"存在"这个类。

[27] 参见 I 114(*I*,*2*,275),尤其《新方法》第 5 页,费希特将"先天综合判断如何可能"这个问题处理为对存在根据之追问的等价物。

[28] Schelling, *Zur Geschichte der neueren Philosophie*, in *F. W. J. Schelling Ausgewählte Schriften*, vol. 4, ed. Manfred Frank (Frankfurt a. M.：Suhrkamp, 1985), p. 479. 中译本参见谢林:《近代哲学史》,先刚译,北京:北京大学出版社,2016,第 73 页。——译者注

[29] Vgl. G. W. F. Hegel, *Wissenschaft der Logik*, vol. 1, ed. Georg Lasson (Hamburg: Meiner, 1975), p. 24.

[30] "纯粹科学因此预设了从意识的对立中解脱出来。"(WdL 30)

[31] 霍斯特曼(R. -P. Horstmann)也认为,在黑格尔眼中,只有当存在论对象[即 ens(存在者)]的"真理"被找到时,对存在论规定的科学处理才有可能。他写道:"因为只有当这个 ens 的自然与本质得到阐明的时候,规定这个 ens 的这些范畴的功能和效用才能够得出。黑格尔的这种观点显而易见地导致了一个按照要求为传统形而上学的存在论奠基的、融贯的存在论构想,这种存在论将形而上学探究的对象视作对如下事物的规定,这种事物是传统形而上学的 ens 的'真理',以便以这种方式确定,什么东西'在真理中'。根据黑格尔,传统形而上学的 ens 的'真理'——他经常将这种 ens(物)与康德的物自体等同起来,并且就此而言'在真理中'的东西,就是'实在的概念'或者'理念'。"[Rolf-Peter Horstmann, *Ontologie und Relationen. Hegel, Bradley, Russel und die Kontroverse über interne und externe Beziehungen* (Königstein/Ts.：Hain, 1984), p. 46.] "ens 的真理"通过对"在真理中"的东西的规定而被给出——这是卓越形而上学的思考方式,据此,对存在者的普遍的存在论规定只有从一个真正的存在出发才是可把握的。与此相反,哈特曼(K. Hartmann)则认为,就算人们忽略这些形而上学的因素,黑格尔的逻辑学也包含着不错的思想。在根本上,它可以被归入纯粹的存在论传统,而不是形而上学传统。它涉及的是对存在论规定的"系统的诠释学"。范畴表(Kategorienbestand)承继自这个传统,并按照规定性的程度排序。辩证法起了

排序之工具的作用，根据它的标准，相对不真的或者真的概念能够被讨论。然而，与不真的存在者相对的真正的存在者的学说绝不能被给出。毋宁说，作为所有范畴的关联点，存在者之为存在者（ens inquantum ens）总是被预设为独立存在的。尽管"概念"在作为联结要素（Abschlußelement）的辩证规定性理论中具有一个特别的角色，但是这个角色仅仅涉及范畴式概念相互间的秩序关联，即仅仅涉及范畴的诠释学，但是不涉及那描述了特定范畴即"概念"的东西。"概念"绝不是一种真正的存在者，具有相对于所有其他存在者的存在优先性，毋宁说概念是一个范畴，它就像客观逻辑的术语那样，被运用到了存在者本身的领域。然而，概念与这些术语的区别在于，对普遍存在论的超越与概念一起在区域存在论中运行。"概念"这个范畴不适合所有的存在者，而适合那些通过主体性，即通过自身关联而被刻画的存在者。它因此超出了普遍的存在论，但不是指向形而上学，而是指向作为区域存在论的精神哲学。Vgl. Klaus Hartmann, "Die ontologische Option", in *Die ontologische Option Studien zu Hegels Propädeutik, Schellings Hegel-Kritik und Hegels Phänomenologie des Geistes*, ed. Klaus Hartmann (Berlin: De Gruyter, 1976), pp. 1–30; Klaus Hartmann, "Hegel: A Non-Metaphysical View", in *Hegel: A Collection of Critical Essays*, ed. Alasdaire MacIntyre (New York: Anchor Books, 1972), pp. 267–287.

[32] 谢林也在他的《对知识学的唯心论的阐释》（*Abhandlungen zur Erläuterung des Idealismus der Wissenschaftslehre, 1796/97*）中提及对作为自在存在的知识的前提条件的物的独立实存的拒绝。（vgl. *Ausgewählte Schriften* 1.196）

[33] 扬科写下面这些话是完全有理由的："自我不是某种处于别的东西之下的现存东西（etwas Vorfindliches），它（动词性的）本质是原初的活动。这个情况打破了对关于实体性之物的存在论的解释视野，这个视野威胁要去封锁存在问题，因为它拒绝根据事物来把握自我本质的可能性。"（71）不过他的不正确在于，他将"自我不是实体"这个论断延伸至主体性的形而上学："'自我的本质存在于它的活动性中。'（§5）这个

命题回答了对处于真理之中、停留于它本身的东西的追问。近代思维的翻转将这样的发问引到了自我。从此以后，对于真正的、在真理之中的存在者的存在的追寻指向了自我：自我性或者自我的本质是什么？"（69）笔者认为，自我不是实体，这并不意味着，它是"在真理中的存在者"。

第二章 《知识学》（1794）——通往形而上学之路

一、结构与主题

直到1797年，费希特就"形而上学还是存在论"这一问题采取的立场才第一次有迹可循。在费希特的早期作品之中，这样的表述则相对较少。虽然"实在论-唯心论"的主题已经出现，但它尚未作为形而上学问题占据论述的核心位置。尽管后来的文本才直接地处理这个问题，我们也仍必须首先从存在论的视角讨论《知识学》（1794）。我们必须首先呈现并探讨那些能够让我们理解1794—1795年费希特的形而上学立场的理论片段。

《知识学》（1794）尚未完全贯彻"只有一**存在**"这个命题，就此而言，它与后来的诸版本知识学都不相同。诚然，这一知识学也给出了从自我出发建构对象的理论，但这一理论并非是用存在术语（Seins-Terminologie）表述的。尤其是，费希特不仅给出了唯一的一个原则即自我，还给出了第二个原则即非我。这个非我处于一种居间状态。起初，非我完全是借助自我被阐述的，但我们会指明，费希特越来越明确地将一种独立的、不能还原到自我上的实存归于非我。《知识学》（1794）的其他部分都关注对非我的独立性的思考。

费希特形而上学式的思考方式的标志是，他将它的基础-哲学（Fundamental-Philosophie）建立在两个**实存着**的原则之上。尽管存在论首先是实存问题的根据，并且仅仅研究一切存在者都具有的共同规定性，但费希特在《知识学》（1794）的开端却分别证明了自我和非我的实存。只有在诸原则的实存与本质被确证之后，我们才能谈论诸范畴。不过，这样用形而上学方式构想的范畴理论会暴露出自己的缺陷，即诸范畴只能运用于诸原则之上，而不能运用于作为认识对象的派生物（Prinzipiate）之上。因此，这个理论并没有为对象的存在论提供什么东西。

我们应当详尽阐述费希特的"综合方法"。在形而上学史上，这个思想可谓一次革新，它用两个确定的原则构成矛盾，这样就能通过一个可以被预先设定的综合，产生一个新的结果。我们在《知识学》（1794）中发现了作为德国唯心论标志的辩证法思想的早期形式。它借助一个必须被解决的矛盾提出对综合的要求。但实际上，费希特几乎只是草草掠过了这种形式的辩证法——这样做不无道理。《新方法》用新的、对于费希特的存在来说重要得多的形态，展现了这个综合式的方法。在这种形态中，它将会服务于从自我出发对存在的演绎。

《知识学》（1794）的规定性理论与综合方法紧密相关。一方面，它包含在沃尔夫的《第一哲学或存在论》之中被呈现的存在论的思想残余里，而规定性理论的另一个线索则直接指向在《新方法》中的综合方法的新形态，后者首次关注了对于存在的推演。尽管《新方法》才首次提供了严格的、架构完善的形而上学学说，不过在《知识学》（1794）中确实已经包含了许多论证，它们后来以不同的形态出现在《新方法》和此后的不同知识学版本之中。总的来看，正是对非我的处理，构成了最初版本的知识学的特征，并且将它与其他的知识学版本区分开来。

整个《知识学》（1794）是关于自我的行动的理论。自我执行了怎样的行动？我们如何有章法地把握并规定这些行动？这些行动的产物是什么？这些是费希特提出的问题。就算《知识学》（1794）在内容和方法上有时相互矛盾、反复无常，在不同的条件下对于自我行动方式的兴趣也还是构成了该版本知识学所有部分共同的基准点。对于费希特来说，活动性（Aktuosität）构成了自我的本质，因此，人们可以将"基础"中的行动理论当作某种自我主义（Egoismus）。

费希特要求，被展开的自我理论可以为其他各种科学奠基，并且它自身也是一门科学。考虑到这个要求，费希特用命题描述自我的行动，因为一般来说，如果涉及定义、公理和论证，那么命题是科学的基本要素。从费希特将连续的段落区分为"原理"（Grundsatz）和"定理"（Lehrsatz）来看，《知识学》（1794）的大体形式、框架与命题紧密相关。§1-§3 每一节都包含了一个"原理"，并在"全部知识学的原理"的标题下构成了作品的第一部分。这些"原理"构成了推导"定理"所使用的方法基础。[1] 剩下的段落（§4-§11）则被标记为"第一定理"、"第二定理"直到"第八定理"。

定理，即被推导出来的命题的部分被一分为二，一个是"理论部分"（§4），另一个是"实践部分"（§5-§11）。这个划分就形式而言产生于第三原理之中的分裂，其中一半衍生出"理论知识的基础"，而另一半衍生出"实践科学的基础"。因此，从原理和命题的建构方式来看，理论和实践部分彼此并列，而分属于原理部分。

起初，"理论的"这一概念会被理解为形而上学的、逻辑的或者认识论的理论内容，而"实践的"则关联着伦理学和法哲学。不过，费希特对于这些术语的用法特别处于后康德时代对于"纯粹理性批判"和"实践理性批判"关系的讨论的语境之中，在这里，前者本质上意味着表象理论，而后者则是对于一个伦理上可以判断的行为的最高命令式的奠基。这提醒我们将《知识学》（1794）当作对于康德的批评的回应，这种批评认为，他将理论（《纯粹理性批判》）和实践（《实践理性批判》）弃置于互不相关的状态，或者说，他至少没有从一个共同的来源发展出两者。费希特则在原理部分中为两者筹划了一个共同的本原区域。不过，在进一步的探讨中会发现，我们并不能如此简单地进行划分，因为费希特从他的自我理论中发展出了他自己对理论与实践的理解。

费希特首先展示的自我的行动是"自身-设定"（Selbst-setzen）。按照第一原理，"自我原初直截了当地设定自身的存在"（Ⅰ 98；*I*, 2, 261）。自我的第二个行动是"对设"（Entgegensetzen），在这里，与自我对设起来的东西被标记为"非我"（Ⅰ 104；*I*, 2, 266）。费希特发现了尚待进一步阐释的、在自我与非我的设定之间的紧张关系，并由此引入了第三个进行平衡的行动，即"可分-设定"（Teilbar-setzen）："自我和非我都被设定为可分的"（Ⅰ 109，I，2，270），"自我在自我之中对设一个可分的非我来与可分的自我相对立"（Ⅰ 110，I，2，272）。

显然，费希特的目的在于，首先将自我的实存确立为最高的唯心论原则，并且将自我的实存确立为自我自己的行动的产物。然后，他引入了第二个实存着的要素，它与自我构成一种否定关系：非我。最后，两个彼此对立的东西要被调和至可以并存的境地，因为它们可以在自我之内存在。因此，这里的关切首先在于存在问题，这符合唯心主义的形而上学关切，不过某种特定的逻辑论证也在其中发挥作用，就像自我与非我的否定关系这一概念所说明的那样。除此之外，费希特也在某种程度上提供了一种范畴理论作为对自我的行动分析的附注。每个活动都可以回溯到一个特定的活动类型上，而这可以通过一个范畴概念被标记出来。

费希特希望有章法地奠定三条原理：他为每个原理都提出了相应的、确定无疑的形式逻辑命题，借此指出作为对应命题的可能性条件的自我的活动。因此，费希特列出逻辑规则只是为了进行启发，以揭示作为这些法则的原则的自我活动，并确定自我理论对逻辑学的优先性。[2] 具体来看，这些逻辑命题和"认识的原则"（principia cognoscendi），即沃尔夫在他的《第一哲学或存在论》开端，以"论第一哲学的原则"（De principiis philosophiae primae）为标题写下的东西，是一致的。同一律"A = A"［《知识学》（1794）§1］对应沃尔夫的"确定性原则"（principium certitudinis，《第一哲学或存在论》§55），命题"– A ≠ A"［《知识学》（1794）§2］符合"矛盾律"（principium contraditionis，《第一哲学或存在论》§27 及以下），而根据命题［《知识学》（1794）§3］则符合"充足根据律"（《第一哲学或存在论》§56 及以下）。

因此，认识的原则是发现自我的基本活动，并进一步发现原理的线索。在§3最后，为了贯彻演绎所需要的方法工具被彻底展示出来了。因此，《知识学》（1794）的原理部分具有一种明显的启发性特征，因为必须借助这一部分，我们才能获得用以进行对于其他自我行动的严格推导的方法。

费希特自己用"反题"（Antithese）和"合题"（Synthese）这两个术语来描述他的推导方式。非我处在与自我的否定关系之中，因此是与自我相对被对设的。但第三原理说明，彼此相对立的两个环节应当可以在自我中共存，也就是说，被共同设定或者被综合起来。§3 就包含着这个基本综合（General-Synthesis）。其他的内容则会通过对基本综合之内的次级反题的探究而被发现，而基本综合的出现则意味着，相应的次级综合事实上是存在的。因此，这样的各个综合不仅应当就内容而言在基本综合中被给出，而且也在它的有效性中被确证：

> 其余一切应当有效的综合，都必定包含在那个综合（即第三原理的综合）之内，都必定是同时既在其中也被一同思考的综合；而且正如那个综合得到了证明一样，它们也都得到了最有说服力的证明：它们同那个综合一样有效。（Ⅰ114；*I*, 2, 275）

费希特展示了他立足于对矛盾的调和与解决的反题-综合法，将它视作对"先天综合判断如何可能"这一康德式问题的回答（同上）。同时，这样的方法也预示了后来——有点像黑格尔——的概念辩证，因为它暗示了一种规定性理论。绝对自我首先是完全无规定的。在第一个否定登场时，第一个规定性才会出现，按照这一条原理：一切规定性都是否定。[3] 由费希特首先勾勒的通过否定产生规定性的努力，后来被黑格尔提升为他自己的哲学的方法原则。最高的科学在黑格尔看来必须是无前提的，因此也就必须开始于非-规定性，并从中产生出其他全部规定性。[4]

在 §4 的 B – D 小节中，费希特使用我们所描述的方法阐述了自我的另外三个综合活动，或者更准确地说，§3 的那一个综合活动的三个规定。这三个规定又符合三个范畴（交互规定、因果性和实体性）。这样，《知识学》（1794）的范畴-分析线索就结束了。其他的范畴并没有被演绎出来。

§4 的 E 小节关注的中心是表象理论。正如之前的章节所说明的，形而上学的唯心论必须这样为自己辩护：它必须使对表象的解释成为可能。费希特在知识学中彻底考察了不同的唯心论与实在论变体，希望借此确定，表象是否能被理解为纯粹来自自我活动的产物，还是（如果确实如此，在多大程度上）说，非我具有不可替代的功能。最后，他得出了这样的结论：通过把对自我施加阻碍的能力归给非我，他既确认了自我的纯粹主动性的唯心论原则，也承认了非我的构造性作用。

> 就自我是活动的而言，阻碍发生在自我身上；而阻碍也只就自我是活动的而言，才是阻碍。（Ⅰ 212；*I, 2, 356*）

从这个结论出发，费希特在标题为"表象的演绎"（Ⅰ 227‑246；*I, 2, 369‑384*）的段落中，展示了反思活动与表象的生成，以及其中包含着的意识和反思性。这个生成性演绎首先解释了在表象建构之中主体性能力的功能，并主题化了生产性的"想象力"（Ⅰ 228；*I, 2, 370*）、"直观"（Ⅰ 229；*I, 2, 371*）、"理性"和"知性"（Ⅰ 233；*I, 2, 374*）、"再生产的想象力"（Ⅰ 235；*I, 2, 376*）与"判断力"（Ⅰ 242；*I, 2, 381*）。我们将必须考察，这个关于总是对自我施加影响的阻碍的理论，在多大程度上和唯心论是融贯的。

《知识学》（1794）的第二部分从属于这一命题："自我设定自身为被非我规定的。"（Ⅰ 127；*I, 2, 287*）因为非我的规定作用——它最终被描述为阻碍，这一部分是"理论的"。在这一部分，费希特认为，认识在于接受外在层级对进行认识的自我的作用，不过他并没有把这个客体理解为带有自在持存的属性的物，而是将它还原成了一个单纯的"阻碍"。

实践部分则由这个命题奠基："自我把非我设定为被自我所限制的。"（Ⅰ 125；*I, 2, 285*）或者换句话说，"自我设定自身为规定着非我的"（Ⅰ 246；*I, 2, 385*）。非我对于自我的影响，即阻碍的理论，在这一部分是一个完全的预设。正因如此，费希特才将理论部分放在实践部分前面，因为理论部分必须首先确定非我的独立性和它发挥效用的能力，用费希特的话来说，就是确定非我的"实在性"（vgl. Ⅰ 125 f.；*I, 2, 285*；Ⅰ 246 f.；*I, 2, 385*）。就像费希特将理论视为通过自我对外在存在的接受一样，他也将实践视为通过自我对这种不是自我的外在存在的影响。这个过程的目标是将非我的异在性完全去除，是对它彻底的"自我化"（Ver-ichlichung）。不过，这个目标是不可能达成的，因此自我就永远处在克服非我的努力之中。[5]

§5 的任务在于将"努力"作为自我的另一种活动演绎出来。这一段的结构,以及整个实践部分与理论部分的结构完全不同——后者是通过原理和命题完成的线性概念推理。实践的原理并没有出于找出更具体的综合活动以及相应的范畴概念的目的而得到分析(vgl. I 247;I, 2, 385)。在这里,费希特更多地解释了在第一原理中的绝对自我和处于非我影响下的自我,即绝对自我和进行表象的自我,或者按照费希特的说法——"理智"之间的矛盾。这个矛盾必须被解决,因此必须设定作为"统一中介"的"自我实践能力"(I 247;I, 2, 386)——"努力"。非我显现为对自我创造自身同一性这一尝试的阻碍;因此,自我的活动就应当被界定成为了克服这一阻碍做出的努力。

在§5 中,费希特首先进行了一个关于这一行动的"反证法"(I 271;I, 2, 404)。它的主要论据在于,自我的同一性(§1)必须被扬弃,否则自我对于非我的"绝对因果性的要求"(I 270;I, 2, 404)就必须在自我之中被假设为彻底"自我化"的命令。[6]

诚然,费希特认为,这个被我们要求的从本原出发的推演,即从绝对自我的本质出发的推演,也必须是可能的。[7]但这并不意味着,阻碍或者说障碍能从自我中演绎出来,而仅仅意味着:"**这样一种外来影响的可能性条件,必定在任何现实的外来影响出现之前就扎根于自我本身之中,扎根于绝对自我之中了。**"(I 271;I, 2, 405)为了能够在自我之中找到这种障碍存在的可能性条件,费希特认为他必须为自己的最高原则即绝对自我,发展出一个新概念。如果绝对自我最初仅仅能被刻画为设定自身,那么现在,费希特则认为它有一种明确的自身关联,即反身性(Reflexivität):

> 自我不仅应当为它之外的任何一个理智而自身设定自身,而且应该**为它自身**而设定自身。它应该把自身设定**为**由自己本身所设定的。因此,只要自我的确是一个自我,就应当完全在它自己本身中有生命和意识的原则。因此,只要自我的确是一个自我,就必定无条件地、无须任何根据地在它本身中存在着对自己本身进行反思的原则。(I 274;I, 2, 406)

这个自我活动的二重化创造了缩减活动的可能性，而这种缩减了的活动则被反思并意识到。[8]

在§5结尾的一些段落中，费希特试图保卫自己阻碍理论的可能实在论后果，他在§4中将这些观点发展为表象问题的答案，也在§5对努力的说明性演绎和生成性前提中预设了它们。（vgl. Ⅰ 279‑287；*I, 2, 410‑417*）

借助自我的反身性准则（Reflexivität），即自我的每个规定性都必须是为了自我的，费希特赢得了一条方法论原则，并借以在实践部分剩下的段落（§6‑§11）中产生了大量成果。[9]

从§6开始，费希特阐释了知识学结尾部分的功能：

> 在知识学的理论部分，我们只与**认识活动**打交道；在这里，我们面对的是**被认识者**。在那里，我们的问题是：某个东西**怎么**被设定，被直观，被思维，等等；在这里，问题是：**什么东西**被设定了？因此，如果说知识学终归需要一门形而上学，一门关于自在之物的臆想的科学而这样一门科学应该因为知识学的要求而成立的话，那么，知识学就不能不把形而上学委托给自己的实践部分。（Ⅰ 285f.；*I, 2, 416*）

"表象的演绎"从阻碍的理论出发，详述了对表象的建构来说必要的主体能力［费希特用"如何"（wie）设定来表达这一问题］，而实践部分则展示了被设定者的规定，即它是"什么"（was）。就设定活动承受着阻碍而言，这个活动具有什么标志呢？在这里，费希特将自己的"形而上学"阐释为一种关于物的学说，它被刻画为一种通过自我建构对象的理论。

在费希特看来，对象现象（Gegenstandphänomene）是自我的自身反思的伴随现象。所谓的对象独立性表现了一种内在的自我‑进程（Ich‑Prozess）向外的投射，这种投射必然伴随着先在于它的自我规定，并且不能被自我本身如其所是地洞察。知识学通过解释反思的产生来解释物的产生，才完成了这一理论。在反思的建构史（Konstitutionsgeschichte）中，费希特首先阐明了一些自我的前意识规定。他运用了在§5中发展出来的"努力"概念,并将新的主体模式的诸准则运用于其上,赢得了诸如"冲动"(Trieb)、"感受"(Gefühl,§6)和"力"(Kraft,§8)等概念。有冲动和感受的自我尽管已经站在最初的反思层次上,但它并未意识到这一点,相反,它起初仅仅是有生命的。自我意识只能通过第二次反思产生。这个反思由"绝对的自发性"(absolute Spontaneität,Ⅰ298;Ⅰ,2,427)完成,并展示了一个"跳跃"(Sprung),自我就其本质而言就可以直截了当地达成这一点(参见§9)。现在,"冲动"和"感受"借助反思进入意识,而被感受的东西则被当作独立的、实在的材料,投射到自我之外。在对这个前反思进程的分析中,费希特在§10将对象规定解释为外在存在这种投射、承载不同特征的物质性、物质的空间性以及质的单纯性。除此之外,复多性被视作物的领域(Ding-Sphäre)的特征,因为一物对于另一物的他者特征被阐释为它的对立存在,即借助否定展示的它的可规定性。

在§5到§11中,费希特展示了"人类精神的实践历史"(Ⅰ222;Ⅰ,2,365),他解释了自我在被非我阻碍的情况下,是如何努力前进到对于自身的反思,又是如何建构对象世界的。

意识主题在《知识学》(1794)中扮演着非常重要的角色,这尤其在于,它首先是反思模式的建构动力。意识属于自我的本质,为了辩护这一命题,费希特扩展了自我设定的模式,补充了设定对于设定者的直接回溯。这一主题也进一步地与表象理论(§4)相关,因为表象总属于一个自我,而这种从属的方式就是意识-存在(Bewußt-sein)从属于自我的方式。表象只有在意识之内才是可能的。不过事实上,意识已经在对三条原理的阐述中被主题化了,并且恰恰对于分析-综合方法的发展来说是建构性的。意识模式——尽管最初在§5中被提出——已经为了调和和消除在第二与第三原理之中的矛盾被预设了。这加剧了原理部分和实践部分针对奠基优先权的竞争。

已经相当清楚的是,《知识学》(1794)展现了一个极端复杂的图景,它在内容和方法上的复杂性需要尽快被澄清。在自我主义的框架下,知识学容纳了对于自我与非我存在的形而上学论证,发展出了自己的分析-综合方法，这个方法又包含了一种规定性理论，并给出了对于形式逻辑原则的奠基，以及对于范畴概念的推演。另外，它还发展了一套表象理论，讨论了唯心论-实在论问题，给出了表象的发生性演绎。除此之外，它还阐释了实践概念以及一个附属的对道德的奠基，这个概念应当澄清自我的自身相关性，并作为对存在者的形而上学（Metaphysik des ens）的奠基与超越展示反思的"实践历史"，与意识对象的建构史产生关联。

二、《知识学》（1794）的论证线索

为了让《知识学》（1794）可以为我们的目的服务，我们需要进一步解析它的宏观结构。这意味着，将不同的论证线索条分缕析，并且仔细考察它们是否彼此兼容。因此，接下来的论述不再是单纯展示性的，而是增加了批判性特征。

1. 实践部分的功能

我们首先关注在《知识学》（1794）的框架下实践部分的地位。在《新方法》中，费希特自己批评了在《知识学》（1794）中对于理论部分和实践部分的区分，认为它不利于教学。[10]确实，《知识学》（1794）不仅造成了教学上的困难，更引发了体系性的问题。我们已经看到，原理和命题的建筑术预示了一种秩序，其中理论和实践部分在原理部分之后，彼此并列处于一个等级上。不过，费希特打破了这个秩序，他在§5，即实践部分的开端就指出，实践部分应当承担理论部分和原理部分的中介功能，但这两个部分处于矛盾之中。[11]对实践部分的奠基不仅介入原理部分和理论部分之间，也直接与原理部分彼此冲突。这是因为起初绝对自我的概念["自我直截了当地设定自身的存在"（§1）]转变为§5的自我反思模型（"自我……应当为了自身而自身设定自身；自我应当将自身设定为通过自身被设定的"）。关于最高原则的两个不同的表述之间究竟是什么关系呢？我们将会说明，第二个表述并不是从第一个表述之中被推导出来的，也不仅仅是对于它的解释。毋宁说，它展示了知识学的第二个开端。[12]

2. 线性与循环的科学模型——实践唯心论

改变"实践科学的原理"的功能规定的一个动机是完全有迹可循的。在《论知识学的概念》中，费希特构想了毫无漏洞的演绎顺序，借以构造一个线性的科学模型。这种原理和命题之间的线性关系在《知识学》（1794）中消亡了。随之，在§3之后，出现了实践部分和理论部分的分裂。不过费希特也指出，循环结构是知识学的必然标志。只有循环，才能保证这一最高科学的完满性和一贯性。知识学必须返回它的原理。[13]在诊断原理部分和理论部分之间的矛盾，并将对实践部分的奠基作为中介环节安置其中的尝试中，我们可以看出实现循环的努力。理论知识的基础偏离了原理部分，相应地，实践知识的基础又复归到了原理部分。在进一步的考察中可以看出，偏离和复归具体可能是什么。费希特认为，矛盾在于"作为理智、受限的自我和同一个作为被直截了当设定的、无限的本质的自我"（Ⅰ 247；*I，2，386*）之间，即在绝对的、不包含否定的自我和有限的、被非我限制的自我之间。现在，实践部分恰恰应当说明，自我如何用行动克服非我，并将其"自我化"。在这项工作完成以后，有限的自我会从所有异在规定中解脱出来，并将自己提升为绝对的、无否定的自我。在知识学的结尾，第一原理中的自我又出现了。

但费希特自己却说，克服非我是不可能的。[14]自我永远伴随"无限的努力"（Ⅰ 261；*I，2，397*）和应当被实现的自我的自主。[15]从理论策略的角度考虑，费希特又不无根据地将表象的理论（§4）、反思的发生史（§6-§9）和物的建构理论都奠基在阻碍这一不可还原的事实上。费希特需要非我来充当自我反思机制的推动力，但也坚持对循环这一形式的要求，因此陷入了一种"实践唯心论"（参见Ⅰ 156；*I，2，311*），根据这种理论，并不是哲学家将理论解释为唯心论的，而是自我本身在面对（无法解决）的任务时，主动地生成了唯心论。我们考察的自我好像自己在关切，要让被它处理的理论成为循环，从而具有封闭性。但很明显，理论建构问题的要求并不适用于对象层面。"努力"这一概念也不能赋予理论循环的结构。因此，"实践唯心论"的方法论设想并不站得住脚。

知识学的线性构想和循环构想在第三原理的表述中分裂了。按照前者，可分性原则通过综合自我和非我解决了它们之间的矛盾。我们要做的只是进一步展开这个普遍综合，因为在它之中不仅已经存在着知识学的所有内容，还有发现它们的方法。[16] 这样看来，线性的知识学的建构仿佛在第三原理中就完成了。另外两个命题仅仅给出了被第三命题完成的综合的不同环节，而这些环节在§4 的 A – D 小节又一次被展开。

与之相反，循环设想返回到了作为中心的第一原理上。知识学从第一原理出发，也返回到了第一原理。第三原理进行统一的功能被忽略了。费希特在实践部分的开端指出了绝对自我和理智自我之间的矛盾，而这就意味着，§3 中的综合必须被取消。因为，尽管可分性原则就应当能够完成自我和非我的统一，但在§5 中，自我又一次被要求不是用限制非我和自我的方式，而是用消灭非我的方式完成这个统一。如前所述，这最终是不可能的，因此它停留在"应当"统一的状态中。[17] 与第三原理相对，费希特关于自我与非我原则上的不可统一性所说的一切，都属于这个思想循环。[18]

3. 想象力理论

除了线性方法和"实践唯心论"中的循环结构，在《知识学》（1794）中还能找到第三个方法构想，对于它来说，生产性的想象力处于核心位置。像实践唯心论一样，想象力也取消了第三原理的综合，但它并不因为非我与自我原则上不能统一而要求取消非我，而是给出了自己的综合方式。原则上，它与线性构想一致，因为它认为非我和自我是可以统一的，区别仅在于，它并没有在§3 中，而是借助§4 的 E 小节中的阻碍理论，即在理论部分的最后，才实施了这个普遍综合。它并没有按照§3 那样，给出一个对于这个统一的分析-综合式展开，并完成对于范畴的演绎。想象力毋宁说展示了"人类精神的机制"（Ⅰ 208，226；*I, 2, 353, 367*）的决定性环节，这种机制在接下来的"表象的演绎"中被阻碍发动。

§4 的 E 小节开头就已经预示了对第三原理的取消。我们现在考察§4 的 A – D 小节，分析它是如何按照线性构想，从第三原理的综合中诞生的。这个综合应当包含所有知识学的成果，以及所有进一步综合的正当性根据。首先，第三原理被区分为两部分，一部分为理论部分奠基，另一部分为实践部分奠基。在理论部分的原理中，费希特找到了两个环节构成的矛盾，不过清楚的是，这个矛盾必然已经被普遍综合消除了。那么，这个消除只能是以确定的方法，即对于普遍综合的具体化来完成的。在费希特看来，"交互规定"（Wechselbestimmung）这个概念描述了这个具体的综合（§4 的 B 小节）。费希特又分别在两个被统一的环节中发现了一个对立组，而它们的综合［"因果性"（Causalität）、"实体性"（Substantialität）］又是对之前的综合的进一步具体化（§4 的 C‑D 小节）。这样，就出现了一个树形展开的图式，从其中的每一个环节都会出现两个新环节，而它们又会被新的综合统一。这些综合应当作为最普遍的综合包含在第三原理中，并且新综合的有效性被普遍综合覆盖。[19]

在（被非常充分地展开了的）§4 的 E 小节中，费希特打破了这一图式。费希特并没有进一步扩大分裂，或建立新的综合概念，他在最后两个综合之中（"因果性"和"实体性"）发现了一个必须被解决的矛盾。已经被提出的各个单独的综合应当在一个新的综合中被统一到一起。虽然按照线性构想，在一个综合中会有一个对立出现，这个对立又会产生新的综合，但在作为普遍综合的具体化的个别综合之间却不应当存在矛盾。反之，如果这样一个矛盾成为进一步阐释的基础，方法本身就必须被改变。费希特不再将新的综合关联到一个新的范畴之上，而是引入了"神奇的生产性想象力"（Ⅰ 208；*I*, 2, 353），这也暗示了方法上的改变。他在 §4 的 E 小节的结尾写道：

> 挡在我们面前的所有难题，都已经被满意地扫除了。我们的任务在于，统一被对设起来的自我与非我。想象力能将彼此矛盾的东西统一起来，借助它，自我与非我也被完全统一起来了。（Ⅰ, 218；*I*, 2, 361）

可分性原则首先应当完成的任务——将作为对立双方的"自我"和"非我"作为单纯环节纳入一个综合之中——现在被交付给了想象力。[20] 和"实践唯心论"一样，想象力理论也认为，自我和非我应当是绝对对立的，而两者的统一是不可能的。不过，前者因此设定了对非我的消除，后者则将想象力解释为这样一种能力：它的特殊之处恰恰在于对不可统一的东西的统一。[21]

有限自我和无限自我在"实践唯心论"中应得的统一应当通过"努力"这一概念完成,但这一概念恰恰刻画了被持续欲求但永远不能实现的东西,而想象力则通过在两者之间"摆动",完全投入这项任务。

> 想象力是在规定与非规定,在有限的东西与无限的东西之间摆动的一种能力。(Ⅰ 216;*I*, *2*, *360*)[22]

关于有限自我和无限自我之统一的问题,费希特做出了一个有趣的转向,并将它表述为自我的自身规定问题。自我是无限的;不过,自我必须也将自身**规定**为无限的,但是作为被规定的东西,它又是受限、有限的(参见 Ⅰ 214f.;*I*, *2*, *358*)。想象力也能解决这一矛盾,因为它使得有限性和无限性可以共存。[23]

因此,"这一神奇的生产性想象力"(Ⅰ 208;*I*, *2*, *353*)就在于实现不可能的东西。这个能力,正如我们不得不这么说的那样,是一种神秘主义。[24]

三、《知识学》(1794)的形而上学

为了澄清思想线索,到现在为止,很多论证线索都被分开处理了。其中有一些已经可以因为无关乎基础哲学而不予考虑,而剩下的赋予线性科学模型血肉的复合体——主要在§1-§4——也同样层次丰富,因此这里同样必须仔细地考察不同的论证方式。

从它的各个主题来看,这一部分对于我们关于第一哲学的问题是最有帮助的。§1、§2 的形而上学特征不容忽视,这两节所关切的事情是确保自我和非我的存在,并且规定它们的本质特征。《知识学》(1794)展示了一种新的形而上学,因为它同样承担了特殊的方法论任务,这表现在它与为科学性奠基这一目标息息相关。这个问题不仅关乎借助形式命题导入形而上学命题,也关乎在理论内部的进展方法。在两个最初的设定即自我和非我中,彼此已经存在逻辑关系即否定。在这个基础上,费希特发展出了一套规定性理论,这样人们就可以一般地讨论被打上逻辑烙印的形而上学。

我们将会说明,就像作为自我主义的知识学构想那样,费希特在他的

形而上学中引入了意识这一主题，而这在方法论上意义重大。借助他的既是逻辑的，也是意识理论式的形而上学，费希特进一步尝试一方面奠基范畴学说，另一方面吸纳康德式先验论的主要命题，即先天综合判断理论。因此，我们要处理的是具有形而上学、逻辑、意识、规定性理论等不同意义的论证构成的网络。

1. 逻辑学和形而上学

（1）绝对自我学说

作为唯心论者，费希特将自己的哲学建立在关于自我的理论之上，具体而言：建立在关于行动着的自我的理论之上。不过，他并没有直接以自我为原则开始，而是为了证明自我的本原功能，在它之中赢得一个不可动摇的基础（fundamentum inconcussum），在自我之前展开了一个论证。理论不能通过假设开始，然后通过结果证明被假设的各个原则是正确的。毋宁说，是原则的确定性确保了其他所有推论的确定性——假如推理没有错误的话。

对于《知识学》（1794）来说，逻辑学和形而上学的紧密联系具有标志性意义，而这种意义则由科学理论式论证呈现。§1 开头写道：

> 我们必须找到人类一切知识的绝对第一的、全然无条件的原理。如果它真是绝对第一的原理，它就是不可证明的，或者说是不可规定的。

在自我的存在与本质中的形而上学洞见，在科学理论的视角中显现为那个包含所有知识的形式和内容的命题。作为最高命题，它不能被更高的命题证明，不过它也需要被合理化。它应当这样被发现（aufgesucht）：这个发现它的过程同时揭示了它的原则特性。为此，费希特选择了一个逻辑命题作为开端，"我们每个人都一致承认"（Ⅰ 92；*I*, 2, 256），也因此提出了对于确定性的要求，将形而上学命题证明为它的根据。费希特的目的是说明，承认逻辑命题的人，也已经同时承认了关于自我的奠基性命题。

论证分三步进行：首先，费希特给出了形式逻辑命题"A = A"，指出就两个 A 的关系而言，这个命题应该是确定的。尽管这个命题并不说明 A **是否**存在，但它保证了**如果** A 存在，那么它必然与自身同一。因此，存在只是假设性的，而联系——以存在为前提条件——则是确定的。［参见 1）－2）小节］然后，将自我视为关联的确定性根据，因为自我与它本身同一，并且——类比"A = A"这一公式——可以用"自我 = 自我"这一公式表达。不同于 A 的存在仍然是假设性的第一个阶段，在自我这里，不只是自我 = 自我的联系，自我的存在也应当是确定的："自我存在。"［参见 4）－5）小节］最后，被费希特视作"事实"的（Ⅰ 95；*I*，2，258）"自我 = 自我"或者说"我存在"，追溯到自我的一个活动即"本原行动"（Tathandlung）之上："自我设定自身"（Ⅰ 96，6；*I*，2，259），或者说"自我原初直截了当地设定了它自身的存在"（Ⅰ 98；*I*，2，261）。这是知识学的第一个原理、最高的原则，现在它可以被视为推导出来的。自我的行动是逻辑命题 A = A 的根据，这个活动也正是自我由以设定自身的存在的那个活动。费希特的论证首先说明了自我的存在，并且立刻就说明自我的本质就在于创造自己的存在。

不过，我们展示的这一从逻辑事实推出形而上学事实的努力，仍然需要一些批判。首先，从 A = A 在自我中被设定（参见 Ⅰ 94；*I*，2，257）这一条件中得出的只是，自我是一个位置，在其中诞生了思想，或者说逻辑命题，而并不是自我的结构可以类比到同一律命题上，也不是说自我 = 自我，或被表述为"我是自我"的公式，可以准确地描述这一结构。费希特的论证所展示的毋宁说是，存在一个思考 A = A 的行动者即自我，而并不是要说明这个自我是按照怎样的法则构造起来的。因此，命题 A = A 并不能追溯到"自我 = 自我"。

接下来，费希特展示了"设定"这一概念的双重游戏，就像第 3 小节 c）的最后一句话说的一样："如果 A **在自我之中**被设定，那么 A 就**是被设定的**，即 A **存在**。"（Ⅰ 94，*I*，2，257）在这之前，"设定"的意义是：假设性接受。如果设定 A 存在，它就与自身同一［参见 2）小节］。这并没有说 A 是不是现实的。但是，我们引用的这一命题却给出了存在的条件：如果 A **在自我之中**被设定，它存在。在作为思想位置的自我之中用假设的方式假定了 A，从这一事实中并不能推出，A 就一定存在。费希特创造了"设定"与"存在"之间的联系："存在"是"被设定的存在",而这只能在人们把"设定"理解为"生产",而不是像费希特一开始那样将其理解为"假设性接受"时才有意义。费希特的策略是清晰的:自我的存在,"我存在",像笛卡尔的自我那样是不可怀疑的确定之物。如果"我存在"的结构可以被把握为"自我=自我",而等同关系的"设定"可以被理解为"生产",那么我们就得到了第一条原理:"自我原初直截了当地设定它自身的存在。"但无论是自我的结构,还是生产命题(Produktionsthese),都不能从对 A = A 这一命题中推导出来,因此费希特对于第一个命题的推导只能被判失败。逻辑同一律不能回溯到自我借以设定自身的活动之上,并将其视作自身的根据。就算"我存在"可能是确定的,也不能说明一个"本原行动"为自我的存在提供了根据。[25]这在方法论上意味着,第一原理并没有提供坚实的基础。费希特的自我形而上学是以假设为开端的。[26]

接下来,费希特对自我的存在与本质的关系给出了进一步解释,为此他进一步叙述了"自我设定自身"这一命题:

> 自我应当存在,因为它已经设定了它自身。(Ⅰ 96;I,2,259)

反之,

> 自我设定自身,完全**因为**它存在。它通过它的单纯存在**设定**它自身,又因为它单纯被设定存在而**存在**。(Ⅰ 97;I,2,259)

一段将自我刻画成"绝对主体"的话这样写道:

> **那个其存在(本质)仅仅在于它将它自身设定为存在着的东西**就是自我,是绝对的主体。它**设定**自身,因此而**存在**;它**存在**,因此它**设定**自身;因此,自我对于自我来说,是绝对必然的。(同上)

这里讨论的绝对主体的存在与本质之间的联系,可能会让人联想到上帝存在的存在论证明,依据这个证明,上帝的存在就锚定在它的本质之中,而对所有其他的物而言,"是"(daß)与"什么"(was)则是可以分开的。这就解释了物的偶然性:在物的概念之中,并不能确定它的存在,而上帝的必然性就在于它的概念与它的存在不可分离。费希特相信,"绝对主体"的存在也是在本质中被一同给予的。在上帝学说中，这个联系的基础在于"最完满"这一上帝的本质规定，即这一完满性不能缺乏存在。与之不同，费希特并没有将自我的本质规定为完满性——尽管自我在§3中被视作实在的实体，而是规定为自身生产活动（Sich-selbst-produzieren）。[27]这样，费希特就将自我学说和形而上学式神学区分开来，因为尽管后者承认上帝的必然存在，而且也通过论证支持了它，但在这个意义上它并没有运用自我生产的思想。自因的概念毋宁说是自相矛盾的，因为它认为，在原因能够将自己设定为存在之前，它就必须已经存在。因此，上帝存在不应当是自因，而是没有原因。[28]但费希特则旨在将自我的存在理解为"本原行动"，而非单纯事实，这与我们已经解释过的他对自由和自我自身活动的倾向相关。[29]

（2）非我

与§1相似，费希特在§2中通过对一个逻辑命题的分析得出了形而上学的陈述：

> 这一命题的绝对确定性是无条件的，确定无疑的：$-A \neq A$ 出现于经验意识的事实之中。**同样确定的是，有一个非我相对于自我被直截了当地对设起来了。**（Ⅰ 104；*I, 2, 266*）

在细节上，这里的论证和对于第一原理中"$A = A$"的论证有所不同，在后者那里，关系的确定性是给定的，而存在则是假定的，反推到"自我=自我"之上，在这里存在才应当是确定的，这样才能将自我的自身设定活动视作"自我=自我"的根据。在第二原理这里，费希特直接从逻辑命题"$-A \neq A$"出发，推到了一个被他称为"反设"（Gegensetzen）的自我的活动上。

正如在设定里那样，在反设这里自我同样既是行动者，也是产物：

> 所有对立物，就其是对立物而言，是直截了当、借助自我的一个活动而不借助任何其他根据存在的。一般而言，被对设的存在仅仅借助自我而被设定。（Ⅰ 103；*I, 2, 266*）

就形式而言，反设这一行动是无条件的，因为它并不能通过设定被推导出来；反之，它自身就应当是原初的。但就质料而言，它是有条件的，因为这个行动的产物被规定为自我的对立面：

> 除了自我，没有任何东西被原初设定；而只有自我是被直截了当地设定的。（§1）因此，只能相对自我直截了当地进行对设，但相对于自我设定的就是非我。（Ⅰ 104；I, 2, 266）

费希特希望像在§1一样，从形式命题中获得一个质料性原理，这意味着从一个单纯的逻辑命题中发展出一个形而上学命题。这个命题包含着存在论断：存在一个非我，这个非我的存在立足于自我的生产活动之上。

§2的论证包含了同样的错误——这个错误已经在§1中被阐明了，因此也不能成立。只有借助一个通过"对设"这一术语的双重意涵出现的错误推理，费希特才能从其存在必然是假设性的、属于逻辑公式的"－A"进展到存在着的"非我"。就逻辑公式而言，"对设"只能具有逻辑意涵：如果存在一个 – A，那么它就与 A 不同，而且被**对设**为与 A 对立。但接下来，费希特将"被对设"理解为通过一个创造性活动，尤其是带有否定性这一规定的创造性活动被创造、被实现。从 A 与 – A 逻辑上的对立关系中生成了自我和非我之间的实在对立关系。当费希特问："A 的对立面究竟**是否**被设定了呢？"（Ⅰ 102；I, 2, 265），并且由"– A ≠ A"并不能从"A = A"推出这一事实中，推理出"– A 被**如**其所是、直截了当地设定，**因为**它被设定"（同上）时，他将这里的"被设定"理解为"是现实的"，并且将 – A 无条件的存在从逻辑命题的不可还原性（Nicht-Reduzierbarkeit）推导到了另外一个命题上。因此，这里费希特进行了作为"对设"的一部分的"设定"这一表达的双重游戏，以从形式逻辑进展到命题逻辑，即关于自我的逻辑。同样，这里对于形式逻辑的援引也并未达成它应当完成的任务。就像自我的自身设定这一命题一样，另一个命题"非我（被）直截了当地设定与自我对立"（Ⅰ 104；I, 2, 266）也缺少可接受的奠基。

正如我们所见，费希特旨在达成对于自我和非我的存在证明。他从自我的本质出发解释两者的存在——一个设定着自身，也设定着非我的自我。不过在两种情况下，证明都不是一贯的。形式逻辑的、被普遍承认的命题并不适合用作对于形而上学原则的证明的出发点。

在这里，我们仍要对语境进行提示，即自我和非我应当处在一个逻辑上可理解的关系中，即否定的关系：

> 根据单纯的对设，归属于非我的东西，是归属于自我的东西的对立物。（Ⅰ 104；Ⅰ, 2, 267）

非我正是自我所不是的东西。这个思想形态会持续到费希特晚期作品中的存在学说中：非我，或者说"存在"是自我的产物，同时也否定自我。在它的存在中，非我依赖于自我；而从规定性来看，依赖则是相互的，因为一方只是另一方所不是的东西。我们会看到，《知识学》（1794）的特殊性就在于，在§3中，否定关系被凸显成一个矛盾。

2. 作为意识的自我

在解释《知识学》（1794）§3之前，我们必须解释前两个原理之中关于意识理论的段落，因为它们为理解费希特式形而上学的产生提供了条件。

在第一原理中，"意识"这一主题十分重要，在那里，它首先在注释和补充中被提及，而并没有像它应当所是的那样被系统性地展开。在第一原理那里的情形是这样的：

> 它应当表达那个**本原行动**，这个本原行动并不在我们意识的经验规定中出现，也不能出现；反之，它是一切意识的基础，意识也仅仅因它而可能。

更进一步，

> 即使依靠这个抽象的反思也不能使得意识的事实变成它本来不是的东西；不过，我们能通过它认识到，我们必须将那个本原行动，**思维**成全部意识的基础。（Ⅰ 91-92；Ⅰ, 2, 255）

自我的"自身设定"——费希特是这样认为的——仿佛并不能通过对意识的内省被证明。自我毋宁说是一个原则，它必须被假定，这样才能建构意识。推出第一原理的，与其说是明见（Evidenz），不如说是论证（Argumentation）。[30]

在一段插入性的说明中（参见Ⅰ 97；Ⅰ, 2, 260），费希特又确实将自我与它自己的自我意识等同起来：

> 让我们阐明一下吧！人们或许听过这样的问题：自我在到达自我意识之前，可能是**什么**？对这个问题自然而然的回答是：**自我**那时根本不存在，因为自我那时根本不是自我。自我仅仅在它意识到自身的时候存在。……如果人们没有将他们的自我作为自身同时有意识的思维的话，他们就根本不能思维；人们永远不能将自己从自我意识中抽象出来。（Ⅰ 97；*I*，2，260）

在§3的结尾，费希特将知识学的理论部分与斯宾诺莎主义进行了对照，而这个对照正是借助自我的个体性进行的：

> 我们知识学的理论部分……实际上……就是成体系的斯宾诺莎主义；只不过对于每个人来说，都有一个自我来做那个唯一的最高实体。（Ⅰ 122；*I*，2，282）

此后，自我不仅是一个为理论建构而设定的原则，它也意味着个体，是我们在自我意识中直接认识到的自我。

方法上，通过将设定自身的自我与我所认识的自我等同起来，一种确定性出现了。尽管被认识的东西是多样和流变的，我也直接地知晓我的意识的统一体和我作为认识者的同一性。如果说第一原理将这个统一体表述出来了，那么原理本身也应该是确定的。就第一原理的合理性而言，这个确定性论证可能比不能借助同一命题达成的论证更为合适。[31]

费希特并没有贯彻这一论证路线，根据它，自我的全部活动都必须能够以一种现象学的方式得到证明。毋宁说，费希特会通过建构推导出其他的活动。在方法论的进展中，费希特会将借助确定性被确证的、具有意识理论意义的第一原理用作范导性原则（regulatives Prinzip）。意识的统一体必须持存，因为它是确定的。在特定情况下，我们必定可以将它视为进一步设定的正当性根据。

在§1结尾与斯宾诺莎的对比中（参见 Ⅰ 100‑101；*I*，2，263），费希特间接地将设定自身的自我和一种"纯粹意识"（reines Bewusstsein）等同起来，尽管后者应当与"经验意识"区分开来，但是却又必然会**在**"经验意识"**之中**被发现。[32]在费希特看来，"纯粹意识"仿佛要展示

"人类知识的最高统一体"（Ⅰ 101；*I, 2, 263*），并且必然会在与"自我存在"的联系中被看到（参见 同上）。命题"自我原初地设定自身的存在"在这里显然是被用来刻画意识的统一体了。

这个只是被顺便提起的、属于第一原理的意识理论意涵对整个《知识学》（1794）既产生了方法论的影响，也产生了内容上的后果。人们首先要问，费希特从矛盾律得出第二原理的动机是什么？理性要求（Rationalitätsanspruch），就像它在《论知识学的概念》中被刻画的那样，本应当从同一个**本原**中演绎出来，而不是提出形式上无条件的第二原理。实际上，这个第二原理处理的是一个新的本原，因为它并不是从第一个本原中演绎出来的。而从意识理论的角度，我们可以清楚地看到，费希特并不能停留在"纯粹意识"，也就是单纯的同一性环节中；反之，他必须进入意识内容的具体环节，因为只有那样，我们才能提出澄清意识的要求。"纯粹意识"是一个尚未具有任何特定内容的意识，就是一个一般而言的意识。如果说，现在应当将自我理论作为意识理论继续下去，那么可以预见的是，接下来应当引入一个意向性对象；因为只有意识被赋予了它自己意识到的一种内容，它才能被完全理论化。但我们并不能看出，这种内容如何能够仅仅在同一性这一环节出现，因此正是意识理论驱动了对非我的引入。[33]

起初，自我和非我作为两个不同的自我行动的平等产物出现。自我设定自身，也设定一个非我。但费希特致力于突出自身设定的优先性。为此，在§2中，他回溯了自我设定的意识理论含义。如果不能从对A的设定中推出对–A的设定，那么，"反设的可能性本身就已经自在地……预设了意识的同一性"（Ⅰ 102；*I, 2, 265*）。意识的同一性是反设的可能性条件。反设不能损害，也不应当损害同一性，因为这样它就扬弃了它的可能性。费希特是这样说明同一性的优先地位的：

> 在这个进程（即对设）中自我行动的步骤是这样的：被直截了当设定的A=被反思的A。这个作为反思对象的A，对立于那个被绝对行动对设的–A，由此可以判断，它也相对于那个被直截了当设定的A对设起来，因为第一个A和第二个A是等同的。而这个等同的

基础就在于，进行设定的自我与进行反思的自我的同一性。（Ⅰ 102f；I, 2, 265）

同一性公式就自我主义意义而言是矛盾律的前提。[34]对§1的参照或许与注释的7）小节有关（参见 Ⅰ 96；I, 2, 259），费希特在这里将"我是自我"拆解成了它的语法元素，即主词（Ich…）和谓词（…bin Ich）。这个注释是这样写的：

> 在命题 A = A 中，第一个在自我之中的 A 要么就像自我自身一样，是直截了当的；要么就是有某个根据，就像那个特定的自我一样被设定下来。这种情况下，自我就表现为绝对的主体，人们也因此将第一个 A 称作主词。而第二个 A 则意味着发现那个将自身视作在自己之中**被设定**的、作为反思对象的自我，因为它只有在自身中被设定才能**具有**自身。进行判断的自我谓述某物，这实际上并不是在谓述 A，而是在谓述它自身，因为它在自身中发现了 A，因此第二个 A 是谓词。（Ⅰ 96 注释；I, 2, 259 注释）

这里重要的是，费希特认为，如同 A 应当在自我之中被设定为思想内容一样，自我也应当在自我之中被设定。因此，费希特起初认为，同一性公式"自我 = 自我"是一个"本原行动"的产物，通过这个本原行动，自我实现了自我，但他将自我的自身设定理解为自我把自己变成自己的思想内容，即变成意向性对象。借助这一中间步骤，结构性表达"自我 = 自我"成为意识理论命题，即自我应当在自我**之中**。从自我命题与逻辑命题的类比中，我们可以推测，非我也应当在自我**之中**被设定，并且在那里与内在存在着（in-seiend）的自我对立。立足于以上对第三原理的解读，我们将要进一步从意识理论的角度出发重新处理各个原理。

3. 反题-合题方法——费希特的辩证法

第三原理并没有给出进一步的存在设定。它的主题毋宁说是自我和非我的关系，以及它们共存的可能性。《知识学》（1794）的§3展现了德国唯心论中辩证思想的早期标志。这一努力的成果应当是一种规定性理论（Bestimmtheitstheorie），它应当能够确保自我与非我的否定关系，以及后者对于前者的依赖性。考虑到费希特后来才明确进行的非我与存在的等同，可以这样来解释§3对于费希特存在学说的重要性。问题在于，非我（存在）如何同时被把握为自我的否定与产物？同时要讨论的问题还有，彻底的先验唯心论和经验实在论是否可统一？尽管存在（非我）是自我的产物，它却在意识之中显现为超越性的，即从外在到达自我的，这是如何可能的呢？对象意识向唯心论者提出的问题恰恰就是，那个显现为"不是作为自我而存在着"的东西，如何可以被理解为完全由自我所创造的呢？不出意料的是，费希特尤其强调了前两个原理的意识理论意涵，借以给出他对问题的答案。

在§3中，论证并不按照认识的原则（principia cognoscendi）这一线索进行，以获得更多的原理。按照沃尔夫的分类来看，第三原理给出了充足根据律[35]。事实上，费希特在展示了第三原理之后，将它形式性的抽象表述"A 部分地 ≠ -A"视作充足根据律，就此而言，他仍然是忠于沃尔夫的（参见 Ⅰ 110-111；*I*, 2, 272）。这样，费希特也让形式性和质料性命题的关系发挥了作用，他认为第三原理可以从前两个原理推出这一事实就意味着，不再需要一个形式原理来发现这一原理。

费希特推进的第一步是，在前两个原理中指出一个矛盾。而这两个命题应当是完全确定的，那么矛盾就不应当存在，否则其中一个命题就是错误的。毋宁说，应当假定有第三个原理（即自我的第三种行动），承担将前两条命题统一的任务。在这里出现了经典的辩证模式：正题，反题，合题。除此之外，费希特的辩证也并不损害逻辑法则，即两个彼此矛盾的说法中至少有一个必然是错的。他的方法毋宁说立足于这样的思想，即因为一个矛盾应当不能持存，所以必须假定另外一个原理，让前两个原理免于矛盾。因此，费希特将指出矛盾这一行动当成方法论工具，因为如果两个就其本身而言是正确的句子构成的矛盾要被解决，那么它们就指示了自我的又一个行动，并且可以产生新的结果。解决矛盾的要求使得引入第三原理是正当的。

(1) 矛盾

费希特这样描述在前两个原理之中的矛盾：

1) 就非我被设定而言，自我没有被设定；因为自我会因为非我被彻底扬弃。

现在，非我**在自我之中**被设定，因为它是被对设的；但所有对设都预设那个在其中发生设定，并且作为对设的对立物的自我的同一性。

因此，就非我在自我中被设定而言，自我并没有在自我之中被设定。

2）但非我只能在这样的条件下被设定，即有一个自我在自我之中（在同一个意识之中）被设定——这样非我才能被设定为与之相对立的。

现在非我应当被设定在同一个意识之中。

因此，因为非我应当被设定，自我也应当在这个同一意识之中被设定。

3）两条结论彼此对立。（Ⅰ 106；*I*，2，268）

费希特的这个想法已经在§2被预先铺设了：自我和非我应当**在自我之中**被设定。像自我和非我这样彼此否定的两个实存所在的地方，就会生成一个对立，即一方存在的地方，另一方就不能存在，但却不会生成一个矛盾，因为彼此对立的实体可以并列存在。因此，一个对立不能像一个矛盾一样被消除。对立并不指示第三者，因此也不能用辩证的方法处理。通过自我和非我都应当在自我之中这一想法，对立就转化成了矛盾。诸原理的意识理论意义将辩证法引入了讨论。

在§1中，费希特就已经指出，第一原理"自我原初直截了当地设定它自身的存在"，或者说，公式"自我＝自我"表达了意识的同一性。现在，他认为这种同一性不仅是自我的自身设定，也是自我在自我之**内**的设定。费希特认为，第一原理给出的不仅是意识的同一性环节，它给出的还有作为内容，即作为意向性对象的自我。进一步，非我也应当在自我之**内**被设定。而这不能仅仅借助自我对非我的对设得到说明。因此，费希特必须将他的同一性命题推进成为反设的可能性条件："但一切对设行动都预设自我的同一性，它被对设在自我之中，也与自我对立。"（Ⅰ 106；*I*，2，268）在"非我被自我设定为与自我相对立的"这一属于§2的命题之中，费希特也谈到了他对第一原理的改写，依此看来，自我＝自我这一公式表达了自我在自我之中的内在存在（In-Sein），并因此到达了这一命题：非我应当被包揽性的自我设定，并与内在存在着的（in-seind）自我对立。一方面，非我扬弃了内在存在的自我，因为它自身在自我之中持存；另一方面，非我又恰恰要求这个自我，因为它应当被规定为它的对立面。非我必须在自我之中被设定，这样它才能成为一个对立项（Oppositum）；但如果它在自我之中被设定，那么它就取消了它的对立项即自我。这样的话，在费希特看来，"作为我们知识的唯一绝对基础的意识的同一性，就被取消了"（Ⅰ 107；I, 2, 269）。因为，如果自我＝自我的公式表达的是，自我应当在自我之内，这个被包含的自我就同时也为被包含的非我所压迫，那么这样就会有一种倒退："自我≠自我，反而是自我＝非我，而非我＝自我"（Ⅰ 107；I, 2, 269）。只有非我在同一个意识中被设定的情况下，它才能与自我对立。而这里被取消的，恰恰就是自我＝自我的两个环节之一，因此，意识的同一性就被摧毁了。矛盾在于，被自我设定成与自己对立的非我否定了它的可能性条件，即同一的自我。非我的现实性会否定它的可能性。现在，就像第二原理教导我们的那样，非我应当被直截了当地设定。因此，除自身设定与对设外，必然还存在另一种自我的行动消除这个矛盾。

> 这样，我们就说明了任务。我们应当找到某一个 X，通过它，两条推理都得以成立，同时又不扬弃意识的同一性。（Ⅰ 107；I, 2, 269）

第三原理的目标是，解释非我的设定，并且保存意识的同一性。

费希特将自我与非我的对立强化为一个矛盾，这应当被批判。关键在于，他将自我＝自我这一公式和自我应当在自我*之内*等同起来。只有以这个等同为前提，当非我也应当在自我之中时，自我＝非我这一问题才会出现。

§1 中的自我＝自我这一命题展示了绝对主体的结构公式，而自身设定这一本原行动是这一公式的基础。这里的焦点在于自我的来源这一形而上学命题，而这一问题却同时具有意识理论的意义："自我＝自我"这一命题描述了所谓的"纯粹意识"（Ⅰ100f.；*I*，*2*，*263*）。这一"纯粹意识"——我们或许可以这样推测——并没有任何内容，它本身也不是自己的内容。费希特这样批评了斯宾诺莎：

> 他区分了**纯粹**和**经验**意识。他将第一种意识设定在上帝中，而上帝永远意识不到他自身，因为纯粹意识永远无法抵达意识。（Ⅰ100；*I*，*2*，*263*）

"纯粹意识"并不是它自己的对象。[36]自身反思在§5的扩展了的命题中才被无矛盾地表达出来：自我将自己设定**为**通过自身被设定的，而非通过第一原理中的单纯自身设定（参见Ⅰ274；*I*，*2*，*385*）。同样，在知识学的《第二导论》中，关于"作为理智直观的自我，即知识学出发的地方，和作为理念的自我，即知识学结束的地方"的关系是这样说的：

> 这种形态（即像知识学开端那样）的自我只是**对于哲学家而言**的……自我，作为理念，是**为了自我**自身存在的，这是哲学家考察的自我。（Ⅰ515；*I*，*4*，*266*）

作为理念，自我在扩展了的命题被提出以后才出现（参见Ⅰ277；*I*，*2*，*409*），这样，第一原理的绝对自我就还不能是反身性的。

关于在自我之**内**的自我的讨论与一个观点相近，即自我是自我的内容，这就意味着，自我会作为意向性对象出现在意识之中。但"自我在自我之中"和"自我＝自我"的意义并不完全相同，因为只有在第二位的自我、进行包含的自我才能用这个同一公式来描述。只有这个自我才能代表"纯粹意识"无内容的同一性，而被包含在它之中的自我已经是一种意识内容了。在这个语境下，"非我在自我之内"完全不是问题。就像被包含的自我一样，非我仅仅是单纯的意识内容，因此不可能损害自我的同一性。如果被包含的自我被非我彻底取消，那么，非我就成为一个同一意识的唯一标志。这里根本就没有什么矛盾。自我的同一性也从来没有因为非我成为问题。意识和对象的关系根本就不是逻辑式的。因此，这里不可能存在矛盾。费希特之所以提出这一问题，即当非我在自我之内被设定，就必然有自我＝非我，是因为他混淆了自我＝自我这个同一公式和意识关系。这样，对矛盾的处理已经失败了。

(2) 综合

众所周知，费希特对于这个问题的解答是这样的：

> 正如非我相对于自我被对设起来一样，被**当作**对立物的自我，和被对设**的**非我，都被设定为可分的。（Ⅰ109；*I*，*2*，*270-271*）

基于自我和非我的可分性，它们可以在自我之中并存，而并不会彻底取消自我，并且否定非我的可能性条件。

不过，看上去费希特并没有用第三原理解开自己之前打的结。只要非我损害自我同一性这一问题存在，可分性就不能发挥作用。费希特写道：

> 就非我为设定所占据的那部分实在性而言，自我并没有在自我之中被设定。伴随非我的那一部分实在性，在自我之中被扬弃了。（Ⅰ109；*I*，*2*，*271*）

根据§1，同一性是自我的本质。而如果自我只有在自我被设定在自我之内这个意义上才具有同一性，那么非我在自我中所占据的部分就没有自我-同一性。毋宁说，自我＝非我在这里总是成立的。这样，应当被解决的问题又出现了：就非我被设定在自我之内而言，自我的同一性甚至是自我本身都根本不能存在。进而，我们也无从知晓，非我如何可能在自我之中。因此，如果非我内在于自我之中真的构成一个问题，那它在引入第三原理之后还会持续存在。[37]

费希特断定，如果绝对自我是"不可分"的，那么"与非我对立的那个自我就会是……可分的"。结果是，"因此，自我就其与非我对立而言，本身就与绝对自我对立"（Ⅰ110；*I*，*2*，*271*）。自我概念在从"自我＝自我"这一公式到"自我在我之中"的转变中分解了，由此出发我们才能解释，费希特为什么将对于自我的同一性的扬弃视为对于第三原理的确证，而非根本性反驳。[38]尽管作为同一性公式的等价物，它应当只能通过自我的结构才能被完整描述，但费希特这样理解自我的概念，仿佛进行包含的（das Enthaltende）和被包含的（das Enthaltene）东西都已经是一个自我，如果它是不可限制的，那么它就是绝对自我，即进行包含的东西，并因此与可以被限制的自我即被包含的东西区分开来。如果"自我在自我之中"和"自我＝自我"等同，正如费希特在建构矛盾时所预设的那样，那么，进行包含的东西和被包含的东西都不能独立地成为自我。不过，费希特潜在地将包揽性的自我和设定自身、创造同一性结构的绝对自我等同起来，并且将可被限制的自我视作被包含其中又与它对立的东西。费希特解决这个矛盾的真正方案在于，将第一原理的自我提升到非我的彼岸，并且引入第二个可分的自我和非我对立。[39]

为什么尽管非我只作为自我的产物而存在，却被意识把握为"自我之不存在"？这一问题并没有得到解答。可分性的概念没有说明，非我如何**为了**自我被生成。看上去，形而上学观点和意识理论观点并不能彼此融贯。形而上学观点至少坚持非我对于自我的实在依赖性，而这种观点却无法解释意识。尽管在非我的否定性中已经勾勒了对于意识和对象之关系的逻辑把握，但仅靠生产命题，经验实在论还不能从困境中脱离出来，因为它尚未抵达各个对象将自己作为独立的东西显现的那个意识层次。另外，意识理论也并不能从生产命题中获益。前意识的自我在自我之中将一个可分的非我与一个可分的自我相对立，而这个观点也无助于解释自我作为非我是如何能**为了**自我生成的。

如果注意费希特的表述，即被包含的自我（以及非我）是被自我设定的，那么就会发现一个设定了自身之后，为了创造自己的参照物又一次设定自身的自我。而我们只有通过§5的被扩展了的表述——"自我将自身设定为设定着自身的"——才能描述这个反身性的、意识着自身的自我。因此，可分性原则不仅不是辩证性的（我们预设，辩证要处理矛盾），还预设了一个包含它的参照物的、完全的意识结构。§5才在自我之内厘清了自我学说。

这就产生了方法上的困难——我们到底应当从什么方向解读《知识学》（1794）呢？我们概览这本书的结构时就已经发现，§5在奠基功能方面与原理部分发生了冲突。究竟是第一原理为实践部分奠基，因此我们应当从前往后读，还是反过来，§5中的反思公式为第三原理奠基？我们现在也可以这样提出问题：我们是在§1-§3的解释中发现了意识，还是说为了理解原理，意识已经被预设了？目前看来，显然是后一种情况。只要意识理论的论证仍占据一席之地，《知识学》（1794）就不能说是按顺序被呈现的，这意味着，它并未遵循《论知识学的概念》中的那个设想，从一个原则出发按计划演绎出来。毋宁说，虽然意识的存在和结构直到§5才出现，但它们已经确定了原理层次内部的进展方式——尽管意识应当从原理出发来解释。方法是后退式的。

我们会看到，费希特在从1796年以后的著作中开始尝试创造明确的方法，为此，他将§5完整的意识公式直接放在了开端，并给出了关于意识的原则性功能的论证。非我也不再被视为被生产的东西，并借以提问，这个创造物如何作为独立的东西到达意识；反之，从对自我意识的解释中可以直接引出对于非我（存在）的解释。费希特也不会再指出什么矛盾用来辩护自我与非我的同一性，用来解释在意识之中的存在的登场。

4. 规定性：存在与自我的统一原则

(1) 借助否定的规定性（沃尔夫与费希特）

规定性理论尤其具有科学理论意义。因为它从一个无规定的状况出发，用一种规范的方法持续地创造具体化进程，所以它应当既能满足对一个无前提的绝对科学的设定，也能为它的演绎进程服务。因此，很明显，规定性理论服务于线性的科学构想。

有意无意地，费希特在这一话题上批评了一个经院哲学存在论的重要理论。如果对沃尔夫《第一哲学或存在论》一书的划分稍加了解，我们就会理解规定性理论与存在论的关联。而在讨论存在者[40]的诸原则那一章中，在对存在者的定义之前就有这样一个段落，它的标题是"论有规定者和无规定者"。

费希特用如下称得上是已经被我们熟知了的段落开启了这个将要占据§3第二部分的主题——规定性：

> 第一原理的绝对自我并不是**某物**（它没有谓词，也不能有谓词）；它直截了当地是它所是的**东西**，就这一点不能再继续说明了。现在，借助这个概念（即可分性），**全部**实在性都在意识之中；不归属于自我的，就归属于非我，反之亦然。两者都是某物；非我是自我

所不是的（某物），反之亦然。（Ⅰ 109f.；*I*, 2, 271）

规定性建立在对可能性的排除也就是否定性之上。某物是如此这般的，因为它不是某个别的东西。费希特没有将任何别的东西和绝对自我对立起来。（我们可以回忆起他的表述：非我本身并不能与绝对自我对立，只能与可以被限制的自我对立。）自我本身是包揽性的、容纳一切的。因此，自我并不包含否定性，也就是说它是无规定的。就像费希特说的，绝对自我"不能进一步解释"，因为这样的解释恰恰意味着给出规定。这样的规定性大多数情况下都用陈述句"S 是 P"的形式表达，就此而言，费希特可以说绝对自我"没有谓词"，也不可能有谓词。而可被限制的自我和非我则处在彼此对立的关系之中，它们相互规定。"某物"这一表达标记了这个最小规定性（Minimalbestimmtheit）。可被限制的自我和非我是"某物"，或者说，自我是某物，而非我是别的某物。这样看来，将总体区分为被设定物和被对设物的结果就是产生了设定产物最初的、相对于彼此而言的规定性。费希特从绝对自我的无规定性开始，借助第三原理，抵达了它的第一个具体化结果。

在经典的范畴学说（Transzendentalienlehre①）中，"某物"这一概念几乎可以与"存在者"这一概念互换（*ens et aliquid convertuntur*）。由此看来，费希特可以说借助于可分性概念才达到了存在者这一层面。借助自我概念的消解，从可分性中抽象出来的绝对自我概念，预设了存在者的层面。如果规定性是存在者的本质性标志，那么绝对自我就不可能是存在者。绝对自我既不服从规定性原则，也不服从充足根据律，因此也就不属于能够借以把握所有存在者的概念。[41]

不过，我们需要在这里做更仔细的考察。如果绝对自我没有对立者，那么在费希特看来，它也不是完全无规定的。[42]绝对自我是活动着的，即进行设定的、进行对设的和进行可分割设定的，这就让我们可以设定一系列的谓词。进一步，它与自身同一，自为地通过自身存在。费希特的规定

---

① 在中世纪经院哲学中，Transzendentalien 指用来描述属于所有存在者的样态的基本概念。因为它们是普遍的，所以它们超越于特殊的存在方式之上。这被亚里士多德称为"范畴"（Kategorien）。——译者注

性理论已经设定了这个绝对自我的本质标志,因为只有自我进行设定并进行对设,非我与有限自我的否定规定性才会产生。它们不可能仅仅通过彼此排除来彼此规定。毋宁说,它们事先就已经带着这样的规定:作为被设定的东西,作为产物存在。基本上,费希特从绝对自我、非我和有限自我出发,进行了对于存在与本质的论证。在这个前提之下,规定性理论才能出现。这意味着,对于费希特的存在形而上学的建立来说必要的三个环节的本质特征并不能变成这个理论的对象。因此,费希特的规定性理论并不触及知识学的基础,反而已经是被推导出来的本质。这也并不奇怪,因为规定性已经是一种逻辑现象,它并不顾及存在-设定(Existenz-Setzung)。谁像费希特一样,有一个属于第一哲学的形而上学模型,并且关注对于存在者的推演的话,谁就会因此将规定性理论视作一种更低等级的理论,因为它总是关注实在东西的规定性,而这些存在者已经拥有定在了。

在§1费希特就表明,同一律以及"实在性"这一范畴是第一原理的派生物。而从第二原理中则诞生出了矛盾律和"否定性"(这一范畴)。最后,借助可分设定这一活动,费希特展示了充足根据律和"规定"这一范畴。我们应当首先考察充足根据律这一思想规则和全部存在者的规定性之间的关系,这一考察尤其要又一次借助沃尔夫的《第一哲学或存在论》进行。

如前所述,沃尔夫并没有从存在者的定义出发开始讨论,而是从对形式性思想原则充足根据律的阐释出发。"论第一哲学的原则"下一章的标题为"论存在者的实存与本质,以及几个相关的讨论"(De Essentia et Existentia Entis agnatisque nonnullis Notionibus),对于存在者的定义在结尾才出现。在这个定义之前有一段"论可能的东西与不可能的东西"(De Possibili et Impossibili),还有"论有规定者和无规定者"(De Determinato et Indeterminato)。因此,沃尔夫并不将规定性视为和充足根据律一样的逻辑法则,而是将它当作存在者的直接原则。

沃尔夫对于存在者的定义是:"可能存在的东西,是存在者。不可能存在的东西,就不可能是存在者。"(Quod possibile est, ens est. Quod impossibile est, ens esse nequit. §135)存在者是可能存在的东西。而规定性则是构成一个存在者之可能性的东西，并因此展现了它的充足根据。"进行规定者是充足地规定的"（Determinantia sunt ratio suficiens determinati. §116）。从规定者出发，我们知道，为什么被规定的东西毋宁说不存在。在沃尔夫看来，正是本质影响着存在者的规定性。只有存在的东西才可能与概念相符合。（参见§103）沃尔夫对于本质的唯名论定义中就是如此：本质是最先通过存在被把握的东西，并且是包含着充足根据的东西，它解释了为什么个别物现实地存在，或者可以存在于存在者之中。[43]因此，本质应当是存在者的充足根据[44]，因为本质影响了存在者的规定性。为了让存在者得以实存，只有本质自然是不够的，但沃尔夫将存在者定义为可能存在的东西。如果这个可能性就在于规定性，那么本质就是存在者的充足根据。本质是借以理解为什么某物是存在而非不存在的东西（参见§70）。

由此可见，沃尔夫已经讲述了充足根据的原则与存在者的规定性之间的联系。费希特用他的第三原理来理解这个联系，但也用独特的方式改写了它。首先，费希特显然没有像沃尔夫那样，将存在限制在**可能性**上。作为形而上学家，费希特必须推出被设定者的现实实存。[45]但首先必须说明的是，在沃尔夫看来属于本质概念的规定性，看上去好像是通过"自我"与"非我"这一充分分割给定的。费希特并没有使用本质规定性（Wesensbestimmtheit），相反，他使用了否定规定性（Negationsbestimmtheit）。

费希特是这样表达充足根据律的：

> A 部分地 = – A，反之亦然。每个被对设的东西都在一个标志 X 之中与和它对立的东西相同。并且，每个等同的东西都在一个特定的标志 X 中，与和它等同的东西对立。这样的标志 X 就是根据，在第一种情况中是**关联**根据，在第二种情况下是**区分**根据。（Ⅰ 111；*I*, 2, 272）

值得引起注意的公式"A 部分地 = – A"表述了"自我部分地 = 非我"的抽象产物，这一表述又基于同一律及其包含的存在之间的混同。如果"自我 = 自我"等同于"自我在自我之中"，那么费希特认为，这就意味着自我之中除自我外还有非我：自我部分地 = 非我。

可以清楚地看到，费希特对充足根据律的表述针对的是古典定义理论。他这样解释自己的表述："每个有对立的东西都在一个标志 X 之下与它所对立东西等同。"（Ⅰ 111；*I, 2, 272*）这说的是两个种与它们共同的属的关系：

一切在一个表达它们区分根据的概念之中的对立物，都在一个**更高**的（更普遍的、更具包揽性的）概念之中彼此一致，人们将这一概念称为类概念（Gattungsbegriff）。（Ⅰ 118；*I, 2, 278*）

相同东西的对立在这里意指种差（differentia specifica）：

反过来，所有被设定为等同的东西都在一个**更低**的概念中对立，这个概念表达了某一个更具体的规定性，而这个概念可以在关联判断中被抽象掉。（Ⅰ 118；*I, 2, 278*）

这样看来，"标志 X"就意味着上一级的种（genus proximum），即共同构成一个本质概念的定义的种差（differentia specifica）。与沃尔夫一样，费希特也认为，本质概念构成了被设定东西的规定性。沃尔夫认为，规定性是存在者的基础；费希特也认为非我仅仅在自我之中存在，是为了自我而存在的特定东西。这样看来，这两种描述中规定性都是存在原则。不过，费希特将这个学说运用在唯心论中，因为他试图用自我理论来为自己的本质概念的种属金字塔（Gattungs-Art-Pyramide）奠基。就此而言，他特别关注自我和非我这一对立被包含在绝对自我之中的状况。虽然有限的自我和非我对立，但它们在被绝对自我包揽这一点上却达成了一致。在这样的结构中，费希特看到了波菲利树（arbor porphyriana）的先验之根。它以种属关系以及相关的规定为被设定物的基础。沃尔夫将基于规定性的本质概念视为现成被发现的，费希特则希望通过他的否定方法将这些规定性创造出来。因此，种属金字塔必须从一个无规定的东西出发，通过否定被演绎出来，也就是说，被先天地建构出来。

费希特用自我与非我的关系来解释波菲利树中的规定性关系，但这个想法的失策之处在于，另一类本质概念的规定性是否定规定性。诚然，否定方法从无规定者前进到了有规定者，并且它展示的结构也和分类金字塔一样：当从上向下看时，后者也是从一个更普遍的类概念过渡到特殊的类概念。但是，分类金字塔却不能从上向下被建构（konstruieren）出来，与之相反，它必须由下至上地搭建（aufbauen）起来。换言之，不同于否定规定性，分类金字塔不能用纯粹理性的方法先天地被建构出来，它只有依赖经验，才能达至可以按照普遍性程度排序的各种概念。借助否定，通过对于一个整体的分割产生的规定性的特征在于，它只对应着一个它的否定对立物，而一般的属则在其下有任意数量的种。因此，在第一种情况下，我们可以保证分类的完满性，或者至少保证不会遗漏什么东西，但在第二种情况下则不能。看上去，费希特会被他基于理性追求的先天主义引导，希望用否定方法替代沃尔夫式本质概念的规定性。但这当然是不可能成功的。最高的类并不是无规定者，而本质规定的具体化也不能仅仅通过否定完成。[46]规定性理论在科学理论上的优势——无前提和规范推理——是无可争议的，但对规定性的先天创造却不能替代本质概念。沃尔夫预设，只有通过经验才能获得的本质概念才是存在者的充分根据，这就意味着否定规定性不能承担存在论功能。

（2）反思规定性

§4的E小节中，费希特进一步论证了规定性理论。它尽管篇幅不长，却在之后的知识学中扮演了重要的角色。自我的规定性理论中包含我们已经在§3中所看到的东西，即绝对自我应当是无否定，也因此无规定的。只有通过非我的影响，自我才被限制，并且包含规定性。这里，否定是规定性的手段。

在新的规定性理论，即§4中所说的那样，非我的影响没什么作用。费希特是这样说的：

> 自我只是它自身将自身设定的东西。它是无限的，这意味着，它将自身设定为无限的；它借助"无限性"这一谓词**规定**自身，因此，它将自身（自我）限定为无限性的基底，它将自身与它无限的活动（就它们自在来说是同一个东西）区分开来；如果自我可能是无限的，它就必须如此活动。（Ⅰ 214f.；*I, 2, 358*）

这样的思想从根本上反对第一原理中的绝对自我或者说纯粹自我的概念。如果自我只是设定自身的东西，那么反思和随之而来的规定性［借助小品词"作为"（als）表达］就不可能从它的概念中得出。绝对自我，没有谓词也不可能拥有谓词的绝对自我（参见Ⅰ109；*I*, 2, 270），是名不副实的。只有这样才能说自我不仅应当是无限的，也是将自己规定为无限的，或者用命题逻辑的说法：给自己加上"无限"这一谓词。就此而言，自我规定就在自我的本质之中。自我规定并不以将被先行设定的非我与自我统一起来的必然性为前提，反之，它本就已经与自我的概念紧密相连。诉诸非我来解释规定性是多余的。这样的观点已经在§1中暗示了，其中，自我的本质规定是自为存在（参见Ⅰ97f.；*I*, 2, 260）。在这里不可能有什么一贯的规定性理论。费希特在这里毋宁说是为了建立无反思的绝对自我构想，放弃了自为存在的理念，因为绝对自我只能经由"阻碍"才能被激发进行朝向无限的反思与自我规定活动。（参见Ⅰ227f.；*I*, 2, 369）在§5，应当从原理中演绎出阻碍，并且引入扩展了的自我公式（Ich-Formel）的地方，本质性的自我规定才又一次得到讨论：

> 自我直截了当地设定自身，因此它在它自身之中完满，排斥了一切其他外来影响。但如果它可以是自我，它就还必须将自身设定**为**由自身设定的；借助这个关联在原初设定上的新设定，我们才能说，自我向外来的影响敞开自身……这样看来，自我作为自我，原初地就处在与自身的交互作用当中；正是因此，在它之中的外来影响才是可能的。（Ⅰ276；*I*, 2, 409）

"将自身设定**为**由自身设定的"意味着，自我原初地规定自身，即自我规定并不是阻碍的结果，而是它的前提。自我"原初地"处于"和自己的交互作用中"，并自发地完成自我规定。[47]从反思思想（Reflexionsgedanken）出发的规定性理论是否在存在论意义上前途光明，就像之前说的一样，只能通过对《新方法》的研究来阐明。但至少它并不建立在脆弱的三个原理之上。

（3）先天综合判断：费希特对康德和莱布尼茨的看法

费希特第三原理运用的对象不仅是波菲利树，还有因康德对于先天综合判断的可能性提出的问题而具有现实意义的分析与判断学说。在知识学的§3中，费希特写道：

> 人们在比较中寻找**对立**的标志，这一行动是**反题**过程，一般被称

> 为**分析**的……而**综合**过程则在于，人们在对立东西中寻找它们彼此**一致**的地方，按照单纯的逻辑形式来说……第一种方式产生的判断是反题或者否定判断，后一种方式产生的判断则是综合或者肯定判断。（Ⅰ 112f；*I*，*2*，*273f.*）

在费希特看来，反题的可能性和综合的可能性都在于第三原理，它不仅是对立东西的共同标志，也是相同东西的差异标志。费希特使用第三原理的奠基性力量，是为了解决康德的先天综合判断这个先验哲学的原初问题。

> 现在，康德置于纯粹理性批判顶峰的知名问题，即先天综合判断如何可能，已经用最普遍、最令人满意的方式得到了解答。我们在第三原理中，借助被设定下来的自我和非我可分性，已经找到了彼此对立的自我和非我之间的综合，而我们既不能进一步追问这一综合的可能性，也不能为它找到一个根据。这个综合直截了当就是可能的，我们无须任何根据，就可以进行这个综合。（Ⅰ 114；*I*，*2*，*275*）

借助三条原理的构造，尤其是第三原理，费希特希望自己解决了康德在"先验感性论"中处理的问题，即我们如何能说明先天综合判断的有效性。

康德认为，经验判断根本上来说总是综合的，因为分析判断根本无须回溯到经验上。不过在数学（参见 KrV B14f.）、自然科学原理（参见 B 17f.）和形而上学原理（参见 B 18）中也存在先天综合判断。这些判断的正当性必须被考察，因为它们既不基于经验，也不因为谓词概念包含在主词概念之中而有效。

被康德承认有效的先天综合判断是所谓"纯粹自然科学"的全部基本法则，它们也构成了经验可感的认识对象的存在论。康德希望能确保这些法则的有效性，因为他希望将它们解释为一般意识对象的可能性条件。这被全部综合判断的最高原理表述为：

> 一般**经验的可能性**的种种条件同时就是**经验对象的可能性**的种种条件，因而在一个先天综合判断中具有客观有效性。（KrV B 197）

这个原理清楚地表述了他想解决的主要问题：我们如何可以找到并且说明经验对象的普遍必然特征？

与此相反，在"先天综合"或者说"先天综合判断"这一主题下，费希特讨论了完全不同的问题。首先，所谓的综合判断与经验的符合对费希特来说根本无关紧要，因为他已经提前否定了经验世界对于自我而言的独立性。但特别值得注意的是，费希特完全没有将最高综合命题"自我在自我之中设定可分的自我与可分的非我相对立"（Ⅰ110；I, 2, 272）与经验对象关联起来，而是仅仅讨论了自我和非我的关系。因此，费希特并不像康德那样，想要提出关于自然科学可理解对象的理论。"先天综合判断"不再是某种特定的存在论的基础，而只是关于预先确定的两个存在者，即自我和非我的并存方式，或者用意识理论的方式表达：非我如何可能为了自我而存在。将认识对象的普遍特征加以描述这一要求，在"先天综合"这一主题中不再被提及。如前所述，《知识学》(1794) 的整个范畴学说都受到这一转变的影响：它不再是关于一般对象的存在论，而是关于两个特殊存在者和它们关系的学说。

在对分析判断的阐释中我们也可以看到关键的区别。费希特将其中包含着一个否定的命题称为分析命题或者说反题，例如"一株植物不是动物"（Ⅰ116；I, 2, 276），而在康德看来：

> 因此，（肯定的）分析判断是其中借助同一性来思维谓词与主词的联结的判断，而其中不借助同一性来思维谓词与主词的联结的判断则应当叫作综合判断。(KrV B 10f.)

在康德的分析判断中，谓词的内容可以从主词中得出，比如说"所有的物体都有广延"（KrV B 11）；与此相反，费希特却恰恰将揭示主词和谓词的否定关系的判断称为反题（分析判断）。为了推出自己的结论，费希特并没有从谓词概念的内容包含在主词概念之中这一特征出发，而是强调了主词和谓词都在绝对自我之内，并通过否定彼此区分这一特征。

最后，费希特还引入了一种判断，即"正题判断"（Ⅰ115f.；I, 2, 276）。就像反题判断符合第二原理，合题判断符合第三原理一样，正题判断反映了第一原理。因为绝对自我应当是无规定的，也不能拥有谓词

（参见 I 109；*I*, 2, 271），正题判断也仅仅是不完整的判断：

> 这样的最高原初判断是：我存在。其中并没有说出任何关于自我的东西，反之，谓词的位置为着自我的可能性规定被无限地空置了。（I 116；*I*, 2, 277）

对于根本上无谓词的自我来说，规定性原则和充足根据律都是无效的：

> 正题判断应当是这样的：在其中，某物并不与其他东西被设定为等同或者对立，反之，它只被设定为与自身等同；因此，这里不能预设任何关联根据或区分根据。（I 116；*I*, 2, 276）

费希特的保留"……那个按照逻辑形式而言必须由它（即正题判断）预设的第三命题，只是一个寻找根据的**任务**"（I 116；*I*, 2, 277）是为实践唯心论服务的，而所谓谓词的位置"应当为了自我的可能规定而无限空置"这一命题，也是同样的情况。借助对于非我的完善考察，有限的自我会失去自己全部的否定规定性，但我们却不知道，绝对自我为什么应当通过摆脱否定而获得规定性和根据。

费希特在规定性理论和对先天综合判断的奠基之间建立了联系，我们可以通过比较费希特和康德对莱布尼茨的批评阐明它的意义。如前所述，康德批评了作为"唯理论哲学家"的莱布尼茨，因为他给出的形而上学原理并不包含任何与直观的联系，却具有客观有效性。因为缺乏与直观的联系，莱布尼茨并没有超出分析性，即思想的单纯主观条件，因此也就没有完成对先天综合判断的奠基。他的充足根据律就是一个例子。在康德看来，充足根据律无异于"得出了这样的结论：从形而上学视角看来，所有事物都应当是实在性与否定性、存在和非存在……的结合"（Fortsch. A 71）。在这里，康德与莱布尼茨一样，将存在者的规定性描述为实在性和否定性的关系。在"超验神学"（Transzendente Theologie, Fortsch. A 124ff.）一章中，康德又参考了莱布尼茨，将规定性理论与最高存在者（*ens realissimum*）联系了起来：

> 确切的是，只要我们希望先天地为一个物，也就是说，用存在论

的方式，搞出一个概念，我们就总会在思想中将一个最为实在的存在者的概念——原概念（Urbegriff）当作基础。因为作为一物的规定的否定，总是仅仅被推导出来的表象。这又因为，我们如果不提前思考与这个规定相对立的、被设定下来的（positio s. reale）实在性，就不可能将它设想为被扬弃的东西（remotio）。（Fortsch. A 125）

一物的规定性和可能性是借助特定的否定实现的。不过，因为否定永远是被推导出来的，并且也总是预设了可被设想的（被否定的）现实性，所以每个有限的、特定的存在都将实在性的全体视为自己的根据。康德引用到，"所有否定"必须被"单纯地视作对于实在性的完全总括（Allinbegriff）的限制，它包含了所有事物，除此之外还包含了这些事物的可能性，因为它们总是从它之中推导出来的"（Fortsch. A 126）。将充足根据律运用到规定性理论的层面，应当建立起有限的、特定的存在者与无限的、超感性的最高存在者之间的桥梁，并且完成从存在论到形而上学的过渡。

康德批评了这种观点，认为它是在"搭建世界"（Fortsch. A 127），并且是在这样的假设的基础上：所有"有概念的东西，也是一个可能的物，就像被批判引导的理性好像能摇晃脑袋一样"（Fortsch. A 125）。否定规定性的理念的核心，再加上充足根据律，在康德看来都属于矛盾律，因此也就属于分析的领域。如果应当有一种可能的存在论，那么就必须发展出一种关于先天综合的理论，换言之，必须发展出物的客观可能性，而非仅主观可能性；为此，概念与直观必然彼此关联。

费希特在他的第三原理中让被康德分开了的综合命题和分析命题合并前进。第三命题的"某物"是通过对于总体实在性的部分否定，也就是说通过否定规定性才产生的，这在康德看来是一个分析性要素；而规定性则通过对两个对立物的综合产生，这就出现了先天综合；其中也存在着充足根据律的根据，这又是一个分析性环节。出于重新奠基的目的，康德有意识地假定了对于先天综合理论的要求。而费希特则基于唯心论的操作否认康德引以为综合概念之标准的直观相关性。与此相反，费希特希望借助分析-综合的方法展示，规定性借助否定性本就已经是综合的了。

惊人的是，费希特在他的体系的基础中迎回了已经被康德视作非批判的最高实体理论。或许费希特会认为，他已经在批判哲学的意义上重新建立了这一理论，因为他并没有提及上帝，而是用绝对自我代表实在性总体，这就是说这个理论并不是超验神学，而是自我主义。对费希特来说，内在于自我的工作就已经满足了康德对于作为科学的哲学的所有要求。[48]

5. 范畴：自我与非我关系的规定性

线性展示的《知识学》（1794）包括一个范畴学说，其中讨论了六个范畴，三个在原理部分，三个在理论部分，即§4 的 B、C、D 小节。费希特的讨论方法是，先进行说明，然后再进行批判，而批判的关键就在于范畴的概念。这样一个在费希特式形而上学的框架中发展出来的范畴学说还能够解释存在者本身的规定性吗？形而上学特征不会使它变成关于狭义的（因为是被建构的）"非我"和"自我"这两个实体的理论，从而丧失普遍存在论的地位吗？对于费希特来说，范畴意义究竟是什么呢？

（1）原理部分的范畴学说

在每个原理之后，费希特都会解释道，如果人们忽视在原理部分中被刻画的自我的**特定**活动，只考察每个活动的方式，那么人们就会得到一个范畴。设定自身的活动对应"实在性"（参见 Ⅰ 99；*I*, *2*, *261*），对设的活动对应"否定性"（参见 Ⅰ 105；*I*, *2*, *267*），部分设定的活动则对应"规定性"（参见 Ⅰ 122；*I*, *2*, *282*）。同样地，费希特的范畴理论也包含特定的方法要求。他认为，从实在性这一个范畴必须"能推出其他所有可能范畴"（Ⅰ 99；*I*, *2*, *262*）。费希特构想的是这样一个理论，其中所有的范畴都可以被系统而清晰地推导出来，其中"实在性"占据了最高的位置。[49]但范畴学说完全是通过自我学说被奠定的：

> 但这里会展现出所有范畴都赖以推出的某种东西：它就是自我，作为绝对主体的自我。（Ⅰ 99；*I*, *2*, *262*）

显然，最高范畴"实在性"应当通过对最高实体，即自我的考察来得到，并且对其他范畴的演绎也必然依赖主体理论。

现在，费希特应当如何在实在性范畴和作为绝对主体的自我理论之间建立某种特定关系呢？人们或许可以说，在第一原理中说明的行动**方式**，应当是自身设定自身。但这就意味着，只有自我自身可以占据实在性。但费希特却希望保留一种可能性，让其他存在者也能够是实在的，并且因此将最高范畴与同一命题联系起来：

> 一切可以将命题 A = A 运用于其上的东西，就这一命题可以运用其上而言，具有实在性。通过某一（在自我之中被设定的）物的单纯设定而存在的东西，它的本质就是在自我之中具有实在性。（Ⅰ 99；*I, 2, 261*）

不仅非我具有实在性，其他一切有同一性的东西也都具有实在性。这并不意味着自我仅仅是一个实在性的例子，它本身和其他所有存在者一样，都可以借助这个范畴把握。与此相反，自我是实在性的来源。对于一切应当具有实在性的事物来说，必须说明它的实在性来源于自我。

费希特认为同一命题具有至高无上的范畴地位。初看上去，断言一切与自身同一的东西都具有实在性是不恰当的，幻想的对象诚然具有同一性，但是我们却不会愿意把实在性归于它们。如果我们并不在假设的意义上理解"某一物的单纯设定"，也就是说，不将它当作单纯被意谓的东西、在意识中出现的东西，而是将它视作一种生产活动，这个断言就更有意义。如此看来，费希特的思想是这样的：如果说所有存在的东西都是被生产的，而同一命题标志了生产的规则，在这样的前提下，就可以从同一性推出一物的实在性。这首先对自我有效，它"原初直截了当地设定自身的存在"，因为它将自身设定为与自身同一的：自我 = 自我。其他一切设定——假定是这样的——都由自我按照同一律进行。

如果我们在经院哲学存在论的背景下考察同一命题的意义，就可以假设，费希特的目的在于展示认识原则（principia cognoscendi）与存在论的关联。通过对沃尔夫的"存在论"的考察可以看出，为了建立他的存在者的概念["论存在观念"（"De notione entis"），§134 及以下]，他不仅预先准备了关于存在原则（principia essendi）的一章["论本质及存在物"（"De essentia et existentia entis"），§79 及以下]，也在之前写了关于认识原则的一章["论第一哲学的原则"（De principiis philosophiae peimae），§27及以下］，其中讨论了作为存在论工具的不矛盾律、同一律和充足根据律。在沃尔夫看来，这些认识原则在我们的精神本质中被建立起来（参见§27，§74），也在它们的存在论运用中得到证实。现在我们可以看到，费希特致力于说明我们精神本性的存在论关联和认识原则的存在论关联。费希特认为，正是我们的精神生产了自己和其他所有的东西，这就是说，创造了实在性。如果他遵循同一设定的结构，那么命题A=A就说明了所有实在物的主要特征。

在这个生产命题的前提下，费希特将同一命题与实在性概念的关系推得太远了。尽管每个被设定物都与自身等同，但从同一性却不能在生产的意义上推到被设定物，就像在幻想对象的例子中展示的那样。[50]尽管认识原则可能具有存在论意义，但实际上它的范围更广，还包含着某种不同于实在物的东西。自我如何与它的产物共享同一性，也是一个值得讨论的问题。自我产生自身，因此它或许能将自身设定为与自身同一的，但并不显而易见的是，为什么在自我设定不同于自身的他物的时候，同一律也会发挥作用。非我的设定恰恰就不遵从同一律。可被限制的自我也和绝对自我不等同，反而与之对立。（参见 Ⅰ 110；*I*，*2*，*271－272*）如果同一性被提升为实在性的标准，绝对自我就会成为唯一的实在物。费希特想要通过同一律的中介将在自我之中被建立的实在性概念扩展到普遍性的努力并不成功。实在性与绝对主体的一致性并不能借助同一性标准得到辩护。

单纯的生产命题保存了如下内容：所有存在物都是由自我产生的；"实在"和"被创造"是同义的；因此所有存在物都通过自我获得实在性。第一原理的行动**方式**并不是同一-设定（Identisch-setzen），而是生产。[51]不过这仅仅是一个论点。费希特自己也清楚地意识到，必须说明所有实在物来源于自我这一事实，他写道：

> 但这里会展现出所有范畴都赖以推出的某种东西：它就是自我，作为绝对主体的自我。对所有范畴能运用于其上的可能的东西来说，必须说明，可以**从自我**将实在性转移于其上：它因为自我存在而必然存在。（Ⅰ 99；*I*，*2*，*262*）

在这里费希特强调，实在性概念只对自我和那些"如果自我存在就必然存在"（Ⅰ 99；I, 2, 262）的东西有效，因此，并不能要求被设想出来的东西有实在性，而只有为自我的本质所要求存在的东西才有实在性，但这个限制又太强了。在费希特看来，自我必然存在，而这个必然性也自然而然地适用于那些只要自我存在就必然存在的东西。这样，实在性概念就仅仅适用于必然存在的东西，而不适用于偶然存在的东西，这是人们不愿意接受的限制；这意味着，按照演绎式哲学的理念，一切经验都会被代替，而对所有可被经验的东西的必然性的揭示会驱散偶然性。我们无从知晓，这种应当是如何可能的。

费希特的形而上学唯心论显然并不允许我们将自我和他物的实在性概念混为一谈。相似的问题也出现在"否定性"这一范畴上。对于非我来说，否定性标志着自我存在的反面，但也仅仅对非我来说是这样的。其他也应当归属于这个范畴的对立物则被忽略了。费希特的"实在性"和"否定性"两个范畴不是存在者本身的规定性。毋宁说，它们不仅没有超出最高存在，在对象领域内也被限制在自我和被它设定的非我之中。它们也并不标记自我和非我的共同特征，反之，"实在性"只对自我有效，而"否定性"只对非我有效。根本上，费希特的两个第一范畴只能应用在两个特殊的存在者的特性上。

"规定"这一概念——第三原理的范畴——关系到两个存在者及其彼此的关系。非我和自我，就其从属于可分性原则而言，都分别是有规定的东西。一方是另一方所不是的东西；它们非此即彼。因此，规定这个范畴要比前两个范畴更普遍，因为它并不只关涉**一个**存在者，而且关涉两个存在者。因此它超越了单一存在者，不过在对象领域中，它仍然只关涉自我和非我。[52]

（2）"理论知识基础"中的范畴学说

在《知识学》（1794）的理论部分，我们需要考察两个新的范畴。在这里，自我与非我在第三原理中的统一发挥着重要作用：

> 从那个基本综合中必须能够发展出一切应当属于知识学领域的东西。而如果从这个综合中可以发展出某物，那么在借助这个综合被统一起来的概念里就必然包含着目前尚未被确立起来的别的东西，我

们的任务就是找到它。（Ⅰ123；*I*, *2*, *283*）

从第三原理出发来进行对其他范畴的演绎，不需要引入更多的原理。自我、非我和设定两者的自我应当足以完成演绎。费希特取得进展的方法是，在表达了自我与非我两者赖以共存的、自我的综合性活动的可分性命题中，尝试找到新的对立。不过，费希特坚持认为，借助第三原理的普遍综合可以统一其他所有对立，因此对于每一个反题来说，都有一个合题：

> 因此，反题可以推出合题，同样，两个对立命题被统一在其中的第三命题也就被建立起来了：它并不是反思的产物，而是反思的发现，它是那个自我的原初综合行动的产物。（Ⅰ124；*I*, *2*, *284*）

寻找反题是一个方法论的线索，我们顺着它来发掘第一综合的全部内容。认识了第三原理的全部反题，就会知道可以通过对设完成怎样的特殊综合：

> 这样，我们从现在开始就进展到了单纯的综合活动，不过这些活动并非如那第一个综合一样，是直截了当的、无条件的行动。我们的演绎证明了，它是许多行动，是自我的各个行动。它们是确定的，正如发展出它的那第一个综合是确定的一样。它们构成了唯一的同一个活动；这个行动是确定的，正如自我借以设定自身的最高本原行动一样。（Ⅰ124；*I*, *2*, *284*）

需要寻找的综合行动是通过基本综合发展出来的，并且展示了它的具体化过程。类似地，符合被找到的活动的范畴也是对于"规定"这一范畴的具体化。因此，费希特的努力就在于具体地展开一个抽象的范畴，来进一步地规定它。我们在知识学的理论部分可以看到，"规定性"这一普遍范畴包含了怎样的内容。在寻找反题和要求普遍综合的过程中，我们发现了一个可以演绎范畴，并且按照规定性程度来为它们排序的方法：

> 自我和非我都通过自我在自我之中被设定为**借助彼此相互**可受限的，这就是说，自我的实在性会扬弃非我的实在性，反之亦然。（Ⅰ125；*I*, *2*, *285*）

这个命题会被分解为两个部分，第一部分应当奠定知识学实践部分的基础:"自我设定非我是为自我所限制的"(Ⅰ125;Ⅰ,2,285);而第二部分则标志着理论部分的顶峰:"自我设定自身是为非我所限制的"(Ⅰ126;Ⅰ,2,285)。

费希特拆解了理论部分的原理"**自我设定自身是为非我所限制的**"(Ⅰ127;Ⅰ,2,287),把它分成了两个彼此矛盾的命题:"**非我**(活动者)**规定了自我**(就自我是被动的东西而言)"(同上)以及"**自我**(通过绝对的活动)**规定自身**"(同上)。两个命题都来自(被拆分的)第三原理,那么第三原理就内含矛盾,因此应当否定自身。另外,这个原理也描述了自我和非我交织之中的意识统一体,而它则是"我们知识唯一绝对的基础"(Ⅰ107;Ⅰ,2,269),因此绝不允许存在争议。因此必然存在自我的一个活动来综合这两个说法的矛盾。我们必须找到这个活动。(参见Ⅰ128;Ⅰ,2,288)

自我的自我规定和来自非我的外在规定之间所谓的矛盾,是这样解决的:

> 因此,自我在自身之中设定否定,这意味着它在非我之中设定实在性;它在自身之中设定实在性,也就是说它在非我中设定否定。因此,它将自身设定为**进行规定的**,因为它**被**规定;又因为它**规定**自身,它将自身设定为**正在被**规定的。(Ⅰ130;Ⅰ,2,289)

自我和非我在实在性的总体中区分彼此。[53]一方缺乏另一方所占据的实在性定量;这意味着一种缺乏,它被表达为否定性,即规定性。费希特将这个关系标记为"交互规定"(Ⅰ131;Ⅰ,2,290),这个概念产生了一个范畴,就是康德所说的关系(同上)。"交互规定"展示了对"规定"这一概念的具体化过程,是一个"更具规定性的规定"(同上)。"规定性"只设定了一般而言的量化过程,而"交互规定"则定义了它的方式:

> **一方**的量**通过它的对立面(的量)**被设定了……我可以从我所意愿的对立物的一方出发,并且总是通过一个规定行动同时规定(对立物的)另外一方。(Ⅰ130f.;Ⅰ,2,290)

费希特用"交互规定"这一概念来命名这个其中一个环节可以通过另一个环节来规定的活动,因为它将(显然是有限的)实在性的量分给了两个环节。这个活动是对之前的更普遍的"规定"范畴的具体化。这样，通往范畴演绎的方法论步骤就完成了。这样就推导出了一个新的范畴。

我们只对剩下的演绎过程进行简要的介绍。费希特认为，两个彼此矛盾的命题即"非我规定自我"和"自我规定自身"，应当能够通过交互规定的活动综合起来。不过，费希特又一次考察了两个命题内在的矛盾，并且在其中发现了新的"因果性"和"实体性"范畴，它们和术语"交互规定"的关系就像种概念和属概念的关系一样（参见Ⅰ131；*I*, *2*, *290*）。具体而言，第一个命题部分"非我规定自我"包含的彼此矛盾的命题是，"非我在自身之中包含实在性"（Ⅰ132；*I*, *2*, *291*），以及"一切非我都是否定，因此其中没有任何实在性"（同上）。解答是，"严格意义上的**非我自身没有实在性，但就自我受动而言，它具有实在性**"（Ⅰ135；*I*, *2*, *294*）。这就是"**效用**的综合（因果性）"（Ⅰ136；*I*, *2*, *294*），因为它区分了受动者——影响或者说效果——和行动者，即原因。与交互规定的概念相对，费希特展示了一个进一步的规定，因为尽管交互规定说明了实在性和否定性的量的关系，却没有确定交互环节中哪一个应该获得实在性，哪一个应该获得否定性，而"效用"则定义了受动的是否定的，而主动的则是实在的（参见Ⅰ135 - 136；*I*, *2*, *294*）。

费希特将第二个命题部分"自我规定自身"分解为：

> a. 自我规定自身；自我是**进行规定的东西**，因此它是活动的。b. 它规定自身，因此它是**正在被规定的**，因此也是受动的。（Ⅰ137；*I*, *2*, *295*）

在费希特看来，"进行规定"与"被规定"之间的矛盾是这样被解决的：

> 它（自我）是**进行规定的**，因为它借助绝对主动性将自身设定在了它实在性的绝对总体所包含着的诸多范围的一个之中，就此而言，我们单纯反思这个绝对设定，而不考虑这些范围的边界。自我**被规定**，因为它被视作被设定在这个特定的范围之中，从设定行动的自发性中抽象出来的东西。（Ⅰ141；*I*, *2*, *298*）

自我的活动和受动应当被统一，因为自我的规定性应当被视作受动。在因果性概念中，（非我的）活动应当通过（自我的）受动被规定，而这里受动（自我的受限）则必须被（绝对设定着的自我的）活动规定。费希特用"实体-偶性"（Substanz-Akzidens）这对概念来刻画这第二个关系：

> 就自我被当作总体，被当作包揽着全部实在性的、完全特定的领域而言，自我是**实体**。而就其被设定在一个并非绝对的特定范围之内而言，它是**偶然的**，或者说**它在这个范围中是一个偶性**。（Ⅰ 142; I, 2, 299）

由此看来，绝对自我是"最高实体"，而受限的自我作为非绝对者则是偶性。

《知识学》（1794）的范畴学说就此完成了。回顾一下，我们就可以立刻发现理论构造中不同寻常的地方。费希特力求的演绎方式中，在一个已经发现的范畴里会发现两个新的范畴，它们就像种概念归属于属概念一样归属于高级概念，比如说"交互规定"、"因果性"和"实体性"构成的三联体。但在这个三联体中却仍然存在一个空缺。诚然，"交互规定"这个理论部分的最高范畴，应该是"规定"（§3）的一个子概念，但是它却没有第二个子概念。这个概念是由第三原理的第二部分给出的："自我设定非我是为自我所限制的"，这也就展示出了"实践科学的基础"的最高范畴。不过在§5中，却没有在方法论上与§4相似的范畴学说。[54] 这意味着，费希特改变了实践部分应当发挥的作用，没有让它作为理论部分和原理部分的中介补足理论部分的空缺，这就把空缺置脑后了。

就方法而言，范畴学说基于意识理论。在每一个相关的演绎过程中，费希特都强调作为不可动摇的基础的意识统一体，以辩护被引入的、综合矛盾活动双方的新活动（参见 Ⅰ 128, 132, 137; I, 2, 288, 291, 295）。不过，我们已经在对第三原理的阐述中指出了这个分析-综合方法的缺陷。因为对矛盾的建立并不成功，也就不存在统一问题。

内容上，费希特的范畴学说的第二部分也证实了我们的推测，它如此深刻地扎根于唯心论形而上学之中，以至于让范畴处理存在者本身的诸规定这一存在论要求都必须为了以下命题被放弃：它们只能是两个特殊存在者①的特征。理论部分三个范畴中的两个都依靠自我和非我的关系被发展出来，关涉的也就是这两个实体。这样看来，"交互规定"这一法则就确定了自我与非我的对立关系，而"因果性"范畴则将这个关系具体化为原因-效用关系。第三个范畴"实体性"则展示了一种特殊情况，其中实体-偶性关系停留在自我之内。自我既是实体（即作为绝对者）也是偶性（作为被限制的东西）。在这里根本没有涉及与非我的关系[55]，也没有说明这种实体概念如何可以在物体世界（Ding-Welt）之中使用。这个概念专属于主体性的规定。[56]

费希特的范畴学说仅仅是关于自我、非我及其关系的理论。特殊之处在于，§4的范畴在传统上来看正是物体世界的范畴，即那个在其中有诸多存在者彼此关联的世界。"实体"和"偶性"标志着两个存在样态，并且同时给出了它们的关系；在其中，一个存在者作为偶性与另一个存在者实体相联系。而在"交互规定"和"因果性"中，我们可以很清晰地看到，被讨论的是不同存在者（Entia）之间的关系。因此§4对应着沃尔夫"存在论"的最后一章，它包含着实在哲学（realphilosophisch）的第二部分["论特殊实体"（De Speciebus entium）]，其标题是"论实体的关系"（De Respectu Entium ad se invicem）。因此，费希特恰恰使用了物体世界的诸范畴来表述主体性的规定性和它与非我的关系。这又一次提醒我们，对自我和非我关系的考察就是对两个特殊存在者的考察，因此完全是以实在哲学的方式进行的。[57]

《知识学》（1794）的范畴学说——我们这样总结——并不在普遍的或者是部分的意义上属于存在论，它完全服务于自我和非我的形而上学。费希特在自我中为范畴奠基并将其按照严格的方法演绎出来的计划，并没有带来任何对于存在论的奠基，而是让我们丧失了普遍存在论。

6. "阻碍"学说

按照前两个原理，自我只有实在性，而非我相反，只有否定性。但从§3开始，费希特就越来越明确地逐步说明，非我也具有实在性，尽管这

---

① 自我和非我。——译者注

一说法并不与同一命题相符。费希特提出了这样的问题：

> A 和-A，存在和非存在，实在性和否定如何可以被同时思维，却又不自身被消灭或扬弃呢？（Ⅰ 108；*I*, *2*, *269*）

根本上，这里讨论的问题并非实在性和否定性的关系，即并非概念的内容，而是相应的对应物。实在的东西（即自我）如何与否定的东西（即非我）共存，这就是费希特的问题。我们已经知道他的答案：

> 就被归于非我的那部分实在性而言，自我并没有在自我中被设定。伴随着非我的那一部分实在性在自我中被扬弃了。（Ⅰ 109；*I*, *2*, *271*）

> 现在，借助这个概念（即可分性），**一切**的实在性都在意识之中；由此看来，不属于自我的实在性就属于非我，反之亦然。（Ⅰ 109；*I*, *2*, *271*）

这样看来，非我像自我一样也具有实在性，那么两者就处于一个实在-对立（Real-Opposition）中。我们在上一章已经讨论过，§3与§4讨论的不是存在者本身，而是两个存在着的实体的关系，就像沃尔夫在"论实体的关系"这一标题之下所做的一样。而§4的A－D小节的讨论最终汇入E小节——关于非我施加在自我之上的"阻碍"的理论，这又一次证实了这一对于费希特论证的判断。借助阻碍学说，自我与非我这两个存在者的关系被确定为因果关系，这样一来，实体－偶性关系就专属于自我。在因果关系的表象的支配下，自我和非我最终成为两个不同的物，彼此相互影响。作为§3论证的结果，阻碍学说说明，最迟到这里，一般存在物的问题已经被放弃了。

关于阻碍的思想对《知识学》（1794）接下来的部分具有明显的影响，因为它提供了所谓的"表象的演绎"，以及"反思的历史"和与之相关的"物的建构史"（§5－§11）的基础。这个阻碍学说应当作为费希特实在哲学意义上的，与存在论擦肩而过的基本态度的最终成果来展示。

（1）阻碍理论的实在哲学意涵

费希特在实体性关系（§4 的 D 小节）和因果性关系（§4 的 C 小节）中都希望找到使对表象的解释得以可能的东西。因果关系代表了实在论，因为它暗示了非我对自我的影响；实体性关系则符合唯心论，因为它相信自我限制自身的能力。在费希特看来，"全部的思辨哲学"都依赖"对表象的说明"（Ⅰ 155；*I*, *2*, *310*），最重要的是实在论与唯心论的争论也依赖于这个说明。[58]但无论是实在论，还是唯心论，都不能独立给出一个令人满意的说明。费希特写道：

> 请你们设想，就像在效用概念的单纯概念那里一样，对自我的限制仅仅源自非我的活动……在这个设想的情况下，自我可能被限制，不过它并不能意识到它被限制。自我……可能被**规定**，但它并**没有将自身设定**为被规定的，而是某一个外在存在者将它设定为被规定的。（Ⅰ 146‑147；*I*, *2*, *303*）

> 或者说，在第二种情况下，按照实体性的单纯概念，如果自我独立于所有非我的作用，直截了当地具有一种能力，可以任意地在自身内部设定一个减小了的实在性……自我诚然设定自身为被规定的，但并没**被非我**规定。（Ⅰ 147；*I*, *2*, *303*）

在第一种情况下，自我自身的活动并不能把规定性关联到自身上；而在第二种情况下，自我关联是空洞的，因为没有现成的规定性。

一方面，在实在论立场上，我们似乎必须假定一个独立的、影响着非我的自我，借此解释自我的有限性这一事实，并且说明自我如何在一般意义上具有表象。另一方面，站在形而上学唯心论的立场上，自我作为纯粹的行动（actus purus）和一切存在的源泉，似乎又必须排斥非我的独立存在，以及它对自我的作用。

费希特反复模拟不同类型的唯心论和实在论立场，试图找出两种立场分别具有怎样的基本缺陷。作为答案，他最终向我们展示了阻碍理论，它使得我们在解释表象的过程中，既保持自我的纯粹活动性，也留存非我对自我的影响[59]：

> 我们不能认为……一个单纯的、独立于进行设定的自我活动而现

成的存在赋予了自我限制自身的任务……因此我们必须认为，任何阻碍都不能独立于自我的活动，相反，它发生于自我对自身的设定活动之中；自我向外不断努力的活动被推回（反映）到自身之中，由此，自我限定和从中必然产生的其他东西，就都会自然而然地实现。（Ⅰ 212；I, 2, 356）

这个"阻碍"应当是推动自我生产表象的齿轮机器。

阻碍并不是自我的作用，它是外来的。在费希特看来，阻碍并不能进一步界定，因为所有规定性都是生产表象的齿轮机器的产物，费希特进一步写道：

（并非被进行设定的自我设定的）阻碍对自我产生作用，因为自我是活动的，因此，阻碍也只有在自我活动的时候才成为其阻碍；阻碍的可能性以自我的活动为条件：如果没有自我的活动，就没有阻碍。反过来，自我的通过自身的规定活动也以阻碍为条件：没有阻碍，就没有自我规定。进一步，没有自我规定，也就没有客观东西，等等。（Ⅰ 212；I, 2, 356）

这段文本展示了费希特的实在哲学倾向。很明显，"阻碍"这一概念暗示了两个原则，即施加阻碍的非我和承受阻碍的自我之间的关系。

体系性语境也借助从§1到§5对自我公式的扩展说明了这一点。费希特的问题是，非我如何能在自我之中引发一个印象：

如果一般而言非我能在自我中设定什么东西，**那么这样的外来影响的可能性条件就在自我之中，在绝对自我之中**，先于一切外来影响被奠定了……因此，如果说有外在区别可以进入自我，那么在自我之中必然已经原初地有一个区别；并且，这个区别必然在绝对自我本身之中被奠定。（Ⅰ 271-272；I, 2, 405）

这个区别在于借助公式"自我将自身设定为进行设定的"中的"为"所表达出来的重复。不过，要借助这个重复解决的问题在于"外来影响"、"外来的作用"（Ⅰ 276；I, 2, 409）、"通过非我对自我施加的阻碍"（Ⅰ 279；I, 2, 411）。费希特对"应当"的演绎刻画了从绝对自我的视角来看的两个实在对立东西的类似情况：

> 就像自我被设定一样，全部实在性都是被设定的；一切都应当在自我之中被设定；自我应当直截了当地是独立的，而一切都应当独立于自我。因此，我们要求客体与自我的一致，而绝对自我，正是因为它的绝对存在，成为这个一致性所要求的东西。（Ⅰ 260；*I*, *2*, 396）

和之前一样，我们在这里也必须预设两个实在的实体，进而考察它们彼此影响的可能性。在发现自我与非我之对立，并用诸如"外来影响"、"阻碍"和"朝向因果性的努力"这样的概念来描述它的地方，也能明显地发现一种实在的对立关系。

最终的结论是这样的：

> 因此，在知识学看来，对于自我来说，一切现实性的最终根据就在于自我和某个在它之外的东西的原初交互作用，我们只能说，这个外在物与自我应当彻底对立，此外无他……自我为了行动，就会被每一个对立物单纯地推动……它除了是一个运动着的东西，是一个本身只能被感受到的对立的力，就没有什么别的规定了。（Ⅰ 279；*I*, *2*, 411）

费希特在这里使用了机械论的概念。在自我之外，存在着"某物"，它具有一种"力"（Kraft），借助这种力，它对自我施加阻碍，并借此让自我进入运动中。这个"某物"的独立过程进展到相当的程度，以至于费希特认定，"阻碍并不由进行设定的自我所设定"（Ⅰ 212；*I*, *2*, 356）。这种观点和后来费希特所说的，外来的、对于自我的物理性影响是不可能的，明显互相矛盾。恰恰是在位于实在论和唯心论论争中心的表象的理论中（参见 Ⅰ 155-156，*I*, *2*, 310），非我将自己从自我产物的地位上解放出来，成为独立的自我的对立物。[60]

（2）阻碍理论中的实在论

当费希特希望通过阐释阻碍只是因为改变了自我的活动而对它产生影响，因此可以与自发活动的自我相协调，来为唯心论辩护的时候，同样明显的是，阻碍理论也为实在论打开了一扇门。它包含着实在论最重要的标志：首先是并非由自我设定的实存，其次是因果关系的支配地位。因为，就算阻碍改变的仅仅是自我活动的方向（参见Ⅰ 277‐278；*I*, 2, 369），自我也被带入了因果关系之中。阻碍理论的实在论后果成了费希特这个唯心论者的污点，他在《知识学》（1794）内部就使用了多种方法来摆脱它。我们只能简要解释一下这些路径，一方面，是因为这样可以解释一些对早期知识学结构来说重要的概念；另一方面，这些努力的失败可以帮助我们理解知识学新方法中新的存在理论。

第一条路径被冠以"批判唯心论"（kritischer Idealismus）的概念（Ⅰ 156, 178；*I*, 2, 311, 328）。在对于表象的澄清中，它证明了：

> 单纯的自我活动并不是非我的实在性的根据，非我的单纯活动也不是自我的受动根据；但是，在它被要求回答的那个问题上，即被假定的两者的交互的根据是什么这一问题上，它谦卑地停留于自己的无知中，并表明该研究越出了理论的边界之外。（Ⅰ 178；*I*, 2, 328）

因此，"批判唯心论"并不能说明：

> 我们应当选择怎样的道路来解释表象。我们会发现，我们知识学的理论部分根本没有回答这个问题。（Ⅰ 156；*I*, 2, 310）

因此，理论部分最终也没有给出对表象的奠基，无论以实在论为基础还是以唯心论基础。最后的结论反而是由实践部分表述的：

> 理性与自身的每一个冲突都必须被解决，就算这在理论知识学中是不可能的：因为自我的绝对存在不能被扬弃，因此冲突的优胜方必然是后一种（即唯心论的）推理方式……自我减少了的活动必须从自我本身出发得到解释，这一活动的最终根据必须被设定到自我之中。这件事是这样发生的：自我，就它是实践性的看来，被设定为这样的东西，它**应当**在自身之中包含着使得理性自我的活动减少的非我的存在根据。（Ⅰ 156；*I*, 2, 311）

借助"应当"这个概念，费希特过渡到了"实践唯心论"。因为阻碍理论产生了实在论后果，费希特相信，它并不包含表象的最终根据。我们应当在实践部分去寻找这个根据，这就使得"应当"这一要求倾向于彻底的唯心论。

费希特想借助他的实践观念将表象理论保留在唯心论的基础之中，这一努力造成了荒谬的结果。一方面，"实践唯心论"本质上是实在论，因为尽管自我努力将外在于自我的事物纳入自身，但这个努力永远不可能完成。另一方面，最终只有第一原理的纯粹自我成立，对表象的唯心论奠基才能够完成。但这样就不存在任何表象，因为表象正是自我和非我的对立的产物。因此，表象只有在它的根据并不现实存在的时候，才是可能的。如果这个根据被建立了，那么与此同时，应当被奠基的东西——表象——也就不可能了。"批判唯心论"的努力在于，通过将表象理论与"实践唯心论"结合起来，以保留阻碍学说的实在论后果。这一理论必然失败。[61]

费希特采用的第二条排除实在论的路径是宣称，阻碍只能被感受到，而并不能被认识到。至少所有被认识的东西的规定性都可以用唯心论的方式回溯到自我之上：

> 因此，在知识学看来，对于自我来说，一切现实性的最终根据就在于自我和某个在它之外的东西的原初交互作用。我们只能说，这个外在物与自我应当彻底对立，此外无他。（Ⅰ 279；*I*, *2*, *411*）
>
> 但它（知识学）只相信这样一种对立的力，它只能被有限存在者**感受**，而不能被它们**认识**，此外无他。这个力，或者说这个非我的各种可能规定，可能走出无限性进入我们的意识。知识学承担了通过自我的特定能力推理出这一力的任务，而只要它真的是知识学，它就必须能够将它现实地推导出来。（Ⅰ 280；*I*, *2*, *411*；也参见Ⅰ 266-267；*I*, *2*, *401*，以及Ⅰ 29 注释；*I*, *2*, *109* 注释）

费希特唯心论的先验性，即物体特性可以完全从自我中推演出来这一特点，应当通过将阻碍归于单纯感觉而得到保障。因为它只接受阻碍这一纯粹事实，而并不同时假定施加阻碍的东西有什么规定性。诚然，当费希特也将独立于自我的事物的规定还原为类似康德的物自体概念并抽象地理解它们时，被刻画的并不是设定自身的自我，而是依赖于被给予物的自我。

最后，费希特表示，就算知识学可能是实在论的，它也并不会变成超越论，而是会保持为先验论。这就是说，它的论证并不会跃出自我，到达一个独立的存在物上，而是会保持在自我之中。费希特写道：

> 如果我们不考虑知识学的实在论，它就不是超越论，而是在最深的内核中的**先验论**。不过，它借助独立于一切意识的现成的独立的东西来解释所有的意识。但是它没有忘记，在这个解释中，它仍然专注于自己的法则，而且就像它所反思到的那样，这个独立的东西总是它自己思维的产物。因此，只有就这个独立的东西是一个应当为了自我，或者说在对自我的意识中存在的东西而言，它才是一个独立于自我的东西。（Ⅰ 280；*I*，*2*，*412*；类似的论证也见于 Ⅰ 290 - 291；*I*，*2*，*420*）

在这里，费希特混淆了在被解释对象和用来解释它的可能性条件之间的先验差异，以及理论对象和理论自身的差异的区别。尽管在对象层面上，我们必须假定一个独立于自我的东西来解释意识，但这仅仅是进行哲思的自我进行的设定。只要人们想到，这一理论本身就是进行反思的自我的产物，那么对象层面的实在论会消解为唯心论。因为那样事情就会明白，没有被自我设定的阻碍还是依赖于自我的，它依赖于进行理论思考的自我。诚然，按照知识学的推论结果来看，这个自我本身也是一个依赖于阻碍的自我，但必须被考虑的是，这个阻碍反过来又是自我思想的产物，以上的推论会无穷发展下去：

> 现在对于自我而言被设定的那个独立的东西变成依赖于自我思考的存在者，但这个独立的东西就没有被取消，而是仅仅被推开了。并且，我们可以如此这般地一直前进到无限，而不必取消这个独立物。（Ⅰ 280；*I*，*2*，*412*）

"批判唯心论"坚持对于这个过程之不可把握的洞见，因此可以被称为"实在唯心论"（Real-Idealismus）或者"唯心实在论"（Ideal-Realismus）（参见 Ⅰ 281；*I*，*2*，*412*）。

作为唯心论者登场的费希特，在面对他关于"阻碍"的学说的实在论后果的时候，遁入了实在论-唯心论争论的悬搁中。实际上，迭代①并不能给出解释。毫无疑问，每个思想，每种哲学理论都是被一个进行思维的主体创造出来的，但这并不能辩护唯心论，因为理论本身会要求，它的思考对象不依赖于思维是否或何时运用于其上，都会按照理论说的那样运转。进行理论思考的自我为了理论建构假定一个独立的非我，绝不意味着它实在地产生了个实存的东西。[62]

阻碍的学说和其他依赖于它的知识学部分（表象的演绎、反思生成、物的建构理论）一样，立足于一种实在论，而这种实在论恰恰有悖于费希特的唯心论目的。在《知识学》（1794）中，对表象的解释也依靠对影响的思想。我们必须假设一个独立的、和自我处于因果关系之中的独立实存者。

(3) 超越问题

将康德的物自体学说和费希特的阻碍学说进行比较顺理成章。两种思想的共同之处在于，它们都承认一个在自我彼岸的、不可推导的存在，因此它们都是存在论意义上的实在论。两者也都指出在自我和这一存在之间的关系是一种外在的影响。在康德看来，自我以这样的方式接受了表象的质料，即感觉的质性。按照《知识学》（1794）的观点，阻碍是一个无质性的事实。感觉质性——按照费希特的说法，其中包括"对甜的东西，红的东西，冷的东西以及类似东西的感受"（Ⅰ 490；I, 4, 243）——来自自我。费希特演绎了两种必然来自自我的感受，并且介绍了两种感受性质："满足"（Beifall）与"失望"（Mißfallen），它们都可以被先天地界定（参见Ⅰ 325；I, 2, 448）。其他所有通过感受能感觉到的物体的质性，都可以回溯到这两种性质上。[63]

一个与康德的区别在于，在费希特看来，阻碍只对自我有建构性作

---

① 作者在这里选用了一个数学术语 Iterierbarkeit，即可迭代性。迭代在数学上指将前一步骤的计算结果再次代入原来的计算方式，以求得更准确结果的手段。在这里，作者意指费希特将自我的思维结果迭代进自我的思维结构中，以理解它本身的思维方式的哲学进路。——译者注

用，因为它引起自我的反思，而这构成了自我的本质。但在康德看来，自我不依赖感觉材料也可以持存。自我只是不能独立获得对象的客观知识，因为（没有感觉材料的话）它的形式性功能没有质料可用。对于超验东西的知识这一问题，两者的回答也不同。对于康德来说，只要对象需要被作为认识条件的知性功能——这些功能可以回溯到有限的自我之上，并因此阻碍了朝向自在存在的目光——形塑，那么对于自在存在的认识就是不可能的。这样，对于康德来说，另外一个侧面的思想，即关于上帝的认识，就非常清楚了：这种认识不需要主观性的知性功能，而只需要理智直观，因此也可以理解物体的自在存在（参见 KrV B 145）。这种对我们来说可能的知识，与能够认识物自体的认识的分裂，在费希特看来或许是不可能的，因为在无规定的阻碍那里没有什么可以认识的东西。按照费希特在 1794 年的立场，所有认识内容都是在自我之中被建构的。超越性东西不可能对自我隐藏什么，因为它体现的正是无质性的事实。上帝也并不比我们掌握更多关于超越者的知识。

不过，费希特坚持区分上帝的立场和自我的立场，虽然这个区分并不旨在处理对于自在存在的知识的问题，而是指向建构的事实。自我的自身意识是这样建构的：它必须建构在合规则的现象之上才能把握自身。而上帝，这种我们完全不能解释其自身意识的存在，则不是这样。这两个立场的区别在于，只有自我才有对象，而上帝则没有。非神性自我的标志并不在于它只能认识有限的现象，而在于它必须建构起一个世界并且认识它。

萨特在《存在与虚无》中的立场也可以与费希特的立场加以比较。[64] 他从胡塞尔的现象学出发，认为应当以存在论方式理解的并不仅仅是先验自我，即"自为存在"，还有自主的存在的现象，即"自在存在"。不同于胡塞尔的先验唯心论，萨特也认同"存在论的实在论"。

不过，尽管有诸多表面上的相似之处，胡塞尔的唯心论却在根本上不同于费希特的立场，这尤其是因为，胡塞尔并不否认对象的独立实存，而是从方法论出发给这个问题加了括号，并且为了通往只有其"内在存在"具有绝对性和必然性的"先验意识"而悬搁了判断（参见 *Ideen* Ⅰ §49）。现象学还原并不需要回答实存和存在者起源的形而上学问题，而是应当拒绝它们。因为胡塞尔在现象学还原的层面上并不需要假设一个自在存在的实体，他也就免于符合论问题（Adäquationsproblem）和两个立场①之间的争论。我们永远不能拥有一个外在对象，而只能被给予可以无限进展的一系列"投影"；不过，空间物体的本质标志就在于，不能独立成为意识之流（唯一可以被完全给予的东西）的实在持存物。无论是对我们的认识能力还是上帝的认识能力来说，这都是同样有效的（参见 Ideen I §43）。

萨特想要说明，胡塞尔正是因为他对存在问题加括号的方法而不能在存在论意义上充分规定对象。我们必须考虑在"自在存在"意义上的"现象的存在"。[65]在这个意义上，萨特更近于《知识学》（1794）的立场。不过他拒绝了在自在存在和自为存在之间的因果关系（也拒绝了关于感觉的思想）——这正是费希特的阻碍理论所包含的内容。不过，像1794年的费希特一样，萨特也将所有的规定性回溯到自为存在上。特别是，像"阻碍"一样，自在存在也呈现了一个无质性的实存。它是"完全的肯定"（34），自身中绝不包含否定。正是首先通过对自为存在的否定，自在存在才具有了规定性。不同于费希特，萨特认为自在存在是"充分存在"（Seinsfülle）（28），自为存在对它"**毫无补充**"（否定则是一种例外）："我看到的东西，没有什么是来源于自我的。"（293）[66]自在存在包含一切，尽管是以不加区分的方式；这样，否定性即自为存在，就必须以外在的方式施加其上，将它的内容具体地表现出来。

萨特的理论应该完成三项内容：首先，它应当在存在论意义上使得我们可以假定自在存在，并且为实在论辩护；其次，尽管具有实在论立场，它也应当可以在认识论意义上摒弃符合论，甚至是图像理论（Bildertheorie），因为特定的内容只在于自为存在，并不在于自在存在，这样我们就不能要求两者的一致性；最后，它也应当确保对自在存在的认识，因为作为现象出现在我们面前的内容，是自在存在的内容，并不出自自为存在。困难或许在于，所有内容的自在存在作为无否定的东西同时也应当是抽象的。如果它和特定东西同一，就像对于自在存在的认识所要求的那样，那么它就又不应当是无规定的。但它如果不包含否定，那么"为我"和

---

① 实在论和唯心论。——译者注

"自在"的同一，就像在康德那里一样，也是不能保障的。

这个问题并不直接出现在费希特那里，因为按照他的早期立场，阻碍并不是充盈的，而是空洞的，因此在其中既没有要被认识的东西，也没有要隐藏的东西。因此，费希特可以和萨特一样，可以要求一个超越物并且放弃充分性理论。不过，不考虑因果关系的负担，费希特的理论也要承担先天论的压力，因为它有义务将本来是客体单纯的可感性质的**所有**意识内容从自我中演绎出来。

总结

作为诸科学的科学，作为对关于存在者的形而上学的超越，《知识学》（1794）应当接过基础哲学（Fundamental-Philosophie）的任务。它以对最高原则的存在证明为开端，这个开端可以被视为典型的形而上学式的，而它同样是对于这个原则的本质的刻画：这个原则是进行设定的，或者说，进行生产活动的。第二个被自我生产的原则，与自我处在一种否定关系之中，对它的考察同时具有规定性-逻辑的和意识-理论的意义：我们应当引入范畴演绎的具体过程，阐明看上去独立的意识-对象（Bewußtsein-Gegenstand）在自我之中的来源。然而，正如我们已经看到的那样，依靠诸逻辑命题进行的自我与非我的存在证明是有缺陷的。此外，设定的概念也具有歧义。并且，无论在规定性-逻辑的意义上，还是在意识-理论的角度上，非我都没有完成它的目标，因为它既没有能够驯化非我与自我之间的矛盾，也没有在可分性概念中建构出一个综合。

费希特借助"规定性"这一主题把握了古代存在论的存在-原则（Seins-Prinzip），并尝试在未被规定的绝对者与否定的立场上更深刻地，即用唯心论的方式为这一原则奠基。在这里至少有这样一种努力跟随在一种被视为基础哲学式的形而上学之后：从最高的实存原则出发，阐明其他依赖于这个原则的存在者的普遍规定。与这一努力方向相关，自我——尽管是以一种隐秘的方式——分解为一个绝对的、未被规定的，因此也是超范畴的（transkategorial）自我，与另一个有限的、在可以用范畴来把握的关系之中迈向非我的自我。在规定性原则与充足根据律原则——在古典存在论看来，这是一般存在者的两个核心特征——发挥效用的范围之中，绝对自我被搁置了。

不过，这个通往以形而上学方式奠基的普遍存在学说的苗头只是一个插曲，正如我们关于先天综合、范畴学说和阻碍理论的阐释已经表明的那样。费希特的目的不在于某种普遍的或者特殊的存在论。他并没有将最普遍的存在者或者某一些特定的存在者——比如说实存的东西，当作研究主题，而是仅仅考察两个特定的实体，即自我与非我之间的关系。但他运用的概念却在关于实存的存在者的存在论中占有一席之地，尤其是机械作用的原因概念。这样，费希特就没有完成基础哲学的存在‐理论（seins-theoretisch）任务，也因为一个并非由自我所产生的、独立作用的要素，为自己招致了实在论的恶名。

注释：

[1] 费希特在§3的结尾这样写道："这样，我们的道路就被事情本身确定而牢固地规定了，我们可以预知，只要我们带着适当的注意力，在我们的道路上就不可能犯错。"（Ⅰ 115；*I*, *2*, *275*）在§4开头："一切属于知识学领域的东西，都必须从那个基本综合（第三原理）中发展出来。"（Ⅰ 123；*I*, *2*, *283*）

[2] 这个进程实际上只对前两个原理来说有效。第三原理并不先在于对应的形式逻辑规则，而是在规则后，因前两个原理已经能充分地将它建立起来了。

[3] "第一原理的绝对自我并不是某东西（它没有谓词，也不能有谓词）"（Ⅰ 109 f.；*I*, *2*, *271*）首先是对第二原理的否定，再加上第三原理的综合会得出这样的结果："两者都是某东西，非我是自我所不是的东西，反之亦然。"（同上）

[4] 参见黑格尔对科学的"开端的论述"（v. a. WdL Ⅰ 54 ed. Lasson）。

[5] 费希特尝试用努力的概念为康德的定言命令奠基——康德将它视作理性的事实，因此也无法推导。因此费希特得说明，从自我与要被克服的非我的关系中获得的实践概念，也同样可以完成对于道德性的奠基，而这种道德性也能被安置于人际关系的领域（zwischenmenschlicher Be-

reich）中。

［6］"这样对绝对因果性的要求必须原初地存在于自我之中，它借助必须要靠这个要求来解决的作为理智的自我和作为绝对本质的自我之间的矛盾而被呈现出来。因此，证明是以反证法的方式进行的，事实证明，如果我们不愿意假定对于绝对因果性的要求，那么我们必须放弃自我的同一性。"（Ⅰ 270f.；I，2，404）这一思想看上去是自相矛盾的。自我同一性被预设为持存的东西，以奠基它的要求——（尽管）这一要求最初并不是直接显明的。

［7］"这一要求还必须可以直接地、生成性地证明。它的有效性一定并不仅在于依靠更高的、没有它就会陷入矛盾的原则，还必须能从这个更高的原则本身**演绎**出来，如此我们可以发现，这样的要求是**如何**从人类精神中出现的。"（Ⅰ 271；I，2，404）

［8］"两种设定都是非我的影响的条件：如果没有第一种设定，那么就不会有可以被限定的自我的活动；如果没有第二种设定，这个活动就不会为了自我而被限定，自我只能将自身设定为受限的，否则就不能设定自身。"（Ⅰ 276；I，2，409）

［9］费希特在§1中就已经简短提及了自我本质上的反身性。"自我是为了自我的"（Ⅰ 97；I，2，260），在§4中，即自我是无限的时候，它也必须将自身规定为无限，并如此自身限制（参见 Ⅰ 214f.；I，2，358）。不过，这些文本出处彼此分离，在它们所处的语境关联中也没有产生什么后果。

［10］"第一次呈现是十分费力的，因为诸命题的可能性条件并没有按照自然的秩序被说明，反而被区分成了理论和实践的部分，因此，彼此直接交织的事情现在被远远地分开了。这样的事情不应该再发生。"（WL-NM 10）

［11］很难理解这里的矛盾是如何可能的，一个部分又是在哪里从另一个部分被推导出来的。

［12］鲍曼斯着重强调了两个关于自我的表述的区分，认为"对于自我来说，设定之中完全不存在'作为'；诚然，就绝对自我而言，说'为了'也没有任何意义"（1972，44）。克罗纳则认为自我概念的二重性对于

《知识学》(1794) 来说是"致命的"矛盾。(参见 Kroner，Ⅰ 507–513)

[13]"因此，知识学包含了绝对的总体性。其中，一可以通向一切，反之亦然。知识学是唯一的可以被完成的科学。因此，完满是它最卓越的特点。其他的科学都是无限的，也永远不可能完满；因为它们并不能再一次返回它们的原理。"(Ⅰ 59; *I*, *2*, *131*)

[14]"人类应当永远无穷地向本不可能达到的自由接近"(Ⅰ 117; *I*, *2*, *277*)，"这毋宁说是我们精神的一项任务……它只在彻底达到无限时才能完成"(Ⅰ 115; *I*, *2*, *278*)。"……直到绝对的统一体被生产出来；诚然，到时候我们就会知道，这个统一体只能通过完成向无限者的接近才能被生产出来，而这本身是不可能的。"(Ⅰ 115; *I*, *2*, *276*) 在原理部分和理论部分，已经有对自我的任务、努力和应当(Sollen)的预先刻画。不过，这些实际上全部属于实践部分的论述，并且基本上被封闭在相应的段落中。参见已经引用的文本，如Ⅰ 101，121，144，156；*I*，*2*，*263*，*281*，*301*，*310*。

[15]"一切都应当在自我之中被设定；自我应当直截了当地是独立的，而一切都应当依赖于自我。"(Ⅰ 260; *I*, *2*, *396*)

[16]"一切被完成的综合都应当在我们刚刚(见§3)说明的最高的综合中，可以从它发展出来。"(Ⅰ 114; *I*, *2*, *275*)

[17] 在上面引用的文段后，费希特接着说："因此，我们必须在通过它(即最高综合)所连接的自我和非我中——就它们被这个综合连接而言，找到剩下的对立标志，并且将它们通过一个新的关联根据联系起来——而这一根据也必然包含在所有关联根据中最高的那一个之中。"(Ⅰ 114f.; *I*, *2*, *275*) 到这里为止，线性的模式仍然占据主导地位，不过费希特接着写道，这个进程应当进展为普遍综合："只要我们能够，我们就必须将它继续下去；直到我们到达了不能继续完满统一的对立为止，我们也因此过渡到了实践部分的领域。"(Ⅰ 115; *I*, *2*, *275*) 不能通过这个普遍综合被统一的对立物，就不能存在。否则，这个综合就失去了效力。鲍曼斯并没有区分旨在为知识奠基的线性原则和"实践唯心论"。反而是实践唯心论为整个知识学展示了一个一以贯之的设想。不过，为了将第三原理纳入对应当的演绎中，鲍曼斯必须补足他对应当这一要素的论

述。他写道:"第三原理的表达必须被视作不完整的。第三原理更正确的形式应当是这样:自我在自身之中设定一个可分的非我与自我相对,而非我应当受限以至于无穷。"(Baumanns 1972,102)为了贯彻他的思想,鲍曼斯必须改变知识学的文本,这在我们看来,是区分属于第三原理的线性模式与取消这一原理的"实践唯心论"的根据。《知识学》(1794)显然**并非**是为"伦理人类学"(ethische Anthropologie)服务的。

[18] 比如Ⅰ143ff.,*I*,*2*,*300f.* 的注释中:"真正的、最高的、包含着所有其他课题的课题是:自我如何能直接对非我,或者非我如何能直接对自我产生作用。因为,它们毕竟应彼此完全对立。"(Ⅰ143;*I*,*2*,*300f.*)现在,费希特仅仅将§3和§4的综合视作应当放入自我和非我之间的单纯的中介环节:"它(即知识学)会不停进展,将中间环节塞进对立物之中,不过这样并不能彻底消解矛盾,而只能将它设定到更远的地方。"(同上)"这样,事情就会进展以至于无穷,除非通过理性的绝对命令……通过这样的命令:根本**不应当**存在非我,因为非我与自我不能用任何方式统一起来。这个绳结并没有被解开,反而是被斩断了。"(Ⅰ144;*I*,*2*,*301*)最后,考虑到实践自我:"因为我们追求的综合(对有限与无限自我的综合)是完全不可能的,那么一般而言的有限性就必须被扬弃。一切限制都应当消失,而无限自我作为唯一和一切,应当是唯一剩下来的东西。"(同上)按照我们的理解,这个注释(Ⅰ143-145;*I*,*2*,*300-302*)并非——如鲍曼斯说的那样——通过位于Ⅰ123;*I*,*2*,*283*的说明和基本综合的分析-综合发展达成了一致(参见Baumanns 1972,117)。它毋宁说表现了知识学的另一种设想,这种设想认为,原初综合最初是外在的。早期黑格尔对费希特的批判框架,尤其是在《费希特与谢林哲学体系的差别》(1801)和《信仰与知识》(1802)之中的内容,明显受到了谢林同一哲学的影响。这一批评尤其针对外在于绝对自我的第二原理,黑格尔认为,绝对者必须被把握为真正的"整体性"(Werke 2,55),因此自我和客体之间,绝对自我和有限自我之间,或者纯粹意识和经验意识之间就不应当出现对立。他在批评所谓的前两条原理之间不可避免的矛盾时这样写道:"不过,绝对者自身是同一与非同一的同一;对立与同一存在(Einssein)都在它之中。"(2,96)只有这样,绝对者的自身

呈现才能在体系中完成，而这正是费希特缺少的东西，因为到最后，他都没有能摆脱以外在方式附着于体系的第二原理，也因此停留在了应当和努力之中："自我＝自我是思辨的绝对原则，但这个同一并没有被体系指出；客观的自我并不同时就是主观的自我，两者绝对地保持彼此对立。自我并没有在它的设定或者现象之中发现自我；为了将自己发现为自我，自我必须消灭它的现象。自我的本质和它的设定并不能达成一致：**自我并不能自身成为客观的**。"（2，56）黑格尔以循环性为标准评判了知识学，但却没有赞同它的线性命题。我们能不能用黑格尔的总体性思想或者谢林的同一性计划更好地进行说明，这完全是令人怀疑的，但黑格尔确实做出了一系列相关的独立观察，比如说，对于绝对自我和可分自我［或者用黑格尔的话来说，"作为纯粹意识的自我＝自我"，和"经验自我＝自我＋非我"（2，58）］，或者说关于生产性想象力命题的借助实践能力的悬搁。（参见 2，61）

［19］鲍曼斯在§4 的 A–D 小节中看到了"非我回溯的进程"（1972，105），而这又为了努力的概念做好了准备。他认为，"费希特的先验-形而上学式的辩证……的线索在于交互作用这一范畴，而在因果性范畴中开始前进，在实体性范畴中获得它最初的成果"（1972，106）。这个解读将第三原理的"贯彻"向前推进了一步，不过它的麻烦在于，在已经使用"实践唯心论"的框架下来解释§4。但在我们看来，费希特分析-综合的方法不能被放置到"因果性"与"实体性"这一层次。

［20］费希特将它视作推理的拱顶石，少了它，整个知识学的建筑都无法成立："我们看到，正是威胁着要消灭人类知识的理论的可能性的处境，在这里成为我们能够建立这样一个理论的唯一条件。我们之前已经放弃解释我们如何可能把绝对对立的东西统一起来，而在这里我们看到，如果没有绝对对立的东西，要解释一般而言我们精神中被给予的东西就会是完全不可能的。因为如果不是绝对的对立物，如果不是要统一的东西对于自我的把握能力来说显得完全不合适的话，那么，那个一切被给予性依靠的能力即生产性的想象力，就根本不可能了。"（Ⅰ 226；*I*，*2*，*367*）

［21］费希特将这一能力描述为"神奇的"（Ⅰ 208；*I*，*2*，*353*），这表明了此处费希特奠基理论的尴尬状况。想象力和它的能力在没有相应

论证支持的时候就被假设了。费希特既没有在现象的意义上阐释这个能力,也没有将第三原理视作这一能力的保证,因为他之前已经取消了第三原理。

[22] 另一处文本这样写道:"精神停留在这个冲突(指要求统一对立物和对此无能为力之间的矛盾)中,在两极之间摆动;它在要求和满足它的不可能性之间摆动,并且在这种状况下,也只在这种状况下,同时把握两极。……在其中活跃的能力已经在之前被命名为'生产性的想象力'。"(Ⅰ 225;I, 2, 367)

[23] "这个自我在自身之中和自己的交互仿佛同时也处在与自身的冲突之中,因为它同时将自身设定为无限的和有限的。自我希望将不可统一的东西统一在一起,现在,它尝试着将无限者接纳到有限者的形式中去,之后被驱赶回去,又将无限者设定在这个有限者的形式之外,并且恰恰在这个时刻又尝试着将它再次接纳到有限性的形式之中,因此这个交互就这样再生产自身,这就是**想象力**。"(Ⅰ 215;I, 2, 359)

[24] 就像整个知识学最后的立场一样,鲍曼斯也认为生产性想象力缺乏根据,因为他将它视作"在表象问题域之内对于伦理学-人类学基本假设的反思"(1972, 118)。鲍曼斯认为,实践唯心论已经在理论部分发挥作用,克罗纳也将想象力理论视为理论知识学的中心。他认为,费希特正是在想象力之中预见了黑格尔的绝对唯心论。尽管赞扬了它,但克罗纳的论述却给出了再一次从理性的意义出发怀疑这一理论的动机:"在对于自我创造着的生产性想象力的思考中,费希特的知识学达到了自己真正的高峰与顶点:想象力应当是体系由以出发的绝对活动,它在自身之中统一了思想和行动,是活动着的思考,是思维着自身的行动,是思维着自身的生命。它是绝对的自由,又在创造中成为必然性(等等)。在想象力中,黑格尔后来称为精神的'自身运动'与'生命力'的东西已经被昭示了。"(Kroner Ⅰ 480f.)克罗纳将"理论知识的基础"又分为两部分,第一部分从理论原理出发,直到对直观这一事实的论证结束,在对生产性想象力的演绎中,它达到了自己的顶点;而第二部分则给出了对于意识的建构,并且与"表象的演绎"相关。在这样的区分之中,克罗纳忽视了范畴推导(§4的A-D小节)中的分析-综合方法的独立性:这一方法绝

不能与对想象力的演绎中的实在论-唯心论争论（§4 的 E 小节）相混淆。克罗纳阐释的缺点显而易见：他有意将理论部分直到想象力的开端的方法视作"纯粹辩证的实验"，以及"将对立东西统一起来的单纯理想的可能性"（Ⅰ 446f.）。这最多能够和 E 小节达成一致，但却不能和费希特自己所刻画的方法一致："这样，我们的道路就被事情本身确定而牢固地规定了，我们可以预知，只要带着适当的注意力，在我们的道路上就不可能犯错。"（Ⅰ 115；*I*, *2*, *275*）这里讨论的并不是某种实验。在范畴学说中没有考察"单纯理想的可能性"，也没有像在对实在论和唯心论的反思中否定它，而只是演绎出了自我的行动方式。

［25］凯伦·格洛伊给出了对于生产命题的批评。Karen Gloy, "Selbstbewußtsem als Prinzip des neuzeitlichen Selbstverständnisses. Seine Grundstruktur und seine Schwierigkeiten", in *Fichte Studien*：*Beiträge zur Geschichte und Systematik der Transzendentalphilosophie*, vol. 1, ed. Klaus Hammacher, Richard Schottky, Wolfgang H. Schrader（Amsterdam：Rodopi, 1990）, pp. 41－72, bes. 58－63.

［26］鲍曼斯给出了对于从逻辑命题出发推导绝对自我的批评，不过他也没有指出"设定"一词的双重意涵（1974, v. a. 162－186）。

［27］扬科写道："因为纯粹自我将自身作为自我'从无之中'生产出来，所以它存在。从自身而为了自身生成的自由，是它的开端和起点。"（74）

［28］参见如 Duns Scotus, *Tractatus de primo principio*, Kap Ⅱ, 1 Satz, ed. und trans. Wolfgang Kluxen（Darmstadt：Wissenschaftliche Buchgesellschaft, 1974）。斯宾诺莎在第一定义中写下，"我将自因理解为其本质包含存在的东西，或者说如果它不存在，它的本性就是不可理解的"（Per causam suam intelligo id, cujus essentia involvit existentiam, sive id, cujus natura non potset concipi, nisi existens），他自己也没有将"自因"（causa sui）理解为自身生产。Spinoza, *Ethik*（Lateinisch und deutsch）, trans. Jakob Stern（Stuttgart：Reclam, 1977）, p. 4. 对于自我生产这一命题的批评，也参见 Ernst Tugendhat, *Selbstbewußtsein und Selbstbestimmung*（Ffm：Suhrkamp, 1979）, pp. 63－64。

[29] 在拒绝自我"事实"的特征这一方面，我们可以在海德格尔的"此在"概念之中找到类似的东西。像费希特一样，海德格尔也将物的本质限定为"在手"（Vorhandensein）[Martin Heidegger, *Sein und Zeit*, §9 (Tübingen: Max Niemeyer Verlag, 1979), p. 42]。在海德格尔看来，费希特那里也有"'存在'对本质的优先地位"（§9, 43），因为自我——与所有仅仅是在手的东西对立——正是它生成自己所为的那个东西。但是，费希特自己则倾向于本质的优先地位，因为他不仅像胡塞尔一样，将"事实的必然性"（*Ideen* Ⅰ §46, 86）归于自我，认为它不能与自我分离，还将自身设定（Sich-selbst-setzen）的本质规定视为存在的根据。因此，费希特为绝对主体的论证与上帝存在论证明的距离要比现象学对主体性把握的距离更近，因为它并不是在自我事实性的存在中发现包含其中的本质，而是反过来，希望在本质之中奠定存在的事实。（与此相关也参见 Sartre, *Das Sein und das Nichts*, pp. 21 ff.）

[30] 在§5中，这就完全清楚了："自我要求，它在自身之中把握全部的实在性，并且充实无限性。这一要求的基础就是那个直截了当地被设定的、无限的自我的理念；这就是我们讨论过的**绝对**自我。[在这里，命题'自我直截了当地设定自身'这一命题的意义就完全清楚了。其中讨论的根本就不是在现实意识中被给予的自我，因为这个自我绝不可能是直截了当的，反之，它的状态总是要么直接地，要么间接地被某个在自我之外的存在奠定的。这个命题讨论的，毋宁说是自我的理念，它必然地，也必须被视为实践上无限要求的根据，不过这个要求是永远不能由我们的意识完成的，因此在意识中也就不会直接（尽管可以通过哲学反思间接地）出现。]"（Ⅰ 277; *I*, 2, 409）

[31] 在《新方法》中，费希特会更强调现象学意义，而非建构性意义，因为他将自身设定的可证明性视作唯心论对于实在论的方法论优势："唯心论者任意地在意识之中将一些出现的东西作为根据，而独断论者则将在一切意识之外要被思维的东西作为根据。"（WLNM 16）"唯心论者的原则在意识中出现，就此而言，它的哲学是内在的。"（WLNM 17）这一点与已经提及的对斯宾诺莎的批评相符，斯宾诺莎在意识的彼岸寻找它的统一体，某种"单纯地在一切意识之外被思维的东西"。如绝对自我说的

并不是意识-超越（bewußtseins-transzendentes）的原则，而是**我的**自我，那么与形而上学式的上帝概念的类比自然就被打破了。在对于"科学的开端"的反思中，黑格尔也提到了费希特的观点，即用自我来开端。（参见 WdL Ⅰ, 60 - 63）自我乍看上去尤其适合开端，因为它应当是某种"直接确定的东西"，并且是"在远高于其他表象的意义上为我们所熟知的东西"（Ⅰ 61）。不过，这个熟悉的自我实际上只关乎经验性的自我意识，而并不是知识学的纯粹自我。"但这样一来，这个纯粹的自我就**既不**是一个直接的自我，**也不**是我们的意识中通常熟知的那个自我，一个本应对每一个人而言都直接与科学联系起来的自我。"（Ⅰ 61）"那个纯粹自我按照其抽象的本质性而言，是普通意识根本不熟悉的某种东西，是普通意识在自身之内根本不能碰巧发现的东西。相应地，这里反而出现了一个坏处，即这样一个错觉，仿佛这里谈论的是某种熟知的东西，是经验意识的自我。"（Ⅰ 62）这里的批评并不涉及《知识学》（1794），因为费希特坚持认为，绝对自我并不是"在现实意识中被给予的自我"（WL Ⅰ 277; Ⅰ, 2, 409）。通过他将绝对自我证明为同一律的确定性根据的努力，费希特甚至满足了黑格尔式的要求，即不能被直接认识的自我的"必然性"，必须首先被"指出并呈现"（Ⅰ 61）。黑格尔的批评正在于费希特采用了"自我的确定性"这一遁词，无论是像《知识学》（1794）一样采用了论证式的证明那样，还是像《新方法》中，在意识到《知识学》（1794）的错误之后的阐述那样。因此，在《知识学》（1804）中有某种自我批评，这个批评和黑格尔的反对是一致的。费希特在这里认为，《知识学》（1804）比所有其他之前的知识学更清晰，因为它"不受拘束地"提出了准则，"所有的直接意识都不应当成立"（X 210f.; Ⅱ, 8, 238）。

［32］这是对斯宾诺莎的批判产生的间接后果："究竟是什么让他（即斯宾诺莎）可以跃出在经验意识中被给予的纯粹意识呢？"（Ⅰ 101; Ⅰ, 2, 263）

［33］黑格尔的批评认为，起初作为包揽性原则登场的自我，之后却在意识理论的意义上要求用一个意向对象来补足自己，也因此表明自己是有缺陷的，这是成问题的。（参见 2, 56, 以及 2, 398, 原文如下："这样，原则就扮演了双重角色，它一方面是绝对的，另一方面是直截了当地

有限的……")这种从原则的缺陷中推理出其他设定的演绎方式——黑格尔将它称作"从缺陷而来的认识"(2,400)——在这样的语境中被批评为本质上是经验性的,因为这个补足必须已经是事先已知的东西。(参见2,400 - 406)

[34] 在沃尔夫看来,是同一性命题反过来依赖矛盾律。参见 *Ontologia*,§55。

[35] 参见 Ontologia,§56 - §74。

[36] 不过在《知识学》(1794)§1 的另外一处文本写道:"如果自我仅仅因为设定自身而存在,那么它也只**对于进行设定的东西存在**,也只为存在的东西被设定下来——**自我为了自我而存在……自我只为了我存在,而对自我来说,自我必然存在**"(Ⅰ 97 f.;*I*,2,*260*)鲍曼斯批评了亨利希的说法,后者认为反思模型(§5)给出了对于绝对自我的更优刻画,并且暗示"对于自我来说,设定之中根本不存在'作为'(als);同样,考虑到绝对自我,谈论'为了'(für)也已经是无意义的"(1972,44),这段引文对于他来说是一个"解释困难"(interpretatorische Crux,1974,177),因为它与其他的表达有矛盾;在其他的表达中,费希特否认了自我的反身性。

[37] 通过自我部分地取消非我的同一性即可分性原则的含义,就这一命题而言,我们可以更清楚地了解《知识学》(1794)的种种方法构想。对于线性构想而言,可分性展示了一个成功的综合,它穷尽了它的内容。而非我如何被包含在自我之中,又如何摧毁了自我的同一性,以及非我的可能性条件,却没有被考虑到。另外,"实践唯心论"则关注对于自我同一性的取消,并且要求取消非我。但是,它并没有指出,如果没有这个同一性就不可能有非我为了自我而存在。只有想象力理论坚持这个洞见:在给定的前提下,对于自我而言,不可能有非我。但为了能够从自我和非我的关系之中给出对表象的生成演绎,想象力就会设定一种特殊的能力,实现这个不可能的东西。

[38] "这样,所有对立都被统一起来,又不会伤害意识的统一体。这好像是一次测试,证明了之前被建立起来的概念(即可分性)是正确的。"(Ⅰ 110;*I*,2,*271*)

［39］显而易见，这个分离是在实践部分对于"应当"的演绎的基础上的："就像自我被设定那样，一切实在性都是被设定的；一切都应当在自我之中被设定，自我应当直截了当地是独立的，而一切都应当依赖于自我。因此，客体与自我的一致成为一种要求，而绝对自我，正是因为它的绝对存在，就是要求这个一致的东西。"（Ⅰ 260；I, 2, 396）这个对于应当的建构只有在绝对自我向一个被限制了的自我发出要求时才有意义。不过，费希特同时也坚持自我的统一性，因此也给出了像是悖论的表述："只是**因为**，并仅仅**就**自我本身是绝对的而言，它有权绝对地进行设定；这种权利除了能设定它的绝对存在，并不能延展到其他东西上面。"（Ⅰ 260 注释；I, 2, 396 注释）通过它的绝对性，自我可以提出一个绝对的要求。要求的内容反过来又是自我的绝对性。因此，这种绝对性并不是先行的条件，也不能提出什么要求。这里出现了一个前后矛盾。绝对性的实现也是不可能的，因为绝对自我也只能占有**绝对设定**的权利，而非设定实现的权利。扬科参考之前引用的实践部分的段落解读了第一原理，但并不完全正确，他写道："绝对自身设定的前提应当存在。它的错误是，将自身设定为现实被给予的东西。本原行动既非现实的，也非不现实的，它应当无条件存在，但却最多能作为一个应当被达到的东西发挥作用。"（77）"神性在自由意志中作为应当而存在着"（78）。在费希特看来，自我的绝对性并不仅作为应当而"无条件存在"，即不仅是要求的内容，同时也是这个要求的根据。因此，本原行动不能是外在的，而必须已经在场。

［40］"论存在者的本质与实存，以及几个相关的探讨。"（"De Essentia et Existentia Entis agnatisque nonnullis Notionibus."）

［41］在黑格尔的《逻辑学》中也有类似的理解，按照这样的理解，存在者之下必然还存在着别的领域，因为它已经占据了某种规定性，这一规定性应当从无规定的东西出发被发展出来。"定在者"这一类概念，比如说"某物"（参见 WdL Ⅰ, 102），只有通过了不同的先前阶段（存在、无、变、定在、质）才能达到。

［42］在与黑格尔的《逻辑学》最初对"存在"这一概念的引入（参见 WdL. Ⅰ 66f., ed. Lasson）的比较中我们可以看出，存在这一概念之中规定性的缺乏以及相对的规定的充盈，后者是费希特的绝对自我——

尽管不需要否定——总是包含着的。

[43]"本质是这样的东西,它与物一起被认识,并且以这种方式充分地解释,为什么其他东西要么现实地在其中存在,要么可能在其中存在。"Essentia est id, quod primum de ente concipitur et in quo ratio contientur sufficiens, cur cetera vel actu insunt, vel inesse possunt. §168.

[44]"存在者借助本质而可能存在。"(Per essentiam ens possibile est. §153;也参见 §144)

[45] 这一要求无论如何都对自我和非我有效,它们应当被证明为被前两条原理直截了当地设定下来的。

[46] 汉斯·瓦格纳(Hans Wagner)基本上同意费希特的看法,他认为波菲利树必须能从一个绝对者出发,通过否定方法被建构出来。不过他批评了可分性原则,因为这个原则并不能解决最终规定性(Letztbestimmtheit)以及最终奠基(Letztbegründung)的问题。绝对者必须占据规定性,或者说自身创造规定性,才能奠基种属金字塔。而在费希特的第三原理中,非我只能与可受限的自我相对立,因此,绝对自我作为一个类是没有规定性的。瓦格纳认为,"绝对者不能保持为无对立的类,否则它就是无规定、不可规定、虚无的"[Hans Wagne, *Philosophie und Reflexion* (München: Reinhardt, 1980), p. 123]。值得注意的是,费希特在他的例子中并没有使用本质概念(比如说"金属"是"金"和"银"的本质概念)(参见 Ⅰ 118; *I*, 2, 278),而是在将规定性理论运用在知识学自己身上时,讨论了应当按照普遍性程度被分类的范畴:"**哪些**规定是更一般或者更具体的,**哪些**概念又因此是更高的或更低的,都会被知识学规定。一个概念借以从最高的概念中,即实在性概念中,推导出自身的中间概念越少,它就越高;(中间概念)越多,它就越低。"(Ⅰ 118f.; *I*, 2, 279)特别是在§4中,费希特由上至下,用演绎的方式建立了作为"交互规定"这一概念的下属概念的"实体性"和"因果性"。他也没有区分,或者说没有明确地区分本质概念与范畴。

[47] 两种对自我的刻画在二手文献中被详细地讨论了:比起单纯的自我设定,克罗纳明显偏爱自我的反思模型。后者对于自我概念来说是更充分的,因为它坚持自我关联是绝对主体性的本质性标志。他写道:"从

§5 的讨论中可以清楚地看到，自我的概念或者说理念，如果**不**反思自身，**不**是自身的意识，**不**是认识着自己的自我，那么它就根本无法承担自我这个名号。"（Ⅰ 508）而考虑到在实践部分中新的自我概念，克罗纳则限制了自己的说法："费希特并没有说清楚，知识学的思辨反思——在其中自我设定自身为被设定的——和实践反思——其中自我将自己努力的目标表述为追求自身的理念——的关系究竟是怎样的。"（Ⅰ 507）与之相反，鲍曼斯则批评了费希特新的自我概念，因为如果没有非我阻碍，反身性就会与"对于绝对自我、非我和反思的条件的其他学说处于矛盾之中"（1972，134）。诚然，我们正因为这个矛盾，才对新的反思理论产生兴趣，因为它可以被理解为一种尝试，想要在不依赖实在论的情况下解释自我的规定性。这个想法在反思生成（Reflexionsgenese §9）中发挥了作用，其中，自我除了反思，还借助"冲动""感受"等要素，通过一个"跳跃"，以"绝对的自发性"（Ⅰ 298；*I, 2, 427*）完成了第二个反思，而只有借助这第二个反思，我们才能从单纯的"生命"上升到"理智"。不过，新的反思理论在《知识学》（1794）中首先表明，在不借助实在论复合体的情况下，正如在文本Ⅰ 276；*I, 2, 409*（见正文）表述的那样，反思作为阻碍——它一直扮演着重要角色——的可能性被发展出来。扬科认可费希特对他自己的解读，并且将从第一原理到反思公式的过程视作一贯的进程。他写道："……从开端的本原行动（自我设定自身）的原理到绝对反思（自我将自身设定为设定着自身的）的最后命题构成了《知识学》（1794）的进程。"（80）扬科认为，反思公式包含了"……三个原理的统一体。这一命题包含了第一原理的绝对自身设定。作为被如此设定的设定活动，它在其中包含了对于非我的对设的可能性。并且，它也包含了'作为'，即自我实在性的可分性和规定性"（204）。这里可能的反驳是，第二原理不同于反思公式。它包含的是非我的现实性，而非可能性。并且，反思规定性的"作为"应当与第三原理的否定规定性被区分开来。另外，不同于鲍曼斯，扬科忽略了，在引入"作为"-公式（"Als"-Formel；自我将自身设定**为**设定着自身的。——译者注）**之前**，就已经发展出了一种反思理论，它与§5 的理论构成矛盾，因为它将阻碍预设为反思的可能性条件，而非相反。鲍曼斯对扬科的"一致性命题"的批评，见 Peter Baumanns, "Transzendentale Deduktion der Kategorien bei Kant und Fichte", in *Erneuerung der Transzendentalphilosophie*, ed. Hammacher und A. Mues (Stuttgart: frommann-holzboog, 1979), p. 70, Anm. 36。亨利希承认,"作为"-公式并非在1797年才在费希特思想中第一次出现,而是已经出现在《知识学》(1794)里了,不过在那里,这一公式并不是"整个知识学的基本公式"(1966,226)。我承认这一说法是正确的,但亨利希对此的说明并不恰切:"在其('作为'-公式)中,自我**应当**设定自身。这意味着,自我**尚**没有被自身设定。"(226)这个"应当"〔参见《知识学》(1794),274〕并不意味着对自我的要求,而是对于哲学家的提问:自我如何才能被充分理解?如果说自我是阻碍的可能性条件,那么自我必须已经在事实上用"作为"的方式设定了自身。

[48] 就此,费希特也在《知识学》(1794) §3 中将自己的理论与斯宾诺莎划界。尽管现在"一切规定性都是否定"(omnis determinatio est negatio) 被视作斯宾诺莎提出的命题,但康德却总把这个命题和莱布尼茨联系起来。不过,康德也"不顾所有新教徒的看法",将这种超验神学作为唯心论的巅峰归属于斯宾诺莎,因为上帝作为"一切存在者的单一本质"是不变的(Fortsch. A 127)。在《知识学》(1794) §1 的结尾,费希特也引入了所罗门·迈蒙(Salomo Maimon)关于"形而上学之进展"这一令人伤脑筋的问题的回答,因为那里指出,"莱布尼茨式的体系,如果发展完全,不是别的,正是斯宾诺莎主义"(Ⅰ 101;*I*, *2*, *264*)。但斯宾诺莎的根本错误在于,把纯粹意识,即绝对自我作为超越者设定到了上帝之中。"我还需要说明的是,如果人要超越**我存在**,就一定会走进斯宾诺莎主义!……并且,只有两个完全一贯的体系,一个是**批判的**、承认这个界限的体系,而另一个就是超越这个界限的**斯宾诺莎式的体系**。"(同上)

[49] 康德已经认为,为了寻找范畴,确定它们的秩序和完满,一个原则是必要的。在讨论他的范畴表时,他写道:"这种划分是系统地从一个共同的原则,亦即从判断的能力(这种能力与思维的能力相同)产生的,不是漫游诗人般地从对纯粹概念的一种碰运气完成的搜寻而产生的……搜寻这些基本概念,曾是亚里士多德的一项工作,这项工作是值得

一位敏锐的人士去做的。但是由于他没有任何原则（Principium），所以他像偶然遇到它们那样把它们捡拾起来……"（KrV B 106f.）如前所述，康德已经就此遭到了费希特的批评：他的原则，即对于判断形式的列举及其逻辑，并不能满足他的要求。这里也同样不能保障完满性，因为仍然可能存在其他判断形式。此外，概念之间的联系，即康德所谓的"系统性"（KrV B 109），也过于松散。对于四个三连体的分割——前两个是"数学的"，后两个是"物理学的"——以及一个单纯的观察，即每一组的第三个范畴都可以从前两个中推理出来（参见 KrV B 110），应当替换成一个演绎计划；依照它，所有范畴都应当可以互相推演。这就意味着要承担唯心论哲学的科学性要求。

[50] 扬科称赞了费希特对于同一性与实在性的阐释，因为这里不能发展出"存在与同一存在的确定关系"（90），逻辑同一律在面对"一个形而上学质疑，即被思考的和在思想中的东西，作为必然同一的，是否也是存在的"（90）这一命题时是孤立无援的。逻辑学只能说，**如果**某物是存在的，那么它与自身同一，不过费希特——我们这样解读扬科——却提出了完全相反的命题：如果某物与自己是同一的，那么它就是存在的（被设定的）。不过，值得注意的是，扬科在后文中完全在逻辑学的意义上回溯到了从同一性到实存的推理上，阐明了唯心论只应当讨论本质，而非讨论现实性，因为唯心论并不能将确定的东西确证为现实的东西。（参见 143f.）

[51] 鲍曼斯批评了费希特对于"实在性"以及与之相关的所有范畴的推演，因为这个推演依靠"自我的结构分析与自我的存在论之间边界的模糊"才得以完成（1979，73）。从"自我为了自我存在"这一结构性命题并不能推理出"自我原初地设定它自身的存在"这一生产命题，因此也并不能为"被生产"的"实在性"赋予意义。

[52] 费希特的方法的特征之一在于，朝向越来越多的规定性的运动发端于第三原理。第三原理本身并不给出对于实在性和否定性的进一步规定，而是初步引入规定性本身。黑格尔也会选择一个类似的方案。他也将规定性呈现为从作为无规定性的"存在"和"无"的交织（Zusammenspiel）中诞生的结果。在第二章"定在"中才达成了这样的结果："非存在

如此被纳入存在之内，于是构成了**规定性**本身，这样，具体的整体在形式上仍然是一个存在或一个直接的东西。"（WdL I 96；《逻辑学》的翻译，参考了黑格尔：《逻辑学》I，先刚译，北京：人民出版社，2019。——译者注）

［53］在这里非我也具有实在性，尽管在第二命题中它只能具有否定性。

［54］自我的"努力"被当作一个单独的概念演绎出来，但这个概念似乎并不是范畴规定。费希特似乎认为，范畴只存在于对存在物的理论态度中，在认识中，而非在实践中占据一席之地。

［55］费希特表示，这种对实体的理解接近于斯宾诺莎主义，他写道："原初只有唯一的实体，就是自我。一切可能的偶性，即一切可能的实在性，都在这个唯一实体中被设定了。"（Ⅰ 142；*I，2，300*）

［56］扬科出于有效性的理由，给予了《知识学》（1794）中的范畴学说肯定的评价，他写道："将范畴从自我中推导出来，意味着将它在单一存在中证明为存在规定。因此，自我构成了存在（客体）和思想（主体）的直接统一体，而范畴恰恰就是自我特定的、合规则的行动，这样，范畴就既是思想也是存在的样态。"（122）但特殊的存在只有自我和非我，范畴对其他对象的建构性功能仍有待说明。不过，"实体性"和"效用"两个概念在费希特的《基于理论能力考察的知识学特征的基础》（1795）中，被处理得可以用来建构物了，而这一点在《知识学》（1794）的相关部分（§6-§11）则完全被忽略。这里也不能看到，这些概念如何可以从自我，即自我与非我的关系的范围内被转移到对象世界里去。（参见Ⅰ 381-391，特别是 385-386）

［57］扬科给出了一个有趣的提示，他提出了关于在《知识学》（1794）范畴命题中未被提及模态范畴的问题。他认为，无论是自我的还是物体的"可能性"，即本质（essentia），都在自我之中，而它们的"现实性"则在于不可还原的阻碍（对于自我来说，参见知识学Ⅰ 279；*I，2，411*）。因此，模态范畴并不是从作为绝对主体的自我之中被推导出来的（参见 Ⅰ 99；*I，2，262*），而是从一个能够同时把握自我和阻碍的视角产生的。被奠基在自我中的范畴学说并不是充分的。如果我们分析费希特对于"偶然性"这一概念的运用——这一概念在黑格尔看来也属于范

畴，就可以对范畴学说做出补充。在费希特看来，存在两种偶然性。一种是自我通过自由构造的偶然性，它被感受为偶然的（参见 Ⅰ 379f.）。另一种是自我的原初"规定性"在"我们认识的单纯经验"中，或者说在"客体单纯可感的谓词中"也表现为"绝对偶然的东西"（参见 Ⅰ 489-490；*I*, *4*, *242*）。偶然的东西一方面是能回溯到自我的自由的东西，而另一方面恰恰也正是不能还原到自我的东西。后面这个偶然性的概念并不能从自我的建构活动中推出，因为它意味的正是非建构。因此，第一类偶然性保留在自我内部，而第二类偶然性则摧毁了第一种偶然性，也就反对范畴学说向自我的还原论。

[58] "因此，实在论和唯心论真正争论的问题是，我们在解释表象的时候应该采用哪条道路。"（Ⅰ 155f.；*I*, *2*, *310*）

[59] 鲍曼斯区分了在知识学内部各种处理矛盾的方法：其一，在分析-综合方法的框架中寻找对立标志（WL Ⅰ 123-124；*I*, *2*, *283*）；其二，借助中间环节对矛盾的进一步推移，不过这种方法却不能一劳永逸地完全消除矛盾（WL Ⅰ 143-145；*I*, *2*, *300-302*）；其三，在假设内部"剔除不合法和不可思维的东西"，以求最终发现"唯一能思维应当被思维的东西的方法"（Ⅰ 219；*I*, *2*, *362*；参见 Ⅰ 219-223；*I*, *2*, *362-366*），并用阻碍理论为对表象的演绎赢得可靠的出发点。鲍曼斯投入了大量的努力来调和这三个把握矛盾的方法，并引入了"实践唯心论"（参见 1972, 6.1, 88-118）。在我看来，第一种方法是推出其他行动的工具，不过它必须预设第三原理已经从根本上解决了矛盾。因此，这一辩证并不能被理解为"对矛盾的逐步限制"（Baumanns 1974, 100）。按照费希特自己的看法，第二种方法是对第一种方法的曲解，不过这种曲解应当使得对"实践唯心论"部分中的分析-综合模型的建构成为可能。而第三种方法，实际上——作为对可能性的充分运用，以达到"阻碍"这一答案——与前两种方法并无关联，因为它揭示了一种辩证过程，其运作方式并不具有什么系统性价值。

[60] 和在阻碍理论中一样，在对自我的刻画中也能发现实在哲学要素。为了论证扩展后的自我公式，费希特在§5中写道："自我直截了当地设定自身，就此而言，它的活动是向自身返回着的……在自我的本质中

没有别的，只有这个构成性的活动，这对我们每个人都是如此。"（Ⅰ 273；I, 2, 406）"它（自我），就它确定无疑是自我而言，应当仅仅在自身之中就包含着生命和意识的原则。"（Ⅰ 274；I, 2, 406）对于无生命的实体和有生命的、可以进行思考的实体的实在哲学区分在这里是一个背景性前提。反思的历史（§8-§9）说明了，自我从无生命的阶段，经过有生命的存在（参见Ⅰ 296；I, 2, 425），到达理智（Ⅰ 298；I, 2, 427），进而达到最高实体类别的过程。关于阻碍理论和知识学原理部分的关系的问题，有趣的是，第一原理中设定自身的自我被放入实体等级之中，放到了一个单纯物体性的等级上。这样，最初被当作一切存在与意识的原则引入的自我，就变成更低等的、必须被超越的东西。看上去，随着自我公式的扩展，最初基础哲学的普遍原则也变成实在哲学的原则。

[61] 想要将表象理论与实践联系起来的努力，可以在一处文本中找到另一个版本：它跟随对作为自我和非我完满统一之工具的想象力的阐释，并且应当说明，为什么在表象理论结束之后，我们还会需要实践部分。费希特写道："为了解释表象而假设的阻碍借助什么，又如何作用在自我身上？这一问题不需要在这里被回答，因为它超出了知识学理论部分的边界。"（Ⅰ 218；I, 2, 361）费希特的目的在于把自我公式扩展为"自我自身之中的外来影响……的可能性条件"（Ⅰ 271；I, 2, 405）。不过，这只涉及自我的一种分化。"外来影响"的事实——实在论的污点——并没有被消除。

[62] 黑格尔已经在《信仰与知识》之中提出了这样的批评：知识学部分是实在论的，因为它并不能完全将非我吸纳到自我之中（参见 2, 394）。他认为，这个缺陷明显地出现在费希特对于物体世界的演绎中（§6-§11）："……实在性的多样性显现为一种不可把握的、原初的规定性和经验的必然性。"（2, 396）"……最有趣的侧面属于客观世界，它的实在性尚未被澄清。"（2, 395）在这里，鲍曼斯也认同黑格尔的批评（参见 1972, 85）。总体而言，黑格尔并没有批评费希特用唯心论的方式思考，而是批评其唯心论——尽管具有值得认同的目标——没有完全实现形而上学目标。因为非我和阻碍的不可还原性，在费希特的理论中，"存在"仍处在"无限者，自我和思想之外"，并且具有独立的实存。与此相

反，在彻底的唯心论中，这个"存在"会度过"思辨的受难日"，因为它会（作为独立的东西）"沉入"思想，又在思想中"复活"（参见 2, 432‑433）。鲍曼斯忽略了在费希特唯心论计划下的阻碍学说，认为费希特并没有达成"将独断论从它的最后一个藏身之处赶出来"（1972, 84）这一目标。鲍曼斯写道："费希特声称已经把康德的认识批判借助演绎拓展到对康德来说不能演绎的东西上，这一宣称是值得怀疑的，因为在'感觉的生成'这一问题域中，知识学也必须承认，存在一个绝对的、借助'形式性'无法阐释的被给予物，一种超验的偶然性。"（1972, 84）扬科把在阻碍理论中表述的"定在与实存或者现实性的不可推导性"视作"在先验唯心论框架下的循环问题"（144）。不过，他肯定这一理论，并且回应了这样的批评：费希特希望（与康德不同）消除我思对独立存在物的依赖性。这一批评本身虽然中肯，但却并不关费希特什么事："对‑象（Gegen-Stand）只有就其本质（essentia）和等级来说才被自我的范畴能力规定；与此不同，按照它的纯粹对立物（reiner Dawider），即按照它的现实性（existentia）来说，它是被阻碍规定的。"（143）因此，只有本质是唯心论的辖区，现实性则不是；唯心论并不能将确定的东西确证为现实的东西（参见 143‑144）。虽然这种解释与阻碍理论相当亲和，但扬科并不认为，这里并没有形成一个费希特不断否认的物自体。扬科在引证费希特的信念，即尽管知识学是实在论，但应当保持为先验的时候，他也怀疑阻碍思想是否破坏了形而上学唯心论的计划。

［63］"……（关联在感受上的）物体的诸内在规定不是别的，正是失望与满足的程度。"（Ⅰ 325；*I, 2, 448*）

［64］对于萨特立场的阐释和判断主要是依照 Klaus Hartmann, *Die Philosophie J. -P. Sartres. Zwei Untersuchungen zu L'être Et Le Néant und zur Critique de la raison dialectique*（Berlin：De Gruyter, 1983），bes. pp. 37‑41。

［65］W. 克拉默（W. Cramer）也认为，因为现象学还原，胡塞尔错过了"先验问题"，即自我如何能理解超越物的问题。参见 Wolfgang Cramer, *Grundlegung einer Theorie des Geistes*（Ffm：Klostermann, 1975），p. 64。

［66］在费希特看来情况相反："我们在自身之中看到一切，我们只在自我中观看。"（WLNM §4, 54）

第三章 《新方法》（1798—1799）——对存在的演绎

在"全部知识学的基础"（1794—1795）那些讲座之后，"知识学新方法"（1798—1799）那些讲座之前[1]，费希特在大约两年时间内，不仅在内容上，更是在方法上大刀阔斧地改动了他的哲学，以至于很难一眼看出哲学上的连续性。虽然《知识学》（1794）通常被视为费希特的主要著作，原因是费希特最初只将这版《知识学》付梓，但必须注意到的是，这版《知识学》只代表了费希特思想的一个非常短暂的时期。

《新方法》与《知识学》（1794）最重要的一个区别是，关于非我的说法发生了根本性的变化。如果说在最初的知识学中，由于受到实在论残余的影响，非我至少部分地具有独立性，而这与费希特自己的唯心论意图是相悖的，《新方法》则与唯心论趋同，将获得"存在"之名的非我把握为自我的纯粹产物。现在自我与"存在"之间的关系被详尽地主题化了，并且被规定成一种根据-结果的关系。在《新方法》中存在着一门突出的唯心论形而上学，它试图将"存在"把握为行动着的主体性的产物。

主体性的特殊行动就是自身规定。费希特认为，主体性的本质在于为了自身而存在（für sich zu sein），也就是将自身理解为自身所是。这种自身规定所依循的逻辑使得存在能够被视为自我的派生物（Prinzipiat）。在最初的知识学中，反思的被规定状态（Reflexionsbestimmtheit）只被简略提及，但在新方法中却成了核心思想。

在《新方法》中，费希特也表明自己是一位形而上学家，他试图论证一个最高本原/原则（Prinzip）的实存，并规定它的本质，用它为存在学说奠基。很显然，这里存在着一个两级模式，在"存在"之上安置了一个作为本原的"超存在"（Übersein），"存在"的各种规定性要从"超存在"出发得到解释。

费希特用一个哲学史上老生常谈的术语来表明本原的基本特征：自我是"理智直观"。我们首先会对《新方法》的结构和主题进行一个概览，随后会更具体地讨论"理智直观"的构想，因为这一构想囊括了费希特关于进行自身规定并派生出存在的自我的理论。在这之后我们会分析并评价"对存在的演绎"。目的并不仅在于将关于存在的形而上学论说与存在论论说对立起来，毋宁说必须要让费希特的形而上学经受内在的一致性检验。

一、结构与主题

1. 自我的框架结构

《新方法》包含两篇基础性的导论，分成长度不一的 19 节。费希特没有再次采用《知识学》（1794）中的那种大纲来划分段落，而是跟随思想的进展做出段落的划分。

在§1 中，费希特将自我揭示为"主体-客体"以及"直接意识"（31 等，多处）。"直接意识"是"应当为其他所有东西奠基的第一根据，如果我们的认识活动应当有一个根据，那就必须推进到这个第一根据"（31）。主体-客体-统一体涉及的是自我的一种行动，也就是设定自身。与《知识学》（1794）不同的是，费希特放弃为了本原的合理性而去证明这个本原是一个明证的逻辑命题的根据，而是选择了一条似乎是现象学式的、基于自我观察的路径，来确保本原的实存及本质。

> 如果一个人思考自我这个概念，就会思考他自己……通过思考这一概念，他就会发觉他是如何做到这种思考的。（28－29）

我们应当在后面研究这条新的路径。不管怎样，通过撤销逻辑性的引入方式，费希特消除了《知识学》（1794）的一个薄弱环节。

费希特还消除了另一个方法上的模糊之处，为此他在§1 中就强调了自我的自反性（Reflexivität）。他这样写道：

> 我们必须认识这一最终根据（直接的自我意识）……自我作为

主体-客体的纯粹直观是可能的，这种直观不具有任何感性材料，因此它可以被正确地称为：**理智直观**。(31)

在对自身设定（Sich-selbst-setzen）活动的认识中，"（人）设定自身为进行自身设定的"(34)，这一说法援引自《知识学》(1794)中的反思公式。我们先前已经批评过《知识学》(1794)在结构上的分裂问题，其后果是费希特直到§5才引入反思公式，在更基础性的理论部分只使用了自身设定的自我概念，但实际上已经预设了反思公式。这导致了实践部分和原理部分之间的冲突。费希特解决这个问题的方式是在《新方法》的开端就坚决地摆出自反的自我。《新方法》的本原不再是自身设定的自我，而是设定自身为自身设定的自我。

在§2中，费希特从自我的自反性中发展出了一套规定性理论，用来解释非我的生成。他这样写道：

> 如果自我还应当成为自己意识的对象，那么一个非我就必须被设定。(38)

在《知识学》(1794)中，费希特就已经使用了这一想法，即自反性包含了规定性。自我将自身设定**为**自身设定的同时，也将自身设定为某种被规定的东西，并且把这种规定性的对立面排除在外。费希特认为：

> 如果没有一种自身不设定同时被设定下来，自身设定就是不可理解的……如果不同时思考他的对立面，人就没有在进行明确的思考，也不可能进行任何明确的思考……因此，人在思考自我的设定的同时，还必须思考自我的不设定。(37)

由此他得出：

> 与自我应当被设定同样明确的是，非我也必须被共同设定下来。非我的特征直接来自这组对立；因为自我用以产生非我的那种活动，是唯一可以赋予非我特征的工具。(37)

借助这套规定性理论，费希特将自反性中的非我奠基为自我的本质标志（Wesensmerkmal）：

> 如果自我还应当成为自身意识的对象，那么一个非我就必须被设定。(38)

这一套非我的理论与《知识学》（1794）的差别是显而易见的。在早期知识学中，第二原理部分地是无条件的，非我最终获得了一种不可进一步推演的事实性，但在《新方法》中，非我可以被完全地归因于自我的内在结构。费希特自己也对这一变化有过主题化的表述：

> 现在这一节中（《新方法》，§2），纲要［《知识学》（1794）］中的路径被彻底颠转了。那里［《知识学》（1794）］的出发点是非我的对设，而且非我被预设为**绝对的**（§2）。规定活动是从对设中推演出来的（§3）。(44)

> §3现在变成§2，反之亦然。关于非我，我再次采用了另一条道路，非我不是被直接预设的，而是被间接预设的。(44)

> 但在这里我们不是从非我中得出限制，相反，非我是从自我的受限状态中得出的。(73)

在《知识学》（1794）中，（受限的）自我以及非我的规定性是从非我的对设（§2）中推演而来的（§3），现在的情况下则相反，对立的必然性是从自我的本质规定性中得出的。不再是否定产生规定，而是自身-规定（Selbst-Determination）含有否定。非我不再是本原，而是规定性的后果。将自反的自我安置在《新方法》的开端令第二、第三原理的顺序得以颠转。费希特表示这两条路径都是正确和可能的，这使得新举措的意义被降低了。但实际上这一转变给整个知识学带来了两个重要的结果：

其一，第二原理和第一原理的连接曾经是松散的，只是被思维规则（principia cognoscendi）的引导作用激发，现在则被一种演绎关系替代。知识学的基础由此失去了其最初版本所具有的强烈的引理特征。

其二，对新的知识学计划来说，更加重要的是下面这点。费希特认为，通过将非我固定在自我的自身反思之中，非我不再能够作为一个环节具有独立的实存。这种具有独立性的环节体现在关于阻碍的理论中，阻碍是不可回溯到自我之中的。在新方法中，这一整套实在论的思想都可以被省去。如果自我本质上就是自反的，那么就不再需要阻碍来解释自我的自反性。这样一来唯心论就完整了。关于阻碍的学说也不能抵挡这样一种批评，即凡是设置超验层级的就是实在论者。"批判的唯心论"计划和"实在-唯心论"一样过时了。

既然非我的独立性已经被取消了，那么也就不必再预设对它本身的取消。非我对自我来说不再是异在的。与此同时，"实践的唯心论"连同其中关于"向着无限的逼近""无法满足的努力""应当"的理论都沦为多余了，后者始终要求一个根据。因此在《新方法》中不再存在这套"实践的唯心论"。[2]

按照应对自我和非我的统一性问题的各种解答方法，我们区分了《知识学》（1794）中各种不同的论证路线。"实践唯心论"的路线将两者解释为不可统一的，因此非我必须被消灭。关于想象力的理论也是从不可统一性出发的，但它宣称想象力能够将不可统一之物统一起来。理论科学的线性路线用第三原理建立起自我与非我的普遍-综合（General-Synthesis），通过进一步发现种种特殊的综合，这一普遍综合的内容必须被穷尽。关于非我的新理论得以取消不可统一主张，同时被取消的还有"实践的唯心论"以及具有先前功能的想象力理论。[3]第三原理的综合被迁入反思的自我之中，并且被自我解释。自身反思的自我**是**自我与非我的统一体。通过自身反思，即一种自身规定，综合被实施并得到保证。凭借这一方式，费希特不仅消除了初版《知识学》中§1与§5之间的冲突，也消除了第一原理与第三原理之间的冲突，因为对"实践的唯心论"来说纯粹自我是最高原理，但对科学的奠基而言，第三原理及其综合才是最高原理。

在《新方法》的§3中，费希特将反思阐释为"绝对自由"的行动（47），自我通过反思来规定自身，费希特也谈到了"自感"（Selbstaffection）（49；52）。自我自身通过一些活动成为对象，这些活动的根据"就在自身之中"（46）。这种自身规定的行动不仅产生了"现实的意识"（46），也产生了非我，因此费希特可以这样宣称：

> 因此自由是全部存在和全部意识的首要根据和首要条件。（46）

这种自由的行动展现为一个实在的活动，但它必须伴随着一个观念的活动，后者是对前者的模仿，原因是：

> 自我规定自身，但它之所以规定自身是因为它已经拥有自我；那个应当规定自身的东西，必须已经拥有了自己。（§4，53）

在自由的行动中自我是实践的，在自我将自身直观为行动着的自我时，自我就是理智。自身规定的行为是指向自我的[4]，因此在这个行为中理智和自由必然是"原初综合统一的"（53）。[5]统一性体现在自我通过绝对自由将自身规定"为某物"（zu etwas），也就是说，它必须拥有它将要建立起来的规定性的一个概念。这是一个目的概念。[6]

自我的自由行动导致了从可规定性向规定性的过渡，费希特称之为"选择"。从所有可能的规定性的总和，即可规定的东西之中，自我选出一个规定加以现实化。[7]费希特在这个过程中看到了模态概念的起源：

> 所有现实的和可能的只有在与自我的行动的关系之中才是现实和可能的。（60）

在选择规定性时，自身规定这一行动是绝对自由的。如果种种可规定东西不是它自己产生的，而是向它呈现为"以供选择"（57）的[8]，那么它就是"受限制的"。

可以这样说，费希特在《新方法》的前五节进行了一项基础工作。通过对自我作为自反的主体-客体-统一体的存在性证明，通过将必然的自反性（自反性本身可以被理解为自由的行动）解释为规定性根据，《新方法》的框架得以确立。剩下有待填充的是内容。为此费希特发展出了一种在《知识学》（1794）中并没有对应项的方法。

2. 自身规定的可能性条件

在确保了自身设定的自反性及其最重要的推论之后，费希特追问它们的可能性条件。在《新方法》的第二个导论中就谈到了一种方法：

> 我们必须证明，如果自我不去设定其他一些东西的话，它是不能设定自身的。（21）

然后费希特更详细地回顾了前五节的结论：

> 从现在开始我们必须说明至今为止提出的可能性，并且完整地列举这一可能性的全部条件。我们已经具有了势在必得的明确目标，已经看到了完美终结的样子。只要我们能够理解到，自我将自身设定为被自身设定的，我们的体系就完结了……（63-64）

对自我的"把握"分为两个步骤。第一步要说明，为了自我能够自由地设定自身为自身设定的，**哪些**条件是必须给出的。这一步发生在§6-§12。第二步则要在反思结构内部重新建构这些条件之间的交互关系，目的是达到对自我的理解。这一努力体现在§13-§19。

首先谈第一步：反思的诸多可能性条件是否被满足，并不是这里要解决的问题。在费希特看来，自我可以被证明是现实实存的、自反的。因此，我们已经确保反思的诸多条件被满足了。那么首先要做的是去发现这些条件，并且将它们"完整列举"。我们在这里粗略地概述一下费希特在§6-§12中谈及的自反性条件。

费希特重新接纳了《知识学》（1794）的§6-§11中的一些主题，并将它们融合到新的方法论中。至于《知识学》（1794）和《新方法》在处理这一主题方式上的差别，费希特是这样解释的：

> 在这里现在是从意识的直接对象，从自由出发来建立它们自身的条件。自由的行动是我们的研究中最本质性的东西。在先前的处理［《知识学》（1794）］中，自由的行动、努力和冲动只是被用作表象和理智的解释根据，而它们才是先前研究的主要目的。（72）

在《知识学》（1794）的§6-§11中，自由的行动是对方法论准则的奠基：所有自我所是的东西，都必须为了自我而存在。这一准则最终依赖于以下这个论点，即自我不仅设定自身，而且必须设定自身为进行自身设定的。《新方法》指出，这就是自由的行动。通过这一方法论准则的运用，费希特演绎出了"感觉"以及种种对象的规定性，比如"质料性"（Stofflichkeit）、"空间性"（Räumlichkeit）、"质的差异"等等。但在《新方法》中，费希特反而从反思的自由行动出发，这样他便可以将对象的规定性呈现为这一行动的可能性条件。因此他可以这样说：

在当下的行动中存在着实践的直接对象，理论的对象是从这一对象中推出的。(72)

在《新方法》的§6，也就是自由的活动所在的那一节中，费希特认为必须讨论"被抑制的活动"(66)。"被抑制的活动"被称为"冲动"，它作为一种"生产着自身的努力"——因为活动在现实的进程中受阻——获得了"存在的特征"(66)。费希特认为，"没有什么能无意识地存在于自我之中"(67)，因此冲动也必须被意识到，结果是一方面产生了"感觉"(68)，也就是对受限状态和有规定状态的意识；另一方面相应地产生了对"可感"东西的思想，它被设定为"物质"(69)，而物质必须是多样的，因为物质据说是选择的对象。[9] 自由选择的思想要求感觉的多样性，但个别的感觉是不可推演的：

感觉的多样性不能被**演绎**，也不能从更高的东西中被推演出来，因为这里我们立足界限之上。多样性是连同自由一同被预设的。(69)

在《第二导论》中费希特也提出了这个与《知识学》(1794)相对立的论点，即感觉是不能从自我中被演绎出来的。在那里他提到了自我的一种"原初受限状态"(Ⅰ 489；I, 4, 242)，它是自我的自身设定的条件。一个自我只有在其受限状态的条件下才是可能的。这种受限状态是"完全被规定的"，其规定性就如受限状态本身一样是不能从自我之中被推演出来的。费希特认为，这些规定性显现为"绝对偶然之物"，并且提供了"我们知识中的**单纯经验性的东西**"(同上)，例如，作为人并且是一个特定的人。对受限状态的知觉规定性出现在感觉中，例如通过"对甜的东西、红色的东西、冷的东西的感觉，诸如此类"(Ⅰ 490；I, 4, 243)。"对象的单纯感受性谓词"反映出，受限状态的规定性是不可推演的。这些规定性以及相应的感觉应当被视为"**先天的**，也就是完全没有在我们的主动行动下被规定的；它（即规定性）就是康德所说的**接受性**，其中某个特殊的规定对他（即康德）来说就是一个**感受**"(同上)。

在《第二导论》中费希特也只承认了感受性谓词的**偶然性**。他认为："所有先验的解释（也就是从自我出发给出的解释）都止于直接的感觉。"

（Ⅰ490；*I*，*4*，*243*）在这种偶然性中，费希特并没有看到任何对超越之物的暗示，反而对那些将偶然性解释为物自体的后果的康德主义者展开了新一轮攻击，物自体仍然只是自我的组成物，只是现象。

与《知识学》（1794）不同的是，费希特承认感觉中的质（Gefühlsqualitäten）是不可还原的，同时也避免将感觉中的质与超越的思想绑定在一起，避免用它们来表达某种自在存在者的规定性。因此他在《新方法》的§6修正了《知识学》（1794）中对"阻碍点"（Ⅰ277；§5；*I*，*2*，*409*）以及"异在者"（Ⅰ278；*I*，*2*，*410*）的论说方式，那种实在论论述将异在者论述为自我意识的可能性条件，他所做的修正可以参见下面的引文：

> 这里并没有讨论阻碍和非我，而是讨论了束缚（Gebundenheit）。（73）

"束缚"这个术语对费希特而言是更有利的，因为一旦感觉中的质的不可推演性被承认，就很容易把它把握为一个施加影响的（affizierend）实体的自在的规定性。

如果在感觉中存在着某个杂多，应当通过目的概念从这个杂多中进行选择，那么按照费希特的说法，直观和概念就必须能够通达这个杂多。当受限状态的感觉被直观时，就产生了外部对象的理念。这就是自我必定在认识活动中走出自身的原因。但这在费希特看来是一种错误的观点，他认为：

> 对象并没有被感觉到；它只有在我进行直观时才存在，在直观活动中我感觉到自己。（§7，84）[10]

费希特进一步将"把握"解释为对直观进行的自由反思（§8；§9），与此同时也产生了下述观点，即有一种"无须自我的主动行为"就已经存在的物以及对这个物的表象（107）。除此之外，自我概念和非我概念的起源也得到了阐明。

在自由的自身规定行动中，自我的行为必须成为直观的对象。纯粹的活动（Agilität）被图示化为直线，但这条直线并不沿一个特定的方向，而是在所有方向上前进，由此就产生了空间，诸对象就身处这个空间之中（§10）。只有存在一个绝对的基准点时，一个对象在空间之中的位置规定才是可能的。这个基准点是已经成为物质的自我，也就是身体（§11）的位置。所有的位置规定都可以按照与身体位置的距离来被量定。[11]

只有当人认识到力的表象时，对所花费的力的量定才是可能的。这源自对意愿的，以及与意愿联系在一起的因果性的意识。尤其最初是作为对"内在的力"的表象，之后它被转换为感官性的、对"物理性的力"的表象，这个力在一个"时间序列中延展"（134），并且通过意愿对感觉能力施加的因果性被带入一种依附关系中（§12）。

3. 自我意识的建构

§13展开了"把握"的第二步，"自我将自身设定为通过自身被设定的……"（64），也就是将之前已经推演出的可能性条件作为材料[12]来进行意识建构。由于持续不断的预先说明和旁敲侧击，思路已经变得相当混乱，其中最主要的是以下内容：被称为自身规定的可能性条件的除了绝对自由（§3），还有规定性和束缚（§4；§5）。费希特思考的是如何将"自由和受限状态统一起来"（139），也就是综合起来。费希特认为两者的统一在于"纯粹意愿"，同时也是"定言命令"（143）：

> 我们在定言的要求中发现，自由和受限状态是原初统一的；如果要解释意识，那么就必须接受这个要求。自由是因为意识应当开始，受限状态是因为不应当超出特定的范围。（143）
>
> 纯粹的意愿就是定言**命令**。（143）[13]

这个定言命令是第一个"综合的概念"（141）。

因此在定言命令中，自身规定的可能性条件本应当被满足。定言命令既包含绝对自由，也包含规定性。费希特表示："没有纯粹意愿作为前提，意识是不可能的"（145）；或者，"纯粹意志的规定性是所有意识的解释根据"（151）。这种纯粹的意愿是自由行动的真正形态，是"所有存在和意识的第一根据和第一条件"（46）。按照费希特所言，存在奠基于意愿之中。[14]

费希特引入了超感性事物（也就是理智的东西）和感性事物（也就是经验性的东西）之间的区分，在《新方法》之前，这个区分还没有什么重要性，但它在未来具有重要意义。费希特否认一个在自我之外持续存在的世界，因此他不能将感性解释为接受外部给予性的能力。毋宁说他提供了一种新的理论，将感性事物解释为理智的衍生物（Derivat），一种通过内在于自我的转化过程被构建出来的衍生物。感性事物的决定性特征是我们思维的推理性（Diskursivität）。按照这一特征，我们必须在所有"被规定物"之前预设一个"可被规定物"，后者具有"客观性的特征"并且显现为"被发现的，被给予的，无须我们的行动就在手的"（147）。理智的世界位于推理性的彼岸。[15]但通过将推理性的思维应用在理智世界上，它就会被转化为感性世界。费希特认为，"批判的唯心论的基本原理是从理智东西出发"（150），去解释感性事物。"感性只是感性化，不是原初的东西。"（173）这样的理智的东西是通过"纯粹意愿"被发现的，纯粹意愿是"所有意识的解释根据"（151）。[16]

在费希特那里，除了将超感性事物感性化的面向，还存在着第二种可能的面向，也就是纯粹思维。[17]当费希特说"自由的行动"成为"意识的对象"（107-108），或者"纯粹意志"是"所有意识和反思的直接客体"（166）时，他首先想说的是超感性事物的感性化。[18]费希特在§13-§16中讨论了对纯粹意志的反思及其结论。但在§17中，他又在"综合的思想"这一标题之下借助"单纯的纯粹思维"（261）讨论了意愿的非感性化的面向。意愿是"存在和思维的同一"，也就是自由和受限状态的统一。但这个同一必须成为**为了**自我的[19]，这在"综合的思想"中是作为"理智直观"（184）发生的。

为了使从理智的东西中推出感性事物的观点能够成立，必须回答的一个问题是："纯粹的意愿如何成为经验的意愿？"（§14，152）费希特认为，这是通过自我的自身反思发生的，自身反思同时也是一种自身**规定**和感性化。[20]自我把握自身，这里存在着自我的自由。但是自我只能"逐渐"，也就是一步一步地做到这件事，这就是经验的本质（参见157）。费希特也将反思描述为"纯粹意愿和原初受限状态的综合"[21]（163）。意志

的原初受限状态又必然是为了我而存在的,并意味着:

> 对我而言有一个限制自身意志的任务。在经验意识中对这一任务的特殊表达无非是这样一个概念,即要求一种特定的自身限制……(§15,172)

这个要求自身限制的概念就是次一级的定言命令,也就是对最高责任的表述。

从另一个方面来看,自身限制的任务也可以被视为"对一种自由活动的要求",它并不显现为"来自个人的,而是来自我们之外的理性"(§16,178)。费希特关于个体性和主体间性的理论就置于此。在§13中就已经有这种关于纯粹意志的规定性的说法:

> 这种纯粹意志是某种单纯的理智的东西,但当它……被思考时,它就被纳入一般的思维形式,成为一个特定的东西而不是可被规定的东西。因此自我就成了这一意志的主体、一个**个体**,对意志而言可规定的东西对我就成了理性存在者的王国。(152)

费希特的这套规定性理论不仅服务于对非我的推演,而且也是一条个体化原则。通过对纯粹意志的反思产生了个体,也就是一个"作为个人的自身性概念(Begriff der Selbstheit als Person)"(177),与之相对的是作为理性存在者的王国的"众多纯粹精神性东西"(149)。通过反思对纯粹意志做出的限制使得个体性从理性中产生出来。这种限制对个体自身而言意味着"对自由活动的要求",这个活动来自"另一个与我相同的理性存在者"(177)。[22]

在§4中费希特已经解释过了,自由的反思以目的概念为前提。现在他运用主体间性理论来回答目的概念的来源:

> 目的是在要求中被给予我们的,因此个体性的理性不能解释自身……因为如果在个体自身之内不存在缺陷,那么如何解释外在于它的其他理性存在呢?(177)

无论是表达了定言命令的自身限制的任务(§15),还是通过其他理性存在对自由行动做出的要求，它们都是纯粹意志在反思中所经历的原初受限状态**为了**自我而存在的不同方式（§14）。

附释：关于费希特的《自然法权基础》（1796）和《伦理学体系》（1798）

每一个理性个体都依赖于其他理性存在者所提出的要求。这一观念为费希特《自然法权基础》（1796）中的法权概念提供了基础，并且在他的《伦理学体系》（1798）中为某些伦理规范提供了基础。知识学与伦理学、法权的关系基本上就是普遍者与特殊者之间的关系。伦理学和法权学说都是特殊的知识学，它们将普遍的知识学中推演出的一些命题进一步特殊化。因此这两部著作都在开端处对普遍的知识学进行了概述，将其引向各自原则的演绎。两本著作的这个部分都包含了前两个主要章节。这个部分之后是各门科学的专属内容（Proprium），即一门"严格意义上的道德学说"、一种"对法权概念的系统性应用"。按照费希特所说，当有待演绎的东西被指出是自我意识的可能性条件时，演绎就被完成了。《新方法》§16中的证明指出，每个个体都预设了另一个理性存在者提出的要求，这一证明至少是为了"法权概念的对象"（自由存在者之间的共同体）所做出的，因为自我意识的一个条件就是"每一个自由存在者都承认在自己之外其他同类的存在"（NR Ⅲ 9；*I, 3, 320*）。

关于法权概念本身：

> 我必须在所有情况下承认在我之外的自由存在者，也就是说，用他人的自由的可能性概念来限制我的自由。（NR Ⅲ 52；*I, 3, 358*）

康德的法权概念[23]在内容上与费希特的法权概念相当一致，尽管费希特可以宣称他已经通过对复多个体的**演绎**更深刻地奠基了这一法权概念，但当他将法权概念充作自我意识的条件并宣称它是从自我中演绎出来的时（参见 NR Ⅲ 53；*I, 3, 358*），他夸大其词了。可以肯定的只是，对每一个个体而言，必然有一个理性存在者自由地影响过他**一次**（也就是这一个体诞生的那个时刻），但理性存在者并不需要始终处于这样的关系中（参见 NR Ⅲ 87；*I, 3, 385*）。费希特自己也强调过，法权概念在这里只具有假设性的特征：如果社会存在，那么每个成员都必须遵守法权概念（参见 NR Ⅲ 9；86-87；Ⅰ，3，320；384-385），但是社会的存在并不是自我意识的条件。

在伦理学中，主体间性表现为一条要求：不能妨碍自身独立性的可能性条件，即他人的自由，"不能将他人用作实现自己目的的工具"（SL Ⅳ 221；Ⅰ，5，201）。这样社会性就成了道德规范。

《伦理学体系》（1798）的第一个主要章节追随知识学直至对定言命令意识的演绎，也就是直至§15。然而这部著作是以第二个主要章节赢得特殊赞誉的，在"对道德原则的实在性和适用性的演绎"的标题下，费希特发展出了一种先验-质料性的伦理（transzendental-materiale Ethik），并将其与一种目的论的观察物的方式统一起来。

众所周知，康德的定言命令作为行为的最高规范仍然是相当形式性的。一方面，康德拒绝某种从人的本性中得来的内容性的填充，因为这种内容会是来自经验的，因而取消了道德法则的无条件性和先天性。[24]但另一方面，康德确实给出了一套"美德学说"，按照这套学说，与"自然目的"是否相一致可以是判断行为是否道德的标准。[25]费希特比康德更直白地辩护自然目的作为伦理法则的内容，他写道：

> ……（自由法则）的内容在实践的功用方面可以被表达为：按照你对外部事物的原初规定性（即最终目的）的知识来行动。（SL Ⅳ 69；Ⅰ，5，77-78）

> 因此伦理法则说的是按照每个物的最终目的来使用它。由此我们找到了最方便的那条路径，来科学性地建立伦理法则的质料。（SL Ⅳ 171-172；Ⅰ，5，160）

这是对沃尔夫所谓"物的自然权利"（Dingnaturenrecht）的明显主张，它提供了一种"自然法"（lex naturalis），要求用同样的目的因来规定我们的理性行动，而且是理所应当地规定。[26]沃尔夫说的是："内在善恶的源泉和人与物的本质和本性是相同的（Fons bonitatis ac malitiae intrinsecae est ipsam hominis rerumque essentiam atque naturam）。"（Philos. pract. univers. §124）尽管康德对沃尔夫持保留态度[27]，但可以发现至少在美德学说中，康德离沃尔夫并不太远。费希特可能很清楚沃尔夫的学说，因为他通过绝对唯心论削弱了康德对经验论的反驳。如果自我在建构物的同时连带着物的目的论规定性，那么对自我的自主性和自由而言，将"物和人的本质"作为对道德行为的规定是完全不成问题的。费希特的著名格言讨论的也是这件事："我们的世界是我们的责任的感性材料。"这个世界是"对你应做之事的活生生的表达"（《关于我们信仰上帝统治世界的根据》V 185；*I*，5，353）。[28]

§17 属于《新方法》的核心段落。在综合性部分的§13 到§16 中，费希特着重解释了自由和受限状态的相关性，并且展示了对这个统一体的感性反思，现在费希特要阐释的是在内容上被充盈了的、完整的自我的结构。这一章节首先包含了《新方法》的范畴学说，其次包括一套想象力学说（这在规定性理论上是有意义的），最后就意识所具有的跨范畴的、理智的"中点"表达了一些观点。

在§3 中，费希特曾经将自身规定的自由活动描述为"实在的活动"，它对应着一种"观念的活动"，后者是对实在活动的模仿（46）。此外，费希特还说明了，既然自我应当能够自由地规定自身，那么自我不仅必然支配目的概念（§4），也必然支配绝对自由之下选择的对象（§5），这个对象最终说来就是自我自身。现在费希特要说明的是，虽然从一开始我们已经清楚地知道，各个对立要素都隶属于同一个自我，但这些要素的综合统一只有在为了自我的存在（Sein-für-das-Ich），也就是在自身反思（Selbstreflexion）中才清晰起来。现在的问题是，目的概念和对象、观念性和实在性或者思维和存在的统一体，是如何**为了**自我自身而存在的。[29] 经过知识学的中介，思维和存在的同一应当真正地被包含在自我的自为存在之内。费希特用"综合的思维"这一术语来表示这一点：

……在这一思维中，自我将自己思考为规定着自身的，这是不能被分离出去的；它——为了自身的自我——存在着。这里存在着对对象的思维和对目的的思维，两者是不同的，但它们必然地共存于同一个意识之中，这个意识就叫作综合的思维。（183-184）

在"对思维的意识"中,对某一目的的思维和对某一对象的思维是结合在一起的(参见183)。

这种"综合的思维",就是对思维的意识,也就是那种以思维为对象的思维,即对思维的思维。

> 所有作为观念性行动的思维都一般地指向某个思维的对象,这一对象就是这一综合的思维的对象。在我的思维中只有我自己,我思维着1,我观看自己正在做2,后者就是综合的思维。(184)

按照规定性和推理性原则,被思维的思维(即思维$_1$)被划分为观念的思维和实在的思维,并因此属于感性的领域。反之,进行思维的思维(即思维$_2$)具有一个思维,即思维$_1$作为对象,因此它是一种"理智直观",并且属于理智的东西的领域。[30]意识的统一体也由此划分为思维着的思维和被思维的思维,而在后者之中又能区分出观念的思维和实在的思维。[31]

那个"原初意识 = A"是其他环节的综合统一体。但这一综合的、将诸环节统一起来的思维与分析性的思维其实是同一的,后者是一开始产生出诸多环节的思维。因此在意识中,同一性和杂多性是不可分割的。

> 这两种不同的、统一在一起的思维实际上是同一个,两者无法分割。两者不仅是被一个综合的意识单纯地统一起来,而且也是被一个综合的意识首先分割为无法统一的两者……思想在统一中被分割,又通过分割被统一起来,双方不可分割。(184)

> 全部意识的开端既是综合又是分析。(186)

只要有意识存在,也就是只要自我反思自身,就会产生按照特定规则被关联起来的杂多的结构。对思维的思维在被思维的思维中区分出环节,同时也将它们置于一种关系之中,即那种"可规定性和规定性的关系,或者时间中的关系是一种依赖(Dependenz id est):可被规定的东西先于被规定的东西"(185)。但这并不适用于"纯粹理性"(186),费希特将纯粹理性比作一道单纯的光线,它只有通过一个棱镜才会分散成不同的颜色(参见186),但后者意味着一种"现象"(186)的立场,意味着被区分之物的分割与结合。但这是一种特定的结合,因为它将被结合起来的东西带入一种依赖关系之中。费希特谈的是可被规定的东西与特定东西的关系,或者说是有条件者与给出条件者的关系。至今为止被孤立看待的两个元素——"目的概念"和"对象"——的结合意味着：它们在原初的意识中是这样被统一在一起的，即目的概念是那个进行规定的，对象则是被规定的。费希特这样写道：

> 自我应当通过目的概念规定这个对象。这个中介过程一般是自我借以看到对象的**媒介**，好比眼睛；我通过我的行为（mein Machen）看到我所做的（das gemachte），我所直接知道的只有我的行为。（195）

对象只有通过目的概念的中介才被整合进意识的统一性中。当思维$_2$将思维$_1$作为对象时，按照费希特的想法，思维$_2$会将"实在的思维"（对象）把握为依赖于"观念的思维"（目的概念）。或者可以用与"看"有关的一套术语来这样描述：当自我反思自身时，它看到它自己；这样就把看到的东西拆分开来了，但它又将看到的东西带入一种依赖关系，于是被拆分的东西又组合在了一起。自我只将对象看作依赖于目的概念的，或者如费希特所说，它通过目的概念来观看对象。[32]

费希特在此处引入了根据命题：

> 这种关系的意思是：自我的规定活动或者目的概念应当包含对象之所以产生的根据。因此**根据**命题进入了心灵（Gemüt）之中。（195）

按照费希特的观点，自我意识中目的与对象的特定的统一，可以被描述为根据-结果-关系，也就是因果性范畴。[33]费希特也和康德一样，在范畴中看到了意识进行综合统一的功能，但费希特认为范畴也同时是分析性的：

> 范畴是使直接意识转变为间接意识的种种方式，也是自我从单纯思考自身中走出来去思考他者的种种方式。范畴不是某种纯粹附加性的东西，而是使简单东西成为杂多、双重地看待简单东西的方式。（198）

在费希特看来，不仅割裂开的东西的结合依照范畴法则，简单意识的分裂也是如此。在范畴之中思考恰恰意味着将简单东西割裂开，使之分裂为多

（Vielheit）。

他认为，如果自我要**为了**自己而存在，那它就必须思维自己的思维。那个被思维的思维被划分为两部分：对某一对象的实在的思维、对一个目的概念的观念性思维。对因果性概念进行演绎的出发点，是回答下面这个问题：自我如何看待它对对象的思维？接下来费希特还会引出实体概念，他提出的相对应的问题是：自我如何看待它的目的概念？尽管这两个问题是互补的，但因果性概念和实体概念之间并不对称，否则在实体概念中，目的概念会被视为依赖于对象的。因果概念规定的是被思维的思维的诸元素之间的关系，而实体范畴涉及的是意识的诞生，这种意识是自我对它规定自身的意识。为此，费希特对有待解答的问题——"自我如何看待它的目的概念？"进行了重新表述。目的概念不是简单地被给予自我的，而是由自我自己筹划出来的（参见§5）。因此问题不再是目的概念对自我而言可能是怎样的，而是自我可以如何看待自己产生目的概念的行动。[34]

按照§4的观点，筹划目的概念是自身规定的首要可能性条件，对此需要提出的问题是，自我为什么能在规定自身的同时看到自己。费希特认为，为此自我必须能够把握可被规定的东西，规定活动从它出发，产生出一个有规定的东西。对这样的尚未被规定、仍是可规定的东西的把握是想象力的特殊功能：

> 自我如何注意到自己是在进行着规定活动的；没有可规定性就没有规定性；那么，什么是纯粹可规定的东西，对我的规定活动的意识由那个首要可规定的东西出发。它是无限可分的行动的可能性，因为它应当包含一种自由存在者的行动方式。这是由想象力来把握的。想象力是把握可被规定的东西的能力，思维无法做到这一点，因为思维是**推理性**（diskursiv）的。（202）

费希特认为，思维只能把握已经被规定的东西。但是，为了能够看到自身规定的行为，这一行为的出发点（也就是众多尚未被规定的东西）必须**为了**进行观察的自我而存在。想象力使之成为可能，我们通过想象力得以把握可被规定的东西。[35]

想象力理论第一次让我们理解"可规定性"意味着什么。费希特写道：

> 想象力在整个领域的每一处进行着一种**准**规定活动（quasi Bestimmen），这种规定活动总是处于从某一方向另一方的过渡之中；它将规定性和无规定性统一起来。这里我们能够看到，可规定性的概念究竟是怎样诞生的。（205）

可规定性虽然是与规定性相对立的，但它不等同于无规定性。可规定的东西更多地意味着一种"准"规定性，一种规定性和无规定性的统一体。[36]

费希特认为，"自身规定"是"通过把握着无限杂多的想象力被看到的"（204）。在这种"观看"中，存在着可规定东西和自身规定的自我的统一。这呈现出一种新的综合，不再像因果性那样按照"进行规定者-被规定者"这样的模式来统一两个环节，而是将两个环节设定到"可被规定的东西-进行规定的东西"这种关系中，不过一个"有规定的东西"也紧随这种关系。既然自我应当具有对其自身的意识，那么它必须首先规定自身，其次能够在自身规定中看到自己。由此产生的思维链条是"可规定性–进行规定者–被规定者"。这个思维链条描述的正是实体概念。进行规定的自我的表象赋予了实体所具有的、"持存的、坚固的、**固定的**"特征，可规定性意味着实体的特征处于一种始终可能的变化之中，而规定性意味着偶然物的事实性状态（参见206）。实体的概念必然产生于自我反思自身之处，也就是一般而言自我存在的地方。

按照费希特的理论，因果性范畴和实体范畴都具有一个共同的结构作为基础，在这样的结构中，某物会通过他者被"看透"（hindurchsehen），两者因此被统一起来。在因果性思维中，客体通过目的概念被观看，客体作为一个被规定的东西隶属于一个进行规定者。实体概念表明，一个目的概念的规定活动通过想象力被观看，并且作为进行规定者归于某个可被规定的东西。费希特想要说明的是，这两个范畴虽然都来自自身反思，而且自身反思构成了自我的本质，但它们并不能描述自我意识的"中心"。"中心"应当是理智的，而它们只是连接着中点的感性"周边"（Peripherie）。在这个中点处，"某物通过他者被观看"的结构是不适用的。这里不再有综合也不再有任何的中介，毋宁说：

> 那个自身规定的直接的东西不通过他者被观看。意识就好像一个

> 圆圈，**理智的东西**是这个圆圈的中心。周边是按照思维的必然法则连接到中点的，周边包含所有经验的、感性的东西。（207）

范畴展现了我们基础性的思维法则，但它们不能运用在思维的理智核心上，因此费希特必须将这个核心展现为不可把握的，我们的语言和思维都不能把握它。它只能用否定的方式来描述，有点像规定活动，但不能被理解为从可规定者向被规定者的"过渡"，因为这组对立（Oppositionspaar）已经预设了推理性和中介（参见208）。[37]费希特写道：

> 这一自身规定是所有生命和意识的绝对开端，也正因为此，它是不可把握的，因为我们的意识总是已经预设了某种东西。（208）

最后费希特还引入了"交互作用"的范畴，但只用寥寥数笔描述了它的功能。

> 它（交互作用的范畴）是诸**范畴**之**范畴**，**实体性**和**因果性**是**并列**的（coordinirt），但它们都**从属**于交互作用。（212）

在交互作用的概念中发生了因果性与实体性的综合。它意味着一种"基础性综合"（210），虽然这个综合已经外在于意识的中心，因为在中心那里不会发生任何中介，但它还是先于其他两种综合。它与其他综合的不同之处在于，不再是一部分依赖于另一部分，而是两个部分不分伯仲。交互作用而非依赖关系在这里发挥着主导作用。[38]实际上费希特把因果概念放到了一边，只讨论了实体范畴的元素，即"自身规定的思维"和"想象力"。在交互作用概念下，不仅思维通过想象力被观看，并由此成为"感性的力"，成为"身体"（210），而且想象力也反过来通过思维被观看，因此"可被规定的东西"（想象力的对象）接受了"世界"这一形式（参见211-212）。因此，从感性化的思维角度来看，实体可以被把握为"身体"或者"世界"。[39]

到这里，费希特已经阐释了自我的创造活动的结构，自发的自我将客体创造为"实在的思维"，将目的概念创造为"观念的思维"。在§18中，费希特将这一三重性拓展为五重性（Fünffachheit），他首先在观念的那一侧添加了一个环节，使得观念的一侧可以被实在的一侧规定（217-

220);反过来,实在的一侧也通过它与观念的一侧的关系而得到进一步规定(221-223)。

观念的思维自己就是生产性的,它生产出本体(Noumena),而实在的思维则"仅仅对被创造物进行限制和分割"(218)。通过将后者运用到观念的领域中,"自我作为精神就成了某种有规定的东西"(218)。如§14中已经提到的,自我的规定只有作为一个限制自我的任务才是可能的,它是一种表达为"应当"的命令。[40]精神的**受规定状态**进一步暗示了一种**可被规定**的精神性,这就是"我之外的理性存在者的世界"。同时得到说明的是,这个理性存在者的王国在已经(在§14中)被证明为自我意识的可能性条件的情况下,是如何作为第二个环节与自身反思的观念性面向关联在一起的。

观念性思维对实在性思维的进一步规定导向对独立的物的思维,它是被给定的,先于我的任何主动活动(221)。实在性思维的对象是"空间中的材料和物质"(221)。观念性思维将它的无条件性和绝对性转嫁其上,使"自在且自为的存在"(222)的思维成为一种"持续可被规定者"。通过对实在性思维的"精神化",非我成为实体(Substanz),也就是成为"其本质仅仅处于静止之中的存在"(223)。此处,费希特将§6-§10的阐释也囊括在自我意识的建构之中。

因此在综合的第四部分中,我们得到了观念性思维的规定性,即自我作为一个个体的表象。作为第五部分的则是被规定者的观念性,即一个独立的物的表象。在自我意识的建构中,这两个部分都被作为不可或缺的因素被统一起来:

> 因为,如果没有物的话,我无法看到自己一部分是**个体**,一部分是精神……反之亦然。(225)

最后要提到的是,"理性世界"与"感性对象的世界"这两个环节是相互规定的(§19,226)。前者被后者规定会导向"其他的理性存在者",因为这样的存在者不仅被思考到,而且被感知到(参见227-228)。[41]费希特在这里演绎出,一个对自我有所要求的理性存在者必然会具有"物理性的力",也就是必然会以肉体的形式显现[42],而肉体则会被把握为自然的产物。正因为"理性存在者的王国是经由自然的王国被看到的",理性存在者显现为"自然的一个部分,就其是感性的而言,显现为自然的产物和客体"(237)。

如果感性世界反过来由理性所规定,那么就产生了一个自然"组织体"(Organisation),其中各部分自行统一为一个整体。正如理性世界中的个体变为感性世界的一部分,感性世界也反过来获得了一种"自由的**类似物**"(238)。费希特以下面这段文字结束了§19以及《新方法》的讨论:

> 理性世界处于一种交互作用中,理性世界和感性世界共同处于一种双向的交互作用中,并表现为这样的:首先,自然和自由在形塑了的身体(artikulirte Leiber)中交织,整体自由凭借**个体**自由在整个自然中发挥作用。反过来说,起初自然将衔接的身体生产出来,并且在同一意义上生产出理性的可能性,进入理性存在者的领域。由此,我们的综合就完成了,因为这个综合已经包含了意识中出现的全部内容。我们的整个任务也就圆满结束了。(239)

整个《新方法》的结构可以被总结为:第一部分,费希特在§1-§5节中奠定了一个包揽性的基础,他首先主题化了"直接意识"的存在和结构(§1),然后围绕规定性理论给出了一套对存在的演绎(§2),自由行动作为存在和意识的根据之理论随之被推出(§3)。

第二部分(§6-§12)包含了对自我(冲动、感觉)和对象世界(空间、时间、力)的进一步规定,费希特引入这些规定作为自由的自身规定的可能性条件,我们已经在第一部分中对此加以解释。

第三部分从§13开始,再一次拾起了第一部分中的问题:在自身规定的行动中,自由与受限状态处于怎样的关系之中(参见§4和§5)。一种循环的关系被保持了下来:目的概念首先设定一个选择的对象,这个对象又反过来设定一个目的概念作为组成部分。但现在,费希特在"纯粹意愿"中发现了真正的统一体。在第三部分中,"纯粹意愿"被归于发挥感性化作用的反思之下,于是不论是定言命令、道德戒律,还是个体与理性存在者的王国之间的关系,都得到了解释。因此,费希特得以在知识学中找到《伦理学体系》和《自然法权基础》的连接点。他也在这里说明，不同的元素，例如纯粹意志和最高的义务要求是如何通过反思被绑定在一起的。因此从§13开始，《新方法》的综合部分就已经开始了。

在第四部分（从§17开始）中，费希特用一种可理解、但最终不可把握的"原初意识"阐释了"纯粹意志"这种不可感性化的反思。他描述了原初意识的感性化，这是通过将范畴性的思维运用到原初意识上所发生的。他将第二和第三部分（§6-§16）中的各种要素，按照它们各自特殊的起源，通过原初统一的自我所进行的分割性的和统一性的反思，重新指派给自我自身。由此，费希特建构出了一个完整的自我。

接下来，我们会进一步考察自我作为理智直观的理论（《新方法》§1），对存在的演绎（§2），关于自由行动作为存在和意识根据的学说（§3），以及费希特使用的"综合性思维"这一概念（§17）。

二、作为理智直观的自我

1. 陈述[43]

现在开始我们要关注的是取代了《知识学》（1794）§1的这个论证。费希特以理智直观创立了存在的一个新的本原。出于在存在理论方面的重要性，关于这一本原的论证得到了详细的陈述和阐发。费希特不再回到某个形式逻辑的命题，而是展示了一种基于自我观察的思路，来确立自我的实存、结构和原则性功能。这样的论证不仅出现在《新方法》的§1中，而且也平行地出现在《第二导论》（1797）和《知识学新说》（1797）中。在1797年，自我观察这个理念在费希特的思想中作为知识学的基础扮演着一个重要的角色。但从费希特思想的长远发展来看，这个理念和《知识学》（1794）一样只是一个中间站点。这种现象学式的引入在1801年就消失了。

在三个文本中，论证的基本思路和框架是一致的，它们的细节也经常是符合的，但也存在着某种程度的差异。此外，《新方法》这个文本并不是最清晰的费希特式的论证，对此我们可以这样解释，这毕竟只是费希特的一个讲演手稿，而另外两个文本则是作者本人经手付梓的。因此，我们在这里也参校另外两个文本[44]，借以展现并评估这一思路。我们将费希特的论证分为四个步骤。

首先，费希特想要论证自我应该被把握为"行动"。在《第二导论》中，这个命题来源于寻找"对于我们而言存在的根据"（Ⅰ 456；I, 4, 211）这一要求。只有先做到"抽象掉所有存在"（Ⅰ 457；I, 4, 212）这件事，才有可能寻找到存在的根据。那么唯一剩下的就只有行动着的主体。[45]《对知识学进行新表述的一个尝试》只是简单地指出，我们可以自由地将我们的思想指向不同的对象。这就已经说明，思想是一个自由的活动，是一个行动（参见Ⅰ 521－522；I, 4, 271）[46]。

读者必须注意到，这三个文本有一个共同的目的，即更加确切地认识到构成自我的本质的那种活动究竟具有何种形式。因此《新方法》提出了这样一条"预设"（Postulat）：

> 如果一个人思考自我这个概念，就会思考他自己……通过思考这一概念，他就会发觉，他是如何做到这种思考的。(28－29)

在《第二导论》中，"预设"是这样的：

> 你要思考的是，去建构你自身的概念，并且注意你自己是如何做到这一点的。（Ⅰ 458；I, 4, 213）

在《知识学新说》中则是这样的：

> 我给你们，我明智的读者，留下的任务是：真正地、深刻地意识到你自身，意识到当你思考**自我**的时候，这个过程是**如何**发生的。（Ⅰ 522；I, 4, 272）

这种自我观察的结果必然会是这样的，自我是一个"回到自身的活动"，反过来也可以说，一个回到自身的活动产生自我。（WLNM 29；参见Ⅰ 458－459；I, 4, 213；Ⅰ 523；I, 4, 272）当人思考任意一个对象时，进行思考者和被思考者是不同的。但当人思考自己时，进行思考者和被思考者则是同一的；思考这一活动发生在自己身上。

其次，将自我刻画为一个反身性的行动并不足够。在《第二导论》中，费希特写道，这里谈的是一种"单纯的直观"，它仅仅呈现出"自我意识的可能性"（Ⅰ 459；I，4，214），还不能使得任何现实的意识或自我意识产生，因此必须上升到第二个反思的层次。[47]

费希特区分了自我的立场和哲学家的立场。他将前者安排在较低的反思层次上，在这个层次上的自我是一个返回自身的行动，由此才可能产生出自我意识；后者则代表了更高的反思层次，它使现实的自我意识得以产生。[48]从这个更高的反思层次出发，才有可能直观那个较低的层次，并且将思考自身的行动当下化。这就是"理智直观"：

> 对哲学家呈现出来的，是对产生自我的那个行动的一种直观，我称其为**理智直观**。（Ⅰ 463；I，4，216-217，参见Ⅰ，530；I，4，278 以及 WLNM 31）

这里发生的是再一次的"直接直观"，是对行动返回自身时发生的直观的再直观：

> 我们自身再次直接直观我们的直接直观；这就是直接的直观之直观。（WLNM 31）

费希特也将"理智直观"说成一种"自我的直接意识"（Ⅰ 528；I，4，277），或者一种"对自我正在行动以及自我在进行什么行动的直接意识"（Ⅰ 463；I，4，217）。

最后，费希特还揭示了"理智直观"是如何成为自我的"概念"的。这种返回自身的活动并没有被把握为活动，而是被把握为"静止"，因为只有进一步的直观（正是理智直观）才能做到前者：

> 那种被把握为静止的内在活动，人们通常称之为**概念**……概念就是直观活动本身，只是它没有被把握为活动着的，而是被把握为静止和规定性；自我的概念也是这类情况。返回自身的活动被把握为固定不变的，由此，作为活动者的自我和作为我的活动对象的自我统一在一起，这就是自我的概念。（Ⅰ 533；I，4，280，参见 WLNM 33）

在上面的这些论证中，例如《知识学》（1794）中的那些原理不再出现。[49]但费希特在刻画诸反思阶段时使用的表述使得1797年以来的思路能够较为容易地与最初的知识学联系起来。在《知识学新说》中，对于返回自身的思想的概念与自我的概念之间的关系，费希特是这样评价的：

> 自我是设定自身者，此外无他：设定自身者就是自我，不是任何其他的。（Ⅰ 523；*I*，4，272）

他关于理智直观的说法是：

> 这里所讨论的直观，是一种对自身设定的设定（可能是任何一个对象性东西，也可以是作为单纯对象的自我），绝不是某种单纯的**设定**。（Ⅰ 528；*I*，4，276）[50]

那个较低的反思层次与《知识学》（1794）第一章中对自我的讨论是平行的。它们共同的结论是"自我设定自身"。然而更高的反思层次则体现了《知识学》（1794）第五章的讨论，即自我不仅设定自身，而且对自身而言必须是那个设定自身者，也就是将自己设定为设定着自身的（参见Ⅰ 274；*I*，2，406）。

《知识学》（1794）的行文安排背后存在一个理论动机，试图通过设定一个无规定的、自身不被进一步中介的层级作为开端，以达到无前提性。第一原理中自身设定的自我应证明这种直接性。与此相对，那个将自身设定为设定着自身的自我，已经包含了一种规定性。我们在标志着重复性反思的"作为"（als）一词中可以辨认出这种规定性。在《新方法》中，费希特凭借理智直观将这个双重反思的自我作为本原置于开端处。与此同时，他还发展了一个独特的论证来避免批评，位于开端处的是一个已经被中介过的实例，它的前提条件尚未被说明[51]。

证明的目标是指出，理智直观也呈现为一种直接性，或者说一种直接意识。费希特往往在将自我规定为返回自身的思维后，论证一种直接意识的存在。首先，他认为只有在自我意识存在的同时，对象意识才是可能的。在《知识学新说》中他是这样说的：

> 当你意识到一个对象（始终是你对面的这堵墙）时，你真正意识到的……其实是你对这堵墙的思维。只有当你意识到这个思维时，对墙的意识才是可能的。但是为了意识到你自己的思维，你必须意识

到你自己。（Ⅰ526；I, 4, 274-275）

对象的意识，就根本上来说，是对对象意识的意识。[52]

这样，被思考的自我（对象意识）和进行思考的自我（对对象意识的意识）就区分开了。费希特认为，为了能够做出这样一个区分，

> 进行思考的自我必须在那个思维中再一次成为更高的思考中的**对象**，才能成为意识的**对象**；那么你就同时拥有了一个新的**主体**，它曾经是**自我意识**，现在又一次意识到它的意识自身。（Ⅰ526；I, 4, 275）

但是主体-意识与客体-意识的区分又再一次被做出，那么就又预设了一个主体-意识，区分对这个新的主体-意识而言成为客体，以至无穷。[53] 为了避免这种无穷后退致使意识无法把握，必须确立一个意识，其中不再能够区分主观东西和客观东西。这个意识不可以再被把握为一个要求主体的客体：

> 存在这样一个意识，其中主观东西与客观东西全然不可分，并且是绝对的同一个东西：这样一个意识正是我们需要用来解释一般意识的东西。（Ⅰ527；I, 4, 275）

《新方法》中相应的说法是：

> 应对这种批评的方法只有一个，找到一个同时也是主体的意识客体。这样就能指明一个直接的意识，一个不再需要对设新主体的客体。（30）

意识理论要求一个直接的意识，它要先于那个可以按照主观和客观方面区分开的间接意识。

哲学家从"更高的思辨立场"出发，恰恰在自我返回自身的活动中看到了这样的直接意识。只要一个人思维自身，也就是观察一种回返性的活动，他就会直接地认识到自己的思维。对意识的思维离不开他对自己的思维。[54]我们对自己的思维的意识是这样的，"主观东西和客观东西在这个意识中直接地统一在一起"（Ⅰ527；I, 4, 276）。

最后，既然这个直接意识的对象就是返回自身的活动，也就是自我，

那么自我意识的主观东西与客观东西的统一体就呈现为：

> 那么自我意识就是直接的；在它之中，主观东西与客观东西不可分割地统一，是绝对一体的。（Ⅰ 528；I, 4, 276）

这种直接的自我意识指的是一种直观（也就是理智直观）。费希特是这样讨论理智直观的：

> 我们这里所谈的直观，是**将自己设定为**设定着的（可以是任意一种客观东西，也可以是作为单纯客体的自我），并不仅仅是一种单纯**设定**。否则我们就会再次落入上文描述的那种困境，令意识变得难以解释。（同上）

不能将理智直观理解为单纯的设定，理智直观对应的不是《知识学》（1794）中的第一原理，第一原理仅仅将自我描述为自身设定的。因为，自我还拥有对它的设定活动的意识，并且必须将这个活动变成自己的对象。正如《第二导论》所言，单纯的自身设定只给出了一种可能的自我意识。一个现实的自我意识只有通过双重设定才能产生。为了不落入无穷后退，费希特主张，"设定自身为设定着自身"的意识结构（即那种双重反思的意识结构）具有直接性。理智直观就是这种直接的自我意识。

2. 批评

费希特坚持认为，直接的自我意识、理智直观对解释一般而言的意识而言是必要的，因为只有通过确立这样的直接性才能避免无穷后退。关于理智直观对意识所发挥的功能，费希特写道：

> 理智直观是对于我在行动、我在进行什么行动的直接意识。每个人……大概……都能在自己的亲身经验中证实，理智直观陪伴着意识的每个环节。如果没有我的自我意识中的理智直观，我一步也走不了，一只脚一只手也动不了。只有通过理智直观，我才知道自己在做这件事。（Ⅰ 463；I, 4, 217）

理智直观标志着意识内容中的直接意识。这不仅适用于对它自己行动的认识，也适用于意识的全部内容。因此，费希特写道：

> 所有意识都被一种直接的自我意识伴随，后者也叫理智直观，只有在这一前提下人才能思维。（WLNM 34）

费希特用"伴随"这个术语指向康德的"原初统觉"理论。《纯粹理性批判》第 16 章的开头是这样的，"**我思必须能够**伴随我的所有表象"（B 131）。这个"我思"的表象被康德称为"原初统觉"（B 132），也被说成"自我意识"。所有被给予我的表象都是属于我的，这种属我性（Meinigkeit）只能解释为，这些表象能够在**一个**意识中被统觉统一把握。

费希特的理智直观理论在现代的一个类似物是让-保罗·萨特"前反思的我思"（präreflexiver cogito）概念。萨特认为，所有认识客体的意识都有一个必要条件，那就是"对自我进行的这种认识的意识"（SN 17）。每个对象意识都同时是"对意识的意识"（同上）。认识就是"对认识活动有意识"（同上）。不能将这种意识之意识视为与对象意识一类的东西，它是一种关涉着先验对象的意识，只不过在这个情况下，先验对象本身也是意识。对于认识而言尤为典型的"主体-客体二重性"不能套用到意识之意识上，因为前者总是要求一个新的主体来认识先前的主体。人们要么就会以"对自身无意识的反思（Nachdenken）"（SN 18）为最终环节，并停留在那里，要么就会落入无穷倒退。[55]

萨特则认为，既不能把意识之意识把握为认识，也不能将其把握为"反思"，因为这意味着割裂进行反思的自我与被反思的自我，这与主体和客体的二重性无异。他认为应当讨论的是一种"前反思的我思"（SN 19）。尽管这个"直接意识"对知觉意识而言是构成性的，但它并没有"设定"后者，萨特所理解的"设定"是对一个对象进行判断的认识。因此"那个就客体而言设定自身的意识，同时也是就自身而言的没有设定的自我意识"（SN 18）。

这里我们可以看到费希特的"理智直观"与萨特的"前反思的我思"之间最初的差别。费希特将理智直观描述为"设定自己为进行自身设定的"，将直接的自我意识把握为"反思"[56]，可见他对"设定"概念的使用是广义的。尽管人们或许可以反驳，费希特在词语的选择上不如萨特那样谨慎，但实质上两人的想法是一致的，只是萨特坚持自我意识的直接性并且取消了反思概念的不恰当含义。然而在"设定"这个概念这里也发生了类似的事。费希特不仅将最初的"自身设定"把握为直接的直观,也把"设定自己为自身设定的"把握为"直接的直观"[57]。而且他完全拒绝在萨特的意义上将设定解释为判断。

就规定性理论而言值得质疑的是,"设定自己为进行自身设定的"是否能被说成是直接的。我们已经说过,"作为"(als)这个词已经表达出一种分化,一种自身设定的进一步规定。但是正因为规定性只有通过一个对立面才是可理解的,这里就不能再谈什么直接性了。费希特应对这种批评的方法,是将"设定自身为进行自身设定的"称为理智**直观**,并且强调只有概念性的思维需要固定性,直观是不需要的。既然双重的反思是一种直观,那么这种反思就必须是无规定的。但这其实只是一个术语上的伎俩而不是论证。费希特想要同时坚持两件事情,一件是最高原则的无规定性,因为其中包含着无前提性;另一件是最高原则的中介性,这样就无须第二个原则来推进整个具体化过程(das Konkretionsprozeß)以产生"存在"。早在《知识学》(1794)中就预示了"有规定的无规定性"(bestimmte Unbestimmtheit)这个问题。恰是在同一节中,自我的规定性被解释为,不是从它与非我的关系而来,而是通过反思而来的自身规定性:

> 自我只是作为它自身所设定的而存在。自我是无限的,意思是,自我将自身设定为无限的:它用无限性的谓词来**规定**自身,也就是它限制了自身(自我)。(Ⅰ 214;*I*, 2, 358)

因此,自我必须同时是无限的即无规定的和有规定的。这个矛盾还会再次在《新方法》的重要位置浮出水面,也会笼罩在费希特的晚期作品上。

除了对这个所谓直接的理智直观提出规定性理论方面的问题,还有疑问的是,所谓"设定自身为自身设定的"这种结构性宣称是否有令人信服的根据。即便人们接受,对所有意识内容的一种直接意识必须是一种前反思的我思,也仍然可以质疑的是,费希特是否正确地解释了这个结构?

为了建立一个关于自我的理论,我们开始于费希特要求哲学家做出的那种反思的功能。首先需要明确的是,按照《第二导论》,哲学家并不是通过使用他的反思来**发现**他想要寻找的现象（即直接的自我意识）的。反思并不足以让他将自我意识描述为一种现象。反思反而是被寻找到的自我意识的构成部分。因此，费希特只是看上去选择了一个现象学式的开端。事实上，费希特并没有让哲学家来**描述**对象，而是将关于对象的反思整合到被寻找的事实性结构中。如果直接的自我意识——其他所有意识的根据——是一种理智直观，而这种理智直观则被规定为"哲学家被要求做出的自我直观"，"这种自我直观是自我诞生的活动过程"（Ⅰ463; Ⅰ, 4, 216），那么哲学家的这种直观本身就构成了知识的最高根据的一部分。因此，费希特并不能像胡塞尔式的现象学一般，以"原初被给予的直观"为他关于直接自我意识的结构性宣称提供合法性。[58] 为了从自我返回自身的活动和对这一活动的描述行为中建构出自我意识，费希特以一种典型的方式背离了描述的立场。因此，他需要一个特殊的论证来为这个建构辩护。

费希特对自我意识的解释显然还带来了另一个问题。哲学家被要求做出的自我观察是一个任意的活动。这样的行动有时候需要知识学家（der Wissenschaftslehrer）的要求才会被执行。但如果理智直观应当起到前反思的我思的功能，那么它就应当始终是当下的。哲学家的直观是意识之流中的一个个别的、偶然的行动；而理智直观则是必然的，只要一般地有意识存在。除此之外，哲学家的"思考自身"不同于思考一个客体。哲学家应当思考自己**而非**一堵"墙"。反之，直接的自我意识应当"伴随"所有其他意识，也就是与其他意识一同出现。因此，如果要辩护关于理智直观的说法，就不能从哲学家的行动推到作为所有意识的最高根据的自我结构上。向哲学家建议的这种理智直观，不能不假思索地被等同于直接的自我意识。

费希特自己也在《第二导论》中探索了这一问题[59]，但是他仍然认为哲学家的理智直观与原初自我是可以等同的：

> 只有当哲学家思考**自身**时，他才能清楚认识到，他正在思考的究竟是什么，以及他一直以来思考的是什么。而他思考自身这件事，对他而言是意识的直接事实。（Ⅰ460; Ⅰ, 4, 214-215）

哲学家的任意直观只是清晰地展示出，是何种必然的事件造就了自我的本质。

但费希特为等同关系提供的论证并不充分。他描写了哲学家的直观活动，这种活动的原初性是有待被讨论的：

> 这一活动本质上是客观的。自我是为了自己存在的，这是事实。我只有通过一个活动才能对我而言存在，因为我是自由的，而且只能通过这个特定的活动存在。（Ⅰ 460；I，4，214）

自我的自身关系，自我的自为存在，是一个事实，这当然是我们可以承认的。但是值得质疑的恰恰是自身关系的结构。如果像费希特所说的那样，自我只有通过一个自由的行动才对自身而言存在，那么首先被获取的就是较低的反思层次，而不是较高的反思层次。这个论证只能抵达设定自身的自我，并不能证明直接自我意识的那种"作为"结构。费希特在此处讨论的本质上仅仅是哲学家直观到的东西，而不是从被直观者和直观活动中产生的建构（das Konstrukt）。但恰恰是后者的原初性需要被证明，因为只有在直观活动（还没有作为直观的对象）被引入时，才会产生"作为"结构。

不同于《第二导论》，费希特在《知识学新说》中着重于这种说法：哲学家的行为并不是理智直观的组成要素，哲学家只是描述了理智直观，并将其提升到意识之中。费希特认为，如果读者按照要求思维了一个对象或者他自身，那么他就意识到了自己正在思维，并且意识到自己在思维什么：

> 你怎么会对自己的思维有意识呢？你可能会回答我：我直接就知道了。我对自己的思维的意识对我的思维而言并不是偶然的，不是什么后来才添加上去的与之相关的东西，而是与思维本身就不可分割的。（Ⅰ 527；I，4，276）

还有相关的解释是，哲学家只是描述了一直存在的事情，即对思维的意识伴随着思维本身。"理智直观"（Ⅰ 530；I，4，278）实际上就是"前反思的我思"。

费希特进一步论证道，既然这里讨论的是对自己的思维的直接意识，那么就找到了一种直接的自我意识。此外,它还必须"设定自身为进行设定"(Ⅰ 528;I, 4, 276),因为直接的自我意识需要规避反思理论在解释意识时遭遇的困境。

即使这个版本的论证也没有采用从哲学家的行为推进到"原初自我"结构的非法论证,它也仍然存在其他问题。人们还可以这样质疑:对思维的直接意识是否就是自我意识?这里的自我意识指的是自我对自己的意识。费希特对思维的直接意识给出了下述解释:

> 你的内在活动,既朝向某个外在于活动的东西(思维的对象),也同时朝向自己,发生在自身之内。但是按照前文所述,通过返回自身的活动,自我对我们而言才产生出来。因此,你在你的思维中意识到你自己,这种自我意识正是对你的思维的直接意识,不管被思维的是对象还是你自己。(同上)

关于这种解释,首先要说明的是,对思维的直接意识并不是对返回自身的活动的意识。思维并没有被体验为这种活动。[60]认为直接的意识就是自我-意识(Ich-Bewußtsein),这种观点并不能获得证据的支持。当然费希特也并没有这么觉得,而是引入了一个三段论证明,他写道:内在的活动是朝向自身的;朝向自身的活动意味着一个自我;因此,一个自我通过这个活动产生出来。但是这样产生出来的只是一个单纯的设定,并不是"设定自身为设定着自身的"。我们还是处于最初的反思阶段,并且,如《第二导论》所言,这只是达到了一个"可能的自我意识",尚未达到一个现实的自我意识。这个返回自身的活动并不再次成为直接直观的对象,只有再一次的直接直观才能解释"作为"结构,正如《新方法》和《第二导论》所表明的。

《新方法》和《第二导论》阐明了一个第二层级的自我概念,但哲学家的直观必须参与原初自我的建构。《知识学新说》规避了这一方式,但也相应地停留在简单的、"自身设定"的自我。一方面,当费希特说单纯的"自身设定"并不能使意识变得可理解时,他很可能是对的。但另一方面,他也没能给出根据,来解释为什么关于思维的直接意识(萨特的前反思的我思)应当"设定自身为设定着自身的"。费希特将直接意识称

为"直观",他的说法是:

> 这里所说的直观,是一种设定自己为**设定着的**……绝不只是**单纯的设定**。(Ⅰ 528;*I*, *4*, 276)

这个论断缺乏坚实的基础。还要指出的是,在《知识学新说》中,自我意识的公式不再是"设定自身为设定着自身的",而是

> **设定自身为**设定着的(可以是任何一个客观东西,可以是自我,也可以是单纯的客体)。(同上)

这里并没有出现费希特在《知识学》(1794)§5 中所要求的**自身设定**的重复,即我必须为自身设定**自身**。在《知识学新说》中,反而是"设定",而非"**自身设定**"对自我而言才是必要的。从添加在括号中的内容可以看出,自我要么将自身设定为一个设定客体的自我,**要么将自身设定为自身设定的**(就自我本身作为一个客体而言)。此时,将自身作为客体的意识就区别于对一个陌生对象的意识,它也没有办法呈现为一个直接的自我意识来伴随其他所有意识。这种直接的自我意识必须被把握为单纯的"自身设定",于是我们就又回到了《知识学》(1794)§1 的立场。在那里,费希特采取的是描述的方法,而不是将哲学家的直观纳入对自我意识的建构中,"作为"结构再一次被遗失了。[61]

三、存在的演绎

1. "存在"作为逻辑的必然性

对费希特而言,自我不是哲学研究的个别命题,而是哲学的最高原则。非我应当从自我结构的合规则性中被推演出来,非我与作为"行动"的自我相对立,接纳了"存在"的特征。在《新方法》的§2 中,费希特详尽展示了一个存在的演绎。但是我们也已经看到,费希特并没有对自我的结构的规定(《新方法》§1)给出充分的奠基。只要存在的演绎是基于这一结构的,那么它从一开始就是成问题的。尽管如此,下文仍然会介绍和评估"新方法"的§2。费希特在《第二导论》中也特别展示了论证的框架。出于初步定位的需求,我们会求助于这个文本,然后再详细考

察《新方法》中的思路。

存在应当得到解释。因此费希特首先对存在进行抽象，以便在主体和有意识存在者的机制中找到"全部存在的根据"。

> 这类哲学家的基本信念是：正如自我仅仅为自身而存在，在它之外的存在也必然为了它产生；后者的根据在前者之中，后者以前者为条件：自我意识和对不同于我们自身的某物的意识必然联结在一起。（Ⅰ 457‑458；*I, 4, 212*）

哲学家必须从自我出发表明的是，"如果某个外在于自我的存在没有同时对自我产生出来，那么自我对自身而言的存在本身也是不可能的"（Ⅰ 458；*I, 4, 213*）。从自我的自为存在中，应当得出对自我而言的存在。

自我的自为存在呈现为意识。我们已经探讨过的是，费希特想要论证一种直接意识，他将直接意识与理智直观等同起来。但费希特的意思是，只有这个**直观**才能产生出"自我意识的可能性"。只有当**概念**被添加到直观中，才会产生出真正的自我意识（Ⅰ 459；*I, 4, 214*）。哲学家不仅直观返回自身的活动，而且将它把握为行动。直观在某种意义上使对被直观者的直接把握得以可能[62]，但概念却依赖于中介。从规定性理论的角度来看，把握活动总是发生在对立中。因此，只有在同时考虑"存在"的情况下，"活动"本身才能被把握：

> 存在于（原初直观）中的东西只能通过与纯粹**存在**的对立被把握。行动不是存在，存在也不是行动。（Ⅰ 461；*I, 4, 215*）

这段引文同时也指出了，存在是如何为了自我、在自我之中被奠基的。[63]

在《新方法》中，费希特非常强调规定性理论。他在§1中指出，只有同时给出静止的表象，才有可能对作为活动的自我有清晰的意识。[64]费希特并不仅将这一命题视为规定性理论的原理，即"一切规定都是否定"（omnis determinatio est negatio）的某种应用情况，而且也将其视为一种观察所得，人是通过"逃脱静止"（32）才过渡到活动的。[65]我们得到了

"静止"作为"活动"的对立面。如果没有产生对静止的思维，就不可能将自我把握为活动。因此，只有自我同时被把握为静止时，它才能被知觉为活动着的。可是自我的本质应当是活动，因此我们必须说，当自我的活动被知觉**为活动**时，活动必须同时显现**为静止**。费希特将第一种把握方式规定为直观，将第二种把握方式规定为概念。直观将自我的活动把握为其本身，概念则把活动把握为"固定的""产物"(33)。对这种二重性进行规定性理论的奠基意味着，这两种把握方式是彼此要求的："概念与直观是在同一环节中同时产生的，并且是与这个环节不可分的。"(33)[66]

在《新方法》的§2中，费希特又一次要求了对立原则（Gegensatz-Prinzip）。在§1的"预设"中，他"如同人们所经验到的那样，勾画并观察自我的概念"(34)，与其他行动相对立的某种"特定的行动"(35)已经被放弃了。"抽离所有可能的其他对象，定向于一个特定的对象"(35)，也就是说，专注于自身构造意味着一种限制。对费希特而言：

> 所有对自身活动的意识，都是对我们加于活动的限制的意识。但是如果没有设定从无规定向规定性的过渡，也就是说，如果没有一同设定下无规定状态以及与之相对的规定性，那么自我就无法将自己直观为进行限制的。(35)

费希特假定，人们通过将注意力集中到一个特定的对象身上来直观自身，并且将这种集中感知为从无规定向有规定的过渡。对自我的论述并行于对无规定的思考，后者是有规定的对立面。正因为这个无规定者只能"在与特定存在的关系中与它同时被设定下来"(35)，因此它也可以被称为"可规定者"[67]。只有借助对一个可规定的活动的设定，特定的活动才能被设定下来。

费希特进一步论证道，特定的活动是一种"自身设定"，因此对立的活动必须被规定为"不设定自身"："因此在思维自我的设定时，必须一同被思维的是自我的不设定。"(36)这个一同被思维到的是自我的对立面，即非我。[68]费希特的总结是："正如自我是一定要被设定的，非我也必须一同被设定下来。"(37)在这两种情况下，自我都是进行思维的，因此"对于我们所考察的设定着自身的自我而言"(37)，不仅有活动着的自我，也有静止的自我。通过这个设定对立面的方法，费希特首先得出一个无规定者作为行动者自我的对立环节。他将这个无规定者称作"可被规定者"，将非我称作"有规定者"。这个环节不仅对于哲学家而言是在先的，对于设定自身的自我而言也是如此。

费希特将上述过程称为"综合的"，在这个过程中，通过一个规定性问题"某物是什么"，我们得到了一个对立环节。因为只有当人们知道某物**不**是什么，这个问题才能得到回答。如果某物要成为一个清晰明确的意识之对象，那么就一定会伴随一个对立环节。费希特在这里用的是"联结"（anknüpfen）。[69]

费希特对对立原则做出了阐释，总是有一个"必然被发现的东西"与"有意观察者"联结在一起，前者也可以被称为"被给予的东西"（参见 39）。对某一活动的有意设定已经与"静止"联结在一起，对一个"特定活动"的设定已经与一个"可被规定的活动"联结在一起。这两个活动都有其产物，特定活动（A）的产物是自我（B），可被规定的活动（C）的产物是非我（D）。费希特将直观与概念的共属性理论运用在这四个环节的关系上。理智直观（A）是一种自身设定下来的观察，它是有意的，正因此属于它的概念必须在"被给定的东西"那里。因此，可被规定的活动（C）应当被解释为属于 A 的概念。这个概念 C 应当是"不被直观的直接意识本身，它没有被把握为活动，而是被把握为静止"（40）。[70]自我将自己把握为"设定自身的"。因为这个自身设定是一种直观（Anschauung），所以自我将自己把握为直观活动（Anschauen）。自我自己的概念应当是"直观活动的概念，并且在这个意义上，应当被称为'直观本身'"（40）。虽然这里指的是一种"静止的活动，但它毕竟是一种直观，并且保持为直观"（41）。

每一个直观都要求一个概念作为其对立面，因此对于 C 这样一个静止的活动而言也必须存在一个对立的概念（D）。这个概念相对于 C 而言是静止，因此必须被把握为"静止的静止"（41）。自我的概念是对活动的单纯剥夺，而这个概念则是"对活动的**真实否定**"，"取消并否定活动自身，它不是**零**，而是**负量**"（41）。费希特的说法是：

> 这是存在的真正特征，人们错误地将存在的概念视为第一个直接概念，但唯一直接的概念其实是活动的概念。(41)

按照对立法则，自我的概念同理智直观（直接意识）联结在一起，这个概念将直观作为对象，自身也可以再次被把握为直观，并进一步要求存在的概念。这样一来就产生了直接意识向上攀升的过程，最开始直接意识是纯粹活动，它攀升到作为静止活动的自我的概念，然后再攀升至非我，作为对全部活动的否定。非我的规定性，即不作为自我而存在，由此得到了进一步的解释。活动是自我的特征，而存在则是非我的特征。存在的概念一直到这个攀升过程的最后才出现，而且预设了自我的概念，所以它不能在传统意义上——在费希特看来是独断的——被视为一个直接的概念。[71]

规定性理论的加入令《新方法》的存在学说获得了另一种立场，不同于《知识学》（1794）关于非我的理论。费希特在1797年还偶尔使用"非我"这一术语，现在终于开始谈及一套关于一般存在的理论。最初的知识学仅仅将非我描述为一个个别实体，没有任何存在论诉求，《新方法》则发展出了一个存在的**概念**。被演绎出来的不再是一个个别的、与自我处于因果关系之中的实存，而是一个普遍的特征，为无限多的实例化（Instantiierungen）留出了空间。费希特在《新方法》中才找到了存在的概念。直到现在，我们才看到一个具有基础哲学诉求的形而上学：从作为原则的自我出发，存在（被把握为概念的普遍性）被推演出来，其主要特征被规定为静止的持存。

虽然将存在的概念确立为必然蕴含于自我的本质之中这种想法本身可能是有意义的，但要贯彻它却面对着巨大的困难。认为自我的概念只有在与理智直观的关系中是概念，在与非我的关系中则成了直观，这种说法本身就不那么令人信服。将自我的概念解释为"静止的活动"，这个概念又将存在的概念对设为"静止的静止"，这个解释也并不可行。不一贯还体现在，费希特并没有将活动的产物（B）作为对立的环节联结在作为特定活动的理智直观（A）上，而是把可被规定的活动（C）联结了上去，然后又把这个活动自己的产物（D）作为它自己的对立环节。很难理解，在规定性理论中一个活动与其产物之间的关系竟是可以被（随意）建构的。

一个更显著的批评针对的是哲学家的理智直观与直接意识之间的差异。如果后者不能从前者之中被推出，那么相对于费希特本身的意图而言，他的论证只是推出了对哲学家而言的存在，并不是对自我而言的存在。或者反过来，当费希特认为非我"是先于那个我们考察的、自身设定的自我的"（37），那么这个自我就是哲学家的自我，他在思考自我时任意地设置了一个观察自身的实验。"摆脱静止"、从无规定向有规定的过渡，这些只是对哲学家而言，而不是对原初的意识而言发生的。存在只是联结着外部对自我的审视，而不是联结在自我的自身关系上。但本应该被证明的恰恰是，自我的内在功能会对自我产生出一个存在。

这里我们又一次看到，费希特和萨特的观点乍看相似，但却是有差别的。萨特最无意于的，便是从前反思的我思中推演出存在。相反，他引入了一个"存在论证明"（参见 SN 27 及以下），来指出有一种现象的存在，它并不被吸收进现象性即意识之中。意识总是**关于**某物的意识，这不能被理解为意识对其对象的存在而言是建构性的，只能被理解为"意识出于最根本的性质是与超越性存在的一种关系"（SN 27）。[72] 费希特将对象的存在追溯到对象对于自我而言的存在，但萨特却认为不可还原的"自在存在"（SN 31）是一种独特的存在类型，从而排除了唯心论。

除了上述矛盾，在费希特对存在的演绎中还显现出了严重的缺陷，规定性理论和存在论在解释上混杂难辨。对立原则指向的是规定性。只有当我们能够说出某物**不**是什么，我们才能规定某物是**什么**。但否定首先只是一个纯粹逻辑的过程，得出的只是要被规定者的一个**反概念**（Gegenbegriff），并不是一个真正的对立面（Oppositum）。否定性的东西自身并不存在。否定作为规定性理论的工具并不能合法地设定存在。费希特认为，有"意欲"就有"必然被发现的东西"，后者被称为"被给定的东西"（参见 39）。这样看来他完全是在逻辑的层面上思考，并不是在现实存在者的领域内思考。因此"非我"和"存在"作为"特定活动"的对立环节都只是**概念**。诚然，对存在的**思维**被证明是必要的，但并没有一个现实与这个思想相对应。按照费希特的说法，如果我们不把握存在的概念，我们就不能将自我作为活动来认识。但在存在的概念中无论如何都不包含这个概念的实在性。

有一种可能的反对意见是，对费希特这样的唯心主义者而言，概念的实在性是不言而喻的，因为一个独立存在的感性世界是被拒绝的。对这种反对意见的答复是，无论如何都要坚持纯粹逻辑和存在者之间的区别。如果一种哲学并不接受这一区别，我们就有理由来反对它。因此，费希特关于存在的实在性的规定性理论不能仅仅作为逻辑性的东西出现，规定性理论本应该做到这一点，因为它的诉求就是为自我的存在奠基。[73]参见康德对莱布尼茨的批评，我们可以说这里也存在着"对世界的搭建"（Fortsch. A 127）。费希特的意图并不是一门先验神学，而是解释自我的自身规定，那么康德批评莱布尼茨之处也出现在费希特这里，即从规定性理论向存在者的推论。

继续顺着费希特的思路往下走，我们就会发现规定性理论将存在理解为非我，提供的是关于存在或非我的**概念**，而不是一种能够表明存在之事实性的**直观**。费希特自己完全意识到了这样一种直观的必要性。在《第二导论》中他写到，理智直观"始终与**感性**直观联结在一起"（Ⅰ 464；Ⅰ, 4, 217）。在《新方法》中他给出了以下理由，"静止的活动"（C）仍然是一个直观，其对立环节（D）是成立的：

> 因此那个被对设者不再是直观，而是对直观活动的**真实否定**，即一个被直观者。（42）

"静止的活动"这个概念本就略显牵强。现在，费希特似乎陷入了任意性中，他引入了被直观者作为直观活动的对立面，但他先前已经将这个对立环节解释为概念。存在的概念不可能与被直观者的概念同一。费希特的原话是：

> 非我的概念不是一个经验概念，它只能从构成非我概念的活动中被推演出来。（37）

正因为非我的概念不应该是经验概念，而是（逻辑的）构造，非我的可直观性以及非我概念的实在性就都是成问题的。

在费希特学说中，感觉的不可解释的多样性（参见《新方法》69 和

《第二导论》Ⅰ 489 - 490；I, 4, 242）也可以向我们揭示出，费希特的理论在存在的事实性上是有缺失的。在《第二导论》中费希特就已经取消了阻碍理论，因此不可能将感觉的质解释为进行刺激的非我的特征。他认为即便在知识学中，"单纯经验的东西"（Ⅰ 489；I, 4, 242）作为必然活动的体系也是不可演绎的，而是必须被承认是绝对偶然的。在《新方法》中，费希特还额外解释了为什么偶然的东西是必然存在的。对于规定自身的自我而言，必须有不可演绎的杂多作为自由选择的众多可能性，以供自身规定的活动从中进行选择。然而，自我决定的自由行为不能被解释为一种选择，仿佛自我也可以将自己规定为"设定自身"之外的别的状态。既然自身规定属于自我的本质，那么自我就不能在自身规定之前看到自身规定的诸可能性，并从中进行选择。单纯经验性的东西的存在并不旨在使自我的建构得以可能。从规定性理论的角度来看，将自身规定理解为一种选择也是不令人满意的，因为预定的即已经被规定的可能性被当作选择的对象被接受了下来。由此可见，费希特并没有推演出"规定性"的现象，而是已经预设了它。这些矛盾出现在《新方法》§3，其主导思想就是自我创造（Selbstschöpfung）。[74]

我们还能从另一个面向批判规定性理论对存在的演绎。试问，将存在把握为对思想的否定，存在只是在纯粹逻辑的意义上能够与思想区分开，这不就是一种难以忍受的理性主义吗？就与思想的关系而言，存在不需要被规定为逻辑上不可把握的他者吗？

费希特可能是为了确保存在概念的实在性而断言了自我和存在的同一性，从这点来看费希特犯下的错误就更严重了。他接受了《知识学》（1794）的一个说法，在《新方法》的§2 中关于对立方法这样写道："人类精神的整个运作机制（Mechanismus）都建立在对设的必然性上。"（42，参见Ⅰ 226；I, 2, 367）但他不再认为被对设者**为了自我而存在**，并由此与自我统一在一起，他现在将两者解释为同一的：

> 被对设下来的双方实际是同一个，只是从不同方面被看待。意图中的自我，同被给定的非我实际上是同一个。（42）

凭借这个同一性命题，费希特远远超出了综合进程，综合只意味着被规定的某物被"联结"到一个对立环节上，因为它必须同时被思维到。假如非我实际上只是"一种直观自我的特殊方式"（43），即"在静止中"而非活动中观察自我，那么存在概念的实在性就得到保障了。费希特指明了自我作为活动的存在，那么存在概念的对象性也同时被保证了，因为存在概念和自我概念实际上指的是同一个东西，只是从不同的方面被直观。

在同一性命题的语境中，存在的可直观性也就不成问题了。观念性活动模仿了实在活动；观念性活动是对实在活动的直观。实在活动先于观念性活动，因此它被直观为存在。

费希特的路径是，从纯粹逻辑的层面引出规定性理论对存在的奠基，但这条路似乎并不可行。费希特先前使用了两种可能的把握自我的方式，将自我把握为静止的或活动的，以此来对比自我的直观和概念。非我的概念本应呈现为自我概念的对立面，因此他不可能谈及"观察静止的自我"。但最重要的是：自我的概念和存在的概念是完全对立的，正如规定性理论所要求的那样，因此两者不能被划为同一。也不能说它们两者是同一个对象，只不过显现为不同的面向。用来引入存在概念的否定性原则，与同一性命题是不相容的。[75]

费希特从规定性理论对存在概念的联结处理走向自我与存在的同一设定，这一步是不合法的。相比将存在把握为对自我的否定，这个缺陷在《新方法》内部更为严重。为了存在与自我的同一性断言，前面那种理解很快就被取消了。非我的痕迹对自我而言是一个超越的对象，而不是自我的一个特殊面向——这样的"非我"从§6起就踪迹难寻了。但在§4中我们还能看到一二，费希特在那里讨论了"存在的两种意义"（52）。存在首先是"取消**实在的**活动"的那种东西，因为它与实在的活动是对立的。但是这个实在的活动自身又关联着观念的、模仿的活动，于是实在的活动相对于后者而言就成了固定的、被给定的。在第一种意义中，存在是某种不同于自我的东西，但在第二种意义中，存在又成了自我的一部分。

对应于存在的双重意义，费希特在§6开篇处又给出了"客观"的双重意义：

> 这里被揭示的包含所有意识，并且意识就是从中被演绎出来的：

所谓主观的,就是设定自身的活动;客观的,就是实践的活动;而真正的客观是非我。

> 客观有两种意义。第一,就其与观念性活动对立而言,客观的是实践的活动;第二,就其与整个自我对立而言,客观的是非我。(63)

由此可见,"客观"的第一种意义是内在于自我的,因为它指的是实践的、先于观念活动的那种活动。"客观"的第二种、"真正的"意义则超越了自我,因为它指向的是非我,非我是与"整个自我"相对立的。这个"存在"或者说"客观"的意义通过对自我的否定超越了自我,是规定性理论对存在的演绎的根基。为了同一性命题,这层意义从§6开始就消失了,此后存在便只是自我的一个特殊面向,是静止的自我的某种"实在的活动"。

如果说费希特在他的范畴定义下还想表达的是,它们是"自我从对自身的纯粹思维中走出来,走向对一个他者的思维的方式"(198),那么这里所说的"他者"并不意味着一个与自我相对立的存在,而是"原初意识"(184)的一个面向,它并不将自我把握为不可理解的统一体,而是把自我拆分成各个环节。

否定性方法导向了一个区别于自我的存在**概念**,同一性命题则倒回了自我和存在的自一性(Selbigkeit)。如果说存在概念仍然可以被理解为对某种超越性东西的指向,而这种指向是根植于自我之中的,那么同一性命题就再次彻底走向了形而上学的唯心论,因为同一性命题说的无非是存在概念的所指就是自我自身。规定性理论的一个巨大优势是,它提供了存在的**概念**而非作为单一实体的非我,这个概念是向大量的实例开放的。这个优势随着"存在内在于自我之中"这一命题再次丧失了。真相是,按照费希特所言只存在**一个**存在者,就是自我。"存在"这个概念最终指的只是自我,尤其是特殊面向的静止持存的自我,也可以理解为自在存在。只有普通意识才将静止持存的东西看成不同于自我的,看成大量不依赖于自我而存在的实体。在这个层面上,存在概念似乎包含了一种不确定的多样性,它具有静止持存的普遍特征。但在真相的层面上显然只有一个实例才在某种意义上具有这种特征，它就是自我。规定性理论在与同一性命题相结合后就导向了一种形而上学的存在学说：唯一**存在着的**就是自我，因为所有看上去存在的东西都具有一个普遍的特征，它们实际上只是**唯一**真正存在者的一部分规定。

2．"存在"作为自由的结果

在§3中费希特给先前对存在的演绎加了一些限制条件。他认为，自我和非我必须被统一起来，但对这一命题的证明实际上包含了一个未经证明的前提：

> 我们的思路的出发点是，如果自我应当再次成为我们的意识的对象，那么就必须有一个非我被设定下来。但是自我真的应当成为意识的对象吗？这是未经证明的。(38)

得到证明的是，**如果**要有一个关于自我的明确意识，那么就必须设定非我。未被证明的是，是否必须要有这样一个关于自我的清晰意识。虽然§1指出了直接意识的必要性，但规定性理论的论证并不是从直接意识，而是从间接意识出发的。如果没有对非我的意识，自我的间接意识是不可能的。"自我最初的思维"即直接意识，"是一个自由的活动，但从中并不会得出必然的东西"(38)。费希特似乎想说，直接意识只是一个直观，并不是概念，因此还没有得到清晰的意识，这里"清晰"意味着是被规定的、服从对立原则的意识。只有当概念加入时，这个对立原则才会生效，与此同时直接意识离场，间接意识出现。因此未被证明的前提是，超出直观之外还应当有一个自我的概念，或者如《第二导论》所言，"可能的自我意识"应当成为"现实的"。

这个表述与§1中的表述是矛盾的，按照后者，将自我的活动把握为**活动**或把握为**静止**（即直观和概念）的两种把握方式通过对立原则彼此关联、互为条件，也就是说，没有概念的直观和没有直观的概念都是不可能的。[76]

即使自我的直接直观已经存在，把握仍然是偶然的，因此费希特转而致力于他在《新方法》§3中发展出来的自由理论。这指的是从无规定性向有规定性的过渡行为，当自我把握自身时，这种行为立刻就被做出了：

在**自由**的行为中，自我自身成为**对象**。现实的意识诞生了，从现在开始意识的一切对象都必须联结在这个最初的点上；因此自由是所有存在和所有意识的第一原因、第一条件。(46)

自我的对象化以及现实意识的诞生都应当与概念联系在一起，因此自由的行为只能意味着把握。费希特讨论了"绝对自由的自身奠基行为"，并且用创造理论的术语表达道："这是一种无中生有，是对未有之物的创造，是一个绝对的开端。"(47)[77]

对直接意识的解释是成问题的，费希特的解释只是为了强调把握对自我意识的作用。§3中的论述是：

> 实际上我们已经指出了，直接意识绝不是意识，而是一种模糊的自身设定，从中得不出任何东西。直接意识是一种没有直观对象的直观。我们如何能够从直接意识中走出来，建立起意识，这个问题并没有得到解答。为了自我的存在，直接意识必须再次被绝对自由设定。这种绝对自由的现身是自由的，但其条件是我应当存在，而这个条件是必然的。(49)

在《知识学》(1794) 的§5中，费希特认为自身设定的自我只是一个无灵魂的、闭锁在自身之中的存在，它必须向外打开，才能将自我设定为设定着自身的。(参见 I 273-276；I, 2, 406-409) 现在他同样认为"直接意识"是一种"沉闷的自身设定"，从中得不出任何东西。虽然他在《新方法》的§1中已经用《知识学》(1794) 第五章中的"设定自己为设定着自身的"这个说法来表述直接意识（参见 WLNM 34），以避免对意识的解释落入无限倒退之中——在《知识学》(1794) 中费希特将向外部的开放归结为"阻碍"，这使拥有对象得以可能[78]，但在《新方法》的开端，他似乎想通过规定性理论，用费希特的话来说就是通过"综合"，从直接意识中获得对象意识。不过之后他就过渡到将开放解释为绝对自由的行动，解释为无理由地走向直观的把握。直接意识最初是通过"作为"结构被标志的，现在费希特将直接意识降为单纯的"自身设定"。只有当直接意识被把握为"再次被设定的"，它似乎才达到"作为"结构。

规定性理论也将存在作为自我概念的对立概念推导出来。特殊之处仅仅在于，费希特在规定过程的开端设定了一个自由的活动，而这个从直接直观出发的规定过程应该首先伴随逻辑的必然性。归根结底，问题仍然在于理智直观的直接性和间接性之间的关系。理智直观是否已经显现为一种间接性、一种把握，因此从它的结构出发要求一个对立环节？又或者，理智直观确实是一种直观，之所以必须通过自由的反思加入一个概念，是因为要开启这个综合过程？在《知识学》（1812）的"自反性"这个标题之下，我们会再一次遭遇在为"现实性"奠基时自由与必然性之间的矛盾，以及自我作为"无规定的规定性"所具有的双重含义。

四、综合的思维——真理与现象

最后让我们回到费希特的"综合性思维"理论，其中不仅指明了一个跨范畴的、不可把握的"意识的中点"，还给出了一套对范畴的演绎。费希特将这套综合性思维的理论建立在这样一个准则上：思维总是伴随着对思维的意识。现在他将§3中的观念活动和实在活动描述为"思维"，那么按照准则，再加上设定对活动的意识，它们就能在这个意识中被综合联结起来。[79]这样一个意识就是"综合的思维"（184）。

费希特接着认为在综合的思维中，自我将自身思维为进行自身规定的（参见183-184）。尽管在§3中已经同时给出了一个自身规定的实在活动和一个观念活动，但在§17中，费希特显然认为还有必要将自身规定提高到一个新的层次上，以将观念活动和实在活动"一同把握"。在这里费希特引入了一个新的反思层次，作为自身把握的自我创造活动要求反思，这不是"自我的实在活动也必须是自为的"这样一条原理所保证的，因为观念性活动已经满足了这一条。观念性活动再次成为自为的也是无意义的，这仅仅呈现了反思无限进展的空洞重复。但费希特引入了另一个主题来推动新的反思层次，即存在与思维的同一性。费希特问道：

> 自我性存在于观念与实在的绝对同一之中，它……只对哲学家们存在，但它对我们建构的自我将如何？（182）

> 对目标的思维和对对象的思维实际上是同一个，只是从不同面向来看……对于进行哲学思考的我们而言，我们看到了存在和思维的同一；但这其实是没有助益的。我们必须将这一观点赋予被研究的自我，使其对自我而言成为必然的。(183)

我们已经批评过，费希特将两个环节在规定性理论中的联结，过分抬高到他对它们同一性的主张。这里要追问的是，即使这种同一性真的存在，它为什么对被建构的自我而言是必然的。知识学的目的是实现一种先验唯心论，这并不必然意味着将哲学家的自我变成研究的对象，而是从哲学家的期待出发建构出自然自我，连同自然自我的种种实在论偏见。存在和思维的同一性对自然自我而言并不存在。《新方法》的最初章节中，费希特对普通自我（naives Ich）的关注是为了论证理智直观。先前的内容是对一般认识活动从唯心论的角度出发的批判性重建，现在取而代之的是建构一种哲学性的认识活动的尝试。哲学家的认识活动接替自然自我的认识活动成为知识学的主题。

如果将关于思维与存在的同一的洞见考虑为知识学的成果，那么这个新的反思层次就意味着，知识学所提供的这种知识是属于自我的本质的。哲学家启示出的存在本质将会成为自我的一个组成部分。自我的一个本质性特征是拥有完善的知识，这一观点在后来的知识学中被表述得更加清晰。《知识学》(1804) 的结尾处是这样说的："我们在这里直接地就是绝对知识。"（X 288；II, 8, 374）"现在这个唯一的纯粹知识就是我们；而我们现在就正是知识学。"（X 289；II, 8, 376，参见 X 314）在《知识学》(1812) 的导论中，费希特认为那种"敞开在透明与清晰中的"知识"**就是**我们"（X 319）。可以这样说，"并不是我们有能力创造知识学，而是知识学必须在我们之中创造它自身"（X 342）。这里有一种自我对自身的绝对知识，一种自为存在，从这种知识中产生出的不是超验存在的假象，这种知识所教导的是关于自我的真理。

在我们看来，这一观点的根据在于从哲学家的行动到自我的本质之间产生了不合法的推论。费希特曾经将理智直观规定为"哲学家在产生出自我的行动中对自身的直观"（《第二导论》I 463；I, 4, 216），也就是一种直观的直观。如果这一直观行动只对哲学家而言是"任意的""在时间中的",对自我而言却是"必然和原初的"（Ⅰ461；*I*, *4*, 215），哲学家只是澄清了"当他思考**自身**时,他究竟在思考什么、一直以来思考了些什么"（Ⅰ460；*I*, *4*, 214),那么自我必须始终拥有关于自身的真正知识,进行直观的哲学家只是得到了它。自我本就一直是知识学,只是一般说来这种指示并不通达自我,而是必须要由哲学家来清晰明确地呈现出来。因此,这里有一种"无意识的知识"的表象作为根基,它在费希特晚期作品中也会再次出现。

费希特认为所有的思考都是"一种特定的自我意识"（188）,也就是说,自我思考自身为进行着自身规定的。这在别的位置也被表示为,自我是"思维与存在的同一",这种"综合"就是"完整的意识"（193）。

需要进一步规定的是这种综合性思维的关系,《新方法》从直接意识和自我的自身把握学说开始,在对综合性思维的展现中达到顶峰。在费希特的讨论中,"第一原初意识 A"跟随着精神的二重性,也就是精神的"主体客体性"被双重地视作"B + C"。B 应当是"对我的思维的思维,对我的思维的间接意识",C 则是"我所意识到"的那个东西（184 - 185）。B 和 C 共同构成了所谓的"综合性思维",在这里可以被解释成原初统一体 A 的展开。

费希特以平行对照的方式处理了这两者:其一是综合性思维作为对"原初意识"的阐明,其二是对直接意识（S = O）的再一次设定。他对 A 分裂为 B + C 这一活动的描述,与§3 中对创造性活动的描述是相同的:"**分析**是通过思维活动发生的,它是**假言**必要的,但本身又是基于自由的。"（185）反思层次的区别在于,实在活动在§3 中呈现为把握活动,但现在却应当是思维 B 的**对象**。但这一思维 B 又进一步指向思维 C,因此这整个综合性思维都属于"理智"王国,属于纯粹思维的领域,而实在活动是以感性化的方式起作用的。费希特也没有将综合性思维规定为一种直接直观的把握,而是一种"理智直观"（184）。正如《新方法》开头所言,思维的思维应当与直观的直观同一。

相应地,综合性思维也呈现为一种直接的间接性。规定性作为关于对象的清楚明晰的意识应当与概念联结在一起,这条凭借否定起效的规定性法则现在不再适用。费希特对意识的"中点",即 A 作为 B 和 C 的综合统一给出了以下说明:"人们首先描述了中点,这个中点是规定自身的直接的东西……"(207)自我规定自身,但不再像§3所言是间接的、主客分离的意识的产物。在综合性思维中会发生对自身的把握,尽管如此,"每一个被把握的东西都具有一个对立项"这条对立法则就不再有效了。自我具有对自身的意识,但并不建立起任何推理性。或者反过来说:它是一个直接的意识,但它并不应当是无规定的。毋宁说它作为一个直接的意识同时也是反身性的、规定自身的。费希特认为:

> 这个自身规定是所有生命和意识的绝对开端,因为我们的意识总是预设了某些东西,因此它正是不可把握的。(208)[80]

一种仍然停留在直接性中的自身规定是我们无法把握的,因为对我们而言,"规定"往往意味着对设。[81]这是推理性、感性化思维的特征,费希特将这种思维与另一个理智领域相对立,推理性法则在其中失效。在这个领域中发生的是对我们而言不可把握的自我对自身规定的认识;直接的自身拥有和反思性。

费希特认为,在这个理智领域中运行着一种"通过纯粹思维发生的规定",但这并不意味着被思考者的有限化,因为它"与借助想象力对无限者的把握是不可分割的",两者发生在"意识的**同一个**活动中"(207)。这里可以谈一谈作为"准-规定性"的原理。正如上述,费希特将想象力置于规定性与无规定性的中间,将两者统一在一起。(参见205)"准-被规定者"既不是有规定的,也不是无规定的,它同时是两者。

反之,范畴下的思维则消解了这种不可把握的对立统一:

> 范畴正是直接意识转变为间接意识的方式,是自我从对自己的纯粹思维中走出来去思维他者的方式;范畴并不起单纯的连接作用,而是将简单东西变成杂多、双面地直观简单东西的方式。(198)

思维之思维在理智领域中本应是一个简单东西,却被范畴拆分,并置于特定的依赖关系中。正如费希特所言,这种依赖关系中的一方通过另一方被直观。因此

> 首先被描述的是中点，在这个点上，规定自身的直接的东西并不通过他者被直观。意识就如同一个圆，**理智**就是其中点；圆周按照思维的必然法则联结在中点上，它包含了所有经验性的、感性的东西。（207）

只有通过范畴下的感性化思维，圆周才得以产生，并与中点相连接。在理智领域中，规定性思维和对无限者的把握统一在一个行动之中，因此一方面是纯粹思维通过想象力被直观，另一方面是想象力通过纯粹思维被直观。在第一种情况下，纯粹思维被感性化为能产生感官对象的力量，也就是说成为有效果的"身体"（210）。在第二种情况下，想象力被思维规定，"世界"便产生了（211–212）。[82]

统一的纯粹思维只有通过范畴下的思维才分裂为杂多。这样一来，被思维的思维 C "一方面显现为对目的的观念性思维，另一方面显现为对对象 X + Y 的实在性思维"（185）。统一性完全在于理智的一侧，杂多则位于感性的一侧。自我对统一与杂多或理智直观和感性直观的整个综合建构过程，被费希特描述为：

> 通过我的所有思维，我实际上**建构**的是对一个自我的思维（即被思维的思维），这里包含着杂多，也就是目的概念和行动。（185）

费希特使用了一对概念，来说明"原初意识"的统一体与感性化过后分割出的诸元素之间的关系："真理"和"现象"（186），这对概念在晚期作品中具有重要意义。不可把握的统一性是自我的"真理"，自我的"现象"则是彼此分化，又彼此在某种程度上依赖的各个环节。范畴下的思维将"真理"转变为"现象"。[83]

"真理"与"现象"之间的这种关系引起了一个宇宙论的问题：向感性领域的过渡究竟为什么会发生？在费希特的论述中，范畴是"自我走出对自身的纯粹思维，走向对他者的思维的种种方式"（198），他将这种过渡与§3中的自由行动并列，后者也被描述为从自我之中"走出"（参见49）。那里之所以引入自由行动，是因为"直接意识"只被认为是一种"沉闷的自身设定"，是尚未完成而非不应当的意识，因此需要补足。§17中的"原初意识"却没有表现出这类不足，自我在原初意识中完全认识到自己是自身规定的。因此，它显示出与"直接意识"相对立的一种完满性，不需要补足。但我们看不到任何离开这种完满性的动机。

总结

《新方法》表明自己在方法论上从多个角度优于《知识学》（1794）。这体现在以下三个方面：对最高的本原有一种新的展开，更确切地说是现象学式的展开；将最高本原解释为理智直观；新版本的综合方法不再归结于一个矛盾。最重要的是，这个新版本得以用自我与存在之间的逻辑关系替代自我与非我之间的真实对立（Realopposition），在这一逻辑关系中，自我的自身规定同时作为存在的根据发挥作用。费希特现在才终于能够向存在的根据提问。

但答案在很多方面是令人不满的。就算忽视演绎过程中的种种不一贯之处，"理智直观"这一本原就直接性抑或间接性而言仍然是不明晰的，这种不明晰从始至终贯穿着《新方法》。

对存在本身的演绎是从自我出发并且以纯粹逻辑的方式进行的，因此这一演绎首先表明自己是理性主义的。如此得来的存在概念诚然是一个静止的概念，也是大量存在者的一个普遍特征，对这样一个存在概念可以提出存在论的要求，但形而上学的唯心论阻止了这一要求，因为自我（在特定方面）可以被解释为这一存在概念唯一的相关项。诸范畴也相应地不再意味着自我与非我之间关系的诸规定（也就绝不是存在者本身的特征了），而仅仅意味着自我把握自身的诸方式。我们看到，《新方法》已经非常靠近这一论点：只有一**存在**。还剩下一个术语上的问题：存在究竟应该被作为静止状态来定义，从而适用于大量看似实存着的东西（因为自我的静止特征转移到了这些实存者身上），还是应该被作为行动来定义？按照第一种定义方式，自我就成了"超存在者"；按照第二种定义方式，只有自身规定的自我可以被称为真正的存在。

从存在论的立场来看，以上两种存在概念都体现出某种简化。完全没有被考虑到的是，为什么静止不动者和行动者不能同时胜任存在者，两者只是各司其职。只有当我们能够指出，作为本原的自我与作为派生物被建构的世界之间不容许任何意义上的相同时,我们才能辩护,存在概念只能是两者之一而不是兼而有之。但在《新方法》中我们却看到了相反的情况,唯心论的同一性命题并没有被充分奠基,因此存在被定义为自我的显现方式,在自我之外还存在着其他独立实存者的可能性则被排除掉了。

存在与假象被区分开了,与之相应的是,《新方法》中区分了"真理"的领域和成为假象的"现象"的领域。更高的那个领域是跨范畴的,而较低的那个领域则因为范畴在其中的作用而产生了这样一种假象,即"有独立的诸对象实存着"。此外,精神性东西的那个领域派生出了(prinzipiieren)感官性东西的领域。在《知识学》(1812)中,费希特将延续这一思路,他将真正的"存在"规定为作为本原-存在和在-自身-之外存在。但相对《新方法》而言,局势会变得更加复杂,因为从《知识学》(1801)开始,还要考虑第三个领域,也就是"绝对者""上帝"的领域。

注释:

[1] 关于只包含在两份讲座笔记中的《新方法》的年代和流传史,参见 E. Fuchs 给 J. G. Fichte 的 Wissenschaftslehre nova methodo, Kollegnachschrift K. Chr. Fr. Krause 1798/99, ed. E. Fuchs (Hamburg: De Gruyter, 1982) 所写作的导论。

[2] 现在我们可以清楚地看到,那种仅仅着眼于《知识学》(1794) 所得来的费希特图景是有局限性的。克罗纳将知识学理解为思辨逻辑学与思辨伦理学之间的斗争,鲍曼斯将知识学诠释为"伦理的人类学",对他们而言,"实践的唯心论"扮演了一个关键角色。但正如《新方法》所展示的那样,这种实践的唯心论在费希特的思想中成了过去式。

[3] 想象力也是《新方法》中的一个主题,但它会被赋予一种新的功能。

[4] "自我规定自身。'**自身**'这个小词指向**自我**。"(53)

[5] "自身规定是为了自己的,因此人们将自由归给理智。"(53) 费希特抓住这个机会来再次表达他的唯心主义的基本立场:"我们在自身之中看到全部,我们看到的只有我们自己,作为行动着的、从可规定的向有

规定的过渡。"（54）

[6]"**自由的自身规定**只有作为规定为某物时才是可直观的，自身规定的或者说实践的自我对这个某物有一个概念，称为目的概念。"（55）"只有当自我按照一个概念来行动，并且这个概念是自我自行创造的时，我才是自由行动着的。"（51）

[7]"自我规定自身的意思是，从可规定的东西中做出选择。"（§5，57）

[8]"自由是可以在所有东西中做选择，受限制是必须在一个总和之中做选择。"（57）成问题的是，费希特设置了一个通过绝对的选择自由创造一个目的概念的行动，这样一来他就无权将这个目的概念视作自身规定的可能性条件。第一个论证说的是每一个自由行动都在目的概念下发生，另一个对立的论证说的是目的概念是由自由行动所创造的，后者取消了前者。费希特接下来的表述明确地体现了这个问题："通过我们上文描述的绝对自由，自我将自己规定为某物，自我进行设定，自我在规定性中具有一个概念。自我只会按照一个概念来行动，因此自我只有自行为自己创造概念时，才能自由行动。"（51）"只会按照一个概念来行动"这一表述显然不是普遍有效的，对那种创造概念的活动来说它是无效的。它只对已经处于规定性状态的自我有效，对自身规定的行动无效，后者在规定性之先。

[9]费希特写道："肯定的东西（物质）应当是多样的，因为它应当是自由选择的对象，因此也必须有多样的感觉。"（69）

[10]费希特在另一处非常清晰地解释了他的唯心论的基本特征："尽管对自由的存在而言，所有应当为它存在的东西都必须由它自己产生，但同样有某东西向它显现为必然被给定的；这种假象又是从哪里来的呢？它实际上来源于自由存在者的本性，它始于一个自由的行动，没有任何意识能够先于这个行动；这个自由的行动是意识的对象，并且可以在事后被视为自由的产物；但因为它成了意识的对象，它就显现为被给定的……"（107–108）

[11]"但在空间规定方面，是……对自我必须画出的直线的直观，这条直线是为了抵达那个位置。现在我会这样描述这条直线。即我评估自

己的努力，也就是评估我必须花费多少力气、必须多少次离开自己的位置，才能抵达对象所在的那个位置。（毫无疑问，最初的尺度就是步子……）。"（121 - 121）

［12］费希特在§17的开头处写道："很久以来我们的任务就是：按照已知的规则将意识的条件组合起来，仿佛是在我们的眼前将意识**建构起来**。与几何学家的不同之处仅仅在于，他们并不关心画出直线的能力来自哪里，空间来自哪里，这样的问题已经由知识学解答。知识学必须争取它所处理的东西，在这个意义上，体系包含两个部分。已经指出的是，纯粹的意志是意识的真正对象，我们也查明了它就是知识学应当处理的东西。第二部分从那里开始了；而我们现在就在真正地进行建构。"（178f.）纯粹意志被主题化为意识对象发生在衔接处，也就是§13（142以下）。

［13］费希特继续写道："但这里并不准备这样使用它（定言命令），只是为了解释普遍的意识。康德使用定言命令的目的只是解释责任的意识。"（143）

［14］我们可以看到，《新方法》中费希特的意愿理论与《知识学》（1794）中的实践唯心论差距有多大。在《知识学》（1794）中，存在因为具有异质性，所以应当被意愿去除。这曾经只能被设想为"无限的努力"，但现在意愿从一开始就是存在的根据。因此《新方法》从一开始就是一种形而上学的唯意志论（Voluntarismus），唯意志论在19世纪传播很广。一个很著名的例子是叔本华的著作《作为意志和表象的世界》，其中的论点就是意愿是存在的根据。谢林的《世界时代》（1811）也可以作为凭证，它说："在存在之上有真正的、永恒的自由"（4，226）。这份并不认识自身的"纯净"（Lauterkeit）将无法走出自身抵达存在。只有一个"特定的意志"才会影响存在（4，230），特定的意志对纯粹的爱的"无限涌出"造成否定和限制，并且将它引向"实存"，因为"实存是特性，是区分"（4，231）。

［15］此处原文是："人们可以看到，一个感性世界如何能够从理智世界中诞生出来：1）我们必须进行推理性的思考；2）我们必须在所有被规定物之前预设一个可被规定物；3）被预设的可被规定物获得了客观性的特征。（它显现为被发现的、被给予的、无须我们的行动就在手

的。)"(147)

[16] 因此费希特可以这样说:"当下这一节(§13)与先前章节的关系是:先前的章节只是开辟了道路,现在这一节确立了一个点,从这个点出发可以推演出其他所有东西……"(151) §14 中相对应的说法是:"一直到§13为止,我们从底部攀升到了理智的东西,现在这条路径被颠转了。"(161)意志理论中对理智世界和感性世界的划分起源于康德。康德认为,必须如此保证意志的自主性具有不受外部影响的自由,即将意志安置在理智世界中:"因此理性存在者拥有两个观察自身的立场,以此认识他使用自己力量的法则以及他的全部行动。一个立场是他属于感性世界,受制于自然法则(他律);另一个立场是他属于理智世界,受制于独立于自然的那些法则,这些法则不是经验性的,而是仅仅奠基于理性之中。"(Immanuel Kant, *Grundlegung zur Metaphysik der Sitten*, in *Werke*, vol. Ⅶ, B 108 f.)诚然,康德那里没有出现的观点是,将感性世界作为理智世界的感性化从中推演出来,然后取消两个世界的分裂。康德只是认为,理智世界应当作为实践的理念对感性世界施加影响,目的是让感性世界符合理念。关于费希特思想中"超感性世界"的意义的增强,参见 Julius Drechsler, *Fichtes Lehre vom Bild* (Stuttgart: W. Kohlhammer, 1955), pp. 93–97。

[17] 在《法庭辩护书》(1799)中,费希特将两种通向理智的方式对立起来。他这样写道:"存在一个意识的领域,在这一领域中,我们全部意识的一些真正的材料,也就是超感性事物,其**感性的面向伴**随着一种感觉(感官感觉、印象)直接地穿透我们。因此在这个领域中,在没有先验哲学的阐释和推演的情况下,感性事物显现为首要的、原初的、为了自身而存在的。这一领域就是整个**外部经验**。"(Ⅴ 260;*I*,6,45)只有在这个领域内才能使用"存在这个谓词",即费希特所说的"被直截了当使用的**存在**",它表达的是**实存**,与"逻辑上的系词:**是**(ist)"表达的是"完全不同的意思"。费希特继续写道:"除了将我们全部意识的真实材料和超感性事物感性化的面向,还存在着第二种可能的面向,也就是纯粹思维,这两个面向是统一在一起、不可分割的。第二种面向为我们的道德规定赋予了直接的意识。"(Ⅴ 260;*I*,6,46)

[18] 有一种感觉始终伴随着超感性事物的感性化(参见 Ⅴ 260;*I*,

6，45），费希特称之为"不能"，它指的是对欲望加以意志的限制。在唯一神圣的上帝那里，不存在被欲望限制的意志，也不会发生感性化。因此上帝的意识对我们来说是不可解释的。

［19］"我们（哲学家们）认清了存在和思想的同一，但这并没有任何助益；我们必须将这个洞察置于被研究的自我的基础，使它成为对自我而言必要的东西。"（183）

［20］但"自我性（Ichheit）的特征恰恰就是直截了当地规定自身，就是绝对的在先者而不是第二位的；因此**反思是绝对自由的**。**反思**的这种绝对自由本身是超感性的东西；在受到束缚的状态下，只能对部分**进行反思**，这里才出现了感性事物。此处给出了超感性世界和感性世界统一起来的点"（157）。

［21］总的来说："**纯粹意志**是所有意识和所有反思的**直接对象**（§13），但反思是推理性的；因此纯粹意志必然是一个杂多的东西；纯粹意志原初地并不是杂多，而是只有通过反思中的受限状态才会成为杂多，在受限的关系中它就成了意志。反思是**绝对**自由的，它的自由和全部本质都在于这种关系……"（166）

［22］这套对个体性的解释不符合对推理性的解释，在后者那里，推理性被解释为感性的媒介。费希特运用"规定性"和"可规定性"的法则将个体与理性存在者的王国区分开来。因此他追溯到感官化的推理性，以便在"精神的王国"中做出区分。"自我作为一个精神性东西……是一个有规定者"（149），这个说法实际上并不能通过推理性法则来解释。

［23］参见 Immanuel Kant, *Metaphysik der Sitten*, in *Werke*, vol. Ⅷ, A33。

［24］参见 Kant, *Grundlegung zur Metaphysik der Sitten*, vol. Ⅶ, B Ⅶ ff.。

［25］参见如 Kant, *Metaphysische Anfangsgründe der Tugendlehre*, vol. Ⅷ, A 75－77 关于"对性别特征的反自然的使用"。

［26］参见 Chr. Wolff, *Philosophia practica universalis*, §154。

［27］参见 Kant, *Grundlegung zur Metaphysik der Sitten*, vol. Ⅶ, B Ⅺ f.。

［28］在建构理论的基础上，自然规定性和自我立法是一致的，费希

特在《伦理学体系》的§8到§12中对此提供了证明。

［29］原文是这样的："自我性在于观念东西和实在东西的绝对同一，它……只是为了哲学家而存在，那么它们对我们建构出来的自我而言又是怎样的呢？""对某一目的和某一对象的思维实际上是同一个东西，只不过是不同的面向……对我们这些进行哲学思考的人来说事情是这样的，我们看到了存在和思维的同一，但这无助于此；我们必须将这一观点置于我们探究的自我的根基处，使之成为自我所必不可少的东西。"（183）

［30］"因此这一思维（即思维$_2$）是一种理智直观，而被思维的是某种理智东西，后者通过思维自身而存在。因此这一思维属于纯粹思维，我们曾经说过，纯粹思维是自己在思维某种东西。与之相对的是作为思维对象的那种思维，它是观念的和实在的，是经过感性中介的。"（184）

［31］"在自我之中首先有一个意识A，按照精神的**二重性**，这个意识会被双重地视为B+C，但C自身又会被双重地看待；A是思维的尺度、是综合……B应当是对思维的思维，是对我的思维的间接意识；C应当是自我所意识到的东西。B和C都是A。区分仅仅来自原初**二重性**，即主体客体性（Subjectobjecttivitaet）。C自身双重地显现为对目的的观念性思维，以及对某个对象（X+Y）的实在性思维。"（184-185）

［32］"这一思维来自对我自身的思维，我发现自己原初是意愿着的，这个意愿带来影响，与这个自我之中的影响必然相关的是一个受影响者，因为如果没有一个被规定的东西，就不存在规定活动。这里的关系是，通过规定者看到被规定者。"（196）

［33］"存在着因果性范畴；因为伴随着目的的概念的是一种真实的创造、特定的某物。"（198）因此根据命题不再像《知识学》（1794）那样属于限制范畴（Limitations-Kategorien），而是属于因果性概念。

［34］"目的概念不是被给定的东西，它是我自己产生出来的，而且我对此是有知识的；我的产生行动是我的意识真正的对象……只有当我目睹我创造出目的概念的行动时，我才会看到目的概念。那么这是如何可能的呢？"（200-201）

［35］正如在《知识学》（1794）中一样，想象力也被认为具有特殊的功能。但它不再是能将绝对对立的东西统一起来的能力，而是能够把握

可被规定的东西的能力。

［36］很难说我们应该怎么理解这种与真正的规定性相对立的准规定性。费希特所说的"无限可分的行动可能性"（202）可以被设想为已规定东西的总和，只是这些已规定东西尚未被自我实现出来。这些不同的可能性已经预先形成了，只是还需要被挑选出来。这样一来自我的功能便不在于为规定性奠基，而仅仅在于将已被规定的可能性实现出来。实现出来的是自我的规定性，而不是一般的规定性，自我通过这样的实现活动完成它的自身规定。可能性是作为已被规定的东西预设下来的。准规定性就是对自我而言可能的行动方式，而真正的规定性就意味着一个被挑选出来的、现实化了的行动的可能性。那么可规定性与规定性之间的对立，实际上就是可能性与现实性之间的对立。

［37］原文是这样的："在这个中心，通过纯粹思维发生的规定活动，与通过想象力发生的对无限的把握，是不可分的、统一在一起的，它们属于意识的**一个**行动。"（207）在实体概念中构成一个经过中介的统一体的东西，在这里应当直接地、彼此不依赖地合而为一。

［38］"先前只有这样的情况，一方是进行中介的，另一方则是被中介的。现在是另一种情况，杂多的东西被设想为彼此并列地、没有依赖关系地处于交互作用之中。但它们不是割裂地、陌生地存在在那里，而是彼此嵌合在一起，就好像是被中介的，但只是就两个**谓词**同时适用于双方且两者都通过对方被观看而言是被中介的。眼下这一综合的原初行动似乎是一个双重的行动，正如自我的原初行动也总是一个双重的行动，不可能是另一种样子。"（209）

［39］如果运用到"活动"与"存在"的关系上，这意味着："活动和存在只不过是从不同的方面来看的同一个东西。这种双重的视角必须存在，因为如果自我要存在，它就必须从这种双重视角出发。当自我通过想象力来观看它的纯粹思维时，一个活动就诞生在自我面前。当自我思维那通过想象力被展现出来的东西时，这个东西就成了存在。"（214-215）

［40］"**结果**：我发现自己既不是一个被限制的东西，也不是一个不被限制的东西，而是自由的，也就是可以通过自身无限被规定的。由此所有的存在都被排除在外，只留下一个任务，即在进程中限制自身——这就

是自我变成一个概念并理解自身。"（220）

［41］"但在感性世界中必然存在现象。我们只需要将理性的想法转移到这些现象上。"（228）

［42］"因此那个对我施加着要求的（存在者）必然对我最终呈现为一具质料性的、受限制的肉体。"（234）

［43］虽然理智直观是费希特最著名的几个理论之一，但关于这一主题只有很少的有帮助的二手文献。相关的文章都局限于汇报费希特的表述（扬科大体也是如此）。对这个主题而言，《第二导论》中给出的提示是非常重要的，在这篇导论中，费希特将自己的"理智直观"概念与康德提出的理智直观概念相比较，费希特的理智直观指的不是对某一存在的直观，而是对某一活动的直观（参见Ⅰ471 - 473；*I*, 4, 224 - 227）。除此之外还频繁出现对黑格尔的批评，后者在对费希特的解释中这样说道："理智直观被设定为与一切相同，理智直观就是总体性"（Werke, 2, 55），黑格尔的这番话实际上更针对谢林而非费希特。二手文献中对费希特思想的分析和批判性评估几乎就止步于此了。费希特解释者诸如斐罗嫩柯的相关文章 [Alexis Philonenko, "Die intellektuelle Anschauung bei Fichte", in *Der transzendentale Gedanke*, ed. K Hammacher (Hamburg: Felix Meiner, 1981)] 也并不能在理解上提供什么超出内部解读的帮助。那么就只剩下我们在一开始已经提到过的那几位作者。施托岑贝尔格的著作在标题中就含有"理智直观"概念，他在文本的选择上就已经是非常有针对性了，目的是将费希特的表述与他自己关于"绝对规定的逻辑"的计划协调起来。这样一来就只有鲍曼斯、亨利希和博塔斯特的文章值得我们关注了。后面提到的两位作者着重提出了这样一个问题：费希特是否从理智直观和自我概念的合作中发展了一套融贯的自我意识理论（参见 Pothast, 39 以下；Henrich 1966, 202 以下；也可以参见我们在导论中对这一立场的陈述）。而我们要讨论的问题是，理智直观作为意识和存在的本原是否可以被接受，是否确实立于知识学的顶点并接过了第一哲学的任务。

［44］《第二导论》在阐释了"理智直观"后也过渡到与康德对比的关系之中，《对知识学进行新表述的一个尝试》（VnD）则在最初几页之后彻底中断了。对"VnD"的详细报告可以参见 Johannes Römelt,

"'Merke auf dich selbst.' Das Verhältnis des Philosophen zu seinem Gegenstand nach dem *Versuch einer neuen Darstellung der Wissenschaftslehre* (1797/98) von Johann Gottlieb Fichte", in *Fichte Studien. Beiträge zur Geschichte und Systematik der Transzendentalphilosophie*, vol. 1, ed. Klaus Hammacher, Richard Schottky, Wolfgang H. Schrader (Amsterdam：Rodopi, 1990), pp. 73－98。

[45]"如果主体本身的全部存在以及对主体而言的全部存在都被抽象掉了，那么摆在主体面前的就只有一个行动。"（Ⅰ 457；*I*, *4*, *212*）

[46]《新方法》并没有在这一点上给出自己的论证，而是预设了自我是一个行动这一观点。

[47]《第二导论》在此处引入了一个方法论上的动机。正因为简单的反思是有欠缺的，所以必须有一个更进一步的行动来产出非我。

[48] 在《知识学新说》中，费希特在阐述完作为反身性行动的自我之后，提升到了"一个更高的思辨立场"（Ⅰ 525；*I*, *4*, *274*）。在《新方法》中，费希特通过一个声明过渡到更高的反思层级，即"我们必须认识到最终的根据（也就是那个对自己行动着的自我）"（31）。

[49]《新方法》仅仅将它的"预设"（Postulat）称为原理："人们思考自我的概念，随即思考起自己。""第一原理是一个预设。"（28）然而这个预设并不是一个基本的、不可动摇的（fundamentum inconcussum）、绝对的命题，一门科学的大厦无法建立其上，它仅仅是一个对自我观察的要求。"原理"这个说法在费希特这里并不是它真正的含义。

[50] 在《新方法》中对理智直观也有完全对应的说法："当人们在这个活动（即对自身采取的活动）中观察自己时，人们会直接意识到自身，或者将自己设定为自身设定的。"（34）

[51] 费希特只在《知识学新说》和《新方法》中使用了这个论证，在《第二导论》中并没有这个论证。

[52]《新方法》进行了简短总结："我意识到任意一个对象 B，但如果我没有意识到我自己，我是无法意识到 B 的，因为 B 不是我，我也不是 B。"（30）

[53]《新方法》中的说法是："我只有对意识有了意识，才能借此意识到自己……我如何意识到意识呢？这就会延伸至无限，意识没有办法用

这种方式解释清楚。"（30）

[54] 在《第二导论》中，哲学家对自我-活动的直观是："它是关于我在行动、关于我在怎样行动的直接意识：我通过它从而知道某物，因为我正在这么做。"（Ⅰ 463；*I*，*4*，*217*）

[55] 费希特在《新方法》中用了一个几乎一致的论证："自我绝不是主体，而是主体-客体。如果它仅仅是主体，那么人们就不可能把握意识。如果它仅仅是客体，那么人们就会奋力寻找一个客体之外的主体，但永远也找不到。"（31）如果自我仅仅是一个主体，那么意识之意识就必会朝向一个客体，就会招致无穷倒退。然而如果自我仅仅是一个客体，那么它就会是一个"对自身无意识的思考"（SN 18），就会再一次要求一个主体。那么仅凭自我是不可能解释清楚意识的。亨利希似乎首先倾向于"对自身无意识的反思"这一理念，因为他将"无自我的""匿名的"意识确立为自我意识的根据（参见 1970，275-279）。另外，他又认为这种"匿名性"具有"对自身的认识"（1970，277）。

[56] "不过意识是活动，自我意识则特别是返回自身的理智活动，或者纯粹的反思……自我在思维时，将纯粹的反思视为一个概念。"（WL-NM 34）在这一章的开端有一句注释："口述于 1798 年。"对"反思"这一术语的使用并不来自记录者，而是来自费希特本人。

[57] 参见《新方法》第 31 页："我们再次以直接的方式直观我们的直接直观。"

[58] 参见 E Husserl，*Ideen* Ⅰ § 24。

[59] "但是人们或许会问，实际上已经有人在这么问了——如果整个哲学都建立在一种纯粹任意的行为之上，那么这种哲学是否根本就是一种幻想、一种纯粹的虚构？哲学家如何保证这个单纯主体性的行为是具有客观性的，如何保证明显经验性的、发生在一个时刻（也就是哲学家准备进行哲学思考的时刻）的事情是具有原初性的？他如何证明，在属于他的一连串表象中，当下的这个自由思维就是对他而言必不可少的思维，是整个表象的序列赖以维系的必要思维？"（Ⅰ 460；*I*，*4*，*214*）

[60] 萨特也拒绝了行为理论意义上的意识，因为这更接近于一种"自我创造"（Selbstschöpfung）。萨特写道："否则意识就变成一种自己作

为一种行动的意识，意识并不是这种东西。"（SN 21）但费希特主张的正是这一观点，他将意识解释为直观、自身设定的概念，并且进一步将自由的行动解释为对"现实意识"的创造。

［61］鲍曼斯也承认理智直观这一概念并不清晰，他写道："理智直观真的能与自身设定、本原行动、绝对自我和自我的纯粹活动这些概念统一，还是说它并不能在多大程度上把自己融合进直接的内在存在、自身设定的当下、本原行动这些概念，这是非常值得怀疑的。理智直观与自身设定或者作为自身设定的自身设定是同一的吗？"（Peter Baumanns, *Fichtes ursprüngliches System*, pp. 81–82, Anm. 156）鲍曼斯偏好《知识学》（1794），但发现《第二导论》和《新方法》更为接近。显示出这一直观的第二种意义，即自身拥有（Selbsthabe）的，并不仅仅是《第二导论》中被鲍曼斯引用的段落，即 "如果没有我的自我意识中的理智直观，一只脚一只手也动不了"（Ⅰ 463；*I, 4, 217*）。《新方法》中的一处文本也指出，人"直接地意识到"他的活动，"或者说他设定自己为进行自身设定"。这一"原初直观"作为"直接意识……必须被预设为解释一切其他可能意识的条件"（34）。在这里，理智直观与"作为"公式被等同起来了。

［62］"欲把握真正本质，必运用直观。"（Ⅰ 461；*I, 4, 215*）

［63］直接性和中介性这组问题在《第二导论》中也有体现，费希特在论证直接自我意识时，谈及了对直观的**直观**（Ⅰ 463；*I, 4, 217*），因为在对非我进行规定性理论式的演绎时，要求对原初直观的一种**把握**。（Ⅰ 459；*I, 4, 214*）

［64］"自我从一种静止无活动状态走向活动，自我通过这种活动设定自身，静止被自我设定为活动的对立面。非此不能意识到活动的表象，它是对静止的逃脱，从静止过渡到活动。因此，自我唯有通过对立才能清晰地意识到我的活动，并且获得对这一活动的直观。"（32）

［65］很显然，费希特认为对立-原则（Gegensatz-Prinzip）在直观中有其根据，因为他在后文论及"对设的反思法则"时是这样表述的："这一法则我们已经在直观中证明过了。"（38）

［66］直接性和间接性的问题再次体现在费希特的下述意图中：他想

通过规定性理论将自我的概念与直观联系在一起（只有直观将自我把握为活动者，但活动只有在与静止的对立中才能被理解），即使直观是作为一种直接的"自身拥有"被引入的，本身并不指向任何对立。此处费希特似乎已经要求理智直观是一种规定性，即有中介的。下面的种种表述也体现出这里是模糊不清的：只有通过"对立"才可能对活动有"直观"（32）；"行动只有被直观后才固定下来，这种东西就被称为概念"（33）。在上述两种情况下，费希特都假定了，理智直观是受制于对立原则的。但在§3中，他将把握解释为一种自由的、无根据的添加到直观中的行动，这却消解了直观与概念之间的逻辑关联。

[67] 这个解释只能这样被理解：假定费希特将无规定者理解为注意力的所有可能对象的总和，只除去作为现实对象的自我，那么"可规定者"和"有规定者"的对立就仅仅在于可能性和现实性之间的模态差别。施托岑贝尔格区分了"反思规则"的两个变体。当费希特说，为了清楚明白地思维某物，就必须同时思维其对立面，他指的是通过排除矛盾的对立面来获得规定性。当他讨论可规定者与有规定者的关系时，他针对的是属-种关系，其中某一个种通过其特殊差异与这一属下的所有其他种对立（参见 Stolzenberg, *Fichtes Begriff der intellektuellen Anschauung*, pp. 188 f.）。但这种理解违背了费希特在可规定的活动和特定的活动之间建立的矛盾关系，他将特定的活动解释为"设定自身"，将可规定的活动解释为"不设定自身"。但属的概念并不与种的概念构成矛盾对立，而是包含了它。

[68] "先前作为可规定的活动被一般地设定下来的那种活动，出于预设的需要被设定为非我，走向了自我的对立面。"（37）

[69] "所有东西都与自我相联结，换个说法，按照迄今为止的章节，所有综合都以一个对立的东西为基础。如果自我直观或思维某物，就必须与这个某物相对立。—— 这个对立是走出自我的全部根据，在先前的章节中体现为走出直观，在现在这章则是走出自我本身。先前我们是走出了直观并将概念联结到其上，现在我们则是走出被设定的自我，并且设定出一个非我。"（37）

[70] 费希特继续论述道："这个概念是最直接、最高的概念，建立

在理智直观上，理智直观本身永远不会成为意识的对象；但这个概念恰恰是作为概念、在概念中并借助这个概念才找到自我自身，且对自我显现为被给予的。"（40）

［71］参见托马斯·阿奎那："Nam illud quod primo cadit in apprehensione, est ens, cuius intellectus includitur in omnibus quaecumque quis comprehendit."（STh Ⅰ-Ⅱ q. 94 a 2）海德格尔这样翻译这句话："对存在的理解已经包含在对存在者的所有理解之中。"（SZ 3）黑格尔也持有不同于费希特的看法，他将存在的概念视为首要的，把握为"无规定的直接性"（WdL Ⅰ 66）。

［72］萨特："当人们说意识总是**关于**某物的意识时，人们认为意识作为对存在的敞开必须成为可见的，这个存在并不是它（主体性）。当主体性发现这个存在时，它已经将自己呈现为存在着的。"（SN 29）

［73］施托岑贝尔格认为理智直观是一种"绝对规定的逻辑"，并且对此持积极态度。这种观点的缺陷在于忽视了规定性和存在之间的差别。

［74］萨特对这种思想提出了不无道理的警告（参见 SN 21）。拉斯克［Emil Lask, *Fichtes Idealismus und die Geschichte* (Tübingen: Mohr Siebeck, 1902)］积极地评价了费希特关于纯粹经验东西的绝对偶然性学说（参见《第二导论》Ⅰ 489；*I, 4*, 242）。他因为没有将《新方法》纳入自己的研究之中，所以就没有关注到，费希特将多样性解释为选择的可能性条件。但在《第二导论》中他察觉到了一个"先验逻辑学的偶然性概念"（111），这标志着费希特放弃了流溢式的逻辑学（一种绝对的理性主义，想要从自我出发演绎出所有东西），转向了分析的逻辑学，后者并不否认自己的形式性以及对经验的参照。拉斯克追随费希特，认为经验性的东西和个体性的东西的不可推演性并不意味着超验性。他认为："费希特现在的优点是保留了对非理性的认识，同时把它从与物自体的纠缠中解放出来。"（129；关于费希特参见Ⅰ 490；*I, 4*, 243）这位先验哲学家必须坚持经验东西的不可推演性是一种单纯的"逻辑的特征"，而不能将它重新解释为"超验实在性的侵入"（129）。在我们看来，将"个体的现实性"等同于"仅仅是逻辑上的事实"并不必要。经验性的东西不能从进行认识的自我中推演出来，这当然意味着现实性对自我的超越。如果人们想像拉

斯克一样在康德的意义上使用"对象性"概念，坚持这一概念是知性的功能（参见129），那么超验东西就只是一个"非对象"[这个术语出现在 Wolfgang Cramer, *Grundlegung einer Theorie des Geistes* (Ffm：Klostermann, 1975), pp. 24, 60 等处]。然而，我们的这一观点基于这样一个论点：先验哲学作为一个建构性的理论必须基于存在论。

[75] 规定性理论对发展出的对立面进行同一性设定，这让人想到《逻辑学》中黑格尔的辩证法。但是费希特的处理方法与黑格尔是完全不同的。费希特认为相对立的概念因为有共同的指涉而同一，黑格尔却拒绝使用这样的指涉，而是求助于概念的逻辑结构。如果在对立的概念之间可以发现逻辑结构的自一性，那么黑格尔就可能将这两个概念设定为同一的，并赋予它们一个新的概念，这个概念又再一次获得自己的对立面，等等。（参见如"肯定的无限性"一章中的处理，WdL Ⅰ 132 及以下，尤其是 133 和 135。）

[76] §2 中也是这样说的："在 §1 中我们就发现了，如果没有概念，任何直观，包括直观 A（理智直观）都是不可能的。"(40)

[77] 基于这套自由理论，费希特为《知识学》（1794）的第三原理赋予了一种新的含义，他曾在《知识学》（1794）中说过："那种无条件的东西现在已经被穷尽了。我想这样来表达它：**我在自我之中设定一个可分的非我与可分的自我相对立。**"（Ⅰ 110）费希特在《新方法》中否定了这条原理，认为它只具有假设的有效性，他是这样表述的："被证明的只是，如果我要获得意识，就必须设定一个非我；但并没有证明自我确实应当获得意识。"(46)

[78] 例如："但现在……自我的活动应当在某一个点上……受到……阻碍。它会发生**这件事**完全是一个不能从自我之中推演出来的事实，正如我们多次提及的那样；但**如果**要有任何现实的意识，这个事实将表明自己是必然的。"（Ⅰ 275；*I, 2, 408*）

[79] "对思维的意识直接与思维本身联结在一起；对目的的思维以及对客体的思维，两者都是有意识的思维，而且是发生在同一时刻的同一思维。因为如果没有**实在的**对象，目的是无法思维的，反之亦然。在对思维的意识中，两者显然是连接在一起的……"(183)

［80］参见后文的一处："它在我们的表象和语言中是不可把握的，绝对的自身性、自主性、自由，这些都是不可把握的。"（213）"我对我而言是不可把握的，我在经验中将主体-客体划分为主体和客体，它本应当被原初地设想为同一个。"（211）

［81］参见§2存在的演绎中对这条法则的使用："**所有对自身活动的意识都是对我们限制自己的活动的意识，但我不能将自己直观为进行限制的，除非去设定一个从无规定向有规定的过渡，也就是说，我必须设定一个无规定性**与有规定者相对立。"（35）

［82］费希特将纯粹思维的感性化把握为先验-唯心主义版本的神创论。世界的创生在这里被理解为纯粹概念向物质性实体的转变，神则被把握为纯粹理智。转变的发生在于意识的中点遵循了推理性思维的法则（参见《新方法》210-211）。对独断的创造论信仰的批评，参见费希特的文章《关于我们信仰上帝统治世界的根据》（V 180；I, 5, 349-350）。

［83］康德的影响是显著的。在这里，范畴性思维与被思维物的"显象"特征同样是关联起来的。康德和费希特在这里都设定了一个彼岸，这个彼岸为范畴性的思维提供了质料，但本身是无法被这个思维触及的。但康德把这个彼岸处理为物自体，费希特则把它处理为"原初意识"。

第四章 《知识学》(1812)——只有一存在

最后,我们将讨论费希特晚期哲学中的存在学说。1812—1813 年,费希特再次给出了与耶拿时期相同的丛书(Werk-Zyklus):《知识学》(1812—1813 年的残篇)、《法权哲学》[*Rechtsphilosophie*, 1812;另外还有一个单独的《国家学说》(*Staatslehre*, 1813)]和《伦理学体系》(1812)。围绕这些著作,又有一系列具有介绍性质的作品,即《知识学导论》(1813)、《意识的事实》(1810 和 1813)和一篇论文《论逻辑学与哲学的关系或论先验逻辑学》(1812)。

一、晚期知识学的一般特征

在费希特的晚期作品中,一个类似新柏拉图主义的思想模式(Schema)越来越清晰地浮现出来:从一个绝对者那里离开,再返回到它那里去。诚然,这个主题在《知识学》(1794)的循环构想中就有了:在"原理部分"中,一个绝对的自我首先被确立,在非我的影响下,它表现为一个经验的自我(理论部分),这个经验的自我通过实践努力返回纯粹的自我(实践部分)。然而可以说,在晚期作品中"离开-返回"模式作为分析知识学的框架被更坚决地使用。

"离开"发生在事实领域,"返回"因进入"超事实的世界"而发生。自然的自我天真地居住在事实的世界里,而知识学则将其诊断为向着虚无性(Nichtigkeit)的沉沦。它通过展示事实世界的"创生"来做到这一点,即证明这个领域源自唯一真实的绝对者,从而彰显它没有自己的存在和真理这一特性。关于事实东西的构造理论或生成性理论教会自我,一种出于天真的沉沦把"空洞的游戏"当作实在性。因此，知识学的所有考察都是为了"动摇和惊扰自然的懵懂，唤醒沉睡着的自由"（Ⅸ 36）。

然而，知识学不仅做出了诊断，而且指出了通向自由之路。自我必须令自己从事实的世界中挣脱出来，以便进入真实的、超事实的世界。在晚期作品的众多措辞中，有些暗示了《圣经》中的话，费希特在这些措辞中强调了知识学的解放功能。它最高的使命是提供"一条通往伦理的道路"，教授"一门有助于变得道德的明确技艺"（Ⅹ 491）。它使人超越"他自然的和现成的定在"（Ⅸ 9）；通过"从它流出来的救赎"（Ⅸ 8），它解除了他假想出来的对自然死亡的依赖，并将"他的永恒性"保证给他（Ⅸ 22）。如果说"提倡物自体的独断论"即"非唯心论"，是"生活在肉体中，而不是精神中"，唯心论则想要"生活在精神中"（Ⅸ 309；参见《罗马书》8：1-17）。从世界历史的角度来看，知识学的目标是"改造整个人类"（参见Ⅸ 6以下）。基督教因习惯而变得迟钝，知识学追随基督教，是"人类的新救赎方法，也是唯一剩下的救赎方法"（Ⅸ 36）。由于被认为是救赎的中介，它几乎具有圣礼的性质；正如使徒保罗警告哥林多人不要滥用圣餐礼（参见《哥林多前书》11：27-29），费希特也告诫他的听众："所以不要因为粗心和不谨慎的使用而冒犯最后的救赎方法。"（Ⅸ 36）

然而，为了庄严地接触知识学，费希特要求的不是信仰而是意志，那种意志不让知识学"像一个经常听到的老童话故事"那样与人擦肩而过，而是将"所有的严肃"和"所有的力量"投入对它的研究中（Ⅸ 36）。只有通过理性的领会，才能启动知识学之扭转生存的力量。就像费希特在晚年强调知识学生存论的意义一样，他坚持最严格的科学性要求。

然而，知识学不仅告诉我们事实世界的虚无性，从而"动摇"了"自然的无意识状态"，而且还证明了进入事实世界并且由此离开绝对者的必然性——这是在一个真正的生命存在的条件之下发生的；因为真正的生命只有通过废黜虚无的世界，即经历过虚无的世界之后才是可能的。

但在最后一种情况下——这在费希特的晚期哲学中是全新的，绝对者本身既是进入事实世界又是返回自身的根据。与其说自我对事实世界负责，倒不如说这个世界是根据绝对者本身的一个基本法则产生的。而返回也只是表面上看起来是自我的成就，以回应相应的道德呼吁。事实上，道德的、从虚无中挣脱的自我只是绝对者本身的一个功能。[1]对"自我的现实力量"（XI 44）的信念不过是一种欺骗性的假象。自我作为一个"出于自身、依靠自身、通过自身的自由原则"这一形象不以任何实在性为基础（参见X 483 f.）。

考虑到费希特的同时代人广泛拒绝知识学这一事实，将向绝对者的攀升奠基于绝对者本身而不是自我的道德力量，这会导致一种预定论。既然接受或拒绝知识学提供的"救赎"与否，最终都要回溯到绝对者本身，那么冥顽的自我和愿意改邪归正的功绩一样都没有罪过。[2]正如他限制了自我的道德能力，费希特最终不再用道德概念把自我描述为道德的或不道德的，而是用形而上学的概念描述它：那在绝对者之中的、在实在性本身中展开的自我，他称之为"现实的"或"真正的自我"（XI 35 等），而它的对应物依附于世界的"空洞游戏"，被称为"虚无"的自我或"单纯假象的自我"（XI 37）。伦理学说过渡到存在学说。预定思想是费希特晚期对如下命题的改写："一个人选择什么样的哲学，取决于他是什么样的人。"（I 434；I, 4, 195）正是由于其生存论上的相关性，对知识学的态度才不仅仅由费希特理所当然地认为他拥有的更好论据所决定。这最终是一种非理性，早期的费希特用个体的特征来解释它，而晚期的费希特则用预定来解释它。

众所周知，费希特在其晚期哲学中降低自我的地位，因为他取消自我的绝对性特征，并将自我描述为源于一个更高的原则，源于"绝对者"亦即"上帝"。这种对自我的贬低明显地表现在，自我不再出现在晚期知识学的中心概念之中。这些核心概念毋宁说是"绝对者和它的显象"或"上帝和他的形象"，最后是"存在和非存在"。

在他晚期的作品中，费希特不再从规定性理论的角度，从行动着的自我中推导出存在概念。他从根基上修订了他的存在学说。如果说在《新方法》中，存在"概念"被"错误地当作最初的直接的东西"（《新方法》41），因此必须寻找"所有存在的根据"（《第二导论》I 457；I, 4, 212），那么在《知识学》（1812）中，"存在"实际上是这样一种不需要进一步奠基的直接概念。根据晚期的知识学，最高意义的"存在"不能从任何地方推导出来，而应作为绝对者的特征而被接受。在《新方法》和《第二导论》中，自我仍然作为一个原则出现，通过对它的否定，存在概念得以产生，现在甚至自我也在"显象"的名义下被称为"存在"。我们将看到，费希特现在甚至试图将"先验的统觉"建立在"显象的存在"上——在对先验统觉的描述中，康德已经非常接近费希特"行动着的自我"的概念了（参见Ⅰ 99；*I*, *2*, 262；Ⅰ 472；*I*, *4*, 225）。先验哲学被明确地建立于一门探究真实存在者的形而上学之上。[3]

存在概念的这种扩展与自我的降级密切相关。《第二导论》称，哲学家必须开始于"主体……以便在它之中展现一切存在——不言而喻是一切为主体的存在——的根据"（Ⅰ 457；*I*, *4*, 212）。作为存在之根据的自我之理念建立在"所有存在都内在于自我"的论断之上。然而，在晚期作品中，费希特发掘出了一个绝对者，这个绝对者并不内在于自我，因此不是以自我作为其原则的东西，相反它自己才作为自我的原则。自我向更深处挪动了一个层级，为了给作为最高原则的上帝腾出位置，他现在由于自我内在性以外的原因而被称作"存在着的"。存在不再是自我的衍生物，而是绝对者的特征——一种绝对者传递给它的衍生物即纯粹自我的特征，如此，我们就能够谈论一种"显象的存在"。然而，在晚期的《知识学》之中仍有着内在性的领域。可知觉对象组成的世界——"事实性的存在"——是通过对显象的反思机制产生的，并且它作为独立存在着的一种显象只是一种幻象（Schein），知识学必须消除这种幻象。然而根据《新方法》，人们仍然不得不说："所有的存在都是幻象"。现在这句话只对"事实性的存在"有效，与此相反，绝对者的存在与显象的存在都被认为是真理。

因此，存在与非存在之间的领域区分从根本上保留了下来，并经受住了自我理论的转变。如果说，在《新方法》中，所有臆想出来的存在（alles vermeintliche Sein）最终只是一种幻象，它的根据是"超存在者"即"真理"，那么《知识学》（1812）则将"事实性的存在"解释为这样一种幻象，它最终建立在作为真实存在的绝对者中。两次都否定了对象世界的独立存在，并将其归于一个唯心主义的原则范围之下，无论是以

"行动"的名义，还是以真实存在的名义。两处都有一种形而上学的方案，因为它们都是按照一个最高的、自身存在着的、真实存在的原则来评判实存的要求和（幻象式的）存在者的一般规定。一门哲学性的基础性学科不是指根据存在者的一般特征对存在者之为存在者（Seiendes als solches）进行的研究，而是指从**一个**真实存在者那里对一切（幻象式的）存在者进行的演绎。

我们对费希特晚期作品的批判性研究将首先表明，费希特使用的概念"真实存在"和"仅仅是幻象的存在"究竟是什么意思。哪些特征描述了存在概念，哪些特征描述了幻象或非存在概念？此外，费希特从真实存在中演绎出仅仅是幻象的存在，其演绎的合理性将不得不被审查。如果事实证明这个演绎是失败的，也就是说，"事实"的领域不能从绝对者中得到令人满意的解释，那么费希特的存在概念就可以被批评为选择得太狭窄了。我们需要将存在概念向"事实"的领域延伸，这些"事实"无法彻底地奠基于绝对者之中。然而，存在论的立场由此会在这里得以强化，而费希特的形而上学要按照这个立场来衡量，并从这个立场来接受批判。在下文中，通过联系晚期的导论性的著作，我们将对费希特在《知识学》（1812）中呈现的存在学说进行阐述和分析。[4]

二、晚期导论性作品中"存在"的多重意义

1.《知识学导论》（1813）——关于"存在"的论说

我们在上面已经解释过，在1800年以前，费希特把"存在"概念预留给构成性行为（Konstitutionshandlungen）的产物，而试图用"行为"或"自由"这样的术语来把握进行构成活动的自我。他在《新方法》中指出：

> 因此，自由是所有存在和所有意识的最高根据和首要条件。（51）

在《第二导论》中，费希特也表达了这样的论点，即存在应被理解为对自由的否定：

> 对唯心论者而言，唯一肯定的东西就是自由；对他来说，存在仅

仅是对前者的否定。（Ⅰ 499；*I*, 4, 252）

因此，在《新方法》中已经出现了一个特殊的局面，即一个与否定建立了关系的根据被归给了存在。

这个局面还可以在《知识学导论》（1813）中找到。费希特从以下问题出发："什么是自在的、直截了当的存在？"他努力以"生成"或"建构"的形式推导出这种存在，以表明"存在"不是"终极的、无法化解的东西"（Ⅸ 43），而是有其根据的。然而，在导论性的著作中，费希特并没有要从一个最高的根据中演绎出存在，而是接受了自然意识的存在概念，以便指出其不一致之处，这些不一致只有通过将存在解释为知识的产物才能消除。在这里，那敞开了知识学"领域"的主要论题也是"存在因此是一种**产物**"，亦即"知识、观看、被观看"的产物（Ⅸ 45）。[5]

在1804年以后的著作中，对这一论题有一个特别的论证，费希特在此也引用了这一论证。[6]对"存在"（ist）的自然的或实在论的观点——"他们说：这个和这个存在'ist'肯定且真实地实存（existieren），自为地持存，并且独立于我的表象活动，哪怕我不存在和不表象它的时候，它都将存在"（Ⅸ 43）——只要被说出来，就反驳了自己："因为被言说的**东西**（Was）与它被言说**这个事实**（Daß）相矛盾"。因为它包含了这样一个论题：那**存在**的东西是"完全只为了它自己与在它自身之中的，一个封闭于自身中的东西"，没有任何"与**外物**的联系"（Ⅸ 43）。但正是通过言说，这种与外物的联系才得以建立。因此"存在"变成

> 外在的、包容性的和广博的；恰恰被置于一个**言说**"存在"（Ist）的更大范围之中，在这个范围中，存在被分离（区分），并且因此对它本身来说是它的一个外部之物。（Ⅸ 43 f.）

因此，"存在"已经发现自己是"一个内在的东西，内在于一个外物"（Ⅸ 45），也就是说内在于言说。对"它存在"的言说是一个"存在设定"（Ⅸ 44），因此，"存在"本身是一个被设定的存在——存在是对它的知识的产物。

这种论证对于唯心论而言可能不能称其令人信服。一个存在者独立于其被表象的存在，这个论题并不排除表象这个存在者的可能性；正如反过

来说，被表象的存在这一单纯事实并不意味着，被表象的东西不能独立于其被表象的存在而实存。否则，我们有一个关于存在者的概念这一事实将表明，存在者只是概念，并且实在的存在者（ens reale）与理性的存在者（ens rationis）之间的区分将是无效的。

根据费希特的解释，"存在"作为一个被设定的事物，是由作为设定者的知识引起的；反过来说，作为"内部"，它是对作为"外部"的知识的否定。[7]费希特用实体化了的介词"通过"（Durch）来指诸环节彼此之间否定性的规定性。从逻辑上看，"通过"意味着一种交互式的否定性关系。但其中一个对立面即知识，同时被认为是另一个对立面的存在根据：

> A 本身在其绝对的存在中带来了 B，因为它恰恰是一个活生生的通过，而不是别的什么，而且如果后者没有被设定，那么前者也没有被设定，根本什么都没有。自身被给定的 A 逃离和外化；而不是转变自身，它只是这种逃离和外化本身。（IX 50）

规定性理论的思想与实在的因果关系的思想是相连的。"活生生的通过"这一表述显然不代表 A 和 B 的关系，而首先只代表 A，这正是指因果关系与否定性原则的这种联系。A 产生 B，而且必然如此，它是确定的，因此需要一个对立面。费希特将这种产生活动命名为"外化"和"流溢"，这是因为它源自 A 的本质。然而，他细致地补充说，A 并不伴随着这种活动发生转变，因为 A 仅仅是因为它的本质而要求一个对立面。

费希特拒绝将"观看"（Sehen）（在晚期作品中，这个术语既包括了思维也包括了直观）理解为一种单纯的接受行为（这就会把"观看"理解为"已死的"），并将"活生生地通过"这个概念应用于它之上。

> 在它（观看的）本质中，一个产物被**看**到，被投射，这个产物只存在于那个通过中；作为**被看到的东西**，一旦它的本真的存在根据即观看离开了，它也就消失了。**观看**不是自身内僵死的存在，而是自身逃离，可以肯定这就是一种观看、一种关涉——向外设定，流溢，这正是通过其本质性的特征。（IX 50）

观看已经将自身显示为被看见的东西的内在存在根据和承载者，它通过被看见的东西而被设定，并且通过被看见的东西的移除而被取

消。（Ⅸ 51）[8]

这种观点使如下事情得以可能：第一，把存在解释为非存在着的，即行动着的原因的结果，从而把它归于较低层次的现实；第二，证明从因到果（Verursachung）的必然性；第三，按照奠基性的、理性的方式解释存在，因为它与知识有一种逻辑关系——否定的关系。但这一立场的根本弱点恰恰在于把规定性逻辑的因素和以存在为导向的考虑联系起来。A 的规定性只要求有一个**可思维**的对立面，而不要求这个对立面的实在存在。或者换一种说法：不存在任何理由把因果关系设想为否定关系。[9] 这意味着，"存在是一个通过否定而推导出的概念"这个论题不能得到辩护。

随着存在被解释为一个超出存在的原因的结果，即一个"超存在"（Übersein）的结果（Ⅸ 16 f.），《知识学导论》（1813）仍然代表了《新方法》和 1797 年左右的《第二导论》的观点。那些在无神论争论的背景下产生的作品却已经更加差异化地和灵活地使用了存在概念。

2. 无神论的争论——存在与实体性

众所周知，在费希特自己的解释中，争论的主要焦点是上帝是否为实体的问题。[10] 根据费希特的说法，上帝应被理解为"道德性的世界秩序"。即使人类知性由于其有限性而倾向于固定这种秩序，并将其概括为"一个实存着的存在者的概念"（《向公众呼吁》V 208；*I*, 5, 428），但"作为特殊实体"的上帝概念仍然是"不可能和矛盾的"（《关于我们信仰上帝统治世界的根据》V 188；*I*, 5, 356；《向公众呼吁》V 216；*I*, 5, 434f.）。其理由是这样的：

> 实体必然是指一个在空间和时间中以感性方式实存着的存在者，关于证明这点的根据，我在这里从略；我把我的哲学用语解释清楚，这对我当下的目的而言也就足够了。（《向公众呼吁》V 216；*I*, 5, 434f.）

如果费希特在这里也退回到定义问题上，那么他对实体的定义不太可能缓和他与对手的对话。这里的前提是，无神论的争论围绕的是实质问题而不仅仅是学科政治的问题。这里针对费希特的对手受过学院哲学教育，他必定认为，费希特在定义上任意地将实体概念限制在感官可以找到的东西中。因为在讨论存在者的类型时，传统上人们不仅区分了实体存在者和偶性存在者，而且依据亚里士多德（特别是《形而上学》E 1 和 Λ 1），也区分了质料性的，即感性可知觉的实体和无质料的实体。从对手的角度来看，费希特的如下论断建立在单纯从定义上窄化实体概念的做法之上：上帝不可能是实体，因为他不像感性可知觉的事物那样存在于空间和时间中。

然而，对费希特本人来说，这种导致否认上帝的实体性的窄化做法绝不是任意的。相反，它与他的存在概念密切相关，因此与他先验的唯心论的整个根基密切相关。这方面的第一个暗示是，费希特将"持存着的基底"（即实体）视作"总是物体性的"，归属于"感性经验"，并且将它与"流动着的东西、纯粹的行动"对立起来。通过他的对手的思维方式，人们获得了"一个持存着的、物体性的基底，用于神的纯粹行动"（《法庭辩护书》V 263；I, 6, 49）。这里值得注意的是，费希特不再将"神"（Gottheit）仅规定为"道德性的世界秩序"，而且也规定为纯粹的"行动"，就像自我一样。这可以看作早期知识学的双层级模式逐渐扩展到晚期著作的三层级模式的标志：前者是"自我－世界"，后者是"上帝－自我－世界"。然而，在目前的背景下，更重要的是"行动"和"实体性"的对峙，平行于"行动"和"存在"的对峙。事实上，正如费希特把将上帝理解为实体的做法归属给我们有限的知性，他也可以说："这种神的特定存在仅仅是依据我们的有限表象活动加以设想的。"（《向公众呼吁》V 214；I, 5, 432）当费希特说到"感性"的"区域"和"外部经验"的"区域"时，"存在"和（感性上可感知的）"实体"的含义就重合了：

> 只有位于这个区域中的东西才在我们的思维中具有我们在语言中用"**存在**"（持续和持存）这样的谓词来表示的那些规定性；只有它才具有这个存在的诸多进一步的规定性，如实体性、因果性等等，只有经验对象才**存在**，除了经验没有任何东西**存在**。（《法庭辩护书》V 260；I, 6, 45f.）

一方面，实体性被理解为对存在的"进一步规定"；但另一方面，对"存在"概念的解释恰恰包含了实体概念的本质规定性，即"持续和持存"。正如"实体"总是指可被感性经验的对象，"存在"也只能谓述这个经验的对象。与此相应，费希特写道，"超感性者"的区域，即仅仅是可思考者的领域，"没有任何可能的感性谓词，也没有存在、实体性的谓词等等"（《法庭辩护书》V 261；*I*，*6*，*46*）。实体概念和存在概念都被限制在感性可经验东西的区域。[11]存在的区域是实体性和外部经验的区域。与之相对的是超感性的、可以理性认识的东西的区域，在这个区域里，存在的概念和实体的概念都不允许被应用。

然而，费希特也在相反的意义上使用存在概念［实体概念也同样如此，如同在《知识学》（1812）中展现出来的那样］，这种使用方式在晚期的诸部《知识学》中凸显出来，费希特不说"只有物**存在**"，而是提出另一命题："只有上帝**存在**。"

> 它（知识学）只是否认了时间中的和易逝的东西的实在性，以期把永恒的和不变的东西的实在性确立为这种东西的全部尊严。指控（bezüchtigen）这种哲学否定上帝是令人感到奇怪的，因为倒不如说它否定的是独断论者所主张的那种意义上的世界的实存……我们的哲学否认一个感性的上帝的实存……但对我们的哲学来说，超感性的上帝是一切的一切；对我们的哲学来说，这个上帝是那个唯一**存在**的东西。(《向公众呼吁》V 223f.；*I*，*5*，*440*)

在这段发言中，唯一**存在**的是超感性的上帝，而流变事物的世界则不**存在**。因此，费希特可以根据情况（je nachdem）把存在概念用于从源头而来的东西、被作用者和只能在感性上知觉东西的领域——这样的话，超感性者和起作用者的领域则超越存在；也可以把"存在"这个谓词单独保留给超感性的领域，在这种情况下，感性的东西就够不上存在，或者根本就不存在。第一种情况仍然符合《新方法》的存在学说，第二种情况则代表了这种存在学说在术语上的转向。然而无论如何，存在概念仍然在区域上受限，即要么是感性的，要么是理智性的。

3. 《意识的事实》（1813）——存在与显象

费希特在《知识学导论》（1813）中使用了"观看"和"存在"这两个术语，而在《意识的事实》和《知识学》（1812）中，"显象"概念变得重要了。《知识学导论》和《意识的事实》这两部著作可能是因为它们的导论性的特征，本质上都是基于"观看"和"存在"、"显象"和"显象之显象"或"超感性事物和感性事物"的双层级模式；第三层级即上帝，只有暗示性地被提到。该层级在知识学本身中才真正成为主题，这方面《意识的事实》比《知识学导论》更明显。

在《意识的事实》中，费希特谈到了"存在"一词的含义。他认为，这个词没有统一的含义，而是"在不同的意义上"被使用（IX 422）。因此，"**存在**首先通过'现实的'这个补充而被理解，其次通过对这个补充的否定，被理解为**非现实的或超现实的**"（IX 422）。费希特认为，

> 在我们看来，即使在上帝之外（这里也不再进一步谈论上帝形式性的存在），显象本身也有两个双重的、完全相对立的存在：一个现实的东西和一个超现实的东西，一个感性的东西和一个超感性的、精神性的东西。（IX 422f.）

双重的存在概念最初仅指三层级模式的两个较低层级。费希特以众所周知的感性的东西和理智性的东西这两个区域命名这两个层级。但他并不想同样地用"存在"概念把握这两个区域，这一点已经从他对现实和超现实的区分中显示出来。此外他写道：

> 进而言之，后者即超现实的存在，是前者的原则，即现实的东西的原则，因此是更高的；而且相对于显象而言，它是真正的和本真的存在，而现实的东西反过来只是前者的显象。（IX 423）

超现实的东西的区域不是与现实的东西的区域并列的，而是作为原则先于现实的东西的区域。在"显象"这个名号下，它体现了"真实的和本真的存在"，而作为"显象的显象"的现实的东西并没有本真的存在。联系到对"自我"和"世界"的言说，这意味着：

> 世界只是显象的显象，是自我的显象，或者说是知性的显象，是自我在一个形式性的存在中的表现。（IX 423）

因此，纯粹的自我对应于显象、超现实的和精神性的东西，它是作为显象之显象的现实与感性事物的原则。费希特自己也指出，这是唯心论的基本

论点，他写道：

> 超现实的东西是所有现实性的原则，即一个知性的原则，因为唯心论不承认在知性以外的任何其他现实性的形式。(Ⅸ 423)

根据唯心论，现实性事实上也只是在知性中的一个环节，它是"被束缚的精神"(Ⅸ 19)，因此依赖于其真实的、理智性的存在。因此，《意识的事实》的存在概念与《向公众呼吁》中提及的第二种意义的存在概念相对应，根据这种说法，只有超现实的东西才在真正意义上**存在**。

尽管在晚期作品中，首先是在《知识学导论》中，人们可以找到存在与构成性行为的产物之间的等同，但在晚期作品的其他导论性的著作中，下列观念已经得以贯彻：只有构成者才具有存在，即真正的存在，而作为被构成者的感性领域则完全不存在，或者只是非本真地**存在**。认为"存在"是一个派生的概念，可以通过对行动的否定来建构并因此被定义，这种观点现在只指涉感性的和"现实的"东西。相反，根据《意识的事实》的说法，在理智的和"超现实"的领域中，存在是一个直接的概念，而不是一个要被推演的概念。《知识学》（1812）将对如下问题提供解答：真正的存在者的存在体现于何处？也就是说，它以什么特征来凸显自己是存在着的？

4. 费希特晚期作品中与存在论传统中的可能性概念

不过，我们首先应该引用《意识的事实》的一段话，在这段话中，费希特借助存在概念，将他的唯心论与"其他一切哲学"——这主要是指实在论的哲学——明显地对峙起来。他着眼于如下模态概念来解释后者的存在学说：

> 其他一切哲学都认为现实的存在与一般的存在（Sein überhaupt）是同义的。对它们来说，现实性 = 存在；人们以"**可能的**"来称呼的东西，对它们来说只是现实性的补充物，它们对此没有进一步的说明；它们只把必然性理解为现实性的一种多余的装饰，用现实的东西的范围来断定一般存在的范围。(Ⅸ 423)

"其他的哲学"将存在与"现实性"相等同，没有看到"现实的东西"——如果有的话——只是以派生的方式具有存在。倒不如说，现实的东西的原则——费希特在这里将其定义为可能的东西——原初地具有存在。费希特进行这一批判是出于某种立场，根据这一立场，现实东西即经验的领域，实际上是一种必然的东西，因为上帝的实存和本质包含着所谓的"事实性知识"[12]。正如"必然的"和"现实的"相互对应，"偶然的"（因此也是"可能的"）和"超现实的"也是如此（Ⅸ 424）。现实的东西是必然的，而超现实的东西只是可能的。因此，可能的东西不是"现实性的单纯补充物"，毋宁说作为超现实性是现实性的原则。

这种试图以模态逻辑的方式打破和深化实在论的存在概念的做法导致了悖论。不可能说现实的东西作为从原则而出的衍生物有绝对的必然性，而它的原则即超现实的东西，只具有偶然性或可能性。诚然，显象的**认识**作为原则是可能的，只是因为费希特认为它是以自由为基础的。[13]但正因为这种认识是单纯可能的，所以它不能成为现实性的超现实原则。

如果人们和《知识学》（1812）一样不是谈论现实性的一个单纯可能的原则，而是把这个原则在"潜能"（potentia）的意义上解释为一个为自己而实存着的"能力"[Ⅹ 452，也参见《意识的事实》Ⅸ 438]，就能更说得通。这样的话，原则就是产生现实的"能力"。与把原则解释为单纯可能的相反，这种想法将与"现实性是必然的"这一论点相容，因为一种能力被认为是必然会实现自身的。借助"能力"概念，现实性的原则就被规定为自身实存着的、活动的根据。

然而，对"其他一切哲学"的存在概念的解释在这里有特别的旨趣，因为在其中费希特形而上学的思维方式重新得到展现。正如存在与（感性上可知觉的）实体的等同，被强加给学院哲学的存在与现实性的等同也揭示了，费希特一生中对存在论的提问方式是多么陌生。存在者不受十个范畴中的某个的约束，特别是不受实体范畴的约束，这不仅是从司各脱到沃尔夫的存在论的本质特征，只有基于对约束性的这种拒绝，对"存在者之为存在者"的追问才能被表述为既超越范畴划分又超越实体类型划分的；而且，究竟什么构成了这种类型的以超范畴的方式理解的存在者之为存在者的基本特征，即它的存在性在何处，这个问题不是用存在者的现实的实存，而是用它的可能性来回答。存在者最低程度的规定性恰恰不是现实的实存，而是实存的可能性；然而，这种可能性不是在下列意义上的：它具备向外实现的原因性，即一种"能力"，毋宁说它是一种内在的、"形而上学的可能性"[14]。因此，对司各脱来说，那适合实存的东西就被认为是存在者（ens）。然而，这适用于一切有本质的事物［即也适用于并非现实实存的存在者（entia）］。[15]只有逻辑上不矛盾的东西才能有本质。[16]无矛盾性代表了存在者的极小概念，存在者以此区别于无。这个极小概念适用于所有的存在者，也同样适用于范畴上被规定的存在者。[17]

费希特对沃尔夫的作品几乎没有任何了解，尽管正是按照沃尔夫这位作者的精神，德意志唯心论的代表们甚至在他们听取康德的批判之前就接受了他们的学院哲学的基础教育。但通过沃尔夫，由司各脱首次发展的（但不是发明的）存在论方案以一种系统化的形式流传到了18世纪。正如上文已经解释过的，沃尔夫同样绝不把存在论的对象即存在者，规定为实存的东西，而是规定为**能够**实存的东西，换言之，不是规定为现实的东西，而是规定为可能的东西。[18]那些与本质概念相符合的东西是可能的，因为它不包含矛盾（§85；103）。这就导致了："存在者通过本质而是可能的（Per essentiam ens possibile est）"（§153）。本质是存在者的定义，这种定义被规定为可能的东西。这种存在者作为"现实的存在者"（ens actuale）还是"潜在的存在者"（ens potentiale）出现，取决于实存（existentia）是否被添加到可能性中（§172；175）。但是，实存恰恰是被添加的东西，而不是存在者之为存在者的一个组成部分。对沃尔夫来说，同样不是现实性，而是可能性使存在者成为存在者。

我们可以看到，费希特的判断，即"其他一切哲学"都将"现实存在"视作与"一般存在"同义的，并将"人们以'可能的'来称呼的东西"视作"现实性的单纯补充物，它们对此没有进一步的说明"（IX 423），很大程度上错失了传统存在论的根基。从司各脱到沃尔夫的存在者理论的特点，正是令存在概念超越现实性，扩展到可能性之上，并将这种可能性规定为逻辑上的无矛盾性。然而，这种可能性的概念与费希特的"能力"概念是不同的，因为它不是指存在者独立实存着的、外部的原因——这个原因本身不能再被说成存在者的，或者说只能在一种其他的、更"本真"的意义上被说成存在者的，而是指形式上的无矛盾原则，作为所有存在者的共同特征，无论它是原因还是结果。存在论和形而上学对存在的两种理解方式在下面的问题上分道扬镳："可能性"这一存在原则要被规定为形式特征还是能力？

重要的不是费希特在哲学史方面所犯的错误本身，而是如下状况：费希特——从存在论的角度看——本身原则上依附于某种方案，而他把这种方案视作"其他所有哲学"的方案。他对关于现实的东西的哲学的批判通向了那已经为人熟知的唯心论的基本论题：

> 然而，对于唯心论来说，在这个（现实的存在的）世界结束的地方，它自己的世界才开始。对它来说除了上帝，不包括上帝在内的本真存在者即显象，根本不是现实的东西或现实的，而是说绝对的和纯粹的超现实的东西是所有现实性的原则。（IX 423）

在作为形式原则的可能的东西的方向上，这种唯心论绝没有超越现实的东西，而是在作为实存者的超现实的东西的方向上，唯心论才超越了现实的东西。正如费希特将显象称为"本真的存在者"，令其与感性可知觉物形成对立，而这些感性可知觉物被人们误认为是不可消解的存在者；超现实的东西也可以被称作"真正现实的东西"，与"其他哲学"所基于的东西形成对立，这些东西仅仅是臆想出来的现实的东西。归根结底，这只是一个命名法（Nomenklatur）的问题。然而，这表明费希特也打算建立一种关于现实的东西的哲学，只是他把另一种存在者而不是他所批判的哲学作为"真正现实的东西"。从存在论的角度来看，唯心论的立场和费希特所批评的立场一样有缺陷。两者都是面向"本真的存在者是什么"和"派生性的存在者是什么"的问题。而在回答这个问题时，两者都是面向那些现存的、真实的东西，因此仍然被一种存在上的基本态度（ontische Grundeinstellung）束缚。相较于"其他哲学"，即使费希特认为他发现了一个额外的存在者的领域，它也有一个原则性的功能，但对所有存在者（即对于"本真的"和"非本真的"存在者）之普遍特征的研究还太少。只有当这些无论怎样被分类的现实的东西的领域被超越时，那个使得存在者成为存在者的东西，那个存在者真正所是的东西才能被言说出来。对存在者之为存在者的追问不能通过求助于一个"本真的存在者"来回答，倒不如说，这种追问指向的是形式上的基本规定性，这种规定性涉及一切存在者，既包括"本真的东西"也包括"非本真的东西"。第一哲学是这样的哲学，它——用费希特的术语来说——将"现实的东西"连同"超现实的东西"的普遍特征，将"感性的东西"连同"精神性的东西"的普遍特征作为主题去研究。

三、《知识学》（1812）

《知识学》（1812）将《新方法》的双层级的模型——根据该模型，自我和世界的关系如同根据和结果的关系——扩展成了上帝、显象（自我）和对象世界的三层级的等级秩序（Hierarchie）。在这个三一体（Trias）的框架内，晚期的《知识学》构想了一出"戏剧"，人们可以将其命名为"绝对者的自身呈现"，并且它包含了世界和自我之本质的全方位参演。现在费希特明确提出了在《新方法》的结论部分强行加入的宇宙生成问题：为什么上帝要把自己外化于世界？他同样提出了在《新方法》中已经出现的问题，即"自我"是否自由地参与对"事实性的存在"的设定，或者在这里逻辑的即形而上学的必然性是否占主宰地位。然而，特别引人注目的是，费希特将关于世界真实本质的澄清纳入绝对者的"戏剧"中。出于规定性理论上的理据——它们与《新方法》的理据相符，对于绝对者的显现而言，世界必须被视作幻象。在这出戏剧中，知识学本身扮演了一个核心角色。或者换一种说法：绝对者的理论本身就是在绝对者本身的导演之下进行的；绝对者本身使澄清（Aufklärung）得以实现。

1. 绝对者及其显象

（1）绝对者的存在和显象的非存在：作为由自性的存在

上述最后一段引自《意识的事实》（1813）的话除了提及超现实的显象和现实的东西，也已经提到了上帝。

> 对它（唯心论）而言，除了上帝，不包括上帝在内的本真存在者，即显象，根本不是现实的东西，而是绝对的、纯粹的和超现实的东西。（IX 423）

诚然，上帝在这里被排除在考察之外，但费希特让人们知道，"上帝"和"显象"共同要求获得"本真的存在者"的称号,至少与"现实的东西"相比是如此。但显象只是上帝的显象,因此它的实存依赖上帝,所以"本真存在"这个谓词更属于后者而不是显象。这里已经可以看出,只有双层级的模型才允许简单区分作为超现实的东西的显象和单纯现实的东西的世界。一旦在模型中纳入第三个层级即上帝,关于显象的存在地位就会出现复杂情况。例如,这表现在如下的说法中,即根据《知识学》,"上帝是那个唯一**存在**的东西"(《向公众呼吁》Ⅴ 223f.；*I*,5,440)。如果只有上帝**存在**,那么显象就还不是"本真的存在者",而只是一种非存在者吗?一种替代性的方案是:"存在或非存在"保持不变,但人们可以看到,在知识学本身之中——与导论作品相比,它明确地反思了上帝,显象(或者正如青年费希特所说的那样——纯粹的自我)的归类问题将在这个替代性方案中把问题放大。

从外部来看,那个最终的、完备的《知识学》明显分为导言和三个章节,其中第一章很短,标题是"知识学的基本概念",而第二章的标题是"对显象形式的五重性之演绎"。第三章没有自己的标题,而是分为三节,其中第三节又分为两部分。第三章第三节的第二部分占了整个《知识学》三分之一以上的篇幅。虽然陈述一开始清楚且结构明晰,但在最后一部分却变得非常密集和紧凑,仿佛费希特在他讲座的材料上陷入了时间紧迫的境地。

导论首先提供了一系列纲领上和方法上的说明。如同在他早期的著作《论知识学的概念》中那样,费希特将知识学解释为一种知识理论,或者如他现在所说,即一种知识的"概念、思想"(Ⅹ 319)。知识学的对象是"事实性的知识"(Ⅹ 318)。这是由一个它无法看透的法则所规定的。[19]只有通过知识学,知识才会超越自身和它的事实性;在这里,知识看到了它所是的一切,并且"明晰与清楚地被领悟"(Ⅹ 319)。知识学的任务是"使在惯常意识中必须保持绝对不可见的东西变得可见"(Ⅹ 324)。这需要一种"**针对自然的观看**",向我们展示"观看和认识本身是如何在惯常意识中完成的"(同上)。这种针对自然的观看为知识提供了全然的清晰性,开启了一个"闪电般光明的世界"(Ⅹ 321)。

到此为止,《知识学》（1812）完全是在我们从早期费希特那里熟知的知识论之框架内运转：知识摆脱外部对象，以便转向自身内部并且赢得对自身的清晰性。

然而，晚期知识学的特点是，费希特如今并没有引入自我或自身意识的概念，以便从这个概念出发去解释"知识的知识"的结构，而是补充了一个对存在的思辨（Seins-Spekulation），以便此后能够在这种存在思想的视域中阐明知识论方案。

在《知识学》（1812）的导论中，费希特宣布了这样一个命题：

> 一**存在**，除这个一外，完全不**存在**任何东西。这一命题得到了确立，并且知识学绝不采用与这个命题矛盾的表达。（X 331）[20]

"一"就是存在，除去存在，只有无。参照斯宾诺莎，费希特对存在的定义如下：

> 存在：它的特性是对**变化**的绝对**否定**。一切都存在于一之中，无物在它之中变化。由此可得出独立性概念，这是一个否定的概念；同样可得出不可转变性概念；由此可以还得出存在的统一性和其他众所周知的诸种结论。斯宾诺莎如此，我们也如此。（X 326）

费希特似乎与斯宾诺莎类似，主张一种存在的一元论。这一立场在原则上已经从《意识的事实》之中可以得知。只有一**存在**，即只有一是"本真的存在者"，其他一切都不**存在**。既然费希特称这个一为"存在"，我们就必须说：只有"存在"存在；"存在"就是"本真的存在者"。[21]

然而，费希特并没有止步于"存在是唯一的存在者"这一论断；相反，他（以超越斯宾诺莎的方式）断言，存在论题的内容与对这一论题的"言说"（Sagen）之间存在着矛盾。该论题产生于对于存在的反思，这个反思不包含在存在中：

> 除它（一之存在），根据它的概念，没有存在；但它的概念存在，而且在它之外**存在**。和事实相矛盾的主张！（Protestatio facto contraria！）通过**言说**除了它没有任何东西存在，某些东西就**存在**了，这样这种言说就是在它之外存在的。

> 那么，在存在之外第一性的东西就是它的**概念**。（X 327）

据此，"存在"将不会是唯一的存在者，而是会有另外的存在者，即"概念"。问题是，"存在"的存在和"关于'存在'之知识"的存在是如何相互关联的。让我们剧透一下，按照费希特的观点，"存在"只能作为展现自身的东西、作为显现着的东西从而是可认识的。所以，概念之存在的问题已经是显象之存在的问题，即三层级模型的中间项的存在问题。

作为解决"'存在'之唯一性"和"概念之存在"两个论题之间矛盾的第一次尝试，费希特区分了两种"存在的方式"或者说"存在的形式"（X 331）。一方面，"一之'存在'"具有必然性，它不可能不存在。它的存在是独立于概念的，即使不存在它的概念，它也将实存。它"直截了当地存在，因为它自身存在"，并且因此被称为"绝对存在"（X 329）。另一方面，"存在"的**概念**也可以"在思维中被去除"（wegdenken）。它并不必然实存，而只是"事实上"实存，以至于人们可以追问它存在的根据，从而追问它的发生、它的"创生"。费希特首先借助必然性与偶然性之间的区别，将"存在"与"'存在'之概念"之间的关系规定为"绝对存在"与"事实性的存在"之间的关系。[22]为了标明这种差异，费希特还使用了"存在"-"定在"这对术语。"存在"指的是必然的东西，而"定在"（Dasein）中的"此"（Da）指的是事实性。[23]

但在《知识学》（1812）导论的结尾，这种"存在"和"定在"之间的区别作为对"存在"和概念之间区别的描述，已经被费希特部分收回了。他指出，显象可能不是"自在地"偶然的，而其偶然性可能只适用于我们对它的认识。在绝对者的概念上，**我们发现显象是事实性的**，但这种事实性也许只是"对于我们的意识而言"的（X 343）。既然显象是上帝的显象，问题就变成"上帝**能够**显现抑或能够**不**显现"[24]（X 343）。按照费希特，这样一种无差别性即自由，不能归于上帝。因为在上帝那里，实存和本质是不可分离的["上帝是他**所是**，这完全是由于'他存在'这一**事实**"（X 343）]，所以他的实存——他的"单纯形式上的存在"（同上）——也就确立了"他显现"这一事实。因此，最初我们所面对的是作为单纯事实性的东西的显象,但它自在的存在就像绝对者本身一样也是必然的。

这就把绝对存在和事实性存在之间的模态性的差异还原为我们认识各自必然性方式上的差异。如果说我们是直接地洞彻上帝的必然性,那么我们只是间接通过一个推论认识到定在的必然性。它首先是作为事实而遇到的,但随后被规定为上帝的显象,因此被视作必然的。[25] 我们没有"关于绝对者的实在概念"(X 344)——通过这种概念,我们可以直接将绝对者的显现视作必然的东西,而是必须首先找到显象,然后通过回溯显象在上帝中的起源而认识到它的必然性。

因此,哲学不能纯粹地以演绎的方式进行,而是在认识过程中被束缚在事实东西这个起点上。它不能直接证明"绝对者显现"这个**事实**,而只能证明——**当**它显现时——这个事实必须根据如此这般的法则而发生。显现之事实只有对于经验而言才是可通达的。当费希特说:"然而,实在性只能出现在现实的显现之中,而不是在知识学中",或者说:"知识学因而是从实在性之中抽象出来的"(X 340),他所表达的就是这个意思。知识学不能够也不应当推导出实在性,即显现在事实上的实现。毋宁说在这方面它接洽的是"生命"(X 340)。[26]

必然的"存在"与事实性的定在的区分度太小,这是因为概念必然是从"存在"中产生的。这种洞见是第一次尝试解决的积极结果:"存在"和概念不是互相并列的,而是"存在"(即上帝)是概念(即显象)的根据,但后者是其必然的结果。

费希特从一个新的角度来处理"事实性的存在"的实存如何与"**一存在**,除这个以外,完全**不存在**任何东西"这个命题相协调的问题。首先,他拒绝了两种传统的解决方案的尝试,因为它们是不充分的:第一,大全一体(ἕν καὶ πᾶν)的尝试,根据这一尝试,事实性的存在被完全带入绝对的东西之中,因此它的独立性问题将不再存在;第二,事实性的东西对存在的分有思想,根据这一想法,事实性的东西只是从绝对者中借用了它的存在,并且通过分有而赢得了存在。费希特认为第一种想法是不充分的,因为它放弃了绝对者的统一性,第二种想法也是不充分的,因为它意味着在绝对者的内部有一个"转变",从而承认一个在绝对者之中的"创造"(参见 X 330 以下)。解决上述矛盾的条件是:

> 存在绝不能被分有、分割和复多化,而要保持在一之中;必须为对立的要素找到一个完全不同的存在形式。(X 333)
>
> 事实性的存在被完全剥夺了本真的存在,即绝对者存在的方式和方法,要将完全不同的、与绝对者完全对立的存在形式归之于它。(X 331)

这种存在形式就是**图像**的形式,它将"存在"的**概念**与"存在"本身区分开来。"存在"的**概念**不同于"存在"本身,而只是它的"图型与图像"、它的"显象"(X 332)。

费希特总结了迄今为止所讲的内容,借此他提出了知识学的初始命题:

> 因此,除去绝对者,它的图像也存在,**因为**它的图像确确实实(nun einmal)存在。存在着知识学绝对肯定的命题,知识学从这个命题出发,这个命题是它真正的灵魂。(X 333)[27]

因为费希特将绝对者与上帝相等同,作为与这个知识学命题相等价的命题,他也可以说:"除上帝外它的显象存在。"(X 334)

费希特论述中的不一致之处显而易见。"一存在,除这个一外,绝对地无物**存在**"(X 331)和"除上帝外它的显象存在"(X 334),这两个论题能够共存,只是因为费希特同名异义地(äquivok)使用了存在概念。事实上,这里已经有两种不同的"存在"概念。第一个论题是基于这样一种存在概念,根据这种概念,存在与"本真的存在者"相等同,同时在这里被认为是唯一的存在者,与之相对,其他一切东西都不是存在者。"存在本身"(X 333)在这里被视为一个唯一的、实存着的存在者,它有一种卓越性,在它的种类上是唯一的。因此,这个"存在"可以被称为上帝。其他的东西根据定义不是这个"存在",因此也不是一个存在者。也就是说,它不**存在**。

托马斯·阿奎那也认为,作为"存在本身"(*esse ipsum*)的存在与作为最高存在的上帝是等同的。对他来说，引入一个类比的存在概念使他能够谈论上帝之外的东西的存在。在完全意义上，只有上帝**存在**，因为他是"存在本身"。但上帝还允许其他东西通过他所分享的存在来分有他的存在。因此，在上帝之外还有存在者，尽管它并不是在与上帝相同的方式上**存在**。

这条道路本身无疑是有问题的，对费希特而言此路不通，因为他从绝对者中排除了这种"分享"（Mitteilung）的思想，认为这种分享暗示着一种内在转变。他从自己的角度提议——这是第二种"存在"概念——区分不同存在**方式**（Seinsweisen）或存在**形式**（Seinsformen）。因此，"本真的存在者"（即"上帝"、一之"存在"或"绝对者"）只代表**一种**存在形式，而事实性的存在（"概念"、"图像"或"显象"）则代表另一种形式。存在之概念在这里不再被还原为"本真的存在者"，而是同时包含了本真的存在和事实性的存在。因此，它不再与实存着的现存的东西（das Vorfindbare）有关，而将不得不在形式上被规定为所有实存着的东西共有的东西。因此，在这里起奠基作用的、指向存在论的第二种存在概念不仅比第一种仅限于上帝的存在概念更广泛，它还倾向于超越"存在上的态度"（die ontische Einstellung），因为它提出了绝对者和显象的共同特征是什么的问题，即哪些规定性使得存在者一般（das Seiende überhaupt）成为存在者的问题。[28]

费希特并不追随这种以"存在之为存在"超范畴的规定性为旨趣的思想。然而，他确实给出了一些暗示去进一步刻画此前区分出来的两种存在方式。费希特进一步的陈述表明，显象本质上是自身关联的。因此，它的存在形式是"自为存在"的形式。[29]相反，绝对者的存在方式首先必须被确定为自在存在，因为绝对者既没有外在关联，也没有自身关联。然而此后，费希特将绝对者规定为外化自身的，并将显象解释为这种外化的结果。因此，自在存在者将是自为存在者的原因。广义的存在概念将包括自在存在和自为存在两种类型的存在者。作为原因的存在者和作为结果的存在者都将属于广义的存在概念。[30]

然而，我们的解释明显偏离了费希特的意图，正如已经引用的一段话所显示的那样，费希特在这段话中为引入第二重意义上的存在形式提供了理由：

> 存在绝不能被分享、分割、复多化，而要保持在**一**之中；对于那与之相对立的部分而言，必须找到一种完全不同的存在形式。（X 333）

我们必须找到某种第二重意义上的存在形式，存在才能借此保持在"一"之中。这种思想是自相矛盾的：对于"存在"的存在论式的（ontologisch）领会，即将"一"作为一种存在形式之代表包括进来的存在领会，竟要拯救存在式的（ontisch）存在概念，即存在与"一"相等同的存在概念！这两种方案的连接方式表明，存在形式学说的存在论意涵可能不是费希特的意图。

既然区分存在的诸种形式恰恰是为了保证显象的存在，那么下面这段文本让人吃惊：

> 而与绝对存在的对立必须是可被思及的。……有一种设立（Position），即**不可能不**存在的设立，该设立排除了创生。与此相对的是显象，通过其直接的存在，即通过其单纯的概念，显象是非**存在**，因此显象根本不能排除创生，相反要设定创生。（X 333）

费希特现在称这种显象为"非**存在**"，但它的存在仍应得到保证。显象不属于存在的范围，因此不是一个存在者，而是无。这里的混乱源于费希特试图引入一个广义的、存在论式的存在概念，用以拯救显象的存在，而不放弃狭义的、存在式的存在概念，根据后者，只有上帝**存在**。在绝对者的存在形式和显象的存在形式之间，应该存在着一种对立。但与此同时，费希特坚持认为，绝对者是"存在"，除此之外没有任何东西存在。因为显象不具有绝对者的存在形式，所以它是"非**存在**"，因此是无。[31]

费希特在这里对所使用的存在概念给出了进一步的指示。绝对的存在不可能不存在，也就是说它是必然的，因此排除了一种"创生"。相反，显象是"非**存在**"，这是因为它意味着"创生"。正如我们已经看到的，显象与绝对者的区分，不是像偶然的东西与必然的东西那样的区分，而是像有条件的必然的东西与无条件的必然的东西那样的区分。绝对的存在是不受限地必然的，而相对而言，显象只是在绝对者存在这个条件下才是必然的。"创生"在这里意味着"被建基"于他物之中。因此，这个概念标志着绝对者和显象所处的因果关系，而且深入说明了绝对者本身不再是一个更高的原因的结果，而是说——因为它在原则上独立于"创生"——它本身就是最高的原因。因此，显象本身是必然的，它的"非存在"应被理解为对他物的依存性；相反，绝对者的"存在"则是独立的。很明显，这里用了两个从传统中来的术语来描述不同的存在方式，即用"出于自身的存在"（esse a se）这个术语来描述绝对者，用"出于他物的存在"（esse ab alio）这个术语来描述显象。但由于费希特在这个地方否定了显象的存在，"出于自身"（a se）和"出于他物"（ab alio）便被存在与无之间的界限分开。只有"出于自身"的东西具有存在——并且它只是一，即绝对者。而其他一切都没有存在，因为它们建立在绝对者的基础之上。因此，这里使用的存在概念是与由自性概念同义的。它可以用来解释第一性的存在概念，这个概念将"存在"与"本真存在者"相等同。那么，"本真的存在者"将是出于自身的东西。既然只有在绝对者那里才有这样的情况，那么"本真的存在者"就必须是那唯一的东西："**一存在**，除这个一外，完全**不存在**任何东西。"（X 331）[32]

（2）显象的存在：作为统一性的存在

紧接着到目前为止所阐释的存在的三种含义——作为本真且唯一的存在者的存在、作为超范畴概念的存在、作为由自性的存在，费希特给出了存在的第四种含义：作为统一性和不变性的存在。他把显象视为绝对者的"图型"和"图像"：

> 这个图像**存在**在那里，我们说：它绝对不会在自身之中**变化**（werden）。因此，在它里面，没有转变、变化与杂多性，毋宁说它是绝对的一，而且与自身等同，就像在它之中所模仿的绝对者一样。它完全如其所是地那样存在并且自身等同。（X 334）

在这里，存在也与变化相对立，但它不像是那种起源性的由自性，而是像不可转变性以及变化与杂多性的统一性。就这些特征而言，图像与绝对者相一致，这是因为它模仿了绝对者。因此，图像也可以像绝对者那样被称为"存在者"。[33]

正如上述所展示的那样，费希特在他针对无神论争论的著作中首先将"存在"解释为一种感性的可知觉的实体。在把显象的存在规定为"统一性"和"不可转变性"时，他再次转向了存在和实体的等同，只是实体性不再被赋予感性可知觉的东西，而是被赋予理性可认识的东西。与《新方法》中的存在概念相比，值得注意的是，费希特现在不再将作为静止的存在与作为行动的自我对峙。相反，感性的东西现在被把握为杂多的和可变化的东西，而静止的特征则归于可以理性认识的自我。这就是说，"自我"不再像《知识学》(1794)和《新方法》那样以其行动性（Aktuosität）来标识，而是以它的存续和持存（Bestehen）来标识。只要它不再作为最高原则，而是作为绝对者的衍生物发挥作用，就会出现这种情况。

就像在《意识的事实》(1813)中那样，费希特在《知识学》(1812)中把存在归于超感性的东西，不过此处越发清楚，什么才是显象之存在的一般特征：作为统一性和不可转变性的实体性（Substantialität）。但"由自性"必须远离这种"实体性"概念。诚然，显象在其统一性中是其他东西的原则，这一点将被证明，但它本身只是绝对者的衍生物，只是源自绝对者的图像。

作为"统一性"、"不可转变性"以及"存续和持存"的存在概念已经可以在早期的诸《知识学》之中被找到，其中部分地明确提到了实体概念。因此，在《知识学》(1801)之中，费希特给出了一种"对绝对知识的描述"（§8）——这指的是一种存在于所有特殊知识中的一般知识，其中，这种知识的质的规定性被描述为"绝对持存"（absolutes Bestehen）和"静止的存在"（II 17; *II, 6, 147*）。通过这个"存在"，知识"在自身之上和之中"静止，并"无变动地、坚定不移地伫立"（II 16; *II, 6, 147*）。这种知识是

一，正是作为自身等同的并保持着永恒等同的**知识**，作为一个直观且正是最高直观的统一性，作为单纯的、绝对的质。（II 17；同上）

通过其存在，知识拥有它"绝对的**本质**，即它的持续存在"（§11，II 22；

II, 6, 153)。在《知识学》(1804) 之中，费希特也谈到了一种"知识或确定性"，它是一种"**真正纯粹自为的而持存的实体**"(X 106；II, 8, 36)。这种知识是

> 实体性的，在客体所有变化中始终保持等同，因此作为一个质上的和在其自身中彻底不变的统一性。(X 107；II, 8, 38)

这里关涉一种"在质上不可转变的存在"(X 114；II, 8, 52)，关涉一个具有"实体性"之特征的"自在存在"。同样，《知识学》(1810) 也谈到了"在其统一性中的绝对知识，它对于知识学而言显现为存在着的"(§1, II 696)。《知识学》(1812) 继续把知识的实体化说成那种"是一并且封闭在自身之中"的知识，一种"致知行为"(Wißthum) (X 318)。[34]

然而，在这个存在概念的基础上，费希特区分了显象的一个肯定和一个否定的方面，这取决于它是作为统一还是作为杂多来呈现。

> 在一个方面，图像是**一**，并完全等同于它自身：在另一个方面，它是分裂的、分离的，是一个**杂多的东西**。(X 337)

肯定的方面在于，显象是绝对者忠实的摹本，并且只要它是这样的，它就具有统一性、不可转变性，从而具有存在。

> 显象完全地**存在**，就绝对者在显象之中显现这点而言，正如绝对者在它自身之中存在那样。在这方面，当人们在这个意义上谈论显象时，它如其所是地那样存在，与自身等同，不能变化，亦不能增加和减少。(X 337 f.)

然而，显象不是存在本身，因此也不是统一性和不变性，而是杂多性和转变性。在这种意义上，可以说：

> 它（定在）**不**是绝对者，并且与绝对者相对立，并被排除在绝对者之外。(X 336)

因为显象在其杂多性的方面没有统一性，在这个意义上它也没有存在。

显象的双重特性是由它与绝对者的关系所决定的，这基于不同的存在概念。一方面，作为绝对者的图像，显象也有绝对者的特征，即"统一

性"和"不可转变性",因此,如果我们应用这种对存在的第四种领会,显象就**存在**。然而另一方面,它与作为"本真存在者"的绝对者不同,即它不是"存在本身",因此不是一个存在者。再一次应用第四种存在领会,我们可以说:既然存在是统一性,那么不存在的东西必须是可变的和杂多的。在这里,费希特再次提出了两个存在概念的相互作用:一个仅限于绝对者的存在概念和一个包含绝对者及其图像的形式上的存在概念。只有通过两者的相互作用,才有可能将显象区分为存在着和非存在着的部分。

只有通过抽象才能将显象的两个方面分开,因为显象的杂多性和统一性总是联系在一起的。因此,对于显象有效的东西却是为绝对者所否定的东西:"大全一体(ἕν καὶ πᾶν);一和全是同一个东西。"(X 336)费希特同意斯宾诺莎的观点,他写道:

> 那个是"一"并且永恒地保持"一"的同一者存在。在不失去其统一性的情况下,它也是一个复多的东西,并且是无限杂多的东西;在不失去其杂多性的情况下,它也是"一"。它通过在这**两种**形式中的存在而直截了当地存在。(X 336)

然而,虽然斯宾诺莎已经说明了绝对者的统一性和杂多性的这种相互关系,但费希特只把它归于显象,以便能够将超越一切转变的绝对者确定为纯粹的统一性和纯粹的存在。[35]

费希特本人充分地利用了这种区分,并对存在概念做了进一步的梳理。他把显象之"观念的存在"与它"事实的""现实的"存在区分开来。这背后是人们已经熟悉的"超感性事物"和"感性事物"的对立,是"精神世界"和"感性世界"的对立,这种对立一般用来划定存在与非存在之间的界限。显象"现实的"存在与诸经验对象和"自然"的(只是幻象意义上的)存在直接相关,实在论者不能承认后者只是幻象意义上的存在,因为他们拒绝先验反思。为了解释与评估显象"观念的"和"现实的"的存在的起源和特征,首先必须陈述显象的基本结构。根据费希特的说法,这就是反身性(Reflexivität)。下面一节将谈论费希特如何诠释作为幻象式存在者的"现实的东西"的产生。

2. 幻象的创生

(1) 显象的自身关联

费希特认为杂多和变化的根源在于显象本身的一个本质法则[36]，即在它的反身性之中。他认为，我们对"绝对者的概念存在"这一**事实**有一种"直接的意识"。此外，通过图像的存在，似乎可以直接清楚地知道图像是**什么**。[37] 从这两个命题中，他得出结论：显象拥有对自身的认识，既拥有关于它的实存（"事实"），也拥有关于它的规定性（"本质"）的认识。[38] 因此，显象是反身性的；它显现自身。[39]

根据费希特的观点，显象的反身性的如下情形最终也适用于绝对者的概念：尽管它——作为我们关于"图像"的知识——最初只是事实性的，但本质上它与某个更高的必然性有关。绝对者只能作为对立面而显现为绝对的东西。因此，一个非绝对的东西必须同时显现，它提供了对比，通过这种对比，绝对者之为绝对者才得以显现。然而，这种显现着的非绝对者就是显象本身。因为绝对者的显现具有必然性，因而没有任何无差别性即自由可以被归于上帝，所以显象本身也以同样的必然性显现。[40]

这个思想形态已经可以从《新方法》那里得知。正如在那里出于规定性理论上的理据所要求的是：只有在非我也被设定的情况下才能设定一个自我（参见《新方法》36 f.），《知识学》(1812) 也提到，只有当显象也作为对立面显现时，绝对者才能显现为绝对者，即绝对者以被规定的方式显现。不过其间的差异还是很明显的。早期知识学仍然关注自我在什么条件下可以有自身关联的问题，而晚期知识学则关注绝对者如何可能显现的问题。自我的反身性不再是不可争辩地确定，以至于可以寻求它充满着确定性的可能性条件；倒不如说，显象的反身性本身就有一个根据，它本身只是一种可能性的条件，即绝对者的显现的可能性条件。因此，问题不再是针对自身设定的可能性条件，而是针对这种自身设定本身是谁的可能性条件。自我设定了自身，但不再是直截了当地，而是为了使绝对者之为绝对者能够显现。为了绝对者的显象，自我才是反身性的。在《知识学》(1812) 这段文本中没有提到非我，因为与《新方法》相比，整个问题的提法似乎已经提升了一个层次。非我不再从自我的反身性推导出来，相反，自我的反身性首先源自上帝的显现。

费希特现在把上述显象的第二个方面，即它的杂多性和可变化性，解释为反身性。这再次揭示出了内在性的思想。杂多的东西不被认为是独立于知识而实存着的东西、以一种不可推导的方式而被规定的东西，因此是一种仅仅通过经验而可达的东西。毋宁说它是通过反思，即通过知识本身的结构来得到解释的。首先，人们必须说："显象完全地**存在**，这是就绝对者在显象之中显现这点而言，如同绝对者在它自身之中存在。"（X 337）就显象直接是绝对者的图像而言，它不可能有任何变化或杂多性。[41]但是，就显象显现自身而言，在显象之中会有一个过程。一种内在的转变，一种"创生"进行着。当存在被解释为不可转变性，这意味着：非自反的显象**存在**，而自反的、理解着自身的显象则**不存在**。此外，人们必须说，显象并不凭借自身是**存在着的**，而是在各个方面上都依赖于显现着的绝对者，它只是绝对者的图像。但是，通过绝对者之显象显现自身，这种显象产生了它的图像的一种图像，它凭借自身产生了这种"第二层次的图像"（X 338）。显象展开了它"特有的活动"和它特有的"生命"[42]。然而费希特否认了它作为这样一种自身活动的东西的存在。换言之，就显象从作为"本真存在者"的上帝那里接受一切而言，显象**存在**；但就它自身存活和实现自身特有的本质而言，显象**不存在**。作为绝对者的图像，它拥有存在；然而，作为这个图像自身创造的图像，它属于无的领域。

《知识学》（1812）的基本思路造成的后果是：绝对者显现，并且绝对者的显象又反过来显现自身。这部《知识学》的导论部分的任务就是要阐明这个基本思路。在此基础上，费希特将进行他的进一步分析。伴随着对显象的反思，知识学的真正对象被发现：

> 只有这种**自身显现**、这种回到自身的形式、这种反思——正如人们在一般意义上所表述的那样，才是知识学或哲学的对象。（X 339）

《知识学》（1812）的第一章题为"知识学的基本概念"，它除了对导论的结果进行论题上的总结，并不包含其他内容。知识学有三个"规定性的法则"（X 349）：

其一，"**显象显现**自身"（X 347），即它不仅有一个不变的存在，而且还有"生命"和"创生",因为它模仿自身。显象的存在保持不变,但它投射出它自身的摹本。

其二,"但**显象**向**自身**显现"(Ⅹ 348)。显象只在与自身产生的关系中,即作为主体-客体性才出现。

其三,显象本身带来了一种"被规定的图像"。费希特认为,绝对者是"纯粹的实在性和设立"(Ⅹ 349),因而是被规定的。因此,它的图像、显象和这个图像的图像也必须是被规定的。

(2)反思与显象的起源——"作为"(als)之结构

在第二章中,费希特以"对显象形式的五重性之演绎"为题展开了"作为"之结构(die "als"-Struktur)。与他的早期作品类似,他从主-客体性(第一章)开始,将其解释为反身性,以便在第二步中引入进一步的反思层级。然而,与新的术语相应的论题不再是"自我设定自身为设定着自身的"(参见Ⅰ 274;*I*,*2*,*406*;《新方法》32,34),而是显象"**显现**自身**为**显现着自身的"(Ⅹ 367)。

在这一章中,费希特将具体说明并纠正他关于显象的"事实"与"本质"的陈述。他从导论的考察出发,即显象必须向自身显现,因为只有这样,某个相对立的成分才是可思维的,在与这个成分的比照中,绝对者本身可以显现。这个论证保证了自身显象(Sich-Erscheinung)的纯粹实存,即它"形式上的存在"[43]。但显象的这种"形式上的存在"并不等同于它在不可转变性意义上的存在。如果不可转变性只有在显象上不是独立实存,而是绝对者的图像的情况下才归于显象,那么"形式上的存在"——正如那直接知觉到的、赤裸裸的显象的实存——可以推论出一个实存东西的自立性,即由自性。显象"形式上的存在",它的单纯的"事实",可能被误解为"出于自身的存在"。但这将与"只有一**存在**"这个命题相矛盾,这句话恰恰是基于对作为由自性的存在的解释。这一观点得到了支持,因为显象似乎有其特有的活动和生命。能够出于自身而行动的东西也必须能够独立实存。

费希特解决这个问题的方法是,不把独立实存和特有的活动性规定为显象的真正特征,而只是把它们规定为显象显现自身的方式。自反性的显象拥有一种明确的对自身的认识。它有一个完整的、统一的关于自身的图像，在这个图像中，显象形式上的存在与内容上的规定性（即能动地显现自身）相联系。这种形式上和质上的存在在显象自身之图像中的统一，恰恰存在于"显象显现自身**为**（als）显现着自身的"时候。[44]在形式上（formaliter）存在着的显象将不得不显现自身**为**显现着自身的，并将伴随着"自身显现着的存在"而具有一种向它显现出来的质上的规定性。[45]

因为"以显现的方式存在"描述一种私己活动（Eigentätigkeit），显象在它自身显现的地方有一个关于自身的图像，这个图像"作为模仿着自身的原则"，或者说"显象直接显现自身为原则"（X 359）。"原则"之概念——费希特也将其译为"出于自身，依靠自身，通过自身"的东西（X 372）——既包含了与从本原衍生的东西相比秩序上在先的东西，也包含了"以行动为中心"（Aktzentrum）的思想。这样的"原则"实存着，并出于其自身而行动——它是一个"由自"（a se）的东西。

但作为显象显现自身的方式，原则性（Prinziphaftigkeit）不是真理，而只是幻象。事实上，正如费希特坚决强调的那样，显象不是一个原则，而是绝对者的衍生物。原则性存在（Prinzipsein）的幻象只有在反思的基础上才产生，即在显象必须有关于自身的图像这一法则的基础上才产生，而这只有在"作为"之公式所描述的方式中才可能。因为首先，任何对显象进行模仿的私己活动都不应该被赋予显象；倒不如说，"关于自身的图像式的存在"直接就是显象的本质，不必通过一个行动才完成。[46]它是"观看的本质"，是"自为存在"。"它的存在无非就是一个自为存在"（《知识学导论》IX 77；另参见《论逻辑学与哲学的关系或论先验逻辑学》IX 172）。因此，如果这种行动还可以被思维的话，行动并不首先构成存在之形式，而是这种存在形式先于行动。就像显象的自身理解所暗示的那样，显象不可能真正成为一个原则，因为事实上它完全依赖于上帝：

> 显象被构造为**原则**：显象事实上究竟是原则吗？不是，毋宁说它是出于且依赖（aus und an）上帝的存在。那么对于我们而言它又从何而来？是从图像之为完全意义上的图像那里而来：**图像**是所有这些环节绝对的创造者。——当您理解了图像的绝对创造性力量，您就获得了一切。（X 362 以下）[47]

有了这种臆想出来的显象作为原则存在，显然就可以找到幻象和假象的产生之处。起初，这种幻象是不可避免的，因为它本质上伴随着显象必然的自身反思。假象产生于把由自性意义上的存在归于显象，尽管这种存在只属于绝对者。反思的机制使我们误判了绝对者的绝对性，并且促使我们对非绝对的、具有来源的东西赋予"出于自身的存在"。然而事实上，显象并不具有"形式上的"、在自身之中被奠基的存在，它只是"出于并依赖上帝的存在"。作为一种图像，它就是"出于他物"的东西。[48]

诚然费希特在这里不再谈及自我，但人们可以清楚地看到，唯心论对实在论批判的基本样式是如何延续到晚期费希特那里的。因为恰恰是在他解释幻象之创生的地方，晚期费希特也讨论了"物自体"的主题。[49]对于显象（错误地）把自己理解为独立实存的事实，费希特也用这样的话来表达："它显现自身为**物自体**"，因为（臆想的）物自体之特征恰恰是"形式上的存在"和原则性存在的特征。因为没有意识到显现的本质，所以人们把只是图像的东西当作独立的东西。在晚期费希特眼中，这样一个仅仅通过先验的反思得到澄清的假象的经典范例就是物自体，即实在论最高的原则，费希特从一开始就反对那个东西。正是在显象获得自身作为自身显现者这一图像，没有预料到它只是一个图像而没有实在性的时候，"物自体"的表象产生。问题始终是：我们是否正确地把存在赋予我们在自然的视角中遇到的独立存在着的东西，或者说，谓词"是"在事实上是否必须保留给更高层级的事物？这是"知识学与事实性知识的区别"（Ⅹ 359），1812年的费希特还写到，知识学将幻象作为幻象去认识。

自身反思是显象之存在的幻象（在由自性的意义上）得以产生的点。只要这种存在不被彻底视作单纯的幻象，它就会与"只有一**存在**"这一论题竞争。绝对者不被视为"本真存在者"，实在论强行取代了唯心论。

附释：自《知识学》（1801）起主客统一性建基于绝对存在

在此处我们将概述一下，在1801年以后的《知识学》中，"作为原则的自我"学说是如何被绝对者的理论取代或超越的。先验哲学越来越明确地过渡到一种存在学说，即成为形而上学。通过阐释这一过程，我们也应该清楚地看到，就存在学说而言，《知识学》（1812）吸收、发展并系统地阐释了它之前各种版本的知识学的成果。

在《知识学》（1812）中，通过将显象的反身性描述为"主体－客体的形式"，费希特重新引入了旧的"主体－客体"这套术语。[50]

在这里，我们可以看到费希特在晚期知识学中如何区分以前在绝对自我概念中重合的两个要素，并将它们分配在不同的层级之中。第一部《知识学》的§1中是这样谈论自我的：

> 我直截了当地存在，即是说，我直截了当地存在，是因为我存在，而且直截了当地是我之所是；两者都是对自我而言的。（Ⅰ 98；Ⅰ, 2, 260）

在这一点上，直接拥有"是什么"的规定性，即直接拥有本质，构成了所有实在性的根源。正是因为自我直截了当地就是自我之所是，以下说法才有效：

> 由于随便一个什么事物（一个在自我之中设定起来的事物）的单纯设定而被设定了的东西，就是该事物中的实在性，是它的本质。（Ⅰ 99；Ⅰ, 2, 261）

同时，费希特说到过这个自我：

> **自我**必然是主体与客体的同一性：主体－客体；并且自我完全就是这个东西而没有进一步的中介。（Ⅰ 98 第二版注释；Ⅰ, 2, 261 注释）

1812年，费希特同样地将最高的实在性归于绝对者："因为绝对者完全就是它之所是，是纯然的实在性和设立（Position）"（Ⅹ 349），并将无根据性归于绝对者："绝对存在"被宣称为"直截了当地**必然**存在着的……因为它自身存在"（Ⅹ 329）。与之相反，自为存在和主体－客体性的形态则被绝对者消解，而只被看作绝对者的显象。其原因在于主体－客体性不再被认为是无中介的。倒不如说它有一个创生过程，因为它是一种显象的模仿活动的结果。

对自我的讨论出现在《知识学》（1812）相对靠后的部分，即从第三章的§3开始（第一次是在 Ⅹ 406）。在那里，费希特把"主体－客体性"称为"自我性"（Ⅹ 406），把"主体－客体性的形式"称为"自我形式"，并把"自我形式"解释为一种"纯粹的、单纯的关系"（Ⅹ 446）。自我体现了观看的原始形式。因此，"自我本身是直接清楚的，而且是直接可见的和被看见的，因为它就是绝对的可见性"（Ⅹ 446）。自我与显象的这种等同表明，自我不可能是绝对者，因为主体－客体性不可能是它自身的起源（正如早期费希特认为的那样）。根据《知识学》（1812），作为主体－客体的自我是生成的东西，因此排在非生成的绝对者之下。相对于作为纯粹实在性的存在，它是一种单纯的显象。

自 1801 年起，在诸部知识学之中就可以看到纯粹自我的降级，这首先反映在术语之上。因此，《知识学》（1801）并不像早期的知识学那样，开始于证明所有的知识都是以作为主体－客体性的自我为前提的，而是开始于阐释"绝对知识"，它作为一般性的知识，为所有现实的"关于某物的知识"奠基（§7，Ⅱ 14f.；Ⅱ, 6, 145）。从实质来看，这里的意思与《知识学》（1794）似乎是相同的，只不过"自我"概念被"绝对知识"概念取代。[51]《知识学》（1804）开篇也讨论一种"知识"，这种知识"在所有客体的变化之中始终保持自身相同"（Ⅹ 107），并且相对于所有可变化的东西，它是"一个不可变化的东西，在它之中主体和客体之分离与变化一起消失了"（Ⅹ 108）。通过这种主客统一性的特征，这种"实体性的"（Ⅹ 107）知识被视作纯粹自我的接替者。通过摆脱所有"特殊的和被规定的知识"，《知识学》（1810）也从"在统一性之中的绝对知识"（§ 1，Ⅱ 696）开始，而不是从"自我"开始。

然而，不仅在词语的选择上，而且在理论规划上也可以观察到特征上的变化。因此，尽管上述三个版本的知识学都是从阐述主客统一性开始的，它们却并没有像《知识学》（1794）那样将其用作进一步推导的基础，而是超越它，走到一个更高的原则之上。最高的知识不再被认为是一切的根据，而是由于它更易变得明见而要被预先交代，以便接下来对它的根据进行质疑，从而达到真正的最高原则。以"绝对知识"为形态的纯粹自我开始式微，这一点可以在《知识学》（1801）中清楚地看到。正如费希特在《知识学》（1794）§1 中就自我写的那样："我直截了当地存在，即是说，我直截了当地存在，是因为我存在，而且直截了当地是我之所是；两者都是对自我而言的。"（Ⅰ 98；*I*, *2*, *260*），他在1801年以同样的方式论及绝对知识："作为知识它绝对就是它**之所是**，并且它是绝对的，**因为**它存在。"（§10，Ⅱ 20；*II*, *6*, *151*）但是，根据费希特的观点，对这种知识的自身觉知（Selbstbesinnung）的分析，即对它如何得以是"**自为**"的方式的分析，表明它已经在质上被规定了。在自我的力量（Macht）中，存在着"**自我性**（Ichheit）的行动、**自为**的行动和把握自身的行动"（§11，Ⅱ 24；*II*, *6*, *154*），这种行动是知识不可推导的"绝对的自由"（§11，Ⅱ 23；*II*, *6*, *154*）的表达。这种自由实行的、反思的行动将知识确立为一种自为存在者。这种行动对它单纯的实存负责，对它的存在负责——它的"存在是因为它存在"（同上），或者正如费希特后来所说的：为它的"形式上的存在"负责。就这点而言，"绝对知识"是一种"绝对的自我创生，完全地无中生有"（§19，Ⅱ 38；*II*, *6*, *169*）。相反，这种知识质料上的规定性，它的"本质"并不源于自由的行动。倒不如说，将自身创造为自为存在者的知识在质上的属性是预先被给定的。[52] 主客体统一性不再被认为是它的"本质"（was）和"原因"（weil）的来源，毋宁说，"本质"的规定性被认为源于一种更高的层级。费希特这样写道："绝对知识摆动在它的存在和它的非存在之间"（§23，Ⅱ 51；*II*, *6*, *182f.*），它是"存在着的非存在"（§24，Ⅱ 53；*II*, *6*, *184*）。[53] 据此，知识的"存在"说的是它建立在自身的形式上的实存。相反，"非存在"指的是如下的情况：它质上的规定性不建立在它自身中。这进而意味着，"知识通过它自身这样一种肯定的非存在达到绝对存在"（同上）。对知识的洞见，而不是自身成为知识之本质的起源，把知识引向那个必须被理解为"单纯的纯粹存在"（§26，Ⅱ 60；*II*, *6*, *193*）的绝对者。这个"绝对存在"是

> 在知识中所掌握的知识的绝对起源，因此是知识的非存在：在知识中**存在**，但又不是知识的存在。

"纯粹的存在"是"知识的开端"（§26，Ⅱ 63；*II*, *6*, *195*），是一个"静止的、持存着的绝对存在，它与知识相对立，而知识则从它肇始"

(§29，Ⅱ 74；*II, 6, 214*)。[54]

在《知识学》（1801）中，我们可以看到主客统一性的分离，并且是以这样一种方式，即只有实存的根据被归于这个统一性本身，而一种"绝对的东西"则被假定为这个统一性的规定性的根据，这种绝对的东西必须先于知识。

这种观点很容易与《知识学》（1812）的存在学说联系起来。将绝对知识描述为"存在着的非存在"是基于作为由自性的存在概念的。知识之实存，即它的"事实"（daß），是建立在它自身之中的；就这点而言，它**存在**。相对地，它的规定性（"本质"）并不建立在它自身之中，它是出于他物的东西；就这点而言知识不**存在**。

只要把存在理解为由自性，质上的属性就被认为是知识的"非存在"。然而，费希特在1801年恰恰将这种属性描述为"绝对的持存"，描述为自身等同性和不变性（§8，Ⅱ 17；*II, 6, 147*），也就是说，费希特这种描述恰恰是通过在《知识学》（1812）中构成了显象之**存在**的这些特征成立的，只是这种存在不是在由自性的意义上，而是在统一性和不可转变性的意义上。尽管在《知识学》（1801）中，"存在"一词还没有这些特征，但这个思想与晚期知识学中的思想基本相同。

《知识学》（1801）的观点，即绝对知识从"绝对存在"那里获得它的"本质"（Washeit），在《知识学》（1812）中通过把显象设想为绝对者的"图像"而得到了特殊的解释。那里说到，显象的存在方面建立在它质的规定性，即统一性和不可转变性之中，并且就显象是绝对者的图像这点而言，显象拥有这些特征。"我们说，这种图像**存在**于此"，因为"它是绝对之一，而且与它自身等同，就像它自身中所模仿的绝对者一样"（X 334）。

> 显象直截了当地存在，这是就绝对者在显象之中显现而言的，就像绝对者在它自身之中显现一样。当人们在这个意义上谈论显象时，显象就如它所是的那样完全与自身等同，显象不能变化，不能增加和减少。（X 337f.）

"绝对知识"从"绝对存在"中获得它的规定性，这一点在这里通过如下表象表达出来，即就显象是绝对者的图像这点而言，显象拥有存在（本质）。图像的概念描述了显象对于一种秩序上优先的、分享了质性的层级的依赖。这种通过显象的图像特征对显象之规定性的解释是上述《知识学》（1812）的第三重"基本概念"的内容。[55]

《知识学》（1801）的§1通过对知识之存在的追问提供了这一思路的一个版本，该版本接近于《知识学》（1812），但被严重压缩。这一节以"统一意义上的知识显现为存在着的"这一论断开始，接着是"如果人们清楚地知道只有上帝直截了当地**存在**，知识是如何可能的"这一问题。答案是，知识是上帝的

> 外化，在这种外化中他完全是其所是，并且还在他自身之中完全保持他所是的那样。但这种外化是一种图像或图型。（§1. II 696）

因此，知识之存在在于它是上帝的"图像"，即在其特有的质的规定性中反映上帝。[56]

费希特将规定性的根据从主体-客体性转移到先行的绝对者，其动机可能是对虚无的责难和对将知识学禁锢在"反思点"（Reflectir-Puncte）（II 15；*II*, 6, 145）中的责难，这个"反思点"会导致一种"虚无主义"（X 325）。无论如何，这点都可以通过以下事实猜测出来：在阐释知识在其规定性方面有其来源时，反对这种责难的声明经常出现。[57]如果"实在性"存在于绝对者之中，并被知识接受，那么——费希特认为——对内在性思想的责难就失效了，这种内在性思想似乎认为：知识永远不会实现，因为它固守在自身之中。

《知识学》（1801）和《知识学》（1812）之间的一个区别是，前者仍然接受绝对知识作为其自身实存的根据，而后者甚至将"形式上的存在"即单纯的"事实"，追溯到绝对者。事实上——根据晚期的知识学——不存在显象的自由，凭借这种自由显象可以出于自身而实存。只有上帝"出于自身"存在；然而，就其"本质"（was）和"原因"（weil）而言，显象"出于他物"存在。

《知识学》（1804）在此可以充当中间环节。它真正关心的是克服明见性原则："知识学否认了直接意识之论说的有效性"（X 195；*II*, 8,

204)。诚然,每一个真理都必须得进入意识之中,

> 但真理之为真理的根据并不在于意识之中,而完全在真理本身之中;因此,你必须始终从真理中抽出意识,因为意识对它完全没法起作用 [这里的"提议"(vorschlagend)应读作"起作用"(verschlagend)]。(X 195;II,8,204)

因此,这为从绝对者出发构建知识扫清了障碍,对知识的建构不再被作为真理最高标准的直接意识束缚。从现在开始,如果知识学想从一个先行于所有知识的原则中构建纯粹的自我或绝对的知识,它就要超越意识,也必须超越意识。根据费希特的说法,《知识学》(1804)与早期版本的不同之处

> 仅仅在于它不偏不倚地确立了这样的准则:直接意识根本不起作用,而正是由于这个原因,它在其跨越鸿沟的(per hiatum)投映的原初法则中不起作用。(X 211;II,8,238)

直接意识只能为那些在其中已经意识到的东西的事实而负责,但这种事实不能从更高的原则中推导出来。毋宁说,明见性恰恰使原则的衍生物与它的原则分离,从而在两者之间形成了一个"鸿沟"(Hiatus)。费希特现在用创生原则来反对明见性原则,根据前一原则,每一个被解释项(Explanandum)都要从更高的根据出发才能被理解。早期知识学有时显露的现象学气质现在被抹去以利于建构性的思想,这恰恰是在这样一个时刻发生的,即直接意识本身——纯粹自我或绝对知识——应当从更高的原则中被推导出来。[58]

费希特只说对了一半,他强调,知识学总是被建构的兴趣,因而是被创生的兴趣承载,而不是被明见性原则承载,因为在对作为真理保证者的直接意识的批判背后是对知识学的深刻修正。在《知识学》(1794)的§1中,最初只有个别现象学式的元素,这些元素围绕着从逻辑同一性命题开始的绝对自我的证明,而在《新方法》、《第二导论》以及《知识学新说》中一种以现象学为导向的、要求自身省察的引导取代了形式逻辑式的路径。这种引导方式受费希特自我批判的影响程度,可以从《新方法》《第二导论》中的几段话展现出来,其中唯心论和独断论是相互对

立的。

唯心论者说：思考你自己，并注意你如何思维你自己，你将会发现一种返回自身的活动（！）。唯心论者以某种现实地出现在意识中的东西为基础，但独断论者仅仅以所有意识之外的要被思考的东西为基础。（WLNM 16）

唯心论者的原则出现在意识中，因此他的哲学也被称为内在的。（WLNM 17）

独断论是超越的、越逸的、超出意识的；唯心论是先验的（transcendental），它保持在意识之中。（WLNM 17）[59]

恰恰是它的原则在意识中的可观察性，即使这个原则得以明见的可能性，在这里被誉为唯心论的优势。与之相对，独断论的缺点是必须假设物自体，而物自体"不在我的意识的事实（factum）之中"（WLNM 14），它必然成为"超越的"。但这正是费希特从1801年起所做的事情。他设定了一个必须独立于意识而实存的绝对者，因为它首先就应该为意识奠基。虽然这种绝对者也出现在意识中，但是它存在的根据不在意识之中，倒不如说它本身是意识的根据。与独断论的唯一区别是，独断论认为物自体是一种超越意识的要素，而知识学则认为绝对者是一种超越意识的要素。

由于这种新的规划，从1801年起现象学式的导引开始缺失。从1804年起，取而代之的是对"纯粹知识"的阐述，并要求从更高的原则来使这种纯粹知识变得可理解，即把它"创生出来"。知识的存在如何与上帝存在的唯一性相协调的问题——正如1810年和1812年《知识学》的开端所展示的那样——引发了费希特从更高的、超越性的原则中对知识的推导。[60]

随着对直接意识的批判，内在性论题的严格形式也失效了，这个形式意味着所有的存在对我们来说都是存在，即在意识之中的存在，因此是意识的产物。这方面，我们可以在《知识学》（1794）中发现一个特别粗糙的例子，即在那个拒绝有威胁的实在论的论题中，知识学虽然"从一个独立于所有意识而现存的东西来理解所有意识"（Ⅰ 280；I, 2,

412），但它仍然保持为"先验的"即内在于意识的东西，因为它不会忘记：

> 即使在这样进行说明的时候，它也是以它自己特有的法则为依据的，并且当它对这些法则进行反思时，上述那个独立的东西会再次成为它自己思维能力的产物。因此，只要那个独立的东西对于自我而言（在自我的概念中）在那里存在（da sein），它就会成为某种依赖于自我的东西了。（Ⅰ 280；*I，2，412*）

只有从1801年起，费希特才有可能允许某物存在，它不是由于出现在知识中就成为知识的产物。至少是在图像上，绝对者进入了知识，但它绝非依赖于知识，而是知识反过来依赖于它。[61]

最后，"设定"概念也关涉自在存在和那出现在意识之中的存在之间的区分。我们在讨论《知识学》（1794）时已经批判过，费希特最初将"被设定的存在"作为"被思维的存在"而引入，但后来又将其重新解释为"实存"。因此"设定"通过意识行为获得了"生产"的含义。根据《知识学》（1794）的论题，一切存在的事物之所以存在，是因为在自我之中和被自我设定。[62] 基于一种关于超越意识的存在的全新学说，作为"被思维的存在"的设定可以与现实的实存区分开来。自我本身就是这种现今可能的区分的第一个牺牲品。在1794年，他还说道：

> **设定自身**与**存在**，这两者是为自我所需要的东西，这两者是完全相同的。因此命题"自我存在"，由于自我已经设定了我自身，也可以这样被表达：自我直截了当地存在，因为自我存在。（Ⅰ 98；*I，2，260*）

在这里，"自身已被设定"仍然被认为是在独立的实存意义上的存在的保证。恰恰因为自我设定了自身，所以它出于自身而存在，是"由自的"（*a se*）。《知识学》（1801）也将自我实存的"原因"，即"事实"的根据托付给了自我，至少在这方面仍然证明了它是由自性意义上的真实存在。而根据《知识学》(1812)，恰恰是显象的"自身设定"——它自身察觉到了这种设定——导致了假象。显象显现它自身——它设定自身——为独立的原则，但事实上并非如此。只有上帝是出于自身而实存的，相反，显象只是他的图像。因此,显象恰恰不是它自身显现的那样。根据晚期知识学的说法,"自身设定"和"存在"绝不是"完全相同的",因为作为自我自身设定的东西,"存在"是一种单纯的幻象——尽管是必要的幻象。"自我直截了当地存在,因为自我存在"(Ⅰ 98;Ⅰ 2, 260),该命题被运用于显象,它只代表显象错误的自我解释。事实上必须说:自我并非直截了当地存在,毋宁说自我的实存建立在上帝中;自我存在,并不是因为自我存在,而是因为上帝显现。"自身设定"和"存在"之间的联系并没有被消解,而是被解释为图像的本质性结构特征;然而,这种联系被降级为一种单纯的意见(参见X 363)。设定着自身的自我认为自身存在,它只是把自身"设定"为存在着的,而无须符合真理。这样一来,"设定自身"就不再被视为对存在的保证,而是被视为一种单纯的——而且是一种错误的——对自身的假定的源头。

由于《知识学》(1801)只从"绝对知识"中撤回了其规定性的根据,但却留下了实存的根据,其结果就是必须假设两种独立实存着的层级。如果"绝对知识"在质的方面上也依赖于绝对者本身的话,那么两者都可以要求由自性的意义上的存在:"**一存在**,除这个一外,完全**不存在任何东西**"(X 331),这个《知识学》(1812)中的公式表明费希特最终否认了主客统一性是实存的基础。显象实存这个**事实**是基于绝对者的。它不是"由自"的,因此不拥有完全意义上的存在。

在这方面,《知识学》(1804)已经超越了1801年的版本,并为《知识学》(1812)做好准备,然而没有达到后者的清晰性。费希特首先在其统一性方面作为"纯粹自为的、持存的实体"(X 106;Ⅱ, 8, 36)而引入"知识",以便从中发展出作为这种"实体性"的"创生性原则"的"纯粹的光"。这种活生生的"光"表达自身,"而且似乎这种表达的僵死中断"是"自在存在",即作为实体的知识。[63]然而,"光"不仅是知识在质的方面的原则,费希特还用实体概念来描述它。倒不如说,它是"唯一的、活生生的存在"(X 151;Ⅱ, 8, 122),"一个真正的本质"(X 152;同上),除它之外没有其他"真正的本质"可以持存。因此,显象绝不能被视为建立在自身之中,而是在对绝对者的完全依赖中被看到。因此知识学的任务就是"**在原则的绝对统一性中**"推导出"显象"(X 213;

Ⅱ，8，242）。对于从绝对者出发的显象之建构而言：

> 如果存在（活生生的光）完全不能走出自己，并且没有什么能在它之外存在，那么正是存在本身建构自身。（X 214；Ⅱ，8，244）

绝对存在"直截了当地来自自身"，它同时是"存在和自身建构，存在和对自身的知识"（X 234；Ⅱ，8，278）。创造与"光"是不可分割的（X 243；Ⅱ，8，294）。在《知识学》（1804）中，"光"就已经充当唯一的原则、"生命和存在的自身封闭的单一体"（X 212；Ⅱ，8，242），它不允许有任何其他的、出于它自身而实存着的存在者。

（3）"反身性"——进行反思之自我的自身认识

整个《知识学》（1812）服从于"绝对者应当显现"这个前提。导论告诉我们，这只有在与非绝对者的对比中，即在与显现着自身的显象的对比中才有可能。根据第二章，这种显象只能显现自身为显现着自身的东西，显现为一个活动的原则、一个独立的事物和本质。然而，这阻止了绝对者可以作为那个它之所是的东西显现，因为绝对者的绝对性在于，只有它是**唯一**独立的，而其他的一切都是有来源的。因此，为了绝对者之为绝对者能够得以显现，首先对显象的真实特征的阐明就是必要的。显象本身——正如费希特在第三章§1中所详述的那样——必须放弃结构上不可避免的幻象，成为一种无法绕过的原则，也必须知道它并没有实在性。因为只有这样，它才能将绝对者认作绝对者，认作它的根据和唯一的实在性。[64]显象通过进一步的"反思"（X 376）达到对自身的这种认识。对自身的沉思使显象明白，它并不是真正的原则，而仅仅显得是原则。通过这种反思，显象认识到自身事实上之所是。

在绝对者显现为绝对者这个前提下，这种"反思"应该必然被实行，并且属于显象的本质。然而费希特很快就解释道，他指的只是"反身性（而非反思）"（X 378），即只是反思的可能性。只有这种自身认识的可能性对显象而言才是必不可少的，而不是这种自身认识在事实上的实现。

这种限定让人很难理解。如果绝对者必然显现，并且上述的反思是其可能性条件，那么这种反思也必然发生。然而，当我们考虑到这种具有澄清作用的反思的真正实行最终取决于选择正确的哲学即知识学，这种限制的动机就变得明显了。但这显然不是必然发生的，无论是个体的特征还是预定论，都阻止了人们超越对物自体的信仰。澄清并不总是已经完成的；相反，人们必须"使人类……感受到它"（X 381）。自身认识必须能够被表述为一个律令："显象如此确定地存在，就像它**应当**同样确定地认识到**自身作为**一种显象。"（X 377）——这似乎是费希特谈论"反身性"而不是"反思"的最终根据。

然而，现在的情况是：要么自身认识是绝对者之必然显象的可能性条件——在这种情况下，自身认识必须作为本质法则而不是作为律令出现；要么它只是**被命令的**——在这种情况下，它不能被建立为在绝对者中显现的可能性条件。"反身性"存在，正是因为它只代表一种可能性，所以不能从绝对者的规定性中被推导出来。

从"反身性"概念所表达的可能性因素中，费希特得出了显象的自由。实行自身认识与否，都是由显象的力量所决定的。费希特写道："显象的唯一真正的自由是反思和……**完全地沉思**自身的自由。"（X 381）如前所述，至多只能通过绝对者的规定性来证明反思的**必然性**是合理的。但费希特恰恰（错误地）把沉思自身的**自由**与这种绝对者的规定性联系起来：

> 如果显象应该显现为显象，并且上帝以其纯粹性显现出来，那么**自由**必须存在：因为只有自由和独立的生命才能反思自身。（X 377）

> 因此，显象**必须**是自由的，就像**真正的**绝对者要在显象中显现一样确定：显象必然是自由的。（X 382）

> 这种自由有一个自由的**法则**；它要被引向实现，借此**真理**得以存在，由此显象作为显象而被认识，而显象背后则是上帝。（X 377）

然而从中产生了一个问题，即费希特必须再次把一种私己活动赋予作为自由行动者的显象。显象是它特有的"在其自身中并通过它自身的生命……"（X 377）。

> 换言之：根据反思并设定反思，显象在事实和真理之中获得了绝对**自由**和**独立**的生命。（X 377）

在此处，费希特承认有一种外在于上帝的自由，尽管不是在一种"依赖于**自身**"（X 380）的意义上，即在原则的意义上，而是作为一种源自上帝的生命之自身规定。以这种方式来看，显象"确实是'某种离开它就绝对无法存在的东西'的独立根据"（X 380）。

如果显象应当自由地沉思或者不沉思自身，那么它必须是"独立的根据"。然而，以这种方式理解，显象有可能具有由自性之特征，并与绝对者发生竞争。可这样一来，费希特式唯心论的基础就陷入了晦暗不明。正如我们已经看到的，在《伦理学体系》（1812）中，费希特拒绝了自我的自身辩护。在《知识学》（1812）中，他也终于收回了显象的独立性，而支持绝对者作为唯一起作用的层级。如果说费希特最初也谈论显象"在事实和真理之中"的一种独立的生命（X 377），那么在《知识学》（1812）结尾处，他修正了这个保留了显象的相对独立性的观点。通过自我的自由，自己挣脱在事实中的沉湎，并且转向图像的真正本质，这只是显象的一种方式，只是一种真正过程的"反映"（Reflex）。不是自我在挣脱，而是作为绝对者功能的"绝对的观看力量（Sehkraft）"，"以及这种真正的挣脱将自身反思为自我的自由挣脱"（X 485）。归根结底，正是绝对者本身既为显象的单纯反思奠基——这种显象天真地将自身理解为一个原则，又实现了显象将自身充分地理解为一种单纯图像的状态。[65]

3. 现实性

（1）作为幻象之展开的"反身性"："现实的"存在的起源

然而，在这一修订开始（从 X 435 以下开始）之前，费希特坚持了显象的自我规定。在这个意义上，他区分了两种情况，一方面是"通过上帝"而存在的一种显象"观念上的存在"，它包含着"一种单纯的、纯粹的能力，**使它自身像上帝那样**显现并可见"，另一方面是显象的"**事实的**或**现实的**存在"。后者意味着显象"通过自身"（X 383），即通过其自由而所是的东西。

因此，"观念上的存在"包括正确的自身认识和对上帝的认识的能力，而相对地人们可能认为，"事实性的存在"包括这种认识的**现实化**。

费希特还赋予自由的反思一个完全不同的含义，即作为"现实性"的起源。

> 因此，争取它（自由）的表达，意味着将自身放在现实性的生成点之上，观察世界的创造；不过在这里，创造获得了一种与往常不同的意义。（X 383）

费希特给出了一种"对作为**自由之产物**的**现实的东西**的定义"（X 384）。[66]因为现实性是以自由的反思为基础的，所以"一切现实的东西都是**显象**而不是**存在**"（X 384）。反思扩大了显象的领域，并将其塑造成一个世界。因此，在第三章§2的开头，费希特写道：

> 告诉我，在这自反性＝自身显现（Sichreflexibilität＝Sicherscheinen）之中有什么？有意识的**整个体系**。（X 387）

因此，现实性无非就是显象的"事实性的存在"，也就是说显象"通过自身"，即通过它自由的反思而所是的东西。费希特可以把现实性理解为反思着自身的显象的模态，因为他从一开始就认为现实性是内在于意识的。因此，现实性只是显象的一种存在方式。[67]

在后文中，费希特将先前部分地已经做出的一些区分应用于"观念上的"和"事实上的存在"之间的关系上。观念性代表着显象的统一性环节，而现实性则代表着杂多性环节。前者等同于"精神世界"，后者代表"感性世界"。进一步，只要现实性可以被定义为自由的产物，它就从属于显象的"观念上的存在"。观念性和现实性作为显象的环节并不是站在同一层级上，毋宁说前者为后者的根据[68]，不过观念性是就其描述了自由反思的**能力**而言的，这种能力源于上帝，而现实性是就其描述了事实上的实行而言的，这种实行以能力为前提。作为统一性的显象是作为杂多性的显象的根据。此外，作为观念性，它只能通过思维来把握，而现实性则是可以被直观的：

> 精神性的东西没有外形：它是**不可直观的**，只是**可思维的**，也就是说作为在感性事物中显现着的东西，精神性的东西是感性事物的根据和原则；这是它呈现自己的唯一特征。（X 384）

在《意识的事实》（1813）中，费希特称观念性为"超现实性"，他说：

> 因此，就领悟的感官而言，超现实的东西应被称为**可思维的东西**，而且**只有**在我们语词的意义上才是可思维的东西。但现实的东西是**事实上可直观的**。（Ⅸ 431）

对于那些被直观到的现实的东西，人们说"这些东西存在"，这是基于人们对"存在"的质朴理解。相反，人们必须将超现实的东西推论为现实的东西单纯可思维的根据，并因此说道："它**必须**存在。"（Ⅸ 431）超现实的存在就是"本身不显现"（Ⅸ 434）的东西。[69] 作为思维之客体的"真正本真的存在""不在图像中，而在图像之外，因此是不可见的"（Ⅸ 456）。它对于直接的观看即直观而言是不可见的。相反，间接的观看即思维，能够认识观念性，不过这是通过从现实性回溯到它的根据。费希特将这种通过纯粹思维而"把有缺陷的（事实的）观看弥补为完善的观看的做法"称为"智思"（Intelligiren）（Ⅸ 442）。"智思"之能力恰好使唯心论者脱颖而出，他超越了最初作为存在着的而出现的东西，即单纯事实性的"它存在"这个领域，走向了它观念上的根据，这个根据必然存在，因为"它必须存在"。

观念性是"最接近存在的图像"，认识这个图像是知识学的任务。因为这种上帝的摹本不是像事实上观看到的对象那样直接可直观的，所以它在质上的属性就不能被把握到：

> 因此，所有现实的东西都是基于观念的、不可见的、超感性的存在，在其中现实的东西成为可见的：但并不是**如其所是**的那样，而只是它**事实上**的存在。（Ⅹ 384）

观念上的存在在现实的东西之中所展示的不是它的"是什么"的规定性，毋宁说通过对现实性的分析，它仅仅作为现实性的基础而变得可见，就这点而言它是先行于实行的一种能力。作为如此这般的根据，精神性的东西就永远不能被直观，而必须被思维。[70]

如果有人问，如何确定显象在观念和现实方面的存在状态，就会出现以下画面。费希特区分了显象的"观念上的存在"和"事实上的或现实的存在"（Ⅹ 383）。但他立即补充说，"观念性的东西"是"建立在上帝的存在之中的"，因此"观念性的存在"不可能指由自性，而只是指统一性和不可转变性。正如上面已经解释过的,显象有一个存在上的层面,这是就它是不变的绝对者的不变的形象而言的。这个层面上的存在现在被规定为显象的"观念上的存在",它是现实性之被创造的根据,只能通过思维来把握。相反,"事实的或现实的存在",即实在论者认为不容置疑的那个领域,在任何方式下都不能被称为存在着的。它没有由自性,因为它不仅像"观念上的存在"那样是上帝的产物,甚至还是这个产物的产物,即不是像具有创造作用的观念性那样,是"进行生产的事实"(*factum fiens*),而是"被产生的事实"(*factum factum*)(《意识的事实》Ⅸ 538)。在其观念性中,显象确实是"某物的独立的根据",即现实性的根据,"但不是存在的根据,因为它本身不是存在,而是**诸显象**的根据"(Ⅹ 380)。现实性甚至比观念性更远离由自性。但即使在统一性和不可转变性的意义上,现实性也不能被称为存在着的,因为它的基本特征是杂多性。因此,人们不得不根据费希特自己的理论批评他对语词的使用,即显象的"事实的或现实的存在"无论如何也不能称为"存在"。现实性并不是存在者——观念性是作为同一性的存在者,只有上帝才在完备的由自性的意义上**存在**。

但费希特通过自由的反思对现实性做出解释是要在整体上受到批评的。首先,人们可以反对说,根据先前的说法,现实性与绝对者的显象一样是必然的。[71]然而,如果现实性是基于自由的反思,这种反思也可以不发生,那么必然性将不再存在,正如在《新方法》中对现实性的解释存在着自由和必然性的模棱两可。

但更重要的是以下的反对意见:"反身性"是作为绝对者本身的显象的可能性条件而提出的。它应该使反思的显象能够澄清作为"出于自身的存在"的上帝之本质和作为"出于他物的存在"的它自身。然而,将自由的反思解释为现实性的起源的做法是与进行澄清的兴趣相违背的,因为现实性并不会通过它自己揭示它不是真正的存在者。它是幻象式的存在,但不把自己作为单纯幻象式的东西来认识。正因为它不使自己的幻象性可见,人们就有沉沦于这种幻象中而成为一个实在论者的危险。虽然第一种解释中的自由的反思应当揭示出作为"本真存在者"的绝对者的真正本质，但在第二种解释中，自由的反思掩盖了这一点，并且成为进一步的幻象与进一步的假象的来源。"反身性"在规定性理论上的理据，即绝对者必须显现为绝对者，因此需要一种与之相对立的东西，只能适用于第一种解释。由于第二种解释中的"反身性"并不能使绝对者本身的显象得以可能，因此它不能被规定性理论上的理据涵盖。从论证逻辑的角度来看，自由作为现实性的起源的理论缺乏有承载力的基础。[72]

在《知识学》（1810）中，有一些关于澄清式的反思和产生现实性的反思之间关系的评论。在那里，费希特将知识描述为实现"图式"的"能力"。这与《知识学》（1812）中的显象相对应，显象显现自身为显现着自身的，从而将自己解释为活动的原则以及物自体，因为它没有意识到自身只是显象。在《知识学》（1810）中，费希特进一步指出：

> 一种现实知识还需要处于同一个状态的同一种能力认识到，作为图式的图式即一般的图式是不独立的，认识到它的具体存在或在场需要一种自身之外的存在。（§5，Ⅱ 698）

"图式"只是"图式"——或者用1812年的话来说："图像"只是"图像"，"显象"只是"显象"——而不是"存在"，它反而依赖于一个唯一的、绝对的"存在"，这一认识按照晚期知识学的说法是一种澄清式反思的成就。费希特在《知识学》（1810）中继续说道：

> 对于这种认识的直接具体的表达，绝不是在现实的知识之中成为意识的，而只是通过知识学才提升为意识的，这种认识直接具体的表达现在就是处在形式中的现实知识本身；依照这一认识，完全撇开图式的情况下，一种应当客观地、独立于知识而存在的东西就被设定出来了。既然在这种有关客体的知识中甚至连图式都被遮蔽了，那么作为这种图式的创造者的能力就更加被遮蔽与不可见。这就是知识形式的基本法则。（Ⅱ 698）

因此，对于"图式只是图式"的认识以及对于"唯有绝对者拥有存在"的认识都是无意识的（unbewußt）。作为一种已经实行了但没有进入意识的反思，它掩藏了图式，并带来了与"澄清"完全相反的结果：它没准确地认识到图式恰恰就是一种图式，而是把它塑造为一种作为"由自的存在"的外在客体。澄清式的反思因为是无意识的，所以把自己变成一种进行掩藏的、继续编织幻象的反思。

当然，这种无意识的知识不能被称为"澄清"。只要对图像的单纯图像性的知识没有成为意识，绝对者本身就不能显现。但自由的反思恰恰是通过这种显现的必然性而被建立起来的。如果反身性是绝对者特定显现的可能性条件，那么这种反身性必定直接导致知识学所代表的洞见的水平。它本身必须就是知识学。然而这样一来，那种质朴的、要被澄清的"现实的知识"（Ⅱ 698）就不再有容身之地了。

无论如何，费希特有一种本质性的反思概念，在这种反思中，绝对知识本身被认识，但这种反思仍然是无意识的，因此不能被称为"澄清"。这指的就是"理智直观"，该说法的后继者就是《知识学》（1812）中的"图像的概念"（X 449）。《知识学》（1801）说道，"知识把自身（在理智直观中）看作绝对的知识"（§19，Ⅱ 38；*II*, 6, 169）[73]。在这种情况下，主体-客体性并没有因为它被反思而转化为一个臆想的原则，该原则具有"由自性"，而是被认识为它在事实上所是的那样。费希特认为，正是在显象的"存在"中，主体-客体性以两种形式显现，即"关于它自身的一种**存在着的**图像和一种生成着的图像"（TB Ⅸ 503）[74]。一种形式是虚假性的、事实性的直观的形式，另一种形式则导向理智直观。从"观看的观看"中不仅产生事实性的观看，而且还产生"观看的概念"，它提供了"对一般的观看及其本质的理解"。因此，观看具有"一种对自身**智性**的观点（概念）"（TB Ⅸ 504），并超越事实上的观看，达到"对这种观看直截了当地存在着的根据的**理解**，达到在显象无图像的存在中对显象的理解"（Ⅸ 505）。通过"观看之绝对概念"，"绝对不可见的东西"变成"可见的"（Ⅸ 507）。因此在"观看的概念"中，显象之为显象得到认识，并借此预备了一种对比，通过这种对比，绝对者本身得以显现。只是这里处理的恰恰是一种"无意识的知识"，这种知识不产生澄清，而它本身却需要澄清。

此外，费希特似乎在"观看的概念"中相当断言式地引入了显象的自身认识。几乎没有任何令人信服的论据证明这种自身认识的实存。一种规定性理论上的奠基尝试出现在《意识的事实》之中（Ⅸ 505）：在所有被看到的东西之中，也有一个"生成了的东西"。然而，这种"生成了的东西"只有在与"不可生成的东西"相对比时，"也就是说，在一种设定绝对存在和持存的观看之中"才能被认识为这样的东西，据此，对绝对存在的观看——这就是"图像的概念"——是"生成了的东西"的原则。然而，几页之后他又说，为了"理解"生成了的东西所需的"附加要素"是"经验"（Ⅸ 511），即正是把图像把握为一种独立实存着的存在者的虚假理解。[75] 在讨论统觉的先验统一性时，我们将遭遇到另一种以认识理论为导向的奠基尝试。在那里，费希特将论证，"图像的概念"必须被视为认识最高的可能性条件，这个概念与显象的存在是同一的。据此，对显象之本质的真正洞见本身属于显象的本质。

（2）"现实"存在的目的

早期知识学中"实践的唯心论"所宣传的目标是，通过处理掉"对立的非我"，将自我从所有的限制中解放出来。受限的自我应该被转化为绝对的自我。相反，晚期的知识学更加强调理论性上的要素。现在的目标是洞见绝对者、显象和世界的真实本质。经验性的东西和事实性的东西的区域不应再被消解。倒不如说，人们必须认识到，较低的领域指向较高的领域。晚期知识学的鲜明特征是一种目的论的视野，这种视野从一种目的出发解释个别的存在层级。关于费希特的晚期作品，人们可以说它是对作为存在根据的"目的因"（*causa finalis*）的恢复。事实性的存在是为了观念性而存在的，更确切地说：是为了观念性的"可见性"的缘故而存在的。在费希特对"自然哲学"的论证中，事实性的存在指向观念的东西这一目的变得很清楚：

> 自然是这种事实……存在的……总和。自然哲学建立在这一观点之上，谁会对它提出异议呢？但我们反思在一般意义下的自然的**原则**，这种自然就失去了它的绝对性。……但（自然）根本不是唯一的存在；我们拥有观念性的、精神性的、作为上帝的本真的显象，这种显象本身是不可见的，只有在现实的、事实性的世界中才变得可见。因此，对我们而言，世界在这一点上变成显象单纯的可见性。

(Ⅹ 400)

事实性的世界在上帝的显象中不仅有其存在根据，而且有其目的因，就这点而言事实性的世界不外乎就是上帝之显象的可见性。事实性的世界在两个方面都是非独立的：它没有自己特有的存在，也不是为了自身，而是为了他物而实存的。但观念性并不是这个过程的目的，最后应该认识到，它也只是绝对者的图像。

> 因此一切都变成单纯手段，使不可见的东西，即显象的内在本质的绝对概念变得可见，以至于显象是绝对者的图像。（Ⅸ 457）[76]

世界不是一个可以简单接受的单纯的事实。倒不如说，它有一个使上帝的显象得以可能的目的。

但这种目的论的世界观建立在对"反身性"的两种解释的混淆之上，并且要受到相应的批判。既然自由的反思是绝对者显现的可能性条件，但现实性又归结于这种自由反思，那么——如费希特所言——"事实性的存在"也必须呈现为这样一种可能性条件。"事实性的存在"的存在是为了使绝对者的显现得以可能，并且因为这种显现的缘故而实存。在这一思路中，费希特将在他看来必须分开的如下两种东西等同起来：使绝对者之为绝对者得以可见的具有澄清作用的反思和创造着现实并使其晦暗不清的反思。

我们对费希特晚期知识学中关于存在学说的阐述和探讨基本结束了。下一节我们将讨论这种存在学说在先验哲学问题上的一些应用。费希特首先借由他"显象之存在"概念解决的问题是客体之诸构造原则（4a）和客体认识之可能性条件（4b）。第4c和4d节则将展示出费希特如何通过将绝对者本身作为对象之构造和认识的最高原则来剥夺显象之存在的任何独立性。最后两个主题都源于《知识学》（1812）这个背景，即对先天东西的范围的追问（4e）以及对观看之意义的追问——并非对观看的运作方式的追问（4f）。

4. 存在与观看——形而上学与先验哲学

（1）客体之构造——统觉之分析的与综合的统一

在下文中，我们将展示费希特如何从他的具有构造现实性之功能的

"反身性"概念出发,既重构了康德的统觉的综合统一理论,又推导出了一些经验对象的基本规定。因此,现实性的一般理论将自己具体化为一种客体的构造理论。

众所周知,康德制定了所有综合判断的最高原则:

> 一般经验的可能性条件同时也是经验对象的可能性条件。(KrV B197)

我们对对象之知识的可能性条件塑造了已经意识到的对象本身的结构。如果我们研究知识的规定性——对康德而言这意味着意识的运作方式,我们就会获得经验对象的基本特征。

费希特在《知识学导论》(1813)中表达了同样的理念:

> 如果我们能像我们所希望的那样,进入观看的自身规定性,我们同样也会进入存在的可能的规定性。(IX 51)

"观看"规定了"存在",因为——正如费希特在拒绝康德笔下的经验概念所对准的物自体时所说的那样,"存在"只不过是"观看"的产物。由于费希特不承认被认知者独立于"观看"的实存,所有的认知都来自认知者的自身认知:

> 因此,所有观看只把它自己作为直接的对象;在它里面没有任何东西会变得可见,除了观看自身。
> 你所看到的永远是你自己。(IX 78)

所有的观看都是对自身的反思。在这个前提下,费希特可以说,"意识**的整个体系**"在于"自身反映性=自身显现"(X 387)。因此,对反思的分析将同时是关于在意识中出现的对象,即对费希特而言的一般对象的理论。

费希特将他对统觉的综合统一的思考——这些思考首次出现在《知识学》(1812)的第三章§2之中——放在确定上帝与显象之间关系的背景下,从而将它们与对存在的追问联系起来。他写道:

1) 显象是**上帝的显象**。它恰恰是通过上帝本身而是它真正所是的东西……它是在显象之中**实在的东西**。2）如果它是**显象**，而不是上帝本身：它本身是什么？它由此给**实在的东西**附加了什么成分？它是**自身显现**，因此是反身性的：如果这一点**被穷尽**了，那么我们就认识了附加的成分即**形式**，在其中实在的东西被它接纳。（X 388）

因此，显象的自反性是添加到实在的东西之上的一种形式，据此，这种"实在的东西"作为"上帝"的同义词，当然不能与"现实性"相混淆，后者是由显象的自由所定义的。"实在的东西"在存在的层级秩序中处于最高层级，而"现实性"则处于最低层级。

费希特对他的问题的回答可以立即被预料到。显象，只要它不是上帝，就给实在的东西添加了"一种在封闭统一性中的杂多性"，这是"为了使自身被看到或可被看到"（X 438）。[77] 我们记得，根据费希特的说法，绝对者的统一性超越了所有的杂多性。只有在显象中，（被规定的）统一性和杂多性才相互对峙，这种对峙是以这种方式实现的，即它们共同构成了反身性即自身观看的组成部分。显象借由它对自身的反思而变得可见。但按照费希特的说法，反思的结构是杂多性之统一性的结构。由于拥有自身的图像属于显象的本质，所以它是大全一体（ἕν καὶ πᾶν），是统一性和杂多性的合一。因为根据费希特的观点，所有的观看都植根于自身观看，即植根于一个主体的自身客体化，因此上述的这种结构是一般"可见性"的条件。

通过"反身性法则"，人们能够"证明物的图像如何**在意识之内**产生，并且必然产生"[78]，而不是像反唯心论的"自然哲学"那样假定"物自体"（X 398）。关于客体的本质，费希特写道：

> 作为客体的杂多的东西（它无非是其杂多的统一性和封闭性），是作为原则的显象的图像，只有在这种形式下，它才能接受知识的形式。（X 399）

反思的产物，即模仿过程的产物，是"感性的客体即物"，也就是"已知的经验性知觉"（X 397）。这个"客体"的结构与产生它的反思相同，即杂多性的统一——事实上，它无疑就是这种结构。

此外，根据费希特的观点，"物"显现为存在着的，这个事实是双重假象的结果。第一重假象是，显象根据反思显现自身为活动的原则，"出于自身，依赖自身，通过自身"，尽管显象只是"被产生的事实"，即绝对者的产物。因此，费希特是在由自性的意义上论说显象之幻象式的存在：

> **存在的直观的根据**（它本身就**存在**于根据之中）**是一种制造自身的东西的图像**，一种以自身为**根据**的东西的图像，**一种出于自身、依赖自身的**存在**的图像。**（X 399）

但是，既然图像没有被确认为图像，那么即使自身制造（Sichmachen）即臆想的作为图像之根据的原则仍是不可见的。反身性的显象作为现实客体的起源被剥夺了单纯的观看，以至于现在不仅事实被误解为独立实存着的，而且在第二重假象中甚至它的产物"被生产的事实"也被误解为是独立实存着的。

> 所有事实性的观看（或绝对反身性）的基本特征都是一种**完全不可见**的自身制造（正如在投映客体时最清楚地看到的那样），这种被看到的东西（Gesichtes）的形式的前提是，前者**保持着**不可见。……由此产生了事实性的存在的显著特性，即它被看作直截了当地存在着的，这没有其他根据，而是基于对单纯的观看的言说。（X 399）[79]

"感性的客体"显现为无根据地存在着的，因为它的根据仍然向单纯的"事实性的观看"隐藏起来。因此，所有的可见性——其本质是反身性——都以未被看见的东西为根据。

只有知识学才以双重的澄清工作来应对这双重的假象。它首先将客体的存在追溯到显象的存在，然后将后者追溯到上帝的存在。然而，后一个步骤只有在晚期知识学的三层级构想中才变得必要，而早期知识学只要求将"感性客体"还原为自我，而自我作为一个主客统一体，其本身是不可还原的。

简而言之，费希特从反思中得出作为杂多的特定统一体的感性客体，具体如下：他认为"原则性"（Principheit）是"统一性对**杂多**的一种超出"（X 390）。因此只要**一个**原则被看见，杂多作为一个原则衍生物也在观看的形式之中被接纳。[80]但观看的形式是主体－客体性，因此，当显象把自身视为原则时，杂多就被整合到主客体的同一性之中去了。这种通过反思将杂多整合为统一体的做法是"**统觉的综合统一**，即在观看的形式中被接纳的活动＝**主体－客体性**"（X 390）。按照费希特的说法，在根本上有两种综合：第一种是把杂多接纳进统一体，第二种是主体和客体的综合。第一种综合为杂多在观看的形式中被接纳做了准备，第二种综合则描述了观看的形式本身。费希特谈到了"**综合**的**综合**，即主体和客体的综合，作为对杂多之综合的**再次**综合"（X 391）[81]。

费希特不由自主地走向了康德的范畴的先验演绎。"反身性"（X 391）概念描述了康德通过"**意识对其自身之关系**的法则"想说的东西。即使康德由于其隐藏的经验主义而没有提供一个真正的范畴演绎[82]，但他还是正确地指出了"演绎的点"（punctum deductionis），即"**我思必须能够伴随我的一切表象**"（X 392）。然而，应该对这个命题进行一些更正。"能够"一词处在错误的位置上。它应该是："我思的**可能性必然**伴随着我的一切表象"（X 392），据此，费希特将"我思的可能性"理解为"反身性"。此外，"表象"概念必须被范围更广的"杂多"概念取代。因此，与其说康德的公式"我思必须能够伴随我的一切表象"，倒不如说费希特的命题"**主体－客体性必须伴随杂多性**"（X 392）表达了观看的本质。范畴可以从这一法则中推导出来，因为可以证明它们"只是这一基本法则的进一步的规定性"（X 393）[83]。

然而，在《论逻辑学与哲学的关系或论先验逻辑学》中，费希特显然超越了康德，因为他没有像康德那样，将统觉的综合统一性解释为分析统一性的前提条件（参见 KrV B 134），而是反过来使得分析统一性成为综合统一性的条件（参见 TL IX 178 f.）。康德认为统觉的统一性只有通过与杂多的联结才会产生——按照康德的说法，只有这样意识领域才会产生，在这种领域之中"conceptus communis"（共同概念）可以用作意识的分析的统一性的代表（参见 KrV B 134 注），而费希特让杂多性仅仅从分析统一性之中产生。由于选择了唯心论，他不能接受杂多作为事实上实存着的东西，而必须将其"创生"，即从一个更高的东西解释它。这个更高的东西是显象，它作为统一性并存在着。[84]这种直接的主客体统一性被认为是它自身的形象，即被认为是反身性的，体现了一种"不是生成的，而是直截了当地存在的统觉"的分析统一性（IX 179）。这种统一性也把自己**看成**图像，它"不仅是一个**自身**，而且也**是作为真正意义上的自身**"（IX 179），这一事实表达了康德的统觉的综合统一性，然而，仅就其本身而言，它的结果是一种"无**地基**的哲学"（IX 178）：

> 因此，统觉的**综合**统一性是**分析**的统一性的单纯摹本。因此**康德的**论断将被纠正，并且在知识学之中被接受下来。（IX 179）

这就是说，根据《论逻辑学与哲学的关系或论先验逻辑学》，包含着对自身的直接意识的纯粹主客体统一性和明确以自身为对象的有中介的统一性是并存的。前者由存在着的显象代表，这种显象作为统觉的分析统一性是杂多的来源；后者由统觉的综合统一性代表，通过它，显象认识到杂多是建立在它自己特有的分析统一性之中的，从而在这种杂多的过程中把握自己。因此，费希特并没有给出对先验统觉的存在论的解释[85]，而是给出了一个在实存着的原则中的形而上学奠基，这个原则从自身中释放出了要被综合地统一的杂多。

他在《知识学》（1812）中指出，如果要实现观看，还必须满足另一个条件，在这方面，费希特也超越了康德。统一性必须是一个**被规定的**东西。原则之存在的"流"必须停顿下来，这样就会产生一个封闭的"被看到的东西"（Gesicht），或者如费希特所说的那样：一种"瞥见"（Blick）（X 394）。"瞥见"是"**一个观看的封闭性与总体性**"（X 394）。因为原则只在它的图像被看到时才是可见的，所以除了上述两种统一性，还必须加上第三种"内在统一性"，因为图像只有作为一个被规定的、封闭的图像才是可能的。[86]杂多之统一性的规定性最终是"感性客体"的特征，这个客体作为一种统一性，与其他诸统一性界限分明，也就是说它有一个"外延"（Extensio），即一个"外在界限"，和一个作为"内在规定性"的"质"（X 396）。因此，我们可以说，是原则的图像性才塑造了客体的形态。[87]反身性要求瞥见的封闭性，并且使得客体成为被规定的东西。然而，反身性存在，是因为绝对者本身应当能够显现。作为外部和内部被规定的杂多之统一性的"感性客体"及其形态，最终都建立在显现的绝对者之中。[88]

（2）作为认识原则的显象之存在

在第三章§3的第二部分，费希特重拾"统觉的统一性"这一主题，作为对"现实的观看"的分析。如果他之前通过反身性解释了客体的构造，从而阐释了"产物"这个视角，那么现在，他通过提出作为"现实知识"的可能性条件的统觉的综合统一性，转向了接受性。

首先，费希特接续他的论题，即在统觉之中，一种杂多性（它是从一个到另一个的"流"）的综合统一性被直观，被制成一个图像，并被停止在"统一性之统一性"（X 447）中。这种将杂多的统一性固定在图像中的做法——这是思想的延续——是基于"**图像的一般概念**"（X 447）。[89]通过这种"图像的概念"，杂多性的统一性被把握**为**图像，从而被塑造为一个客体。费希特写道：

> 绝对的概念是图像的**一般**概念，是可见性的概念：可见性制造自身，从而自在地实行自我的形式（Ichform）……所有其他的观看或把握都是以这个唯一的、**直接的**东西为中介的。所有在其中被把握的东西都是通过"它被把握为**图像**"而被把握。（X 448）

费希特对这一概念的描述如下：

> 图像的**一般**概念，它完全通过自身而被把握，概念同时也是**把握者**，是一个直接的并通过自身而清晰的概念，是在观看之中的**可见性**自身；它甚至是被更细致描述的自我性，这种自我性直截了当地存在而不变化。（X 448）

观看的最高层级是"可见性本身"，它与纯粹的"自我性"即主体-客体性相等同，并代表了显象的存在环节。因此显象作为上帝的统一性和不变摹本，获得了所有知识的最高原则的功能。作为统觉的分析统一性，显象就生产活动而言是现实性的源头，在关于现实的东西的认识方面是最高的可能性条件。作为图像的概念，存在着的显象是"知识本身"，是一种"全然的先天概念"（X 448），是"原始概念"（X 449）。

把握活动是让图像从属于"图像的绝对概念"之下，或者如费希特所说的那样：从属于"知识本身"（X 446）之下。这种仍然隐藏在自然态度之中的从属关系为所有"现实的知识"奠基，作为其可能性的条件。[90]

我们已经指出，根据费希特的观点，某种不可见的东西为所有可见的东西奠基，这恰恰由于后者以反思为基础。"现实的观看"隐藏了它自己特有的根源。只有知识学才使这种看不见的东西变得可见。我们现在知道，观看的不可见的根据是"可见性"本身。费希特写下如下段落时，他也称其为"绝对的观看"：

> 因此，绝对的**观看**永远不可能成为**被看到的东西**，它是**图像**的**绝对概念**；自我，彻底的主观的东西，永远不可能成为客观的：与此相反，**现实的**图像，在任何一种杂多性的统一中，都是**客观的东西**；通过将图像从属于图像的概念之下，将客观的东西**承认**为图像最终是对两者的**综合**。（X 449）

在认识过程中，这种归属活动造成了主客体的统一性与杂多性的统一性的综合，从而建立了统觉的综合统一性。但"绝对的观看"只有在知识学中才成为被看见的东西。证明这一点甚至构成了知识学的主要任务之一，因为有了它，对第二种假象的澄清就会完成，这种假象使得感性客体显现为独立的东西。[91]

我们已经看到，晚期费希特不再认为纯粹精神性的东西——也就是显象的存在——是可以直观的（参见 IX 455）。因此，不可能再有任何在本真意义上的理智**直观**的问题，尽管费希特仍然偶尔使用这一术语。在晚期作品中，它被"图像之概念"取代。[92]但即使在这个晚期的版本中，关于直接性或中介性的老问题仍然存在。费希特将"图像的概念"与"直截了当地存在而不变化的自我性"（X 448）相等同。这个概念作为纯粹的可见性实现了"自在的自我形式"（X 448）。然而，"自我形式"是"主体-客体性的形式"（X 446）。这种自我形式是一种观看，它

> 直截了当地存在，没有变化，自我本身是直接清晰的，而且是直接可见的和被看到的，因为它就是绝对的可见性。（X 446）

通过补充如下说法，费希特特别强调了主体－客体性的直接性：

>作为**如此这般的**自我可以被澄清并**变得**清晰；但这个特别的附加说明预设了自我作为自我本身已经是清晰的了。（X 446）[93]

因此，"图像的概念"作为主体－客体性代表了一种直接性。情况必须如此，因为这个概念体现了显象的存在环节，即它的不变性，这使得它能够成为**上帝的**摹本。然而，按照费希特的说法，每一个"特别的附加说明"，即每一个中介性和进一步"如此这般"的规定性，已经表达了一种"变化"，一种"创生"（X 446），这种创生要与存在着的显象保持距离。[94]

更令人惊讶的是，费希特谈到了图像的**概念**，然而在《新方法》中，概念恰恰代表了被把握者的规定性，而直观则直接把握其对象。[95] 不过我们已经看到，在《知识学》（1812）中，费希特——以一种不完全易于理解的方式——将概念关联到形式上的、无内容的因而无规定性的显象之定在，而将直观关联到显象的本质及其在质上的内容（参见 X 352 f.）。[96] 然而，恰恰是从属性思想所要求的，"原始概念"（Urbegriff）包含了图像对自身**作为**图像的特定知识，因为只有这样，其他图像才能被鉴定为图像，并像"个别的契合的例子"（X 448）一样归属于"基本概念"之下。这种鉴定的标准仅仅是关于图像是什么的知识，而这种知识拥有最高的图像，只是因为它认识到自身是**作为**图像而不是作为其他东西。当费希特用"图像之图像"这一表述，通过同一个词的不同格的使用，暗示主客体的同一性，这只是文法上的幻象。拥有一个图像之图像意味着拥有它作为图像的知识，也就是说，拥有一种概念。因此，主体－客体性的直接性（如果这一点可以被承认的话）被破坏了。[97] 先验逻辑的理念主张把一种从属活动或一种推论活动作为所有知识的基础，它与把显象的存在环节视为上帝之摹本的形而上学解释相冲突。后一种思想要求不变性，因此要求在主客体同一性意义上的"绝对的观看"的非中介性，而前一种思想则要求在图像对自身**作为**图像的认识中的中介性。[98]《知识学》（1801）说道：在理智直观中"绝对知识显然是根据它的绝对本质来绝对地把握自己"（§16，II 33；*II, 6, 164*）。根据《知识学》（1812），这是通过"图像的概念"实现的。这个概念应该是把显象作为图像来把握，因此，在事实性的直观中看到的东西也可以被认作"图像"的一种情形，并从属于绝对知识之下。那么我们似乎可以说："事实性的直观就其自身而言正是理智直观的定在"（TL IX 330）。这种"图像的概念"作为统觉的"分析统一性"应该为统觉的综合统一性奠基，这个概念不能与作为一种直接性的显象等同起来。费希特在形而上学的存在学说之中为统觉的综合统一性奠基的行为似乎并不成功。

（3）作为观看可能性条件的绝对者

正如我们所看到的，费希特将"理智直观"即"图像的概念"与显象的存在相等同，这种显象是就上帝之摹本而言的显象。因此，作为统一性和主体-客体性的自我形式直接与绝对者相关。在费希特的早期作品中，自我仍被视为最高根据，而现在它被表述为彻底地依赖于一个更高的层级。我们现在追求的是消解自我作为一个独立的、实在的存在，用以支持一种使自己可见的"光"的理论。因此，我们就和费希特一起上升到了他通过如下"任务"来刻画的反思层级：

在其**创生**中**直观**整个和一般的**可见性**，并把它**视作绝对者的产物**。（X 436）

"可见性"，即主体-客体性，并不是所有创造的源头，毋宁说，即使它是内在不可转变的，也要完整地屈从于创造，其本身只是一种"产物"。这项任务包括显象具有一种"绝对**自由**和**独立的生命**"（X 377）这一论题的修正。我们将表明，显象在它的所有方面——"整个和一般的可见性"——只是绝对者的产物。

在一种最初令人惊讶的措辞中，费希特在这个最高的反思层级中把"实在性"规定为"绝对的变化本身"（X 425）。虽然绝对者的绝对性在《知识学》（1812）开端处恰恰被规定为不变性，因此存在的分享性思想（Gedanke der Seins-Mitteilung）被排除在外，但费希特现在谈到了一种"出于自身、依赖自身、通过自身的绝对的生命和变化"，并称之为"真理"（X 426）。[99] 解释绝对者的主导思想不再是不可转变性，也不仅是由自性，而且是自我表达、原则性以及"出于自身、依赖自身、通过自身"的特征。

这种"真理"先于"可见性",而"可见性"只是**显象**的统一性环节,因此按照费希特的说法,真理必须是不可见的。[100]"实在性"的"生命和变化",它的表达,恰恰包括使自己可见。[101]这种情况得以发生,是凭借这种生命和变化接受所有可见性的形式,即接受主体 - 客体性。因此,自我的形式成为对绝对者的单纯反映(Reflex),绝对者自己做出反映,成为绝对者在其中得以显现的形式。那么这意味着第一推动者(primum movens)是"绝对的光……这种光反映在一种事实的观看的高阶统一点之上"(X 453)。作为主体 - 客体性的"纯粹自我"不是任何独立的东西,而只是光的反映,是"同一(光)与自身的关联"(X 446)。[102]因此,在1794年还被认为是最高实在性的自我,现在被否定了任何实在性。费希特写道:

> 在这里出现的整个自我根本就不是什么真实的和实在的东西,毋宁说对绝对实在的东西、依赖自身的东西(das Von sich)的现实直观给自己带来了这些环节。(X 432)

在同样的意义上,费希特继续他关于自在"不可见的真理"的陈述:

> 但是,已发现的显象的基本规定性迫使我们说:它(绝对的生命和变化)使自己**直截了当地**可见。它能这么做,无外乎通过从自身中又创造出一种被看见的东西(Gesicht),它在这种被看见的东西中把自己确立为一种存在。

这种存在是作为统一性和不可转变的主体 - 客体性的显象。正是对于这种存在,费希特说,它"不在事物本身,没有最低程度的真理",而是"仅仅由它的(真理的)可见性所设定"(X 426)。显象的"存在"可能会诱使人们把显象解释为一个独立的原则,但它现在却毫不含糊地宣布它是绝对者的产物。因此,费希特说道:

> 我们毕竟只是在消解我们的前提,从而纠正这些前提,正如在同样被预设的显象之存在(它已成为实在东西的单纯可见性)中已经显示的那样。(X 439)[103]

如果理解正确的话,这些表达当然只是重复了在《知识学》(1812)的导论中已经说过的东西。显象拥有不可转变性和统一性意义上的而不是由自性的意义上的存在。在这里，费希特只是再三提醒，这种不可转变性不是独立实存的，而完全是绝对者的产物，即"出于他物"。消解"显象之被预设的存在"，并澄清这种存在"没有丝毫的真理"，这与把显象作为一个能动的原则的理解方式针锋相对。因此，这种消解和澄清旨在揭露第一个假象，根据这个假象，显象被误解为"出于自身，依赖自身，通过自身"的。然而，我们也可以把这种揭露与知识学本身联系起来，因为知识学让反身性建立在显象的一个"自由的"和"独立的生命"之中。

显象的自身反思，即它的杂多性环节，仍然没有被追溯到一种独立起作用的层级的显象那里去。绝对者不仅产生了作为显象之存在方面和统一性方面的可见性，而且还导致了这种可见性客观化为一个客体，费希特现在将这种客观化描述为"可见性的可见性"（X 454）。虽然起初他仍将反身性解释为反思活动的自由，并因此将显象理解为现实性的起始点[104]，但在《知识学》（1812）结尾处，他说道：

> 不是一个意谓的自我（这已经完全从我们身边消失了，我们必须首先看到它的显现会来自何处），而是光本身直截了当地反映了它的可见性，光彻底地来自它本身。这属于它绝对地使得自身可见的活动。（X 441）

光通过进入主体–客体性的形式使自己变得可见；但是这个过程不能缺少的是，它同时反思它的可见性，即使可见性本身变得可见。因此，费希特制定了"基本法则"。

> 纯粹的光使它自身成为可见的，这意味着：它使它的可见性的形式——它不能避免地进入形式中——同时**作为**这样一种形式而可见，这是在使自己可见的同一个行为中发生的。（X 440）[105]

由此，对显象的全部分析，正如《知识学》（1812）的第一部分所做的那样，被提高到了新的反思层级。显象，它的自身关联——这种自身关联让显象显现为"向自身显现的"，以及产生了可进行统觉的图像的显象之反身性，现在完全被追溯到绝对者的一种活动，而绝对者被解释为"光"。

光的可见性作为可见性也成为可见的,并以这种方式既展示了它自己,也展示了特定方式的光,这种可见性的显象包含了与自由反思的概念一样的澄清和遮掩之间的悖论式等同,这种等同同时应该是客体世界的起源,**并且**阐释了作为图像的上帝图像,从而阐释了上帝本身。一方面,光所进入的可见性的形式应当作为可见性的形式而成为可见的,以便能够从可见性的形式中消减掉可见光,从而留下纯粹的光作为结果。[106] 通过单纯地屏蔽光在其中得以显现的形式,光本身就可以得到认识。可见性的可见化(Sichtbarmachung)在这里显然具有澄清的功能。另一方面,使得可见性的形式可见化,意味着将这种形式转化为一种图像,从而创造出一个位于实在性之外的图像领域。[107] 可见性的可见性没有导向纯粹的光,却意外地导向了双重的无,导向了客体的世界,这个世界只有实在论者才认为它有实在性。

如同对反身性的解释一样,费希特在这里也运用澄清和遮掩同时性的悖论来引入目的论思想。在"纯粹的光"、光的可见性以及可见性的可见性组成的层级秩序中,各个低阶环节没有自在的价值,而只是为了高阶环节的可见性而实存。[108] 与此相应,为了上升到"实在性",观看必须先由下至上,一步步通过这些阶段——当然,这是在知识学的指导下完成的:

> 观看展示出它是一种**逐步上升**到真理和实在性的过程;因为它首先只看到真正意义上的无,借此它可以以另外一种方式也许再一次看到无,由此它最终能够看到**本质**(Was)。观看似乎只是根据一种固定的法则才将自身构造成对**实在性**的一种观看(X 427)。

那最初被看到的"无"是那些不拥有存在的"感性客体"。如果这些感性客体是基于它们的根据的,即基于主体–客体性的,那么我们就会看到第二重的"无",因为作为统一性的显象也没有由自性意义上的存在。只有当第二重的"无"被彻底实现,并且其根据即纯粹的实在性变得可见时,由自性意义上的存在才会映入眼帘。

我们需要再次反驳如下观点:那些各个较低的层级在服务于澄清的过程中,被认为是在目的论上归属于更高层级的,如果不是为了澄清的目的而引入的反思被重新解释为无的起源,那么较低的层级根本就不会实存。

（4）作为"现实的观看"之根据的绝对者——"非我"与"界限"

费希特已经在《知识学》（1812）的导论中强调了"只有一**存在**"。这个唯一真实的存在者就是光，因为只有它是"出于自身"的东西。但是光不仅存在于自身之中，还会表达自身。它通过接受所有可见性的形式，即接受主体–客体性，并且反思主体–客体性，而使得自身可见。在我们对《知识学》（1812）陈述的结尾，我们还想描述一下费希特是在何种形式之中将他早期作品中的两个重要主题——"非我"和"界限"——整合到使得自身可见的"光"之概念中去的。在《知识学》（1794）之中，在对于"非我"的看法之中展现了一种实在论的成分，因为它也被赋予了一种不可还原的实存。与之相反，《新方法》将非我呈现为自我自身规定过程的单纯产物。相较于《知识学》（1794），晚期学说中这种使得自己可见的光之概念的不同之处在于，非我不可被承认有任何存在，因为"只有一**存在**"，但与《新方法》相比，这个"一"不是自我，而是优先于自我的"光"。

费希特引入了一种所谓的"生成的"考察方式，作为对认识光之为光的这种"减法"方法（Subtraktion-Methode）更进一步的规定，这种考察方式使得"光"和"可见性"之间有了区别。光不应当被视作已经进入了可见性的形式并在其中存在着的东西，因为这样恰恰就不能把它与这种形式区分开来。相反，光必须被主题化为正在进入形式之中的东西，即作为可见性的原则，并且可见性要被主题化为原则的衍生物。因此，费希特制定了"原理"：

> 光直截了当地进入可见性的形式之中，存在于这种形式中，但它不是**作为**正在进入着的，除非在同一个不可分割的时刻它也展示着自身；因为除此之外，光不会**作为**光而被看见，并将与单纯的形式相区别。（X 449f.）

作为已经在形式之中**存在着的**东西，光成为"直觉"（Intuition）的对象，直觉是一种单纯的、"直接的观看"（X 442）；相反，光作为**正在进入着的东西**，它被"反思"，即被"观看的观看"看见（X 443）。[109] 在观看向实在性的"上升"之中，反思因此导向了比直觉更高的层级。

他先前暂时的论题是，光可以通过对形式的减法而"纯粹和不混合地"被看到（X 440），与之相反，费希特最终所坚持的原理是，光在其"纯粹性和不混合性"之中是不可见的（X 440）。反思也不允许光"作为光"（X 449）而被看到，而只是提供"最接近绝对者的图像"（X 365）。然而，这个图像具有特殊的性质。它展示了光在**进入**可见性的形式的过程中，"既不在可见性的形式**中**，也不是**不在**其中"（X 451），而是作为一种使自身可见的"能力"。[110] 反思展示光为一种"能力"，一种使自身可见化的潜能（potentia）。被视作获得可见性之能力的光取代了自由反思着的自我的位置，这样一来，"事实性的存在"与**实现了的**能力相对应。因此，费希特可以把"显象的存在"和"反映着自身的显象"的层级，或把"图像的原始概念"和个别图像的层级，描述为可能性和现实性的关系。可见性的可能性代表着较高的层级，相对而言，现实性则代表着较低的层级，事实上在这个较低的层级上产生了被规定了的个别图像。[111]

费希特现在着手研究早期发展出来的一种要求，一种将"观看"封闭起来成为"瞥见"的要求，只有这种封闭性才能使得杂多的东西**被规定了的**统一性成为可能，也就是说，使得客体成为可能。"自我"只是一种被视作能力的光的代号，自我不能带来这种封闭性，因为它正好是一种"无限的能力"（X 454）。相反，这种能力必须受到限定，这样才能发生封闭性、规定性以及观看的现实性。[112] 这种对于能力的限定是由光本身所完成的。这甚至是光最显著的表现之一：

> 光和实在性在限定处显示自身。
> 只有在无限建构的限定处，**现实性**才会显示自身。（X 454）

因此，光不仅产生了可见性，即产生了观看的可能性，而且——通过设定"界限"——也产生了**现实的**观看，即对一个主体而言被规定的诸种客体。绝对者本身完成了无限可能性的终结。

从"界限"现象出发，费希特解释了非我：

> 因此，界限就是：自我根据它得出一个**外在于它的奠基者**，一个观看者（Sehendes）[或读作存在者（Seiendes）?]，与单纯的图像**相**

对立，得出一个**非我**：一个单纯的、纯粹的对立者。因为这里不能推断出别的东西。（X 455）

如果说，在第一部《知识学》之中，界限的设定是否构成非我的条件（正如在论想象力的章节中所说的那样），或者"阻碍"是否并没有造成对自我活动的限制（正如首先在"实践部分"之中所说的那样），仍然是模棱两可的，那么在这里已经没有了任何疑问。界限是非我的根据，因为它是一种自我向外投映并设立一个独立存在着的非我的动机。然而事实上，并不存在这样的非我。而界限也不是自我的产物，正如《新方法》中彻底的唯心论所设想的那样。《知识学》（1812）简明扼要地指出：

> 界限不是通过自我产生的，因此是通过一个他者，即光所产生的。（X 455）

光是绝对者本身，它限定无限的能力——它使得自身作为无限的能力而可见——并创造了一个可见的世界。

如前所述，费希特认为，对"构造力量"（Bildungskraft），即"无限的能力"的限定，是一切观看的条件（参见 X 469）。然而，绝对者对能力的限定所借助的方式不仅使观看的理论特征而且使它的"实践"和"道德"特征变得清晰了。费希特提出了以下论点，即只有"构造力量"本身实现的东西才能被看到。如果要建构一个客体，就必须看到"构造力量"的限定性，这就导致了构造力量限定自身。[113]然而，"构造力量"的自身限定将与上述论题相矛盾，根据该论题，自我只包含观看的**可能性**，而使之实现的限定是由光所成就的。如果自我能够实现属于现实的观看的所有功用，从而也就是能够实现对于"界限"的设定，那么我们就必须问"我们如何假定一种……**不是**基于自我造成的限定的观看"（X 469）。那么，那个"使自我能够现实地观看"的光的功效是什么呢？

费希特认为，即使构造力量只看到它自身所实现的东西，那限定自身的**法则**也绝不是在它的本质之中。相反，它的本质是不受限的以及无限的。只有在构造力量变得可见的条件下，它才必须限定自身：

> 所以——对于观看的悬设（Postulat）给无限的构造力量添加了一种限定自身的能力，并赋予了它一个有条件的法则，以便在事实上

实行这个能力。(Ⅹ 469)

因此,"观看应当存在"这个悬设就是从外部添加到构造力量之上的,而在这个悬设之上建立了这样的法则:如果观看应当存在,那么构造力量就必须限制自身。费希特坚持认为,自我必须限定自身,借此限定才能被看到,那限定自身的构造力量就是"主体性的东西";但造成这种自身限定的"法则"并没有返回到自我之中,它是"客体性的东西"(Ⅹ 469)。

(5) 偶在性的问题——先天与后天

通过他的"法则"概念,费希特试图解决在早期知识学中已经出现的偶在性(Kontingenz)的问题。在那里有一个困难:所有的实在性尽管都应当包含在自我之中,但不能从自我中发展出来,否则所有偶在的东西都必定通过一种演绎转变成自我的必然结果。因此,费希特关于先天和后天之同一性的论断,要求把所有的经验认识都消解为哲学的洞见[114],而这一要求却没有得到实现。在晚期哲学中,有一些关于先天之角色的论题,它们听起来如此极端,不亚于早期费希特的论题。《知识学》(1813)这样说道:

> 一切都是先天的,没有什么是后天的;否则就是可悲的不彻底性。后天的东西即不是由观看所设定的东西。既然观看只是一种穿透性的存在、一种直视,那么后天的东西应该如何进入观看中去?(Ⅸ 51)

根据费希特的观点,观看的内在规定性是知识中的先天的东西。但是,由于观看除了它自己和它的内在的规定性,不能看到其他任何东西——"你所看到的总是你自己"(Ⅸ 78),所有的知识必须是先天的。[115] 演绎的任务,以及确立偶在东西的任务,都威胁到了这种先天主义,无论费希特是否有意为之。

然而,在《知识学》(1812)中,费希特在他的法则理论的帮助下回避了这个任务。他写道:

> 因此,一般意义上的观看必然通过其形式的法则而变成一种一般意义上被规定了的东西,而没有关于特殊事物的最低限度的法则,就**任何一种**特殊性都满足这个法则而言,这反而是**无法则的**。(Ⅹ 471)

只有一般意义上的限定性，也就是说，只有在普遍意义上对客体的建构才必须存在，因为这种限定性是观看的一个条件。客体必须只依据外延和质来被规定。但是，各个客体的具体性状并不是观看的条件。因此，它们在显现着的绝对者之中没有根据；倒不如说它们是偶然的，或者如费希特所说，是"无法则的"。对于观看，费希特说道：

> 依据这种形式上的法则，观看只是一种图像；因此，就特殊的事物而言，它是彻底无法则的。因此，在这个图像的世界里，在真正的现实性上或在对一个实在东西的真正观看上，它是不可被设想的：观看是一个没有任何意义或含义的空洞游戏，它漫不经心地如其所是地造就自己。（X 484）[116]

只有光的可见性和本质上属于可见性的东西，即一般意义上的确定性，才是必然的，并因此至少可以从事实性的东西回溯到其必然的根据。与之相反，规定性的"特殊性"则托付给了"偶然"（Ungefähr），也就是说托付给了偶发性，它所代表的只不过是一个"没有任何意义或含义的空洞游戏"。正因为具体的规定性不以绝对者为基础，所以这些具体的规定性缺少了根据晚期知识学来说一切外在于上帝的东西（das Außer-Göttliche）所具有的意义——指向作为目的因（causa finalis）的上帝。哲学因此退回到原理性东西的领域，而给了偶然的和不可演绎的东西以空间。知识学将不再是一种先天的普遍科学，而是一种原则理论（Prinzipientheorie）。但这样一来，与费希特极端的言论相反，必须承认有一种后天的东西。因为"感性客体"的某些性状呈现了观看的内容，这些内容不在于观看的规定性（即使绝对者的显象得以可能）之中，也就是说，这些内容不在观看本身之中。

（6）观看的道德意义

通过从一种"悬设"（X 469）出发解释观看，费希特再次将观看的目的论维度带入，但同时也带入了道德维度。他写道：

> 在一般意义上，观看不是通过一种机械的律令式的法则而存在的，而是通过一种意图和目的而存在的，因为它建立在一种自由的法则之上。（X 469）

观看在整体上被确定为指向一个最终目的,即指向绝对者的显象。

> 观看绝非全然事实性的,而是因为它的更高的规定性而存在:它的规定性是其存在的真正场所。它是自由和**应当**。当人们如此意愿之时,观看就彻底地是实践的和道德的。(这是知识学之唯心论的顶点和最纯粹的表达……)(X 470)

在这里,费希特再次提出了一种"实践的唯心论"的理念,它在《知识学》(1794)中发挥了重要作用。然而,这里给出的"应当"(Sollen)概念与早期知识学中的"应该"概念有着根本的不同。在那里的意思是,自我为了实现它的目的和纯粹性,必须完全摆脱"非我"。"一切都应当设定在自我之中;自我应当是绝对独立的,一切都应当依存于它。"(I 260;I,2,396)但由于非我拥有一种绝对性的方面,所以要求扬弃其独立性是不可能的。这个要求是不可达成的;它仍然伴随着应当,也就是说伴随着"趋向无限东西的无限努力……"(I 261;I,2,397)。与之相反,在《知识学》(1812)中,没有任何应当不会被完全实现。绝对者不允许在其自身之外有第二个不可扬弃的层面,无论是一种非我还是一种自我。观看不仅是被要求的,而且是**存在**的,这与绝对者显现着具有同样的必然性。

但这种唯心论在根本上不能称为"实践的和道德的",而只能称为"目的论的"。观看是为了绝对者的显象而存在的,并在这种显现中有其"目的"。这样一来,观看在绝对者中不仅有它的动力因(causa efficiens),也有它的目的因。但这种目的性本身既不是"实践的"也不是"道德的"。只有在增加了一种可以由这种目的性决定的自由之时,目的性才会是实践的或道德的。只有这样,目的性才不再仅仅作为一种实存之目的论式的"为了"(um-willen)而出场,而是作为一种道德诫命,即作为"应当"。现在,费希特明明白白地写到,观看基于一种"自由的法则",它是"自由和**应当**"。但这种自由只能是这样一种自我的自由,这种自我被暂时解释为"活动的原则"和"本己的生命",而不是像《知识学》(1812)最终呈现的那样,是绝对者的单纯实行。如果"意谓的自我"确实"完全消失了",而"光本身"直截了当地反映了其可见性(X 441),

那么就不存在可以由诫命所规定的自由。因此，它仍然停留于实存之单纯的"为了"那里。这里没有任何余地将这种事关存在的目的论理解为一种道德诫命。因此，这种目的论式的唯心论不能被称为"通往伦理的道路"和"变得道德的明确技艺"（X 491）。

如果像费希特在《意识的事实》（1813）中所说的那样，"事实性的知识"和"经验"要"像上帝本身一样是必然和绝对的"（IX 420），那么就不能给予自我一种无差别的自由，根据这种自由，自我可以决定赞成或反对"观看"。自由之思想与对绝对者的必然外化——首先外化为观看，其次外化为事实性存在——的思想是不相容的，目的论的思想可以与之相容，因为假定一个通过目的因作用的东西是必然地被原因作用的东西，这并无矛盾。[117]

总结

在耶拿时期，费希特认为只要能够表明自我是最高原则，先验哲学的所有问题就迎刃而解。从1801年的《知识学》开始，他放弃了内在性悬设（Immanenz-Postulat），并为自我本身寻求一个根据，这在最后一个版本的《知识学》中表现得尤其清楚。他直接从一个作为唯一存在者的绝对者开始。但是，既然有这个绝对者的一个概念，那么就可以肯定：上帝外化自身，并且显现自身。我们对上帝没有直接的知识，以至于我们也许能够洞察到"他为什么显现"，但却是从我们有这个概念这一事实来推论出上帝根据其本质的必然显现。

唯有上帝在由自性和不可溯因性（Unverursachtheit）的意义上**存在**。由此看来，显象不拥有存在，因为现象只是绝对者的结果，并在绝对者之中拥有它的根据。从另一个角度讲，费希特还是把存在赋予了绝对者的显象，即将存在赋予了绝对者的"图像"，这是就显象是一种"统一性"，表现出"不可转变性"以及"存续与持存"（Beharren und Bestehen）而言的。但绝对者的显象也表现出杂多性，此处我们可以想到早期知识学中的自我，这是就显象是反身性的并向自身显现而言的。作为杂多性的显象不再拥有任何存在。显象的反身性——此处我们可以想到的是"设定自身为设定着自身的"自我——在晚期知识学中出于规定性理论上的根据而被要求。绝对者的显现在本质上是必然的,但只有在一种非绝对的东西一起显现时,绝对者才能**作为**绝对者而显现。

然而,在反思中,自我将自身显现为独立的东西,尽管事实上它只是显象。因此,费希特要求有一个进一步的反思层级,在这个层级中,自我认识到它将自己作为原则的观点是错误的,它本身只是一种图像。显象必须认识到自己是一种显象,这样一来绝对者就能够作为绝对者而显现。在这一点上,我们可以看出构思上的变化,因为这个新的反思层级首先是出于规定性逻辑上的必然性而出现的,但随后被解释为一种认识自身的律令,最后被视作"现实性"的来源,即被视作外在对象之幻象的来源,而幻象本身没有被看透。

费希特反对康德,他认为统觉的综合统一性必须建立在分析统一性上,这是清除每一个外在于自我的层级所造成的结果,这种清除在《新方法》中已经实行。根据《知识学》(1812),绝对者不仅对可见性负责,以康德式的语气来说:绝对者不仅对认识的可能性条件负责,而且也对观看的现实性负责。

费希特的唯心论以卓越的形而上学的方式,从一个独立实存着的原则出发,以便进一步推导出非独立实存着的东西。这种推导在很多方面是没有说服力的。费希特既不能为这一原则提出令人信服的论据,也不能将经验中遇到的事物的"现实性"完全扬弃在绝对者的现实性中。那些可经验对象不再只是一种幻象。鉴于感性可知觉事物的不可还原性,费希特的"只有一**存在**"这一命题将无法成立。

因此,我们认为自己有理由从一种存在论的方案来批判费希特的立场,这一方案与形而上学的方案区别在于一个广义的存在概念。通过这种方案可以看出,两个对于《知识学》(1812)而言核心的存在概念都表现出了向着特定存在类型的窄化。因此,"出于自身的存在"在存在论上并不代表一般意义上的存在,而只是代表存在者的某一特定区域,从传统上说就是代表了实体性的存在者。与这个区域对立的是由另一些存在者组成的领域,这些存在者不是出于自身的,而是来自他物。这类存在者在传统上被称为偶性（Akzidens），它没有因为其非自足性而被剥夺存在。它被视作有来源的存在，与自足的存在相对立，然而在这点上，有来源性（Abkünftigkeit）并没有发展到可以从实体之中演绎出偶性的程度。诚然，偶性的东西只出现在实体上，但它们还是被视为一种特有的存在类型。如果我们把费希特在"出于自身的存在"和"出于他物的存在"之间所做的区分与原因和被原因作用者之间的区别联系起来，相似的情况也会发生。如果说，处在因果关系中是存在者的一种标志，那么这种区分就应该在存在者的区域之内进行，而不能用于划分存在者的领域和非存在者的领域。根据费希特的划分，只有"出于自身"的存在者才有存在，而一切不自足的东西都落在了存在之领域外，这一划分就是将存在概念还原为一种唯一的存在类型。类似的批判也适用于将存在解释为"存续"和"持存"，也就是解释为"统一性"和"不可转变性"。在《新方法》中，上述这种规定已经是存在概念的基础，在那里，正如在那些应对无神论争论的著作中，这种规定与可感性知觉的东西的区域有关。早在《向公众呼吁》中，而且在随后所有版本的知识学以及《意识的事实》中，这些特征被用来标记可以理性认识的事物的领域。《知识学》（1812）中所讲的"显象的存在"是由这些特征所规定的。从根本上说，费希特这里描述了实体概念，然而却移除了"由自性"的特征，因为无论是在《新方法》还是在上述更晚期的作品中，存续者与不变者都只是一种本身自足的原则的产物：可感性知觉的东西被认为是一个从原则而来的衍生物，它在规定着自身的自我之中拥有它实存的根据；而显象的可以理性认识的存在被认为是源自绝对者的，唯有绝对者拥有"由自性"。与存在论的方案相比，这种存在概念也表现为还原论式的。它片面地把那些展现了实体的各种属性的存在者（除了由自性）定性为存在，并且从杂多性和可变性的视角出发，将一切偶性的东西阐释为非存在者。同样，费希特对存在概念的理解是，它只涉及一种特定的存在类型即实体性的存在者，这样的话，偶性的东西就被定义为出于存在的东西。与之相反，存在论的方案不会将存在与唯一的存在类型相等同。这种方案并没有把"存在"的名号只分配给现实遭遇事物之领域中的一个部分，从而否定其他一切部分具备的这一名号。相反，这一方案将寻求根据基本特征来规定存在，这些特征可以被证明是对于所有现实的东西而言共通的。

然而，在《知识学》（1812）的存在形式的学说中，我们发现了一种似乎并不拘泥于某种特定存在类型的存在概念。那里说到，存在有更多的形式，即自在存在的形式和自为存在的形式；原因性的存在者代表了**一种**存在形式，被原因作用的存在者代表了**另一种**形式。这种思想可以延伸出这样的观点：自足的东西和有来源的东西构成存在的两个区域，也就像统一性的东西和杂多的东西，或者不变的东西和可变的东西那样。与此相反，费希特不仅将存在还原为这些相互对立的区域的其中之一，而且甚至将存在还原为唯一的存在者。存在之概念并不构成一种形式上的特征，这种形式上的特征对于数量不限的"出于自身的"东西而言是有效的，毋宁说，它只涉及唯一的存在者——上帝。费希特从事的不是关于某个特定存在区域的存在论，而是形而上学。他所研究的不是至少一种被限定了的存在领域的特征，而是唯一的、卓越的存在者的规定性：只有一**存在**！这样一来，在晚期作品中，对作为普遍形而上学（metaphysica generalis）的一般存在论的关注已经完全从视野中消失了。

出于存在论上的原因，我们要批评费希特的存在概念是还原论的。同样值得批判的是这种还原论的不利一面，也就是这样一个论题：由于只有绝对者（作为原因）**存在**，而其他一切（作为结果）都不存在，所以一切东西都必须以绝对者为原因。《知识学》（1794）中的实在论成分与费希特的唯心论意图并不相容。《新方法》中更同质化的理论由于其内在的困难而失败了，根据该理论，事实性的世界（在此仍在"存在"这一名号之下）应当被呈现为自身意识的内含物（Implikat）。而《知识学》（1812）试图借助自我的"反身性"，从绝对者那里演绎出"现实性"，但这个演绎错失了其论证的目的，即证明事实性的世界必须作为绝对者显现的可能性条件而存在。在《知识学》的任何版本中，唯心论都无法真正得到贯彻。但唯心论得到贯彻将是限制存在概念的一个前提，要么像在耶拿时期的作品中那样，将存在概念限制在被原因作用的东西这个范围内，要么像在晚期知识学中那样，将存在概念限制在一之中。既然从一个绝对者出发的存在者理论因为"现实的东西"或"事实性的东西"的不可推导性而一再失败，那么囊括所有存在区域的一般存在论之关切就必须被捍卫——无论如何这都与费希特的知识学正相对立。不是形而上学必须先于存在论，而是存在论必须先于形而上学。

注释：

［1］参见《伦理学体系》（1812）中的"真理的立场"："绝对的概念具有生命、力量、因果性，而且通过自身而是显象的创造者；它首先是自我的创造者，然后是这个自我的意愿、行为和直观的显象的创造者。"（XI 43）因此，"自我"及其运行不是什么独立的东西，而只是"概念"的"显象"。伦理的状况是指：**自我必须被彻底消灭。必须根本没有自我；因为概念如其所显现的那样通过自身形成意志和行动。**（XI 55）关于"投身于上帝的人"的行动，费希特写道："在这一行动中，不是人在行动，而是上帝本身以其原始的内在存在和本质在他身上行动，并通过人做他的工作。"（《极乐生活指南》V 475f.）

［2］"人靠自己什么也做不了：他不能使自己变得有道德，而是必须期待神圣的形象在他身上迸发出来。""…所有虚妄的骄傲都必须被抛下，并且必须纯粹地认识到，在我们身上，没有什么善的东西出于我们自己的力量。"认识到这一学说的预定论后果，费希特继续说道："无论不道德和虚无的罪过是否消失，对他虚无的忽视都不应该由此得到赦免，任何人都不应当赦免自己。"（XI 45 f.）

［3］例如，参见未发表的《知识学》（1810/11）中的以下段落："如果不以上帝为基础，原本有洞察力的意识理论就没有根据与基础；例如，康德的情况就是如此。"［Ms 18v，引自 A. Schurr："Der Begriff der Erscheinung des Absoluten in Fichtes Wissenschaftslehre vom Jahre 1810‐11", in *Der transzendentale Gedanke. Die gegenwärtige Darstellung der Philosophie Fichtes*, ed. Klaus Hammacher（Hamburg：Meiner, 1981), pp. 128‐140。此处第 132 页］鲍曼斯［*J. G. Fichte. Kritische Gesamtdarstellung seiner Philosophie*（Freiburg：K. Alber, 1990)］正确地认为费希特晚期知识学是一种"知识的存在‐神学"（第 299 页；另参见第 331、349 页等）。

［4］J. H. Loewe［*Die Philosophie Fichtes nach dem Gesammtergebnisse ihrer Entwicklung und in ihrem Verhältnisse zu Kant und Spinoza*（Stuttgart：Wilhelm Nitzschke 1862）（Nachdruck Hildesheim：Georg Olms，1976）］讨论过费希特的存在概念（33-74），并对所有创作时期的所有相关段落进行了全面汇编。然而，正如后面所显示的，对研究结果的系统化结论（参见73）仍然过于缺乏层次区分。关于二手文献，必须区分那些仅仅提及费希特的作品——这些作品大多对费希特晚期哲学持肯定态度，以及那些旨在真正理解费希特的论证并因此对其进行批判性考察的著作。大多数相关文献属于第一组。以下文献包含了或多或少的详细论述：Michael Brüggen，*Fichtes Wissenschaftslehre. Das System in den seit 1801/02 entstandenen Fassungen*（Hamburg：Meiner，1979），esp. pp. 116-136；Günter Schulte，*Die Wissenschaftslehre des späten Fichte*（Ffm：Vittorio Klostermann，1971），esp. pp. 17-189；Chukei Kumamoto，"Sein-Bewußtsein-Relation beim späten Fichte"，in *Erneuerung der Transzendental-philosophie im Anschluss an Kant und Fichte*，ed. Klaus Hammacher and Albert Mues（Stuttgart：frommann-holzboog，1979），pp. 204-214；ders："Der Begriff der Erscheinung beim späten Fichte"，in *Der transzendentale Gedanke. Die gegenwärtige Darstellung der Philosophie Fichtes*，ed. Klaus Hammacher（Hamburg：Meiner. 1981），pp. 70-79。鲍曼斯的 *J. G. Fichte. Kritische Gesamtdarstellung seiner Philosophie*（Freiburg：K. Alber 1990），esp. pp. 296-449 有利于深入了解费希特晚期的哲学作品，是第二组作品中的佼佼者。

[5] 即使在这里，对存在的来源的洞察也呈现为意识对自身的澄清："那种意识不是活生生的、光明的，而是黑暗的、梦幻的，它正是自然的感官，从它那里摆脱，走向光明的自我意识，这是解放的第一步，是建构的起点。恰恰当它在自然意义上是一个给定的东西、一个最后的东西时，存在才被建构。"（Ⅸ 44）

[6] 参见例如《知识学》（1804），Ⅹ 238 f.。在《知识学导论》中，费希特在一开始就将反思建立在对存在的言说之上。（参见Ⅸ 11f.，13f.）

[7] "内部是什么意思？答案是：非外部，外部不是内部。因此，每个事物都唯有通过他者而具有其规定性与特征，因为它只是对他者的否定。"（Ⅸ 46）

［8］《知识学导论》的末尾说："我们曾说过，眼睛是绝对第一性的东西，并且是世界的**根据**：这种形式的**存在**被否认是绝对的东西；它是观看的产物，在观看中通过观看的**否定**而产生。"（Ⅸ 100f.）

［9］在这一点上，我们可以再次提出康德最初针对莱布尼茨的批评：在此从事的是"制作一个世界"（Fortschr. A 127）的工作。

［10］"这种责备（即无神论）的主要根据无疑在于我否认上帝是一种特定实体。"（Appel. V 217；*I*，5，*435*）

［11］我们可以参考费希特对"上帝是一个精神"（God sey ein Geist）（Ⅴ 264；*I*，*6*，*49*）这一论题的详细论述，将其作为他如下观点的进一步例证："存在"只能言说物体上实存的事物。那里说道："现在，一个精神不'**存在**'，在这个词的上述意义上，它不是一个**物**，但只有物存在。一个精神是一个单纯的……**概念**。它是对我们的弱点的一种应急措施，这种弱点在把一切本真的存在者在思想上去除之后，仍然把某东西放置到它所谓述的逻辑主词（如果不谓述，它会明智得多）的空位之上，这个东西真正说来并不存在，但又应该存在。""'上帝是一种精神'这个命题单纯作为一个否定的命题，作为对物体性的否定，具有其善的、充分的意义。"（同上）在费希特看来，物体性的东西是"真正实存着的"和真正存在着的东西。

［12］"既然只要显象存在，绝对者同样肯定存在，既然只要这种事实性知识存在，显象同样肯定存在，那么经验也不可能不存在；它与上帝本身一样是必然的和绝对的。"（Ⅸ 420）

［13］"更高的知性，对显象的真实本质和实在性的理解，是自由的产物。"（Ⅸ 420 f.）

［14］关于与外部因果关系相对的"形而上学的潜能"（potentia metaphysica），参见 Duns Scotus, Met. Ⅸ q. 2 n. 2, ed. Viv. Ⅶ 530："Hic ergo videndum est de potentia communius accepta, videlicet ut importat modum quemdam entis in se sine ratione principii, et quia metaphysicus considerat ens et passiones eius, ideo potentia sic sumpta ad considerationem metaphysici pertinet, et ideo propter brevitatem in sermone potest dici potential metaphysica."关于司各脱的整个论述，参见 L. Honnefelder, *Scientia transcendens*, pp. 4 - 22。

[15] "Nihil enim habet essentiam, nisi quod aptum natum est existere: manifestum est autem, quod potest sciri quid est vox, licet nesciatur aliquam vocem actu existere, puta cum aliquis nihil audit actu." (In Periherm n. 9. ed. Viv. Ⅰ 554)

[16] "…res vel ens dicitur quodlibet conceptibile, quod non includit contradictionem"(Quodl. q. 3 m. 2 ed. Viv. ⅩⅩⅤ 114).

[17] 霍内费尔德写道:"由此,框定存在者的意涵的两端的极点被标识出来:'存在者作为实体'是最大的意义,它只适用于第一类存在者的领域;'存在者作为纯粹虚无的对立面'是最小的意义,它超范畴地适用于所有在这个意义上拥有最低限度的存在性的东西。"(5 f.)

[18] "Ens dicitur, quod existere potest, consequenter cui existentia non repugnat."(Ontologia §134) "Quod possibile est, ens est. Quod impossibile est, ens esse nequit."(ebd., §135)

[19] "它(事实性的知识)是通过某种法则而被规定的,并在这种合法则性之中被领悟,而且就这一点而言,它就是真正的知识。在其所知的范围内,它不认识自身;在其所见的范围内,它也看不到自身。"(Ⅹ 318)

[20] 下文进一步说道:"一**存在**,除这个一外,完全不**存在**任何东西。一切其他的东西都不存在:这个命题不可改变地、永恒地确立了下来。绝对者的概念被**确立**下来,正如每一个真正的体系所理解的那样。"(Ⅹ 331;另参见Ⅸ 408)

[21] 在这里 M. Wundt [Max Wundt, *Fichte-Forschungen*(Stuttgart: Frommann, 1929; facsimile reprint Stuttgart: Frommann, 1976)] 指出晚期费希特与普罗提诺一种事实上的相近之处。然而,我们可以排除后者对前者的直接影响,因为费希特应该几乎不认识普罗提诺。(169)

[22] "因此,'**存在**',即彻底排除创生的'设立'(Position),就等于绝对者;能够被与创生综合,并且在一个确定的立场上必须被与之综合的'设立',就是事实性的东西。"(Ⅹ 329)

[23] "我们已用**存在**和**定在**来指示这种('真实'和'偶然'的)

差异：如果我没有弄错的话，**语言**就是如此表达的：它就存在于**此处**（da）。这个'此'指向了诸事实的序列以及一个事实。"（X 333）A. 舒尔（A. Schurr, 1981）用海德格尔的术语"存在论差异"来描述存在与显象之间的这种关系。(133)

［24］费希特继续说："而显象仅仅是他的自由的行为，在这个词较低的含义中，它不是被思考为立足于它自身的绝对生命，而是被思考为一种绝对**无法则**的生命；上帝是否有这样一种自由，或者他的显现是必然的吗（在上述必然性的意义上）？"（X 343）

［25］"他（上帝）的显现是确定无疑的，这是由于他的绝对存在，他一旦显现就不能不显现。这一事实是绝对必然的。"［X 343；另参见《知识学》（1804）中关于"光"的"内在生命"的表述（X 168f.；II, 8, 154f.）。］从这里可以看出，费希特的"定在"（Dasein）概念与海德格尔在《存在与时间》中的"此在"概念毫无关系。费希特将"定在"与绝对者联系在一起，海德格尔却恰恰坚持"此在"的不可推导的事实性。

［26］亦参见 TL IX 148。就这一本有事件（Ereignis）即绝对者的显现而言，这个晚期的知识学不是先天-演绎的科学，即从**一个**原则中推导出一切的科学，正如《论知识学的概念》所宣称的那样。这里可以借用亚里士多德科学理论中的一个区分：在这一点上，知识学不具有"关于为什么的知识"，而只具有以经验为中介的"关于事实的知识"（参见 Anal. Post I 13, 78a2-79a16）。

［27］"图像存在，'因为它确确实实存在'"，这一表述不应当与这样一种表述相混淆：绝对者"直截了当地存在，因为它自身存在"（X 329）。后一种情况指的是实存的直接被看到的必然性，而前一种情况指的事实性只有在回溯中才被视为必然性。

［28］然而，许多费希特的解释者，例如 A. 舒尔（1981）认为，在费希特的意义上说"与存在相对立的存在形式"（135）并无不妥。

［29］"这是观看的内在本质……即它带着它的反映，或它直接的**自为存在**。它的存在无非就是一种自为存在"（EV IX 77；另参见 TL IX 172）。

［30］因此，相较于早期作为被构造物的存在观念，这种存在概念是

更全面的。根据《知识学》（1812）中的第二重存在概念，建构者似乎也是一种存在者。

[31] 参见费希特的以下陈述："除了图像或图型，什么都没有：因此不是**存在**形式本身的最小值。相反的断言会再次导致存在的分割和分享，而这正是要避免的东西。'除了绝对者无物存在'这个命题将不会被坚持下来。"（X 333 f.）"存在"既是**一种**存在形式的代表，与其他代表并列，同时**也**是唯一的存在者，除它之外没有别的东西**存在**。显然，费希特在这里否定了他关于形式（存在者能够出现在这些形式之中）之复多性的思想，代之以如下的思考，即只有拥有某种存在形式的东西才能存在，但这不是指在一般意义上的存在形式，而是指作为一种卓越存在者的"存在本身"的形式。但这只适用于"存在本身"，因此，在其他（存在的）形式中出现的一切都不**存在**。

[32] 因此，在对"存在"的最初解释中，费希特已经说过："对**变化的绝对否定**……在存在之中无物产生。由此得见存在的独立性"（X 326）。"由自性"意味着"存在"的这种"独立性"。"创造"和"变化"在这里显然不能被理解为过程性的、时间性的产生——因为显象和"存在"一样是必然的，而是要理解为一种有条件性。

[33] 参见 TL, IX 29，其中说到，作为绝对者的图像，显象是一种"无限的质性的东西"。

[34] 图像不**存在**，因为它不是唯一**存在着**的绝对者，但图像又必须被赋予存在，这种说法中所谓的矛盾可以通过区分两种存在概念来解决——作为由自性和作为统一性的存在概念。因此，在我们看来，没有理由把绝对者和图像之间的关系称为"辩证的"，例如 M. Brüggen 116；136 和 L. Gruber ［Lambert Gruber, *Transcendentalphilosophie und Theologie bei Johann Gottlieb Fichte und Karl Rahner* (Ffm：Lang, 1978), p. 108］。鲍曼斯（1990）也拒绝使用这个术语（385）。J. H. 罗意威对费希特式的存在学说做了如下的系统阐述。在费希特那里，存在的"普遍的种概念"是"以自身为根据的"概念（73）。它被区分成"僵死地以自身为根据"（物的存在）、"活生生地以自身为根据"（显象、自我性和绝对知识的形式上的存在）和"在单纯的统一性中活生生地以自身为根据"（"纯粹存

在""超绝对者")这三重内容。罗意威忽略了将存在解释为统一性,只将"形式上的存在"归给显象。但恰恰是"形式上的存在"将被证明是幻象,因为它将意味着显象的由自性,因此就必须放弃上帝存在的唯一性。然而,作为统一性的显象的存在是可以保留的,因为它并不意味着作为图像的显象的由自性,而有来源。这两个存在概念之间的区别对于正确理解上帝和显象之间的关系是不可或缺的。这种区别也可以用来反驳鲍曼斯对知识学(1812)存在学说的批判。鲍曼斯(1990)认为,费希特在显象和绝对者之间缺乏明确的区分,因为他把存在赋予了两者。这就产生了一种"双重绝对者",即"存在本身"和"显象的存在本身"(347 ff.,此处第 349 页)。然而,如果人们区分了作为由自性的存在和作为统一性的存在,那么,显象就不会因为它的存在而与唯一**存在着的**绝对者竞争。只有绝对者才是"存在本身";显象只有在统一性的意义上才具有存在,而这只是因为它是"存在本身"的摹本,是非独立的。

[35]"我们以他(即斯宾诺莎)谈论绝对者的方式谈论绝对者的显象。"(X 336)

[36]"这种转变的理由必须在显象本身的本质中得到证明。"(X 336)

[37]"绝对者的概念**存在**,我们说过:我们直接意识到它,而'存在'这个词所表达的不过就是这种直接意识。我们在上文中进一步说过:一个图像的**本质**将直接通过图像的存在而变得清晰,图像刻画自身,也即它的图像性。"(X 337)

[38]"因此,我们在这两个命题中发现,**显象正是显现它自身的**,一方面从形式上说,它显现为它存在这个**事实**(daß);另一方面从性质上说,它显现了它的**本质**(was)。"(X 337)

[39]费希特总结说:"因此,显象是根据概念的事实而显现**它自身**的。"(X 337)对于这个显象的反身性的论证,一个可能的反驳是:我们对"图像"的理解是一种偶然的行为,这种理解被推论到图像本身的一个本质特征,这不是显而易见的。必须证明,我们作为理解者,已经与绝对者的图像,即与要被理解的东西是同一的,以便把我们对"图像"的理解解释为图像的自我反思。然而,这一证明不可能在知识学中进行,因为表象的自我反思这一论题先于"知识学的基本概念"(X 347),毋宁

说这个证明必须包含在导论中。此外，参见如下表达："我们所有的知识都是直截了当地从一个绝对的事实出发的，这个事实就是**显象**知道自身，显现**自身**。所有的演绎、洞见、沟通等等，都只有**在知识之中**才是可能的，因此需要**这个事实**作为一种前提条件，作为**基本事实**（Grundfaktum）。这就是为什么知识学也需要一个导论，在这个导论中，这个绝对的事实被证明是它的基础，并被给予它的客体。"（X 344）在这里，费希特甚至把一个证明的任务交给了导论，即证明显现着的显象是所有可能的知识的基本形象和中介。费希特以论题的方式断定："我们生活、活动和存在于它（**显现**出来的一之存在）之中，确切地说在它的显现之中。"（X 337；参见使徒保罗在亚略巴古的讲话，《使徒行传》17：28）但由于没有令人信服的论据来证明"内在性论题"，显象的反身性仍然只是一个预设。早期的费希特已经指出了知识学的循环性，因为它想从第一原理中推导出某些反思的法则，但在演绎中已经不得不运用这些法则（参见 BWL Ⅰ 74f.，78 f.，WL 1794 Ⅰ 92；*I*，*2*，*144*；*I*，*2*，*148*；*I*，*2*，*255f.*）。然而，与"知识应被理解为绝对者的一个认识着自身的显象"这一论题相比，思维至少在事实上被束缚于某些规则这一点更容易被承认。

［40］"但它（绝对者）只能在一种非绝对者的对立物之旁显现为绝对者；那里除了显象，没有其他的东西。因此，为了还能够设定绝对者——在绝对者显现于显象之中这个条件下，显象必须设定**自身**（显现自身）。在存在概念中已经（……）有这种对立了。"（X 345）"显象显现**自身**。**因此**，显象必须显现自身，以便绝对者与之相对并且在与之的对立中显现。"（X 346）

［41］"对于［zu（对于……而言），应该读作 in（在……中）？］显象而言，无物变化，无物消亡，创生完全可以从它的内在的存在中排除。"（X 338）

［42］"显象**显现**自身，作为一个动词，'显现'陈述了一种生命和特有的活动，不过陈述的是一种创生以及进入某种存在的创生，这种存在在创生的第一种形式中是完全感受不到的。"（X 338）

［43］对于显象而言有如下说法："对于显象而言，问题不在于它**如何**存在，而在于它确实**存在**，而且它不是绝对者。因此，它是单纯形式上

的存在，也就是单纯的设立（Position），是对非存在的纯粹否定，仅此而已。这就是'显象应当在其单纯的存在中显现自身'的要求。"（X 352）值得批判的不仅是费希特用规定性理论式的思考来论证显象的**实存**，而且是他恰恰把显象的**规定性**排除在这种思考之外，尽管正是通过它，绝对者的规定性才得以可能。

[44]"这样的结合如何可能被思维呢？……这只有当作为形式性存在者的显象显现自身**为**自身显现着的（sicherscheinend）时，即在质性的直观之中时。"（X 354）

[45] 在这种关系中，费希特看到了五重性，因为显象在它形式上和质上的两方面都表现出两极性，即作为主体－客体性（参见第二章"知识学的基本概念"），而这二乘以二的四个环节被"作为"即第五种要素，维系在一起（参见 X 355）。

[46]"因此，在显象 A 的存在和它的图像（图型二）之间根本不存在一个需要由一种活动性、一种原则式的特殊存在填补的空白：毋宁说，显象在它的**存在**中全然带着它的**图像**，就像上帝在他的存在中全然带着他的图像一样。因此，在其最初的自身构形（Sichbilden）时，显象绝不是一个原则，或行动者，或某物的原则；它就是**纯粹的自身构形**，或者说，**它是纯粹关于自身的图像存在**，通过它我们更能防止误解。"（X 361）

[47] 结尾说道："但究竟是否有一种作为形式性存在和原则式存在的显象？没有。因此，在哪里可以找到这种存在呢？不是在显象自身之中，而是在它的**图像**之中，正如我所说的，它全然带着它的图像。"（X 363）

[48]"所有的错误无一例外地在于，人们把图像当作了存在。这种错误延伸的整个范围可以首先由知识学表达出来，因为知识学指出：存在只在上帝之中，而不在他之外；因此，在知识中发生的一切只能是一种**图像**。"（X 365）人们可以继续这种说法，即晚期的知识学表明这种错误也波及早期的知识学，因为后者认为纯粹的主体－客体性是本真的存在者，而根据《知识学》（1812），它只是上帝的显象。当费希特后来说"显象**存在**（ist）"这个命题不包含"纯粹的真理"（X 425）时，这个否定了显象的"存在"就是指由自性意义上的存在。

［49］"相反，人们是否也可以说，它（显象）**如此这般地**显现自身：不仅是它本身，而且包括它的**显现**，即在 x 中作为原则式存在之类的东西，**显现自身**？正如我们在知识学中看到的情况一样。不。它显现自身为**物自体**，一个原则，显现为具有这种特性的一个形式性的存在。"费希特补充说："因此，错误是人们把图像当作事物，因为人们恰恰沉湎于（aufgehen）单纯的显现之中。"（X 374）

［50］"但这种显现是一种**自身**显现，采用了主体–客体的形式：**这种显现**在'主体–客体'中是**同**一个东西。这就是说，它在两个图像中是完全相同的，除了它们自身关系中的区别，毫无其他的区别，即它在主观上就是显现**所面向的东西**，在客观上就是显现者。两者完全是一个东西，并且在形式的双重性中是**同**一**个**显象。在客体中的东西也在主体之中，反之亦然，因为它就是那一个显象。"（X 349）

［51］关于"绝对知识"，费希特写道："知识学用它在语言中明确发现的一个词，即**'自我性'**，来描述这种绝对的自身在自身中的渗透和为了自身的存在。"（§9，Ⅱ 19f. ; *Ⅱ, 6, 150*）这时，他本人就清楚地表明了这两个概念的等效性。

［52］自由也只是形式上的，**即一种知识被产生**，而不是质料意义上的，即**这样一种**知识被产生。……但是，由于它发现自己正在创生，所以它同时也在没有被生成物的情况下，直接地和直截了当地发现它的**本质**……并且这不是因为它的自由，而是因为它的绝对存在。（§ 19，Ⅰ 39; *Ⅱ, 6, 170*）

［53］这个术语在科学院版中是缺失的。

［54］在这一点上，应该参考舒曼（1968）的解释，据此，晚期知识学中的绝对者并不高于《知识学》（1794）第一原理中的绝对自我，而是与之相符。那种反思着的并且由此经验到自身为被规定的知识是在第二原理的层面上，所以《知识学》（1794）的"非我"并不是指经验客体，而是已经是指纯粹知识中绝对者的痕迹了（59–65）。然而，那些从绝对者角度谈论"纯粹和绝对的自我之建构"的段落反对这种解释［《知识学》（1801）§ 27, Ⅱ 66; *Ⅱ, 6, 198*］。

［55］这段话是这样说的："毫无疑问，显现自身附带着一个**被规定**

的图像,然而我们只能把这种图像思考为这样的东西,在其中包含了在显现中所包含的东西,并排除了其他一切。因为绝对者直截了当地是其所是,是纯粹的实在性和设立,但 A 是它的图像,因此同样是被规定了的。"(Ⅹ 349)

[56] 从显象的"内容"出发对显象的存在或者实体性的解释也见于《论逻辑学与哲学的关系或论先验逻辑学》(Ⅸ 200)。

[57] 参见例如 WL, 1801 § 14,Ⅱ 28(Ⅱ, 6, 158);§ 26,Ⅱ 63(Ⅱ, 6, 195):反对"后于先验的(aftertransscendental)唯心论系统";WL 1804,Ⅹ 163(Ⅱ, 8, 144);EV (1813),Ⅸ 39;答复虚无主义责难;TB (1813),Ⅸ 437;WL (1812),Ⅹ 325f.,等等。

[58] J. G. 内罗尔[Joseph G. Naylor, "Fichte's Founding of Dialectical Phenomenology", in *Erneuerung der Transzendentalphilosophie im Anschluß an Kant und Fichte*, ed. Klaus Hammacher und Albert Mues(Stuttgart:frommann-holzboog, 1979), pp. 204 - 214]认为,费希特通过"从一切存在中的抽离"(ZwE,Ⅰ 457;Ⅰ, 4, 212)实现了胡塞尔所要求的"现象学式的还原"(参见 *Ideen* Ⅰ § 32;§ 56 - § 62)(248 f.)。然而与胡塞尔不同的是,从 1804 年起,费希特通过宣布"只有能从原则中推导出的东西才是现象"(Ⅹ 146;Ⅱ, 8, 112)否定了明见性原则从而支持建构性原则。(250)《知识学》(1804)在总体上提供了现象概念的一种辩证基础,这是胡塞尔式的现象学所需要的基础(257f.)。

[59] 另见《施密特教授先生确立的体系与知识学的比较》(Vergleichung des vom Herr. Prof. Schmid aufgestellten Systems mit der Wissenschaftslehre, 1795)中的以下段落:"知识学的操作方法如下:它要求每个人注意在他对自己说'自我'时,他**一般地和绝对必然地**做的事情……知识学悬设:每个人只有真正执行了所要求的行动,才会发现**他设定了自身这一事实**,或者对于某些人而言更清楚的是:**他同时是主体和客体**。自我性就存在于主客体的这种绝对的同一性之中。"(Ⅱ 441f.;*Ⅰ, 3, 253*)参见费希特在《知识学》(1804)中的自我辩护:"它(知识学)从未承认这个东西(自我)作为被发现和被知觉到的东西是它的原则——当自我作为被发现的东西时,它从来就不是**纯粹的**自我,而只是每个人的个别人格,

谁认为它是作为纯粹的东西而被发现的，谁就处于一种心理学上的假象之中，人们也因为对知识学的真正原则一无所知而指责过我们类似的东西。"（X 194；II, 8, 203f.）无论所发现的是个别的东西还是——如果完全可能的话——纯粹的自我，它涉及的都是一种发现，而不是一种建构。根据1795年至1800年左右费希特所撰写的著作，这种发现是通过直接意识到一种行为来证明的。

[60] 有时候引入上帝并将其刻画为最高原则会显得非常随意。例如，在《知识学》（1812）中，费希特选择了一个哲学史的"关联点"，即斯宾诺莎关于绝对实体的学说。参见 X 326。

[61] 即便是晚期的费希特也不总是适当地利用这种新的可能性，这一点可以从他关于"言说"是一种"存在设定"的论题中展现出来［参见 EV（1813），IX 43 及以下］。

[62]"那些通过单纯地设定某一种事物（设定一种在自我之中的事物）而被设定的东西，是在它之中的实在性，是它的本质。"（I 99；I, 2, 261）"但是，某些东西可以被揭示出来，每一个范畴本身都是从那些东西中被推导出来的：自我，作为绝对主体。对于它（范畴：实在性）被应用于其上的所有可能的其他事物，必须证明实在性是**从自我那里**转移到它身上的。"（I 99；I, 2, 262）

[63] 费希特认为这种"存在"不**存在**，因为实体只是一种被构成物，是光的产物，因此是一种"没有**生命**的**存在**"（X 147；II, 8.116）。只有建构着的或"创造着的"光**存在**，因为它本身带有"生命"。因此，与斯宾诺莎相反，"神不再被设定在僵死的存在之中，而是要被设定在活着的光之中"（X 147；II, 8.114）。此外，费希特在这种存在学说中看到了一种比康德更彻底地从事形而上学批判的可能性。因此，关于灵魂的学说，他说："知识学对灵魂的不朽性不能陈述分毫，因为根据知识学，灵魂并不存在。"因为除了"活着的光"，没有什么真实**存在**，所以不可能谈论一种"灵魂的实存"（X 158；II, 8.134）。这些东西只是"幻影"。灵魂不死的问题就这样被解决了。

[64]"然而，显象应该而且必须显现为出于自身的、依赖于自身的与通过自身的绝对原则，即显现为**本质**和**实在性**。不过还必须要表明，这

整个关系**不**是真实的、实在的和自在的，毋宁说，这个关系只是图像，甚至是**图像之图像**；因为图像之图像，即图像的自身显现完全只在这种方式下才是可能的。"（X 372）

［65］鲍曼斯（1990）讨论了这个问题，得出的结论是，如果费希特想坚持显象的自由不仅仅是一种幻象，正如文本中的许多段落所建议的那样，那么他无论如何都会因此使自己与他的绝对者理论相矛盾。（367－373）

［66］这是对《新方法》所提供的自由概念的恢复。那里说道："在自由的行为之前，什么都不存在；通过这种自由的行为，所有存在的东西都和它一起生成。"（WLNM 50）"因此，自由是所有存在和所有意识的最高根据和首要条件。"（WLNM 51）

［67］对现实性内在于显象的更多声明，参见《知识学》（1810）："因此，那在上帝之外存在的东西，只有通过绝对自由的能力而存在，作为这种能力的知识，并在其知识中。"（§4，Ⅱ 697）

［68］"**观念性的东西**，绝不是**现实的东西**，而是它的根据。"（X 383）

［69］"观念性的东西是一种自在地彻底不显现的存在，否则它就会落入事实的直观之中：观念性的东西是在自身中隐藏的真正精神性的东西，并且是类似上帝的存在。精神性的东西是不**显现**而只在自身之中**存在**的东西。常人无法提升到这一认识，因为对他来说，显现者和存在者是一个。"（X 383）

［70］在这里，费希特似乎修订了他早期哲学的一个核心定理，即"理智直观"：在《新方法》中，他仍然将其表述为对超感性事物直接的、非推理式的把握："对作为主客体的自我的纯粹直观是可能的，这样的直观因为没有自在的感性材料，所以被正确地称为**理智直观**。"（31）与此相反，《意识的事实》（1813）说道："因此，也有……对任何存在非直接性的理智直观。这就是说，纯粹的智性的东西或可思维的东西是绝对**不可直观的**，它的特点正在于它的不可直观性。根本就不存在关于它的直接的图像，而只有间接的图像——以我已展示的方式，在观看概念中，如它应该成为但从来没有成为的样子。这个过程我们想称之为：纯粹思维。"（Ⅸ 455）因此，作为主客统一性的观念性的东西只能从概念上通过思考

获得。不过，费希特在其澄清知识学与康德的《纯粹理性批判》的一致性的努力中，已经拒绝了《第二导论》中的一种对于某个存在的理智直观："在康德的术语中，所有直观都关涉一种存在（一种被设定的存在，一种持存的东西）；因此，理智直观将是对一种非感性存在的直接意识。"（Ⅰ 471；*I*，*4*，*224*）然而，这在知识学中也许指的不是这个意思，因为知识学完全不认识任何非感性的存在："所有的存在对于知识学而言必然是感性的东西。"（Ⅰ 472；*I*，*4*，*225*）相反，根据知识学的说法，只有一个行动，即那设定自身的行动，在理智上被直观到："知识学所谈的理智直观完全不关涉一种存在，而是关涉一种行动，这种理智直观在康德那里根本没有得到描述（除非——如果我们愿意这么说的话——是用**纯粹统觉**这个术语描述过）。"（Ⅰ 472；*I*，*4*，*225*）如此看来，晚期哲学与早期阶段的区别恰恰在于，主客统一性现在只被规定为在不可转变性的意义上的（观念上的）存在，而不是被规定为行动。以如此这般的方式，与早期费希特相反，晚期费希特不再认为对于主体－客体性的直观是可能的。在下一节中，至少晚期费希特在"纯粹统觉"被理解为直观抑或概念这个问题上的摇摆不定会变得清晰。

[71]"既然显象与绝对者一样确定地存在，既然这种事实性知识与显象一样确定地存在，那么经验也不可能不存在；它与上帝本身一样是必然的和绝对的。"（Ⅸ 420）

[72] J. Manzana [José Manzana, "Erscheinung des Absoluten und praktische Philosophie im Spätwerk Fichtes", in *Der transzendentale Gedanke. Die gegenwärtige Darstellung der Philosophie Fichtes*, ed. Klaus Hammacher (Hamburg: Meiner, 1981), pp. 234 - 248] 将"反身性"描述为"在自身之中"和"自为"、"自身设定"和"自身穿透"之间的含义在存在论上的统一性；描述为作为反思性自身"眼睛"的"力量"，通过这种力量反思性将自己视为"神性的生命"的图像或图型；描述为实体性的自由，这种自由把自身理解为一种来自绝对者的自由；描述为绝对者之图像存在的图像、自我性（241）。此处综合了反思性塑造现实和具有澄清作用的东西两种解释——正如费希特本人所提出的那样，但他并没有说清楚反思性的"含义统一性"在什么地方。

［73］括号内的文字只见于 I. H. 费希特的版本，而不见于科学院版。然而，它们正确地反映了这段话的意思。

［74］参见 TB IX 419 关于显象的"双重特征"的陈述。

［75］在另一个地方，两种解释甚至彼此交织在一起（参见 TB IX 457）。

［76］目的论思想已经出现在《知识学》（1804）之中（参见 X 290f.，*II*, *8*, *378*）。

［77］"第一个任务已经解决了：我们看到单纯的可见性给实在的东西添加了什么……或者它如何改变和穿透实在的东西。它在一个统一性中带来了杂多性，它在一个封闭的统一性中使自己成为杂多性，以便自己被看到或变得可见。"（X 438）

［78］参见费希特1798年的类似说法：知识学是一种"形而上学，只不过这种形而上学不是一种研究所谓的物自体的学说，而是对出现在我们意识中的东西的一种生成性的推导"（《论知识学的概念》第二版序言，I 32；*I*, *2*, *159*）。

［79］参见 WL（1804）X 200；*II*, *8*, *220*，其中，"断然的存在（Ist）""外在的实存形式"的臆想出来的不可刨根究底的性质被描述为"跨越鸿沟（*per hiatum*）的投映"。由于这种鸿沟（Hiatus），这个"存在"（Ist）就如此这般地显现了，人们对此似乎不能给出进一步的"证明"。

［80］"它，这个原则，是直接可见的；现在它是 a、b、c 的原则，并且，由于它是直接可见的，因此在所有这些东西中它被看作一个原则式的存在；因此，经由它的原则式的存在，a、b、c 也被看见。因此，原则式的存在是杂多的东西和单纯观看的**中介性的成分**，并且通过原则性活动，杂多在观看的统一性之中被接纳。"（X 390）

［81］同样，他谈到了"**统一性**的**综合统一性**，前者同时并在同一瞬间是杂多性的统一性。"（X 391）

［82］"他（康德）认为一切事物只能以经验性的方式从逻辑学中再生：为此，他说他想要放弃演绎，因为这只会导致不必要的争执。但愿他并没有放弃！知识学无非就是康德所亏欠的这一演绎的逾期交付。"（X 391）

[83] 然而，费希特在提到这点后却无所作为，没有在这里展示出所承诺的推导。

[84] "一切杂多将不得不展示自身为对一个显象的分析"（TL XI 178）。

[85] 这样一种存在论解释是由 W. 克拉默，24 及其后文所要求的。

[86] "**显象在**一种原则性的**图像之中**直观自身，绝不是在直接的原则性之中直观自身：因为这将不会给出任何封闭的直观。""内在的统一性"是"原则在它的图像之中的封闭性"（X 394）。

[87] 通过这一点，**客观的东西**才真正变成客观的东西，而我们迄今为止仅仅是外在地、从与主体性相关和对立的角度来看待的客观形式得以圆成。客体在原则性的**图像**中，而不在现实的流中，变成一种静止的东西与要被包含在一种直观中的东西，变成一种**存在**的东西，而不是**变化**的东西。（X 394）

[88] 费希特指出了他的瞥见理论与早期《知识学》版本相比所发生的变化："早先我这样描述这种生成（瞥见的生成）：观看**中断**了自身，在其无限性之中**保持**了自身，并借此才成为真正客体性的。"（X 395）他大概指的是《知识学》（1794）的§10，在这一节中，他对事物的规定性的解释是，自我自发地但无意识地中断了它的规定活动，由此就产生了自我被一个自身被规定了的事物限定的感觉（参见 I 316；*I, 2, 441*）。《新方法》是这样解释客体的：自我只有通过从所有可能的丰富规定中做出选择，并通过排除所有没有被选择的规定来限制自身，才能规定自身；这就是"被给定东西"的起源。现在，这种必然的自身限定尽管被直观到了，"但它并没有被直观为属于我的东西，它与自我无关"（WLNM §7, 81）。倒不如说，它被解释为由外在客体造成的某种限定。如果说费希特最初是通过"自由地中断规定行动"这一论题，然后又通过"选择"这一思想来证明这一理论的合理性，那么他后来则试图将这一理论置于显现着的绝对者这一概念之中，从而使其更为严密。

[89] 费希特本人并没有以严格推论的方式提出这一思想。对他而言，这个过渡说的是："在**对**这种变化的**直观**中，它（变化）被统合把握：这应当是统一性**的**统一性，是第二个环节。这个环节指的是什么？多

言无益。我简明扼要地说明它，并让它依赖于自身的明晰性。图像、理念、**图像的一般概念**为这种明晰性奠基。"（Ⅹ 447）

［90］"它（观看）是一种绝对的**通过**，是**概念**和**推论**的绝对形式"（Ⅹ 448）。"所有真正的观看都是一种在**推论**的形式之下的**注视**（Ersehen）⋯⋯真正的观看是通过把一种由杂多所构成的图像从属于图像普遍的绝对基础概念之下，**继而推论**到这个图像本身而产生的。"（Ⅹ 450）因此，"注视"的结果，即"命题：存在事物"，无疑是一种"从隐藏了的前提中得出的结论"（EV Ⅸ 16）。关于从属理论（Subsumtionstheorie），另参见 EV Ⅸ 68。

［91］"我们必须考察和发现这种**绝对的**观看，以便使我们的研究更加彻底。（如果我们的知识学要成为可能，就必须使那必然可能的东西成为被观看者。）"（Ⅹ 445）另参见 EV Ⅸ 24，在这里，"什么是知识**本身**？"——没有任何"特殊性和规定性"的知识本身——这个问题被宣布为知识学的主题。费希特在《论逻辑学与哲学的关系或论先验逻辑学》（1812）一文中指出，有关普遍概念的形式逻辑学说是不够的，《知识学》（1812）所提出的概念的先验逻辑学是必要的。

［92］在《意识的事实》（1813）中，费希特谈到了一种"图像或概念"，它表达了"绝对地只能以理性认识的存在，一种**实存**与**本质**的存在（Das-und Was-Sein）"。这就是"观看之概念"："这个概念现在直截了当地存在，它不会变化，它是理智直观。**只有它才是理智直观**。"（Ⅸ 453）一方面，"观看之概念"与表象的不可变化的存在以及"图像之概念"等同；另一方面，它承担着"理智直观"的功能。作为进一步的证据，请参见（Ⅸ 276），费希特在那里解释了"一个图像的图像"这一公式的含义："第一性的图像可以意味着概念，一个图像之本质的绝对图像，通过第一性的图像设定起来的东西的**理智**直观。"在这里，"图像的概念"被称为"理智直观"。

［93］同样，可以说，不存在显象的"质性存在"的"直接图像"（Ⅹ 359），因为它进入"观看"之中，是"凭着一种**作为如此这般的东西**（Als das und das），即在一种图像、图型、代表者之中"。在中介性——"作为"——的形式中，显象并非如其自身所是的那样变得可见，

而只是其"代表者"变得可见。因此,"绝对的观看"不会成为"被观看者"。

[94] "所有可见性的最高点是**统一性**,即固定了的**存在**:这种绝对的观看因此是一种存在,一种固定了的伫立者,完全不会变化,一切生成都被排除在它之外。"(X 446)如果每一种中介性都已经代表了一种生成,并因此而被排除在外,那么问题就来了:显象何以能有一种本质的规定性?当费希特写到,显象就其作为绝对者的图像而言是一种"无限的质性东西"(TL IX 290),他可能含蓄地表达了对这一责难的立场。根据一个形而上学神学的定理,在无限性中,所有的本质规定都被消解并相互转化。因此,尽管有谓述上帝的多种谓词,但他仍可被视为单纯的。例如,参见邓斯·司各脱:"那么,如果一个事物是无限的,它可以通过同一性包含其他事物,它的确包含,否则无限者将是可组合的(*tune si unum est infinitum, potest includere per identitatem aliud, immo includit, alias infinitum esse componibile*)。"〔Duns Scotus, *De primo principio*, 51. Capitulum 4, ed. und trans. Wolfgang Kluxen(Darmstadt:Wissenschaftliche Buchgesellschaft, 1974)〕参见黑格尔对上述定理的批判,他认为撇开否定就是丧失了一切规定性(WdL I 98 – 101, ed. Lasson)。

[95] 因此,理智直观被解释为**直接的**自身意识(参见《新方法》34),而自我通过将自身规定"为某物",而获得了关于自身的"概念"(参见《新方法》51)。另见《新方法》40,其中提到"理智直观"本身从未成为意识的客体……而只是作为概念……除了**作为**自我,即**作为**一个设定着自身的东西……自我无法以任何其他方式把握我自己(强调是笔者所为)。

[96] 概念在这里被描述为无规定性:"主体 – 客体:纯粹的客体,纯粹的主体,没有综合任何内容和规定性。"(X 353)

[97] 在费希特将图像概念描述为理智直观的地方,他自己就说道:"在后一种含义中,人们实际上必然表达出了一种图像**之为**图像的图像。"(IX 276)费希特把"图像的图像"或者规定为概念,或者规定为直观,为前者提供支持的是从属理论以及将概念安排到显象之存在之上,而后者则将更好地体现出所宣称的直接性,他在这两个选项之间的摇摆不定体现

在一段话中，它论及了"直接的可见者，**通过自身**而清晰明确的东西"，即论及作为可见性本身的主体－客体性，并说它是"对图像之本质的一般概念或（！）直观"（X 450）。最终，晚期费希特可以把概念本身称为"本质直观"："绝对的直观或绝对的图像完全无法直观自身，而是在概念上被把握。因此，概念，即一般意义上的本质直观，取代了对直观的直观。"（TL XI 287）

［98］因此，《知识学》（1794）中的二分法最终出现在晚期作品之中。在那里，§1和§5就"自我"主要应被理解为单纯的"设定自身的东西"（即主体－客体性），还是"设定自身**为**设定着自身的东西"（§5）这一问题相互竞争。特别参见《新方法》中的"综合思维"这一构想，其中规定性和直接性应得到调和。

［99］《知识学导论》写道："上帝——一种**通过**自身，**依赖**自身，**出于**自身的东西。"（IX 42）

［100］"然而，在这种绝对的实在性中，它（绝对的生命和变化）将是彻底不可见的。"（X 426）费希特同样谈到了"绝对的生命"，"**只有它才不单纯是可见性**"（X 427）。即使在他把绝对者规定为"光"的地方，他也说："但同样，在它的纯粹性和不混杂性中，它（光）不能使自己可见；因为在这种纯粹性中，它是直截了当地不可见的。"（X 440）因此，作为纯粹之光的绝对者是不可见的。

［101］费希特写道，在知识学中"推导的原则"指的是，"绝对地依赖自身的东西使自身得以可见"（X 426）。

［102］关于自我的起源性，还可以列举出许多其他引文，比如："自我……只有……通过这个绝对者的**可见性**而被设定；因此它是**纯粹的可见性**。"（X 437）"因此，整个**事实性的**自我也只是对于绝对变化的直观和可直观性的产物。它把自己还原为那个原则，作为它的从属部分，作为它的可直观性的形式"（X 426）。

［103］同样他还说道："因此，**单纯可见性的基本结果就是存在**。"通过进入统一性的形式，"光被聚合并集中，成为可见性，被集中到统一性之中，这等于说，被集中到存在之中，在其中流动同时获得了封闭性……光使自身可见，因此这意味着：它将自身呈现为一个伫立的统一

体"（X 439）。

[104] 这与《知识学》的早期版本是一致的，在早期版本中，将自身客体化并使自身成为反思对象的能力仍然直截了当地归于自我。参见《知识学》（1794）§5，但最重要的是《新方法》47，那里这种反思被追溯到自我的"绝对自由的自我奠基行为"。

[105] 他同样说道："正如光以可见性的形式与自身相关联，成为主体－客体的东西；同样，这种形式直截了当地与自身相关联，是主体－客体的。"（X 441）

[106] "现在，让我们坚持认为，纯粹的光必须被视作纯粹的、无混杂的：那么这是怎么可能的呢？我说，只有通过如下方式才是可能的：可见性的形式在观看中不能与光分离，它必须是可见的；与此同时，它要被**视作**这样一种形式，通过把它从纯粹的光中去除，剩下的东西就可以被视作纯粹的光。"（X 440）

[107] "因此，在这个意义上，我们有两种固定的可见性：1）我们称之为**绝对的**可见性，纯粹的光，即实在的东西本身，进入了这种可见性之中。2）可见性本身的可见性，即相对的可见性。很明显，由于在后者中进入的仅仅是可见性的形式，去除了光和实在的内容，所以在其中根本看不到任何**实在的东西**：它完全是空洞的。观看是虚无的东西，那么对观看的观看又怎么会是某物呢？"（X 444）

[108] "因此，如果不在所见到的东西上设定一个 B，那么绝对的生命＝A 就不可见，而这个 B 现在**只是**它的可见性；但同样，B 如果不设定一个 C，那么它也会不可见，而这个 C 现在再一次地是这个 B 的可见性，这个 B 本身又只是 A 的可见性，**只有** A 才不单纯是可见性。"（X 427）

[109] "直觉"（Intuition）同时也代表着对世界的天真的看法，代表着单纯事实性的观看，在这种观看中，"感性客体"显得毫无根据，因为根据对它来说仍然是隐蔽的。通过将这一思想与作为"推论"的统觉学说结合起来，费希特说，直觉是一种带有"隐蔽前提"的观看（参见 X 452）、一种"缺少前提的推论"（Enthymem）（EV IX 86），而反思则找到了事实性存在的根据，从而"使这种原本不可见的东西变得可见"（X 399）。因此，反思的基础是"绝对自明的和透彻的前提"（X 452）。

［110］"在它（图像）之中描绘的不是光的进入和可见性的形式，而只是进入的可能，即能力；因此，就真实的可见性而言，所有它产生的东西（Hervorbringung）都只是可见性的可能性的图像。在这些图像之中表达、放置和直观的仅仅是光使自身可见的能力，而绝非这种显象的任何现实性。"（X 452）

［111］"因为**光**……**在单纯可能性的建构**中……使自身作为自身得以可见。不是在自我之中，而是在现实可见性——它直截了当地存在于此——的可能性（图像）的建构中，存在着可见性的源泉：光通过变得可见而是建构者。从光中首先产生了自我，以及对自我的建构（Construiren）。"（X 454）费希特在更早的一个段落中就已经区分了显象中的可能性和现实性，这与观念性的存在和事实性的存在的区分是平行的。他说："于是在显象本身中就出现了一种分裂：或者是一个**可能的**原则（它本身是绝对的统一性），或者是一个**现实的**原则；它本身是杂多性，即无限性。"（X 383 f.）这就产生了这样的归类：一方面是显象的存在、统一性、观念性、（在能力的意义上的）可能性，另一方面是非存在、杂多性、事实性、现实性。

［112］费希特把"无限能力"和限定性称为"一个观看之存在的两个基本条件"："绝对不受限的构造力没有给出作为现实的注视（Ersehen）的观看，因为它没有给出任何可以从属于图像基本概念的图像。因此，没有对建构的**现实**限定，就没有观看。反过来，本身不受限定的构造力必须被限定。因此，没有这种构造力，没有把它预设为绝对的根据，就没有任何观看会形成。"（X 468）

［113］费希特在《知识学》（1794）的理论部分，更具体地说是在他的想象力理论中，就已经运用了这一论点，以说明自我限定了自身："自我只是它自身所设定的东西。它是无限的，也就是说，它把自身设定为无限的：它以无限性这个谓词来**规定**自身，因此它限定了自身（自我）……"（Ⅰ 214；*I*, *2*, *358*）

［114］"哲学预见整个经验，把它自身仅仅**思维**成必然的，从这方面来说，与现实经验相比，它是**先天**的。"（Ⅰ 447；*I*, *4*, *206*）

［115］同样，在《论逻辑学与哲学的关系或论先验逻辑学》（1812）

中，在规定先天的东西时，费希特反对康德的"半吊子的谦虚"（Bescheidung auf den halben Teil）（IX 130），他说："但是，根据知识学，知识本身给出一切形态（Gestaltung），无一例外，以至于除了知识本身的形式，根本不存在任何东西，事物或存在本身只是一个建立在知识本身中的知识之形态。因此，除了在知识之中，根本不存在任何事物；因此，知识学以先天的方式认识一切，而根本不承认这种意义上的后天的东西。"（IX 131）

［116］参见如下相应的段落：EV IX 81；TL IX 313 – 315；TB IX 421；51；550f.。

［117］道德性被一种事关存在的目的论取代，这反过来又与费希特晚期哲学中对独立自我的消除有关，这种取代与试图制定一个最高诫命时遭遇的各种困难相对应，这个诫命并不通过绝对者显现的必然性而得到满足。因此，费希特将《知识学》（1810）汇入一种"智慧学说"（Weisheitslehre）之中，这个学说建议我们"把自己献身于应当在我们身上变得可见的神性生命中"（§14，II 709）。这里的问题是，如果自我只不过是"神性生命"的表达，那么自我是否总是已经献身于"神性生命"了？

参考文献

1. 费希特引文

笔者将在括号里给出 I. H. 费希特版中的相应卷数，然后——如果有可能的话——以斜体字符给出科学院版的卷数。

– Recension des Aenesidemus oder über die Fundamente der vom Herrn Prof. Reinhold in Jena gelieferten Elementarphilosopie, 1792. （Ⅰ; *I*, 2）

– Über den Begriff der Wissenschaftslehre oder der sogenannten Philosophie, 1794. （Ⅰ; *I*, 2）

– Grundlage der gesammten Wissenschaftslehre als Handschrift für seine Zuhörer, 1794. （Ⅰ; *I*, 2）

– Grundriss des Eigenthümlichen der Wissenschaftslehre in Rücksicht auf das theoretische Vermögen als Handschrift für seine Zuhörer, 1795. （Ⅰ）

– Vergleichung des vom Herrn Prof. Schmid aufgestellten Systems mit der Wissenschaftslehre, 1795. （Ⅱ; *I*, 3）

– Grundlage des Naturrechts nach Principien der Wissenschaftslehre, 1796. （Ⅲ; *I*, 3）

– Erste Einleitung in die Wissenschaftslehre, 1797. （Ⅰ; *I*, 4）

– Zweite Einleitung in die Wissenschaftslehre, für Leser, die schon ein philosophisches System haben, 1797. （Ⅰ; *I*, 4）

– Versuch einer neuen Darstellung der Wissenschaftslehre, 1797. (I; *I*, 4)

– Das System der Sittenlehre nach den Principien der Wissenschaftslehre, 1798. （Ⅳ; *I*, 5）

– Über der Grund unseres Glaubens an eine göttliche Weltregierung,

1798. (Ⅴ; *I*, 5)

— Wissenschaftslehre nova methodo, Kollegnachschrift K. Chr. Fr. Krause, 1798/99.

— J. G. Fichtes Appellation an das Publicum über die durch ein Churf. Sächs. Confiscationsrescript ihm beigemessenen atheistischen Äußerungen, 1799. (Ⅴ; *I*, 5)

— Gerichtliche Verantwortungsschriften gegen die Anklage des Atheismus, 1799. (Ⅴ; *I*, 6)

— Darstellung der Wissenschaftslehre. Aus dem Jahre 1801. (Ⅱ; *Ⅱ*, 6)

— Die Wissenschaftslehre. Vorgetragen im Jahre 1804. (Ⅹ; *Ⅱ*, 8)

— Die Anweisung zum seligen Leben, oder auch die Religionslehre, 1806. (Ⅴ)

— Die Wissenschaftslehre in ihrem allgemeinen Umrisse, 1810. (Ⅱ)

— Die Wissenschaftslehre. Vorgetragen im Jahre 1812. (Ⅹ)

— Das System der Sittenlehre. Vorgetragen 1812. (Ⅺ)

— Über das Verhältnis der Logik zur Philosophie oder transscendentale Logik. Gehalten 1812. (Ⅸ)

— Einleitungsvorlesungen in die Wissenschaftslehre. Vorgelesen 1813. (Ⅸ)

— Die Thatsachen des Bewußtseins. Vorgetragen 1813. (Ⅸ)

2. 其他原始文献

Michael Hayduck (eds.), *Alexandri Aphrodisiensis in Metaphysica Commentaria* (Berlin: Reimer, 1891).

Aristoteles, *Aristotelis Opera*, ex recensione Ⅰ. Bekkeri, ed. Academia Regia Borussica (Berlin: Reimer, 1831 – 1870).

Aristoteles, *Lehre vom Beweis oder Zweite Analytik*, trans. Eugen Rolfes, mit neuer Einleitung und Bibliographie von Otfried Höffe (Hamburg: Meiner Verlag, 1976).

Avicenna Latinus, *Liber De Philosophia Prima sive Scientia Divina* Ⅰ-Ⅳ, Edition critique de la Traduction Latine Mediévale par S. van Riet (Louvain: E. Peeters, 1977).

Averroes, *Physik*, in *Aristoteles*, *Opera latine cum commentis Averrois* (Venetiis: Junctas, 1562 – 1574).

Gregor von Rimini: *Lectura Super Primum et Secundum Sententiarum*, ed. A. Damasus Trapp OSA, Venicio Marcolini, Manuel Santos-Noya (Berlin: De Gruyter, 1982).

Georg Wilhelm Friedrich Hegel, *Glauben und Wissen*, in *Werke in zwanzig Bänden*, vol. 2, ed. Eva Moldenhauer und Karl Markus Michel (Frankfurt a. M. : Suhrkamp Verlag, 1970).

Georg Wilhelm Friedrich Hegel, *Differenz des Fichte'schen und Schelling'schen Systems der Philosophie*, in *Werke in zwanzig Bänden*, vol. 2.

Georg Wilhelm Friedrich Hegel, *Wie der gemeine Menschenverstand die Philosophie nehme-dargestellt an den Werken des Herrn Krug*, in *Werke in zwanzig Bänden*, vol. 2.

Georg Wilhelm Friedrich Hegel, *Wissenschaft der Logik*, ed. Georg Lasson (Hamburg: Meiner, 1975).

Martin Heidegger, *Die onto-theo-logische Verfassung der Metaphysik*, in Martin Heidegger, *Identität und Differenz* (Pfullingen: G. Neske, 1986).

Martin Heidegger, *Sein und Zeit* (Tübingen: Max Niemeyer Verlag, 1979).

Martin Heidegger, *Was ist Metaphysik*, in Martin Heidegger, *Wegmarken* (Framfurt a. M. : Vittorio Klostermann, 1978).

David Hume, *Eine Untersuchung über den menschlichen Verstand*, ed. Jens Kulenkampf (Hamburg: Meiner, 1984).

David Hume, *Ein Traktat über die menschliche Natur*, ed. Reinhold Brandt (Hamburg: Meiner, 1973).

Edmund Husserl, *Ideen zu einer reinen Phänomenologie und phänomenologischen Philosophie* (Tübingen: Niemeyer, 1980).

Johannes Duns Scotus, *Johannis Duns Scott*, *Doctoris subtilis*, *ordini minorum*, *opera omnia*. Editio nova juxta editionem Waddingi. 26 Bde. (ed. Viv. , Paris, 1891/95).

Johannes Duns Scotus, *Tractatus De Primo Principio*, ed. und trans.

Wolfgang Kluxen (Darmstadt: Wissenschaftliche Buchgesellschaft, 1974).

Immanuel Kant, *Kritik der reinen Vernunft*, in *Werkeausgabe*, vol. Ⅲ - Ⅳ, ed. Wilhelm Weischedel (Frankfurt a. M. : Suhrkamp, 1980).

Immanuel Kant, *De mundi sensibilis atque intelligibilis forma*, in *Werkeausgabe*, vol. V.

Immanuel Kant, *Über eine Entdeckung, nach der alle neue Critik der reinen Vernunft durch eine ältere entbehrlich gemacht werden soll*, in *Werkeausgabe*, vol. V.

Immanuel Kant, *Welches sind die wirklichen Fortschritte, die die Metaphysik seit Leibnitzens und Wolfs Zeiten in Deutschland gemacht hat*, in *Werkeausgabe*, vol. Ⅵ.

Immanuel Kant, *Grundlegung zur Metaphysik der Sitten*, in *Werkeausgabe*, vol. Ⅷ.

Immanuel Kant, *Metaphysik der Sitten*, in *Werkeausgabe*, vol. Ⅷ.

Gottfreid Wihelm Leibniz, *Die Theodizee*, trans. Artur Buchenau (Hamburg: Meiner Verlag, 1968).

Platon, *Politeia*, in *Sämtliche Werke*, vol. 3, trans. Freidrich Schleiermacher, ed. Walter F. Otto, Ernesto Grassi und Gert Plamböck (Hamburg: Rowohlt, 1958).

Jean-Paul Sartre, *Das Sein und das Nichts. Versuch einer phänomenologischen Ontologie* (Reinbek: Rowohlt, 1952).

Friedrich Wilhelm Josef Schelling, *Abhandlungen zur Erläuterung des Idealismus der Wissenschaftslehre*, in *F. W. J. Schelling Ausgewählte Schriften*, vol. 1, ed. Manfred Frank (Frankfurt a. M. : Suhrkamp, 1985).

Friedrich Wilhelm Josef Schelling, *Zur Geschichte der neueren Philosophie*, in *F. W. J. Schelling Ausgewählte Schriften*, vol. 4.

Friedrich Wilhelm Josef Schelling, *Philosophische Briefe über Dogmatismus und Kritizismus*, in Historisch-kritische Ausgabe im Auftrag der Schelling-Kommision der Bayerischen Akademie der Wissenschaften, ed. Hans Michael Baumgartner, Wilhelm G. Jacobs, Hermann Krings und Hermann Zeltner (Stuttgart:

frommann-holzboog, 1976 ff.).

Arthur Schopenhauer, *Die Welt als Wille und Vorstellung*, vol. 1 – 2, in *Sämtliche Werke*, textkritisch bearb. u. ed. Wolfgang Frhr. von Löhneysen (Ffm: Insel, 1960).

Siger von Brabant, *Quaestiones in Metaphysicam*, ed. William Dumply (Louvain: 'Institut Supérieur de Philosophie, 1981).

Baruch Spinoza, *Ethik* (lateinisch und deutsch), trans. Jakob Stern (Stuttgart: Reclam, 1977).

Franzisco Suarez, *Disputationes metaphysicae*, in *Opera onmia*, Editio nova, ed. C. Berton. Tom. XXV-XXVI (Hildesheim: Georg Olms Verlagsbuchhandlung, 1965, reprografischer Nachdruck der Ausgabe Paris, 1866).

Thomas von Aquin, *In duodecim libros Metaphysicorum Aristotelis Expositio*, ed. M. R. Cathala, P. Fr. R. M. Spiazzi O. P. (Turin: Marietti, 1950).

Thomas von Aquin, *In librum Boetii de trinitate expositio*, in *Opuscula Theologice*, Vol. II, ed. P. Fr. M. Calcatera O. P. (Turin: Marietti, 1954).

Thomas von Aquin, *Summa theologica*, in *Opera onmia*, Iussu impensaque Leonis XIII. ed. vol. 4 – 12 (Rom: Typographia Polyglotta, 1888 – 1906).

Thomas von Aquin, *Super librum De causis expositio*, ed. H. D. Saffrey (Fribourg/Louvain: Société Philosophique-Nauwelaerts, 1954).

Christian Wolff, *Philosophia rationalis sive logica*, in Christian Wolff, *Gesammelte Werke*, II. Abteilung, Lateinische Schriften, B. 1. 1., ed. Jean École (Hildesheim: Olms, 1983).

Christian Wolff, *Philosophia prima sive Ontologia*, in *Gesammelte Werke*, II. Abt. Bd. 3.

Christian Wolff, *Philosophia practica universalis*, in *Gesammelte Werke*, II. Abt. Bd. 10 – 11.

3. 二手文献

Peter Baumanns, *Fichtes ursprüngliches System. Sein Standort zwischen Kant und Hegel* (Stuttgart-Bad Cannstadt: frommann-holzboog, 1972).

Peter Baumanns, *Fichtes Wissenschaftslehre. Probleme ihres Anfangs* (Bonn, 1974).

Peter Baumanns, "Transzendentale Deduktion der Kategorien bei Kant und Fichte", in *Erneuerung der Transzendentalphilosophie*, ed. K. Hammacher und A. Mues (Stuttgart: frommann-holzboog, 1979).

Peter Baumanns, *J. G. Fichte. Kritische Gesamtdarstellung seiner Philosophie* (Freiburg: K. Alber, 1990).

Klaus Brinkmann, *Aristoteles allgemeine und spezielle Metaphysik* (Berlin-New York: De Gruyter, 1979).

Michael Brüggen, *Fichtes Wissenschaftslehre. Das System in den seit 1801/02 entstandenen Fassungen* (Hamburg: Meiner, 1979).

Rüdiger Bubner, "Die 'Sache selbst' in Hegels System", in *Seminar: Dialektik in der Philosophie Hegels*, ed. von R-P Horstmann (Ffm: Suhrkamp Verlag, 1978), pp. 40 – 69.

Rüdiger Bubner, *Zur Sache der Dialektik* (Stuttgart: Reclam, 1980).

John D. Caputo, *Heidegger and Aquinas. An Essay on Overcomming Metaphysics* (New York: Fordham University Press, 1982).

Wolfgang Cramer, *Grundlegung einer Theorie des Geistes* (Ffm: Klostermann, 1975).

Julius Drechsler, *Fichtes Lehre vom Bild* (Stuttgart: W. Kohlhammer 1955).

Erich Fuchs, "Einleitung" zu J. G. Fichte: *Wissenschaftslehre nova methodo. Kollegnachschrift K. Chr. Fr. Krause 1798/99*, ed. Fuchs (Hamburg: Meiner, 1982).

Karen Gloy, "Selbstbewußtsein als Prinzip des neuzeitlichen Selbstverständnisses. Seine Grundstruktur und seine Schwierigkeiten", in *Fichte Studien. Beiträge zur Geschichte und Systematik der Transzendentalphilosophie*. vol. 1, ed. Klaus Hammacher, Richard Schottky, Wolfgang H. Schrader (Amsterdam: Rodopi, 1990), pp. 41 – 72.

Lambert Gruber, *Transzendentalphilosophie und Theologie bei Johann Gott-*

lieb Fichte und Karl Rahner (Ffm: Lang, 1978).

Georg Gurwitsch, *Fichtes System der konkreten Ethik* [Tübingen: Paul Siebeck, 1924 (Nachdruck Hildesheim: Olms, 1984)].

Klaus Hartmann, "Die ontologische Option", in *Die ontologische Option Studien zu Hegels Propädeutik, Schellings Hegel-Kritik und Hegels Phänomenologie des Geistes*, ed. Klaus Hartmann (Berlin: De Gruyter, 1976), pp. 1 – 30.

Klaus Hartmann, *Die Philosophie J. – P. Sartres. Zwei Untersuchungen zu L'être Et Le Néant und zur Critique de la raison dialectique* (Berlin: De Gruyter, 1983).

Klaus Hartmann, "Hegel: A Non-Metaphysical View", in *Hegel A Collection of critical Essays*, ed. Alasdaire MacIntyre (New York: Anchor Books, 1972), pp. 267 – 287.

Dieter Henrich, "Fichtes ursprüngliche Emsicht", in *Subjektivität und Metaphysik, Festschrift für Wolfgang Cramer*, ed. Dieter Henrich und Hans Wagner (Frankfurt a. M. : Klostermann, 1966), pp. 188 – 232.

Dieter Henrich, "Selbstbewußtsein. Kritische Einleitung in eine Theorie", in *Hermeneutik und Dialektik, Festschrift für Hans-Georg Gadamer*, vol. 1, ed. R Bubner, K. Cramer, R Wiehl (Tübingen: J. C. B. Mohr, 1970), pp. 257 – 284.

Ludger Honnefelder, *Ens inquantum ens. Der Begriff des Seienden als solchen als Gegenstand der Metaphysik nach der Lehre des Johannes Duns Scotus* (Münster: Aschendorff, 1979).

Ludger Honnefelder, *Scientia Transcendens. Die formale Bestimmung der Seiendheit und Realität in der Metaphysik des Mittelalters und der Neuzeit (Duns Scotus-Suárez-Wolff-Kant-Peirce)* (Hamburg: Meiner, 1990).

Rolf-Peter Horstmann, *Ontologie und Relationen. Hegel, Bradley, Russel und die Kontroverse über interne und externe Beziehungen* (Königstein: Hain, 1984).

Wolfgang Janke, *Fichte. Sein und Reflexion-Grundlagen der kritischen Vernunft* (Berlin: De Gruyter, 1970).

Wolfgang Kluxen, Art. *Analogie.*, in *Historisches Wörterbuch der Philosophie*, *vol.* 1, ed. Joachim Ritter (Darmstadt: WGB), pp. 214 - 227.

Stephen Körner, "The Impossibility of Transcendental Deducions", in *Kant Studies Today*, ed. Lewis White Beck (La Salle, Illinois: Open Count, 1969), pp. 230 - 244.

Richard Kroner, *Von Kant bis Hegel* (Tübingen: J. C. B. Mohr, 1977).

Chukei Kumamoto, "Sein-Bewußtsein-Relation beim späten Fichte", in *Erneuerung der Transzendental-philosophie im Anschluss an Kant und Fichte*, ed. Klaus Hammacher and Albert Mues (Stuttgart: frommann-holzboog, 1979), pp. 204 -214.

Chukei Kumamoto, "Der Begriff der Erscheinung beim späten Fichte", in *Der transzendentale Gedanke. Die gegenwärtige Darstellung der Philosophie Fichtes*, ed. Klaus Hammacher (Hamburg: Meiner. 1981), pp. 70 - 79.

Bernhard Lakebrink, *Klassische Metaphysik. Eine Auseinandersetzung mit der existentialen Anthropozentrik* (Freiburg: Rombach, 1967).

Emil Lask, *Fichtes Idealismus und die Geschichte* (Tübingen: Mohr Siebeck, 1902).

Johann Heinrich Loewe, *Die Philosophie Fichtes nach dem Gesammtergebnisse ihrer Entwicklung und in ihrem Verhältnisse zu Kant und Spinoza* [Stuttgart: Wilhelm Nitzschke 1862 (Nachdruck Hildesheim: Georg Olms, 1976)].

José Manzana, "Erscheinung des Absoluten und praktische Philosophie im Spätwerk Fichtes", in *Der transzendentale Gedanke. Die gegenwärtige Darstellung der Philosophie Fichtes*, ed. Klaus Hammacher (Hamburg: Meiner, 1981), pp. 234 - 248.

Philip Merlan, *From Platonism to Neo-Platonism* (Den Haag: Martinus Nijhoff, 1953).

Joseph G. Naylor, "Fichte's Founding of Dialectical Phenomenology", in *Erneuerung der Transzendentalphilosophie im Anschluß an Kant und Fichte*, ed. Klaus Hammacher und Albert Mues (Stuttgart: frommann-holzboog, 1979), pp. 204 - 214.

Joseph Owens, *The Doctrine of Being in the Aristotelian "Metaphysics". A Study in the Greek Background of Mediaeval Thought* (Toronto: Pontifical Institute of Mediaeval Studies, 1978).

Alexis Philonenko, "Die intellektuelle Anschauung bei Fichte", in *Der transzendentale Gedanke*, ed. K Hammacher (Hamburg: Felix Meiner, 1981).

Ulrich Pothast, *Über einige Fragen der Selbstbeziehung* (Frankfurt a. M.: Klostermann, 1971).

Tom Rockmore, "Epistemology in Fichte an Hegel - A Confrontation", in *Erneuerung der Transzendentalphilosophie im Anschluß an Kant und Fichte*, ed. Klaus Hammacher und Albert Mues (Stuttgart: frommann-holzboog 1979), pp. 300 – 309.

Johannes Römelt, "'Merke auf dich selbst.' Das Verhältnis des Philosophen zu seinem Gegenstand nach dem *Versuch einer neuen Darstellung der Wissenschaftslehre* (1797/98) von Johann Gottlieb Fichte", in *Fichte Studien. Beiträge zur Geschichte und Systematik der Transzendentalphilosophie*, vol. 1, ed. Klaus Hammacher, Richard Schottky, Wolfgang H. Schrader (Amsterdam: Rodopi, 1990), pp. 73 – 98.

Richard Rorty, *Der Spiegel der Natur. Eine Kritik der Philosophie* (Ffm: Suhrkamp, 1987).

Karl Schuhmann, *Die Grundlage der Wissenschaftslehre in ihrem Umrisse. Zu Fichtes "Wissenschaftslehre" von 1794 und 1800* (Den Haag: Nijhoff, 1968).

Günter Schulte, *Die Wissenschaftslehre des späten Fichte* (Ffm: Vittorio Klostermann, 1971).

Adolf Schurr, "Der Begriff der Erscheinung des Absoluten in Fichtes Wissenschaftslehre vom Jahre 1810 – 11", in *Der transzendentale Gedanke. Die gegenwärtige Darstellung der Philosophie Fichtes*, ed. Klaus Hammacher (Hamburg: Meiner, 1981), pp. 128 – 140.

Gustav Siewerth, *Das Schicksal der Metaphysik von Thomas zu Heidegger* (Einsiedeln: Johannes Verlag, 1959).

Jürgen Stolzenberg, *Fichtes Begriff der intellektuellen Anschauung. Die En-*

twicklung in den Wissenschaftslehren von 1793/94 bis 1801/02 (Stuttgart: Klett-Cotta, 1986).

Ernst Tugendhat, *Selbstbewußtsein und Selbstbestimmung. Sprachanalytische Interpretationen* (Ffm: Suhrkamp, 1979).

Hans Wagner, *Existenz, Analogie und Dialektik. Religio pura seu transcendentalis*, 1. Halbband (München/Basel: Ernst Reinhardt Verlag, 1953).

Hans Wagner, *Philosophie und Reflexion* (München: Reinhardt, 1980).

Max Wundt, *Fichte-Forschungen* [Stuttgart: Frommann, 1929 (facsimile reprint Stuttgart: Frommann, 1976)].

Max Wundt, *Die deutsche Schulmetaphysik des 17. Jahrhunderts* (Tübingen: Paul Siebeck, 1939).

Albert Zimmermann, *Ontologie oder Metaphysik? Die Diskussion über den Gegenstand der Metaphysik im 13. und 14. Jahrhundert* (Leiden-Köln: Brill, 1965).

德国古典哲学研究译丛

主编　李秋零

康德的遗产与哥白尼式革命：费希特、柯恩、海德格尔
［法］朱尔·维耶曼（Jules Vuillemin）/著　安靖/译

自身关系：关于德国古典哲学奠基的思考与阐释
［德］迪特尔·亨利希（Dieter Henrich）/著　郑辟瑞/译

德国观念论的终结：谢林晚期哲学研究
［德］瓦尔特·舒尔茨（Walter Schulz）/著　韩隽/译

形而上学与政治：亚里士多德与黑格尔研究
［德］约阿希姆·里特尔（Joachim Ritter）/著　贺念/译

黑格尔《逻辑学》开篇：从存在到无限性
［英］斯蒂芬·霍尔盖特（Stephen Houlgate）/著　刘一/译

主体性与自由：从康德到黑格尔以来的观念论考察
［德］克劳斯·杜辛（Klaus Düsing）/著　李红霞/译

理性的界限：关于德国观念论目标及其动因的研究
［德］罗尔夫-彼得·霍斯特曼（Rolf-Peter Horstmann）/著　谢晓川/译

德国哲学 1760 – 1860：观念论的遗产
［美］特里·平卡德（Terry Pinkard）/著　侯振武/译

康德的实践理性批判——一种自由哲学
［德］奥特弗里德·赫费（Otfried Höffe）/著　袁辉/译

康德的道德宗教
［美］艾伦·W. 伍德（Allen W. Wood）/著　李科政/译

形而上学与存在论之间：费希特知识学研究
［德］柏若望（Johannes Brachtendorf）/著　周小龙　阿思汗　施林青　徐逸飞/译

Fichtes Lehre vom Sein: Eine kritische Darstellung der Wissenschaftslehren von 1794, 1798/99 und 1812

by Johannes Brachtendorf

Copyright © 1995 Ferdinand Schöningh Verlag, ein Imprint der Brill Gruppe (Koninklijke Brill NV, Leiden, Niederlande; Brill USA Inc., Boston MA, USA; Brill Asia Pte Ltd, Singapore; Brill Deutschland GmbH, Paderborn, Deutschland)

Simplified Chinese version © 2024 by China Renmin University Press.

All Rights Reserved.

图书在版编目（CIP）数据

形而上学与存在论之间：费希特知识学研究/（德）柏若望（Johannes Brachtendorf）著；周小龙等译． -- 北京：中国人民大学出版社，2024.10． -- （德国古典哲学研究译丛/李秋零主编）． -- ISBN 978-7-300-33226-0

Ⅰ. B516.33

中国国家版本馆 CIP 数据核字第 20242FW560 号

德国古典哲学研究译丛
主编　李秋零
形而上学与存在论之间：费希特知识学研究
[德] 柏若望（Johannes Brachtendorf）　著
周小龙　阿思汗　施林青　徐逸飞　译
Xing'ershangxue yu Cunzailun Zhijian: Fichte Zhishixue Yanjiu

出版发行	中国人民大学出版社			
社　　址	北京中关村大街 31 号		邮政编码	100080
电　　话	010-62511242（总编室）		010-62511770（质管部）	
	010-82501766（邮购部）		010-62514148（门市部）	
	010-62515195（发行公司）		010-62515275（盗版举报）	
网　　址	http://www.crup.com.cn			
经　　销	新华书店			
印　　刷	北京联兴盛业印刷股份有限公司			
开　　本	720 mm×1000 mm　1/16		版　次	2024 年 10 月第 1 版
印　　张	24 插页 2		印　次	2024 年 12 月第 2 次印刷
字　　数	360 000		定　价	98.80 元

版权所有　　侵权必究　　印装差错　　负责调换